Lebenslinien am Main · Ursula und Eckehard Klug

Ursula und Eckehard Klug

Lebenslinien am Main
Sechzehn Biografien aus unserer Zeit

Edition Klug · 97737 Gemünden am Main

Die Fotos stammen aus dem Privatbesitz der Interviewpartner und der Autoren.

© 2000 Ursula und Eckehard Klug, 97737 Gemünden.
Alle Rechte der Verbreitung durch Film, Funk, Fernsehen, fotomechanische Wiedergabe, Tonträger jeder Art oder auszugsweisen Nachdruck, sind vorbehalten.
Umschlagentwurf: Rudi Studtrucker, 97268 Kirchheim.
Gesamtherstellung: FN DRUCK, Grafischer Betrieb
der Fränkischen Nachrichten, Druck- und Verlags-GmbH,
97941 Tauberbischofsheim

ISBN 3-00-006436-2

Inhalt

Vorwort 7

Maja Bauer:
Treu ohne Wanken 11

Erwin Dorsch:
Mit Humor lebt es sich leichter 37

Erich Gillmann:
Ein Wald ist für mich wie ein Blumenstrauß 61

Erich Gillmann:
„Pfau", 1999 90

Anni Haas:
Der Mensch lebt nicht für sich allein 91

Philipp Hannawacker:
Aus jedem Tief führt ein Weg heraus 117

August Hartmann:
Mach das Beste draus 135

Alexander Heckelmann:
Habe Lust am Leben 163

Julian Höfling:
Ein Leben in den Händen Gottes 197

Kurt Jeßberger:
Wer viel gibt, bekommt viel 221

Edith Kießner:
Sich geborgen wissen 247

Edmund Kirsch:
„Geht nicht" gibt's nicht 271

Dieter Klingenberg:
Unser Leben – herausfordernd und schön 300

Olga Knoblach:
Dein Weg findet dich 351

Olga Knoblach:
Kusterer-Keller 1945 (Federzeichnung) 369

Friedrich Kohl:
*Das wichtigste Zeichen
in unserem Leben ist das Fragezeichen* 381

Anneliese Lussert:
Tief drinnen weiß ich, ich kann's 406

Anneliese Lussert:
Zur Erinnerung an Susi Lauber (Gedicht) 439

Barbara Stegerwald:
Mein Leben für die Schafe 440

Nachwort und Dank 462

Vorwort

Angeregt durch zahlreiche Gespräche mit älteren Menschen bei privaten Besuchen oder im Seniorenzentrum entstand in uns die Idee, ihren tiefen Erfahrens- und Erlebensschatz aufzuzeichnen. Diese Siebzig- bis über Achtzigjährigen sprudelten oft über von interessanten und bewegenden Ereignissen aus der Vor- und Nachkriegszeit, so dass wir uns persönlich mit eingewoben fühlten in diese Lebensreise, die bei einigen sogar bis in die Zeit des Ersten Weltkrieges zurückführte.

Dabei lernten wir, aufmerksam zuzuhören, den Gesprächsfaden anhand eines Fragenkatalogs immer wieder aufzunehmen, um Zusammenhänge nachvollziehen zu können. Auf diese Weise durften wir wie in einem Zeitraffer mit unseren Interviewpartnern zusammen leiden, uns mit ihnen freuen und mitempfinden, was sie durchgemacht haben im Laufe ihres langen Lebens. Tief verwurzelt sind sie in ihren Familien eingebunden, die sich weit verzweigen, wie Äste an einem Baum. Hier fanden sie Kraft und gaben diese weiter, wie die Wurzel eines Baumes seine Äste und Zweige speist.

Es fiel uns nicht schwer, für unser Vorhaben offene Menschen zu finden, die uns bereitwillig Einblick in ihr langes Leben gaben. Schnell reihte sich im Laufe eines Jahres von Mitte 1999 bis Mitte 2000 eine Biografie an die andere, ohne dass wir uns groß auf die Suche nach Gesprächspartnern hätten begeben müssen. Mit sechzehn Lebensberichten schließen wir diese Reihe ab, obwohl wir gerne noch weitere ältere Personen interviewt hätten, die sicher wieder ganz andere Lebenswege eröffnen würden.

Bei den Interviews haben wir uns auf Frauen und Männer beschränkt, die schon immer oder seit vielen Jahren im Landkreis Main-Spessart leben. Der Main bestimmt dieses Land, der auch das Leben vieler unserer Gesprächspartner geprägt hat. Einige erzählen von der Schönheit der Landschaft an dem Fluss, der verbindet und trennt und wie eine geschwungene Linie Mainfranken durchzieht und gewissermaßen die Grenze zwischen Nord- und Süddeutschland darstellt. Deshalb erschien uns der Titel des Buches „Lebenslinien am Main" zutreffend, weil das Buch von den Lebenslinien der Menschen erzählt, die am Main ihre Heimat haben, oder denen dieser Fluss mit seiner lieblichen Landschaft zur Heimat geworden ist.

Unsere Besuche bereiteten uns von Mal zu Mal größere Freude, denn wir erkannten, wie wichtig es ist, diese unterschiedlichen Erinnerungen an Kindheit, Jugend und Erwachsenenzeit schriftlich festzuhalten. Von Eltern und Großeltern werden wohl häufig bei verschiedenen Gelegenheiten kurze Episoden aus dem Leben erzählt, doch es sind nur Momente, die rasch aufflammen und schnell wieder in Vergessenheit geraten.

Selten erfahren die Nachkommen einen zusammenhängenden Lebenslauf, wie in den vorliegenden Beispielen. Und wer macht sich schon die Mühe, diese Erfahrungen aufzuschreiben? Doch diese schönen, manchmal auch leidvollen Erfahrungen prägen auch die nächsten Generationen, was nicht vergessen werden sollte.

Bei unseren mehrmaligen Besuchen in privater Atmosphäre und während der oft stundenlangen Gespräche haben wir manchmal miteinander über lustige Episoden herzhaft gelacht. Aber auch Tränen wurden vergossen, wenn der Rückblick gar zu große Wunden wieder aufriss. Hin und wieder

trat Stille ein durch eine gewisse Betroffenheit, denn bei der Rückschau wurden längst vergessene Details wieder lebendig und mussten erneut verkraftet werden.
Selbstverständlich haben wir nur festgehalten, wozu wir autorisiert wurden. Dabei waren wir bemüht, so oft wie möglich den persönlichen Erzählstil zu wahren, um den Biografien Individualität und Lebendigkeit zu verleihen. Die Biografien enthalten die persönlichen Aussagen der Interviewten, so wie sie die bestimmte Situation in damaliger Zeit in Erinnerung hatten. Es kann sein, dass zwei Personen die gleiche Begebenheit unterschiedlich erleben und bewerten.

Insofern ist dieses Buch kein historisches Dokument, enthält aber wichtige zeitgeschichtliche Aussagen. So versuchten wir ergänzend zu den Berichten, Hintergründe aufzuhellen und zusätzliche Informationen zu bestimmten Ereignissen einzufügen.

Auf gerade Lebenslinien sind wir in keinem der Fälle gestoßen. Obwohl die Auswahl der Personen rein zufällig erfolgte, ergaben sich doch zahlreiche Verknüpfungen und Begegnungen in den einzelnen Lebensschicksalen. Die Besuche bei unseren Gesprächspartnern erfolgten meist durch persönliche Weiterempfehlung. Besondere Auswahlkriterien liegen dem Buch nicht zu Grunde.
Jeder Bericht steht unter einem Leitsatz, der uns charakteristisch für die jeweilige Persönlichkeit zu sein scheint. Alle vorliegenden Aussagen zeugen von einer positiven Grundhaltung, einem Sich-Getragen-Wissen und großer Zuversicht. Die tiefgründigen Gedanken mögen den Lesern Mut machen, ebenfalls vertrauensvoll in die Zukunft zu blicken, für alles offen zu sein und das eigene Leben mit anderen Menschen zu teilen. Es erschütterte uns zu erfahren, wie viel Leid, Elend und oft bittere Armut diese heute siebzig- und achtzigjährigen Menschen vor allem in den Kriegsjahren

schon im frühen Alter ertragen mussten. Doch beeindruckte uns, wie sie immer wieder aus dem Chaos in die Ordnung fanden, nie aufgaben, sondern sich voller Hoffnung der Zukunft widmeten. Nur bewundern können wir das oft jahrzehntelange ehrenamtliche Engagement dieser älteren Menschen in den verschiedenen gesellschaftlichen und sozialen Bereichen bis ins hohe Alter hinein.

Anliegen dieses Buches soll sein, diese reichhaltigen Lebenserfahrungen als Ermutigung an den Leser weiterzugeben, denn es wäre schade, wenn diese Schätze erfüllten Lebens in Vergessenheit gerieten. Außerdem ist es eine Würdigung all jener, die trotz schwerer Vergangenheit ihre Hoffnung nicht verloren haben.

Gemünden, im Herbst 2000

Ursula und Eckehard Klug

Maja Bauer, Lohr a. M.

Maja Bauer, geborene von Bose,
geboren am 2. August 1926 in Berlin,
1948 Heirat mit Dr. med. Rudolf Bauer,
seit 1997 verwitwet, Hausfrau,
wohnt seit 1948 in Lohr am Main.

Treu ohne wanken

Seit dem Tod ihres Mannes vor drei Jahren lebt Frau Bauer nun allein in der großzügigen Wohnung, deren gemütlich eingerichtete Zimmer mit den unterschiedlichsten Erinnerungen auf ein reichhaltiges, ausgefülltes Leben der Familie Bauer hinweisen.
Unzählige Fotos an den Wänden und auf alten handwerklich gearbeiteten Kommoden lassen auch für uns Menschen lebendig werden, mit denen Frau Bauer sich ihr Leben lang verbunden fühlte und die auch heute noch das Leben mit ihr teilen. Sie erzählt liebevoll von ihren Vorfahren und Verwandten und lässt kleine Anekdoten einfließen, so dass wir bald den Eindruck gewinnen, ihnen selbst schon einmal begegnet zu sein.
Frau Bauer wurde, wie sie sagt, mehr zufällig in Berlin geboren: „Meine Eltern wohnten in Hannover, wo mein Vater als Offizier der deutschen Reichswehr Dienst leistete. Im Sommer 1926 nahm er an einem Lehrgang der Militärsportschule in Berlin teil. Ende Juli kurz vor meiner Geburt besuchte ihn dort meine Mutter. Und so erblickte ich am 2. August, einem brütend heißen Tag, anstatt in Hannover in Berlin das Licht der Welt. Berlin galt in den zwanziger Jahren des vorigen Jahrhunderts mit seinem besonderen Flair und pulsierenden Leben als Weltstadt, und ich bin stolz, dort geboren zu sein. Von dem evangelischen Pastor Bruno Doehring, der in Berlin Hof- und Domprediger war, wurde

ich auf den Namen Maja getauft. Mein Vater hatte sich für diesen etwas außergewöhnlichen Namen entschieden und sagte zu meiner Mutter: ‚Für mich ist dies mein erstes Kind, für dich jedoch schon das dritte, deshalb darf ich über den Namen entscheiden.' Ich war wohl ein recht pummeliges Baby, denn mein Vater meinte: ‚Das ist ja keine Biene, das ist eher ein kleiner Brummer!'
Meine Mutter Verena von Samson Himmeltstjerna war 1895 geboren und entstammte einer Familie aus dem Baltikum,

Maja Bauer in ihrer Wohnung, Januar 2000.

das bis 1918 zum russischen Reich gehörte. Ihre Vorfahren waren hauptsächlich Landwirte oder Pastoren. Ursprünglich stammten sie wohl aus Schweden und hatten sich im Baltenland niedergelassen. Als recht eigenwillige junge Dame, die sie wohl war, heiratete meine Mutter bereits mit siebzehn Jahren einen Künstler. Ihre Eltern hielten sie allerdings für zu jung und unerfahren und stellten sich gegen diese Ehe. Mutter ließ sich jedoch nicht beirren und wollte, wenn sie ihren Geliebten nicht heiraten durfte, aus dem vierten Stock springen. Was blieb nun den Eltern übrig, als der Heirat zuzustimmen. Sie hatten mit ihren Bedenken jedoch recht, denn die so schnell geschlossene Ehe hatte nicht lange Bestand. Der junge Künstler interessierte sich auch noch für andere schöne Frauen, was meiner Mutter nun gar nicht gefiel. Aus dieser kurzen Verbindung stammten zwei Söhne, Patrick und Reginald. Nach dem Ende des Ersten Weltkrieges 1918 wurden meine Großeltern aus dem Baltikum ausgewiesen und gingen als Flüchtlinge nach Neubrandenburg, und meine Mutter mit ihren zwei Söhnen auch.

Mein Vater Jobst Hilmar Graf von Bose, der 1897 geboren wurde, war während des Ersten Weltkrieges im Baltikum stationiert und hatte dort bei gesellschaftlichen Veranstaltungen meine Mutter kennen gelernt. Da soll sein Entschluss, sie zu heiraten, schon festgestanden haben, denn zu einem Kameraden sagte er: ‚Die wird meine Frau!' Als der jüngere Sohn aus der ersten Ehe meiner Mutter starb, kümmerte sich mein Vater sehr um sie. Wohl um etwas Abstand nach dem schrecklichen Schicksalsschlag zu gewinnen, ging meine Mutter zu Verwandten nach Schweden. Sie geriet dabei noch fast in politische Verwicklungen, denn ein Bekannter ihrer Familie, Wolfgang Kapp, ein extremer Nationalist, der von 1906 bis 1920 Generallandschaftsdirektor in Ostpreußen war, bat meine Mutter, verschiedene Dokumente mit nach Schweden zu nehmen, was sie auch tat. Erst später erfuhr sie die Zusammenhänge: Herr Kapp hatte 1917 die

Deutsche Vaterlandspartei gegründet und unternahm am 13. März 1920 zusammen mit General von Lüttwitz den Versuch, die deutsche Reichsregierung zu stürzen. Dieser so genannte Kapp-Putsch scheiterte und Wolfgang Kapp flüchtete nach Schweden.

Nachdem meine Mutter wieder aus Schweden zurückgekehrt war, warb mein Vater, der ein junger fescher Mann war, lange Zeit um sie. Verständlicherweise war sie recht enttäuscht von ihrer ersten Ehe und bat sich noch Bedenkzeit aus. Ich erinnere mich, wie mein Vater später zur Erinnerung an diese Zeit des Werbens öfter die Melodie pfiff: ‚Rosemarie, sieben Jahre mein Herz nach dir schrie.' Im Jahr 1925 heirateten sie schließlich. Für meinen Vater, den preußischen Offizier, war es damals in der doch sehr prüden Zeit mit vielen Vorbehalten gegen alles, was außerhalb der gültigen Norm stand, nicht einfach, eine geschiedene Frau mit einem Kind zu heiraten, zudem meine Mutter noch als russische Staatsangehörige eine Ausländerin war. Er brauchte sogar eine Genehmigung von seinem Vorgesetzten. Doch die große Liebe zwischen meinem Vater und meiner Mutter siegte und beide wurden sehr glücklich miteinander. Mein Vater machte übrigens nie einen Unterschied zwischen dem Sohn Patrick aus der ersten Ehe meiner Mutter und mir und meinem jüngeren Bruder Volkmar. Es war für ihn selbstverständlich, dass er alle drei Kinder mit Liebe und Verantwortung gleich behandelte.

Meine ersten Kinderjahre verbrachte ich in Hannover, erinnere mich aber eigentlich nur noch an tollkühne Rollerfahrten dort. Mein Vater war Kavallerie-Offizier. Seine Hauptaufgabe bestand in der Ausbildung von Remonten, das waren die als Ersatz bei den berittenen Truppen eingestellten jungen, noch nicht reitfähigen Pferde. Dazu brauchte die Reichswehr einen erstklassigen Reiter wie meinen Vater, der schon häufig an Turnieren teilgenommen hatte. Die Pferde spielten bis zum Zweiten Weltkrieg beim Militär noch eine

Die zwölfjährige Maja mit ihrem jüngeren Bruder Volkmar im Jahr 1938.

große Rolle; in vielen Garnisonen gab es Kavallerie-Regimenter, und mein Vater wurde häufig versetzt. Unsere Familie musste deshalb oft von einer Garnisonsstadt in die andere umziehen. Wir lebten zeitweise in Schlesien, zunächst in Brieg an der Oder südöstlich von Breslau und dann in Militsch nördlich von Breslau an der polnischen Grenze. Später zogen wir in die Mark Brandenburg. Ich kannte es als Kind gar nicht anders, als ständig den Wohnort zu wechseln. Wir Kinder wurden schließlich nicht gefragt, ob es uns gefiel, uns immer wieder neu einzuleben. Es ging bei uns recht bescheiden zu, und an allen Orten musste bei der Einrichtung der neuen Wohnung improvisiert werden. So wurden die Gardinen zum Beispiel immer wieder passend für die neuen Fenster umgenäht und nicht etwa neu gekauft. Meine Mutter, die in Leipzig am Konservatorium ausgebildet war, erteilte mir selbst in frühen Jahren Klavierunterricht. Sie wollte auch, dass ich Geige spiele, doch die Kosten dafür konnten die Eltern nicht aufbringen. Ein Offizier verdiente nicht viel, hatte aber seine gesellschaftlichen, oft recht kostspieligen Verpflichtungen. So hatte eben die Familie mit ihren Ansprüchen der Not gehorchend oft zurückzustehen. Gern denke ich an die Ferien auf Schloss Ellingshausen bei Meiningen zurück, das den Großeltern von Bose gehörte. Im Jahr 1933 bin ich in Weimar von meiner Großmutter eingeschult worden, weil die Eltern wieder einmal einen Umzug vorbereiteten und ich in dieser Zeit von der Großmutter, die inzwischen in Weimar wohnte, betreut wurde", berichtet Frau Bauer aus ihren Kinderjahren.

Frau Bauer entstammt einer Familie, die sich seit annähernd 800 Jahren nachweisen lässt. Ein Vorfahre, der Ururgroßvater und preußische General Julius Bose, wurde im Jahr 1880 vom Deutschen Kaiser aufgrund seiner militärischen Erfolge im Deutsch-Französischen Krieg bei der Schlacht von Wörth 1870/1871 in den erblichen Grafenstand als Primogenitur erhoben. Dies bedeutete, dass jeweils der erstgeborene eheliche Sohn den Grafentitel tragen durfte. Nach 1918 wurde diese Ernennung jedoch hinfällig. Maja Bauer, geborene von Bose, ist noch 1958 im ‚Gotha', dem genealogischen Verzeichnis des europäischen Adels, eingetragen worden.

„Meine Großmutter väterlicherseits war eine Gräfin Dohna", erzählt Frau Bauer über die Familiengeschichte: „Die Dohna waren ein altes Adelsgeschlecht aus Sachsen, das schon im 11. Jahrhundert im Besitz der Burggrafschaft Dohna bei Pirna war. Später zerfiel es in eine schlesische und eine preußische Linie. Meine Großmutter entstammte der preußischen Linie, die in Ostpreußen noch zahlreiche Schlösser besaß, wie Schloss Finkenstein, Schlobitten und Schlodien. Diese Schlösser konnte ich leider nicht mehr kennen lernen. Sie haben heute andere Besitzer und sind zum Großteil heruntergekommen, verwahrlost oder sogar zerfallen. Schloss Ellingshausen in Thüringen, das den Großeltern von Bose gehörte, besuchte ich kürzlich mit meinen Kindern, doch wir waren beim Anblick dieses einst hochherrschaftlichen Gebäudes sehr enttäuscht."

Häufige Schulwechsel gehörten zum Leben der Schülerin Maja, und so musste sie sich im Laufe ihrer Kindheit immer wieder neu anpassen und auf andere Lehrer und Mitschüler einstellen. Im Jahr 1937 musste die Familie wieder einmal umziehen, denn der Vater war in die oberfränkische Stadt Bamberg versetzt worden. „Schwer fiel mir der Schulwechsel 1937 im Alter von elf Jahren von Schlesien nach Bayern", fährt Frau Bauer in ihrer Erzählung fort: „Ich passte so gar nicht in das Bild der Schülerinnen des Mädchen-Lyzeums in meiner neuen Heimatstadt Bamberg. ‚Wie siehst denn du aus mit deinen weißblonden Haaren! Du wirkst so ganz fremd', begrüßte mich die Lehrerin erstaunt am Tag der Anmeldung. Mich verwunderte, wie sich die Schülerinnen hinknieten und andächtig zum Kruzifix gewandt beteten. In der ersten Zeit meinte ich, diesen anders gearteten Schulalltag nicht länger aushalten zu können und war recht unglücklich. Doch meine Einstellung änderte sich bald, denn ich war schließlich geübt darin, mich auf neue Gegebenheiten einzustellen. Mit der Zeit gefiel es mir sogar gut in dieser Mädchenschule unterhalb des Domes und ich gewann rasch treue Freundinnen, mit denen ich durch dick und dünn gehen konnte. Erst vor kurzem fand ein Klassentreffen statt, bei dem sich alle herzlich über das Wiedersehen freuten."

In der oberfränkischen Stadt am Main verlief die Zeit noch gemächlich. Den 1939 ausgebrochenen Zweiten Weltkrieg spürte man vorerst nicht. Auch die Schulzeit der Maja von Bose verzeichnete zunächst noch keine einschneidenden Erlebnisse. Maja ging wie alle Mädchen ihres Alters zum BDM, dem nationalsozialistischen Bund Deutscher Mädel. „In den Jahren 1942 und 1943 wurde ich zusammen mit anderen während der Ferienzeit vom BDM zum Hopfenpflücken in der Hallertau, dem größten deutschen Hopfenanbaugebiet, südlich von Ingolstadt, eingeteilt", berichtet Frau Bauer: „Ich fand diese Arbeit in dem ländlichen Gebiet, wo wir unter einfachsten Verhältnissen lebten, wunderbar. Von früh bis abends mussten wir die sechs bis acht Meter hohen Kletterstauden von den Drahtgerüsten mit einer Stange herunterziehen und die sehr aromatisch riechenden Hopfendolden abpflücken. Man bekam dabei ganz schwarze, fast teerige Finger und Hände. Da wir viele junge Mädchen waren, ging es schwungvoll und lustig zu und wir konnten uns in freier Natur so richtig austoben. Ich genoss diese Ferienlager sehr. 1944 wollte ich wieder zum Hopfenpflücken ausrücken, wurde aber wegen Überempfindlichkeit gegen das Kupfervitriol, womit die Hopfenstauden gespritzt wurden, nicht zugelassen. Zur Abwechslung durfte ich dann in einer Fabrik Schrauben drehen."

Im Winter 1944/1945 machte der Krieg auch vor dem Mädchen-Lyzeum in Bamberg nicht mehr Halt. Die Kriegswirtschaft benötigte dringend Arbeitskräfte, der Schulunterricht war nicht mehr so wichtig. Frau Bauer erzählt, was damals auf die Schülerinnen, die kurz vor dem Abitur standen, zukam: „Wir waren bereits in der neunten Klasse und bereiteten uns schon auf das Abitur vor. Da teilte man uns mit, dass wir ab jetzt zum Arbeitsdienst abgestellt werden. In diesem eisigkalten Winter kam ich nach Nemmersdorf bei Goldkronach im Fichtelgebirge, und wieder hatte man sich unterzuordnen. Ich war es ja gewohnt, Zeit meines Lebens zu lernen und Dinge zu akzeptieren. Doch unter uns waren einige Mädchen aus Zirkusfamilien, die sich einfach nicht eingliedern konnten und deshalb ziemlich hart herangenommen wurden. Wir wohnten dort alle zusammen in einem alten Schloss. In aller Frühe, vor unserem Arbeitseinsatz, mussten wir antreten, die Fahne hissen und singen, wie das halt so üblich war. Wir wurden dann aufgeteilt und dorthin ge-

schickt, wo man uns brauchte. Ich kam zuerst zu einem Bauern, musste mich um die Kühe kümmern und auf den Feldern Mist streuen. Die Arbeit auf den freien Feldern war gefürchtet, denn längst beherrschten die amerikanischen Tiefflieger den Himmel. Und die beschossen alles, was sich auf der Erde bewegte, auch einzelne Frauen, die auf den Feldern arbeiteten. Gleich in der Nachbarschaft von Nemmersdorf befand sich der Flugplatz Bayreuth-Bindlach, und deshalb war die Gegend öfter das Ziel amerikanischer Flugzeuge. Auch ich erlebte so manchen Fliegerangriff. Wenn man Flugzeuggeräusch hörte, musste man schnell Deckung suchen, möglichst in einem Waldstück, denn da konnten die Piloten einen nicht entdecken."
Die jungen Mädchen wurden oft von den Leuten, denen sie zugeteilt waren, rücksichtslos ausgenutzt. Manche mussten bis zur Erschöpfung arbeiten. Auch die achtzehnjährige Maja kann ein Lied davon singen: „Nach dem Arbeitseinsatz bei dem Bauern musste ich in einer Bäckerei aushelfen, die Männer waren ja alle im Krieg. Hier durfte ich anfangs die Brote mit einem langen Schieber in den Backofen legen. Das war eine ganz schön schwere Arbeit für ein junges Mädchen. Später brauchte man meine Hilfe im Laden, wo ich eine Zeit lang Brot- und Backwaren verkaufte. Die schlimmste Arbeit, die mir befohlen wurde, war das Waschen der Wäsche im eiskalten, manchmal fast zugefrorenen Bach. Meine Hände waren ganz rot und durchgescheuert! Ich hatte das Gefühl, meine Finger würden erfrieren. Als ich darüber im Lager berichtete, hieß es sofort: ,Dort wird keiner von uns mehr hingeschickt. Wir lassen uns doch nicht ausnutzen!' Daraufhin kam ich wiederum zu einem Bauern, wo es mir sehr gut gefiel. Da durfte ich Strümpfe stricken und ausbessern, im Haushalt helfen und auch mal Holz sägen und stapeln. Diese Arbeiten sagten mir zu, ich musste auch nicht bis zur Erschöpfung schuften. Die Bauersleute behandelten mich ordentlich. Bis Ende Januar 1945 war ich im

Arbeitsdiensteinsatz. Dann erhielt ich einige Tage Sonderurlaub, denn mein Freund Gunter, mit dem ich so gut wie verlobt war, hatte an der Front insgesamt acht schwere Kopfverletzungen erlitten und lag im Lazarett. Er war mit seinen neunzehn Jahren bereits angehender Leutnant und wollte später in den diplomatischen Dienst gehen. Unsere gemeinsame Zukunft hatten wir uns bereits so schön ausgemalt; wir waren beide trotz der düsteren Lage Ende 1944, Anfang 1945 davon überzeugt, dass alles gut enden würde und uns eine blühende Zeit bevorstand. Doch seit seiner schlimmen Verletzung litt mein Freund unter schweren Anfällen. Auch die vielen Operationen, die er erleiden musste, halfen nicht. Meine Eltern bedrängten mich, meinen Freund nicht zu heiraten. Rückblickend betrachtet war dieser Rat richtig, denn unser Leben wäre zu schwer belastet worden. Ich besuche aber heute noch meinen Jugendfreund, dessen ganzes Leben unter seinen schwersten Kriegsverletzungen sehr beeinträchtigt blieb."

Die junge Maja wollte nun im Februar 1945 unbedingt ihren Beitrag zur Verteidigung ihres Vaterlandes leisten. Wie viele junge Leute war auch sie überzeugt davon, dass Deutschland den Krieg gewinnen müsse und man deshalb verpflichtet sei, seinem Land zu helfen. Sie meldete sich freiwillig zu einer Flakbatterie nach Schweinfurt. Doch daraus wurde nichts, wie sie sich erinnert: „Mein älterer Bruder Patrick war entsetzt und verbot mir strikt diesen Einsatz. So wurde ich für eine Ausbildung bei der Straßenbahn in Nürnberg eingeteilt. Bei der Straßenbahn waren inzwischen fast nur noch jüngere Frauen als Fahrerinnen und Schaffner eingesetzt. Bis April 1945 blieb ich bei der Straßenbahn, wegen des ständigen Luftalarms musste aber die Ausbildung immer wieder unterbrochen werden. Ich kam kaum noch aus meiner Uniform heraus. Ruhe gab es überhaupt nicht mehr. Entweder war man im Dienst oder man verbarg sich in einem der Laufgräben, die in Ermangelung von Luftschutzkellern

ausgehoben worden waren. Ich habe mich mit voller Kraft auch noch in den letzten Monaten vor Kriegsende für mein Heimatland eingesetzt. Mein Vater war schließlich Offizier und glaubte an einen Sieg Deutschlands. Für uns Kinder waren Begriffe wie Pflichtgefühl und Opferbereitschaft selbstverständlich und entsprechend war unsere Einstellung. Meine Mutter verhielt sich da bedeutend skeptischer. Vielleicht hing dies damit zusammen, dass sie aus dem Baltikum stammte und daher alles etwas distanzierter betrachtete. Sie weinte los, als am 22. Juni 1941 Deutschland die Sowjetunion überfiel und damit Russland in den Krieg mit Deutschland zwang und prophezeite: ‚Das ist das Ende für uns!' Mein Vater war ganz entsetzt und rief: ‚Wie kannst du so etwas sagen, du zerstörst alles mit deinem Pessimismus! So darf man als Frau eines Soldaten nicht reden!' Die Entrüstung meines Vaters in damaliger Zeit konnte ich verstehen. Für ihn war es selbstverständlich, sich freiwillig zum Kriegsdienst zu melden, allein schon aus Rücksicht auf seine Vorfahren, von denen einige bedeutende Soldatenführer waren. Mein Vater meldete sich bei Kriegsausbruch zur Infanterie und befehligte bis zum bitteren Ende im Jahr 1945 verschiedene Regimenter in Russland, Frankreich und zuletzt in Ungarn.
Meine Mutter blieb während der Kriegsjahre in Bamberg und engagierte sich sehr aktiv beim Roten Kreuz und im Kinderkrankenhaus. Auch ich musste nach meiner Rückkehr von den Arbeitsdiensteinsätzen dort mithelfen und im Lazarett verwundete Soldaten pflegen. Wir sahen dies als unsere Pflicht an. Schon als Schülerin hat mich meine Mutter mit zum Bahnhof genommen, um dort Essen an Soldaten und Flüchtlinge auszuteilen. So hat sie mich frühzeitig in soziale Aufgaben eingewiesen, wofür ich ihr heute noch dankbar bin. Meine Mutter setzte sich außerdem sehr eifrig für ihre Verwandten aus dem Baltikum ein, die vor den Russen in den Westen geflohen waren. Sie sorgte für eine vorübergehende Unterkunft für diese Flüchtlinge."

Die Wohnung der Familie von Bose in Bamberg wurde glücklicherweise nicht zerstört; bei einem Bombeneinschlag in der Nachbarschaft war lediglich durch die Detonation der Keller der Wohnung beschädigt worden. In der Großstadt Nürnberg, wo Frau Bauer bei der Straßenbahn eigentlich ausgebildet werden sollte, ging es nicht so ruhig zu. Sie erinnert sich: „Ich verbrachte dort eine furchtbare Zeit und lebte ständig in Angst wegen der vielen Bombenangriffe auf die Stadt. Ein geordneter Straßenbahnbetrieb war nicht mehr möglich. Zerstörte Gleise mussten wieder instand gesetzt werden, teilweise waren die Straßen nicht mehr befahrbar. Es musste ständig improvisiert werden. Wir versteckten uns bei Alarm in zerbombten Häusern, und ich war froh, mein Leben retten zu können. Eine Ausbildung erhielten wir nicht mehr, zu essen gab es kaum etwas, so dass wir junge Mädchen ständig Hunger hatten. Furchtbare Augenblicke erlitt ich, als eines Tages eine junge Kameradin tödlich getroffen neben mir zusammenbrach. Da es nicht mehr genügend Luftschutzkeller gab, wurden die sehr massiv gebauten alten Stadttürme zu Luftschutzräumen umfunktioniert. Bei Angriffen mussten wir jungen Leute in die oberen Etagen der Türme steigen, unten war der Aufenthalt nur für Verwundete und alte Menschen erlaubt. Dieses Gefühl der Unsicherheit oben in den bei Detonationen bebenden Türmen, während über die Stadt ein Bombenhagel niederging, werde ich nie vergessen. Jahrelang habe ich gebraucht, um das Angstgefühl zu überwinden. Alle Angriffe habe ich in Nürnberg 1945 erlebt und musste schon als Achtzehnjährige Schreckliches mitmachen. Mein einziger Trost in diesen ausweglosen Monaten waren meine Bücher: ‚Hyperion' von Friedrich Hölderlin, ‚Wanderer zwischen zwei Welten' und Goethes ‚Faust', drei kleine Bändchen, in denen ich immer wieder blätterte, um mich abzulenken.
Eines Tages im April 1945 sagten einige Soldaten zu uns jungen Frauen: ‚Was macht ihr denn noch hier? Nürnberg wird

doch zur offenen Stadt erklärt. Macht, dass ihr heimkommt zu Muttern!"
Die Mädchen durften aber nicht so ohne weiteres ihren Ausbildungsplatz bei der Straßenbahn verlassen. Erst als die Aufgabe der Stadt nur noch eine Frage von Tagen war, erhielten sie am 4. April ihren Entlassungsschein, und Maja von Bose konnte nach Bamberg zur Mutter zurückkehren. Kurze Zeit später, am 20. April, nahmen die Amerikaner nach längeren Kämpfen die zu neunzig Prozent zerstörte Stadt Nürnberg ein. Mit Schaudern denkt Frau Bauer an die damaligen Verhältnisse: „Ich machte mich zusammen mit einer Freundin zu Fuß auf den Heimweg. Ein armseliges Bündel war unser ganzes Gepäck. Wir liefen zum ‚Plärrer‘, dem Hauptverkehrsknotenpunkt der Stadt und hofften, von dort eine Mitfahrgelegenheit zu bekommen. Unterwegs trafen wir auf zwei Soldaten, denen wir erzählten, dass wir auf der Suche nach einem Zug Richtung Fürth-Bamberg seien. Die beiden begleiteten uns ein Stück, wobei wir ihre Gewehre übernahmen und sie unsere doch recht schweren Bündel trugen. Gemeinsam erreichten wir schließlich einen Güterzug und kamen müde und hungrig, aber wohl behalten in Bamberg an. Als ich vor meiner Mutter stand, weinte sie wie ein Schlosshund voller Freude, dass sie mich lebend wiedersah. Glücklich nahm sie mich in ihre Arme und gewöhnte mich allmählich wieder an ein normales Leben."
Auch die Stadt Bamberg war inzwischen von der amerikanischen Armee eingenommen worden, und die Mutter hatte Angst, dass ihre nun erwachsene Tochter mit ihren blonden Haaren den Besatzern auffallen könnte. Die Mutter arbeitete inzwischen beim Roten Kreuz in einem Krankenhaus und nahm sie gleich als Hilfskraft mit. Frau Bauer über die Sorgen ihrer Mutter: „Sie hütete mich wie ihren Augapfel und versteckte meine Haare unter einer Schwesternhaube aus Furcht, man könnte mir etwas antun. Nach einiger Zeit des Wartens erfuhr meine Mutter, dass mein Vater in einem ame-

rikanischen Kriegsgefangenenlager in Selb nahe der tschechischen Grenze festgehalten wurde. Ich beschloss, ihn dort zu besuchen. Das war im Jahr 1945 nach dem Kriegsende gar nicht einfach. Selb lag immerhin etwa einhundertdreißig Kilometer östlich von Bamberg und es gab keine direkte Verkehrsverbindung. Mit einem Kohlenauto kam ich abends vor dem Camp an und habe doch tatsächlich meinen Vater am Zaun stehen sehen. Aber wie sah er aus! Er, der einst stolze Offizier, stand da mit heruntergerissenen Epauletten, gedemütigt und furchtbar abgemagert. ‚Was machst du denn da, Puppe?', rief er mich mit meinem Kosenamen an. ‚Hast du etwas zu essen?' Von meinem Vater zu hören, dass er seine Tochter um Essen anbetteln musste, war für mich furchtbar. Ich versprach ihm, am nächsten Tag mit einigen Lebensmitteln wiederzukommen. Bei einer hilfsbereiten alten Frau konnte ich in der Küche schlafen. Dafür bin ich ihr noch heute dankbar. So konnte ich meinen Vater, der im Krieg verwundet wurde, am nächsten Tag wieder sehen, mich intensiv mit ihm unterhalten und ihm auch etwas zu essen bringen. Bald machte ich mich im Schutz von heimkehrenden Soldaten wieder auf den Rückweg. Mir war nämlich von zu Hause eingeprägt worden: ‚Eine Uniform verpflichtet den Menschen und du kannst dich vertrauensvoll einem Uniformierten anschließen.'
Obwohl ich schon als Kind gelernt hatte, mich zusammenzunehmen und Gefühle nicht offen zu zeigen, hatte ich doch Mühe, das erschütternde Bild von meinem niedergeschlagenen Vater im Kriegsgefangenenlager zu verkraften. Aber durch meine harte Erziehung konnte ich tapfer dieses Erlebnis überwinden und bin unbeschadet durch alle Wirren des Krieges und der Nachkriegszeit gekommen. Wenn man so geprägt ist, muss man allerdings aufpassen, dass man nicht zu hart gegen sich selbst und andere wird."
Im Herbst 1945 wurde der Vater von Frau Bauer aus der Kriegsgefangenschaft entlassen und konnte wieder zu sei-

ner Familie zurückkehren. Seine inzwischen neunzehnjährige Tochter erinnert sich: „Mein Vater war ein gebrochener Mann. Die grenzenlose Enttäuschung für den erst siebenundvierzigjährigen Mann nach dem zweiten verlorenen Krieg, den er mitgemacht hatte, war ihm direkt im Gesicht abzulesen. Er hatte sich bereits mit sechzehn Jahren beim Ausbruch des Ersten Weltkrieges 1914 freiwillig zum Militär gemeldet. Nun, nach dem zweiten Zusammenbruch Deutschlands sah er auch sein Leben als zerstört an. Alles war umsonst gewesen. Er war krank, es war kein Geld da; Verzweiflung bestimmte fortan sein Leben. Er und meine Mutter versuchten alles, um in der Nachkriegszeit überleben zu können. Zunächst verkauften meine Eltern Teppiche und kostbares Mobiliar. Dann organisierte mein Vater Papier, um Glückwunschkarten zu bemalen und sie in kleinen Geschäften zum Verkauf anzubieten. Außerdem stellten beide aus Gips Teller her, die sie ebenfalls recht schön bemalten und an Fest- und Feiertagen an einem Verkaufsstand vor der Wallfahrtskirche Vierzehnheiligen anboten. Ich staune noch heute, wie erfindungsreich meine Eltern waren, um uns über Wasser zu halten. Mit nur acht Mark kamen sie nach einem anstrengenden Tag heim, und das war dann ein besonders erfolgreicher Tag. Meistens waren die Einnahmen niedriger. Schließlich erteilte mein Vater noch Unterricht in Bridge, Doppelkopf und Skat in unserer Wohnung an drei getrennten Tischen und erhielt dafür ein klein wenig Geld. Die Gäste waren froh über die Unterhaltung und auch über eine warme Wohnung, denn auch das war in den ersten Nachkriegsjahren nicht selbstverständlich. Meine Mutter war beim Roten Kreuz neben ihrer Tätigkeit im Krankenhaus auch noch für die damals übliche Schulspeisung mit verantwortlich und brachte uns manchmal etwas von der restlichen Milchsuppe oder dem Eintopf mit nach Hause, worüber wir uns alle sehr freuten, denn bei uns war oft Schmalhans Küchenmeister."

Den Aufschwung in Deutschland erlebte der Vater von Frau Bauer nicht mehr. Im Jahr 1949 ist er im Alter von nur einundfünfzig Jahren an den Folgen seiner schweren Kriegsverletzung gestorben. Sehr nachdenklich und in großer Achtung seiner Leistungen betont seine Tochter: „Mein Vater gilt somit als gefallen für sein geliebtes Heimatland.
Auch mein älterer Bruder Patrick war eingezogen worden und kämpfte an der Front", fügt Frau Bauer an: „Gegen Kriegsende geriet er in Gefangenschaft, kehrte jedoch zu unserer großen Erleichterung unversehrt heim. Ihn hatte ich von klein auf als Vorbild angesehen und richtig angehimmelt. Schließlich war er zwölf Jahre älter als ich. Für mich war er immer der erfahrene junge Mann. Als Soldat war er viel in Frankreich eingesetzt, und von dort brachte er bei seinem Urlaub immer die neuesten Schlager mit, die ich mit ihm zusammen anhören durfte. Wundervolle Erinnerungen sind das für mich."
Nach dem Krieg musste sich das Leben wieder allmählich normalisieren und man selbst an seine eigene Zukunft denken. Auch für Maja von Bose stellte sich die Frage, wie es weitergehen sollte: „Ich musste mir über meine Ausbildung Gedanken machen", sagt sie: „Wir hatten kein Geld und lebten von der Substanz. Als mein Vater im Jahr 1949 starb, besaß meine Mutter ganze achtundzwanzig Mark und wusste nicht, wie sie die Beerdigung ausrichten sollte. Zum Glück hatte mein Bruder Patrick eine vermögende Frau geheiratet und half uns finanziell über diese schwere, entbehrungsreiche Zeit hinweg. Dies habe ich allerdings erst später erfahren, denn meine Mutter wollte mich nicht noch damit belasten.
Mein Berufswunsch war Apothekerin, wozu ein Pharmaziestudium nötig war. Mein Notabitur-Zeugnis hatte ich nach knapp neunjähriger Gymnasialzeit und wegen guter Führung im Arbeitsdienst in der Hand. Allerdings teilte man uns bald nach dem Krieg mit, dass für ein wissenschaftliches

Studium das Notabitur nicht ausreicht. Ich hätte also wieder zur Schule gehen müssen, um das normale Abitur nachzuholen. Das hätte die Familie wieder finanziell stark belastet und so entschloss ich mich zu einer praktischen Ausbildung in der Löwenapotheke in Bamberg. Nach vier Wochen wurde mir eröffnet, dass aufgrund einer neuen Verordnung vorerst nur ehemalige Soldaten einen Ausbildungsplatz erhalten könnten.

Ich musste also meinen Platz räumen", schildert Frau Bauer ihre vergeblichen Bemühungen um eine Ausbildungsstelle nach dem Krieg. Für sie wie auch für viele ihrer ehemaligen Mitschülerinnen war dies besonders bitter, denn schließlich mussten auch die jungen Mädchen in den letzten Monaten des fürchterlichen Krieges ihre Schulausbildung abbrechen, um dem Vaterland zu dienen. Jetzt wurden sie gleich zweimal bestraft, einmal wurde ihr Notabitur nicht anerkannt, zum anderen mussten sie ihren männlichen Kollegen Vorrang geben. Die Enttäuschung bei vielen jungen Frauen war deshalb groß.

Die junge Maja von Bose ließ sich aber nicht entmutigen. Sie erzählt: „Um Geld zu verdienen, nahm ich eine Stelle in einem Café an und rechnete dort eine Zeit lang die Bons der Bedienungen ab. Meine Eltern waren mit diesem Job natürlich nicht recht einverstanden, aber ich brauchte schließlich eine Beschäftigung, wollte in dieser für uns alle kärglichen Zeit wenigstens meinen Lebensunterhalt verdienen und nicht tatenlos zu Hause herumsitzen. Nach einiger Zeit machte ich einen neuen Versuch, studieren zu dürfen und schrieb mich an der Philosophischen-Theologischen Hochschule Bamberg ein. Die Zulassung dauerte etwas und da bot sich mir zufällig die Gelegenheit, im Fotogeschäft Bauer eine Lehre abzuschließen. Mir gefiel diese Arbeit sehr. Ich durfte häufig in der Dunkelkammer Aufgaben übernehmen, retuschieren und Filme entwickeln. Auch kleinere Fotomontagen gelangen mir bald gut."

In dieser Zeit lernte die junge Frau ihren zukünftigen Mann kennen. Frau Bauer berichtet über die ersten Begegnungen: „Bei gelegentlichen Konzertabenden war mir ein sympathisch wirkender Mann aufgefallen, dem auch ich zu gefallen schien. Doch ein Freund von ihm, der unsere Familie kannte, riet ihm von einer näheren Bekanntschaft ab: ‚Lass bloß die Finger von der Kleinen! Erstens ist sie adelig, zweitens eine Preußin und außerdem hat sie nichts.' Damit war die Angelegenheit vorerst erledigt. Ich hatte aber doch gespürt, wie er mich so genau beim Konzert beobachtet hat und war etwas geschmeichelt, zumal er um einige Jahre älter war als ich. So erkundigte ich mich meinerseits nach der Herkunft meines Bewunderers und erfuhr, dass er Arzt in einem Bamberger Krankenhaus war. Zufällig lagen unsere Plätze in einem der nächsten Konzerte im Kaisersaal der Neuen Residenz fast nebeneinander, und in der Pause ergab sich ein Gespräch, in das sich wohl aus Fürsorge auch bald meine Eltern interessiert einmischten.

Das Ehepaar Bauer 1949, ein Jahr nach der Hochzeit.

Mein Verehrer, Dr. Rudolf Bauer, begleitete uns an diesem Abend nach Hause. Wir trafen eine neue Verabredung zum Schlittenfahren am Rothhof westlich von Bamberg, und lernten uns so bald näher kennen. Herr Dr. Rudolf Bauer war zehn Jahre älter, aber mich hat der Altersunterschied nicht von einer weiteren Verbindung zu ihm abgehalten, obwohl meine Eltern mir häufig ihre diesbezüglichen Bedenken vorhielten. Der Arzt stammte aus einer Pfarrerfamilie, die mich recht schnell liebevoll aufnahm. Wir verlobten uns bald, und im Oktober 1947 bot sich meinem Verlobten die Gelegenheit, die Praxis eines angeheirateten Cousins von mir in Lohr-Sendelbach zu übernehmen. Im Jahr 1948 konnten wir schließlich heiraten und nach Lohr übersiedeln."
Die Existenz des jungen Ehepaares war nun gesichert, aber beide mussten hart arbeiten. „Unsere ersten Ehejahre waren besonders turbulent und arbeitsreich", besinnt sich Frau Bauer. „Mein Mann war als praktischer Arzt und einziger Geburtshelfer weit und breit fast rund um die Uhr in der Praxis oder bei Hausbesuchen unterwegs. Auch telefonisch war er praktisch immer zu erreichen. Es gab damals noch nicht so viele Ärzte wie heute. Fachärzte waren auf dem Land dünn gesät, und es fanden noch viele Hausgeburten statt. Ich stand ihm einige Zeit als Sprechstundenhilfe zur Seite. Unsere kleine Tochter Andrea, die 1949 geboren wurde, nahm ich oft mit ins Anmeldezimmer, wo sie in ihrem Kinderwagen friedlich in meiner Nähe schlief. Mein Mann war als Arzt sehr gefragt und half damals vielen Lohrern auf die Welt. Die Arztpraxis machte uns große Freude und noch heute denke ich gerne an diese Zeit zurück, wenn ich bei einem Spaziergang durch die Stadt Vierzig- und Fünfzigjährigen begegne, denen mein Mann auf die Welt geholfen hat. Dies ist ein besonders schönes Gefühl."
Nach einiger Zeit verlegte Dr. Bauer seine Praxis von Sendelbach in die Lohrtorstraße in die Innenstadt von Lohr. „Privat wohnten wir anfangs in recht beengten Verhältnis-

sen auf einer Etage der so genannten Kohl-Villa. Ein Auto besaß mein Mann zu dieser Zeit noch nicht und tätigte deshalb seine Hausbesuche mit einem Motorrad. Als sich unsere Andrea dringend anmeldete und mein Mann wieder einmal unterwegs war, fuhr mich zu meiner Beruhigung unser guter Bekannter Eugen Herrmann mit seinem Auto ins Krankenhaus, wo Dr. Bringmann unserer Tochter auf die Welt half. Kurz nach Andreas Geburt ist mein Vater im Jahr 1949 im Alter von nur einundfünfzig Jahren an seiner Kriegsverletzung gestorben. Leider konnte ich damals nicht zur Beerdigung fahren, da ich noch zu schwach war."

Frau Bauer war immer eine aktive Frau und hat sich in Lohr bald auf sozialem Gebiet und im gesellschaftlichen Bereich engagiert. „Als unsere Tochter etwas älter war und wir uns eine Hausangestellte leisten konnten, gründete ich im Jahr 1952 im Sportverein eine Abteilung für Florettfechten. Damit hatte ich schon in Bamberg begonnen und grundlegende Erfahrungen gesammelt. Außerdem organisierte ich das Kinderturnen und führte regelmäßig Übungsstunden für Frauenturnen in Sendelbach und Wiesenfeld durch. Dazu absolvierte ich zunächst den Übungsleiterschein, der mich erst zu dieser ehrenamtlichen Tätigkeit befähigte. Etwa zehn bis zwölf Jahre habe ich diese Abteilungen geleitet."

Wegen einer Erkrankung musste Frau Bauer das Turnen später aufgeben. Zum Ausgleich hat sie von nun an in der städtischen Bücherei ausgeholfen. „Lesen", sagt sie, „war schon immer ein besonders beliebtes Hobby von mir. Aus diesem Grund besuche ich auch schon seit Jahren den Literaturkreis der Volkshochschule in Gemünden. Auch bei Infratest-Umfragen habe ich mitgemacht und Haushalte bis hinunter nach Heigenbrücken anhand von vorgefertigten Fragebögen befragt.

Im Jahr 1953 kam unser Sohn Thomas zur Welt, und ich hatte genug zu tun mit Haushalt und Familie. Meine übrigen Aktivitäten musste ich deshalb etwas einschränken. Dennoch bestand bei mir immer ein Bedürfnis, unter Menschen zu gehen, mich mit ihnen auszutauschen und mich für andere einzusetzen."

Im Jahr 1959 erkrankte der Ehemann schwer, und die Weiterführung der eigenen Praxis mit etwa zweitausend Patienten im Vierteljahr war ihm aus gesundheitlichen Gründen nicht mehr möglich. „In der Heil- und Pflegeanstalt, der ‚Hupfla', dem heutigen Bezirkskrankenhaus, suchte man zu der Zeit einen tüchtigen Arzt, und so begann mein Mann dort im gleichen Jahr seine Tätigkeit als Arzt", berichtet Frau Bauer über den nun folgenden tiefen Einschnitt im Leben der Arztfamilie: „Die eigene Praxis hat er an einen Nachfolger übergeben. Doch bereits im Jahr 1960 bekam mein Mann eine Gelbsucht mit schweren Leberschäden und musste ein ganzes Jahr pausieren. Mehrere Monate wurde er in einem Würzburger Krankenhaus stationär behandelt. Es stand uns nun eine entbehrungsreiche Zeit bevor, und ich musste an allen Ecken und Enden sparen. Sogar unsere langjährige Hausangestellte konnte ich nicht länger bezahlen. Wir mussten uns von ihr trennen, worüber die ganze Familie sehr traurig war.

Alle unsere Freunde standen mir in dieser Zeit treu zur Seite, fuhren mich zu den damals noch sehr kurzen festen Besuchszeiten ins Krankenhaus und trösteten mich in meiner Not. Meinem Mann gegenüber durfte ich meine Verzweiflung nicht zeigen, ich las ihm vor und versuchte ihn in seiner ausweglosen Situation aufzuheitern. Hin und wieder lief ich tränenüberströmt aus dem Krankenzimmer, um mich auszuweinen und neue Kraft zu schöpfen. Da mein Mann erst kurze Zeit beim Bezirk angestellt war, erhielten wir nach einiger Zeit kein Gehalt mehr. Nun kamen wir in echte Geldnot, so dass meine Familie wieder finanziell aushelfen musste, was mir sehr unangenehm war. Doch schließlich habe ich auch diese Durststrecke mit eisernem Durchhaltewillen und Gottvertrauen überwunden.

Nach seiner Genesung musste mein Mann für einige Zeit nach München ziehen, um sein Physikum nachzuholen. Nur so konnte er als Arzt verbeamtet werden und für sich und seine Familie die Sicherheit erlangen, die er sich wünschte. Wir standen vor der Frage, wo er einigermaßen preiswert wohnen könnte. Auch musste er Diät halten, was eine kostspieligere Ernährung bedeutete. Eine Freundin von mir bot ihm an, mit in ihrem Haushalt zu leben. Das war uns eine große Hilfe und Beruhigung. Der Aufenthalt in München dauerte etwa ein Dreivierteljahr. Im Jahr 1961 konnte er wieder seinen Dienst als Arzt im Bezirkskrankenhaus aufnehmen und wurde Beamter. Wir erhielten nun auch eine schöne große Dienstwohnung im weitläufigen Krankenhausgelände. Mein Mann konnte somit immer in der Nähe seiner Patienten sein. Durch seine liebenswerte Art fand er besonders guten Kontakt zu ihnen und war hoch geschätzt. Da er ja selbst längere Zeit schwer krank war, konnte er sich gut in die Psyche der Kranken hineinversetzen, was ihm und den Patienten bei der Diagnose oft weiterhalf. Im Laufe der Jahre erhielten wir eine andere Dienstwohnung, in der ich heute noch lebe. Erst im Alter von siebenundsechzig Jahren trat mein Mann im Jahr 1983 in den Ruhestand. Da kein Mitarbeiter des Krankenhauses in die Wohnung ziehen wollte, konnten wir die Wohnung auch noch behalten, als mein Mann pensioniert wurde. Heute wollen die Ärzte und Mitarbeiter lieber nicht im Krankenhausbereich wohnen, und so lässt man mir diese für eine Person eigentlich viel zu große Wohnung, in der ich mich immer noch wohl fühle."
Nach der Pensionierung konnte sich Herr Dr. Bauer noch mehr seinem Hobby, der Jagd, widmen. „Vom Onkel hat er diese Leidenschaft zur Jägerei geerbt", erzählt Frau Bauer: „Er legte die Jagdprüfung ab und wurde ein eifriger, ja fast leidenschaftlicher Jäger, was die zahlreichen Geweihe an den Wänden erkennen lassen. Oft habe ich meinen Mann bei der Jagd als stille und interessierte Beobachterin begleitet.

Mein Mann setzte sich auch aktiv im Vorstand der Jagdgenossenschaft Lohr ein. Er veröffentlichte zahlreiche Artikel und Abhandlungen über die Jagd im Lohrer Talkessel und über ähnliche Themen. In mühsamer Kleinarbeit haben wir ganze Bücher zusammengestellt mit Fotos und auch ausführlichen Abhandlungen über die Geschichte der Jagd und besondere Jagderlebnisse. Mein Mann hatte sich im Laufe der Jahre ein ungeheures Wissen über die Jagd angeeignet."

Frau Bauer, die sich gern für andere einsetzt, konnte nicht zu Hause sitzen bleiben und sich nur mit Haushalt und Familie beschäftigen. Sie fühlt sich als gläubige Christin und ließ sich in den Kirchenvorstand der evangelischen Auferstehungskirche in Lohr wählen. Zwölf Jahre gehörte sie diesem Gremium an und war somit zusammen mit dem Dekan und anderen gewählten Kirchenmitgliedern verantwortlich für ihre Kirchengemeinde. Außerdem sang sie im Kirchenchor und erfreute so bei Festgottesdiensten die Gemeinde. Lange

Frau und Herr Bauer bei einer Urlaubsreise in Rom im Jahr 1970.

Zeit trug sie das Kirchenblättchen aus und konnte dabei so manches Gespräch führen. Auf diese Weise behielt sie den Kontakt zu vielen Gemeindemitgliedern. „Liebend gerne hätte ich mich auch kommunalpolitisch für die Stadt Lohr, die nun schon so lange meine Heimatstadt ist, eingesetzt und mich in den Stadtrat wählen lassen", sagt sie mit überzeugender Stimme und fügt fast etwas wehmütig an: „Das konnte ich aber zeitlich doch nicht mehr verkraften.
Mein Mann und ich haben viele schöne Reisen unternehmen und genießen können", erzählt Frau Bauer: „Wir haben Prag, Wien, Skandinavien besucht, sind 1972 nach Budapest zur internationalen Jagdausstellung gefahren und haben Urlaub in Griechenland und in Ägypten gemacht. Auch an einer wunderschönen Pilgerreise nach Rom haben wir teilgenommen. Da wir beide große Musikliebhaber sind, hatten wir über dreißig Jahre ein Konzertabonnement in Würzburg. Leider erkrankte mein Mann im Jahr 1989 wieder sehr schwer und war bis zu seinem Tod ganz auf meine Hilfe angewiesen. Ich habe ihm zu seiner Freude immer sehr viel vorgelesen und viele Gespräche geführt, was er überhaupt auch während unserer ganzen Ehe sehr genoss. Schließlich habe ich ihn betreut, bis er mich im Jahr 1997 verlassen musste.
Auch nach dem Tod meines Mannes fühle ich mich ihm noch immer sehr nahe. Ich erzähle ihm meine Probleme und unterhalte mich mit ihm, so als wenn er noch da wäre. Wir waren immerhin fünfzig Jahre miteinander verheiratet, und diese enge Verbindung ist für mich unauflösbar. Unser Familienspruch lautet: ‚Treu ohne Wanken', und so sehe ich rückblickend auch stolz auf unsere Ehe, für die ich sehr dankbar bin. Auch wenn ich jetzt allein leben muss, fühle ich mich nicht einsam. Alle Freunde kümmern sich rührend um mich, ich bin weiter eingebunden in den früher gemeinsam besuchten Kegelklub, nehme an Kursen der Volkshochschule, wie dem Englischkurs oder dem Literaturkreis in Gemünden teil, um mich geistig fit zu halten. Regelmäßig

Frau Bauer 1998 mit ihren Kindern Andrea und Thomas.

gehe ich zweimal wöchentlich zur Gymnastik und fühle mich körperlich gesund. Doch ich bin auch gern für mich allein und suche die Stille. Ich muss aufpassen, dass nicht zu viele Aktivitäten auf mich einstürmen."
Zu den beiden Kindern hat Frau Bauer ein gutes Verhältnis und freut sich über ihre Entwicklung. Tochter Andrea lernte während ihrer Schulausbildung in einem Würzburger Internat ihren späteren Mann kennen. Sie machte eine Ausbildung als Reisebürokauffrau, ihr Mann ist Rechtsanwalt. Beide leben heute glücklich verheiratet in Freiburg. Auch Sohn Thomas traf schon während seiner Schulzeit seine spätere Frau. Er studierte Forstwirtschaft in München und Freiburg und erstellt heute Gutachten für die Forstwirtschaft. Wäh-

rend seine Frau am Gymnasium Physik und Mathematik unterrichtet, kann er daheim arbeiten und sich nebenbei um den Haushalt und die zwei Kinder kümmern. „Natürlich besuche ich häufig meine Kinder und Enkel, die mich mit ihren Ansprüchen und Gesprächen jung halten. Kürzlich bin ich mit meiner Tochter nach Amerika gereist und denke gern an diese gemeinsame Zeit mit ihr zurück. Meine Tochter Andrea ist für mich eine richtige Freundin geworden. Für dieses Geschenk bin ich besonders dankbar. Für beide Familien erbitte ich Gottes reichen Segen und wünsche ihnen, dass sie weiter so glücklich bleiben." Mit diesen Worten, aus denen Gottvertrauen und Zuversicht sprechen, schließt Frau Maja Bauer ihren von Höhen und Tiefen begleiteten Lebensbericht ab.

Wir verlassen diese vor Lebendigkeit sprühende Frau nach diesem Gespräch schnell, denn Frau Bauer muss zu ihrer regelmäßigen Gymnastikstunde, die sie keinesfalls versäumen möchte.

Erwin Dorsch, Karlstadt

*Erwin Dorsch, am 17. April 1936 in Ochsenfurt geboren,
selbstständiger Metzgermeister,
verheiratet mit Ingrid Dorsch, geb. Büchler,
am 13. Juli 1938 in Hof/Saale geboren,
Geschäftsfrau, das Ehepaar Dorsch wohnt in Karlstadt.*

Mit Humor lebt es sich leichter

Das Ehepaar Dorsch lernten wir im Sommer 1999 auf einer Busreise nach Prag kennen. Beide gefielen uns auf Anhieb durch ihre unterhaltsame, humorvolle Art. Herr Dorsch wusste eindrucksvolle Anekdoten vor allem aus seiner Jugendzeit zu erzählen, so dass uns rasch klar wurde, dass auch ihr Lebenslauf zu den besonderen Lebenslinien der Menschen am Main gehört.

Erwin und Ingrid Dorsch 1999 in ihrer Wohnung.

Sichtlich gut erholt von einer Urlaubsreise in den Süden empfingen uns Frau und Herr Dorsch in ihrer erst kürzlich renovierten Wohnung in Karlstadt.

Erwin Dorsch ist ein echter Unterfranke. Seine Eltern stammten aus Ochsenfurt, wo Erwin am 17. April 1936 geboren wurde. Noch im gleichen Jahr erhielten die Eltern die Gelegenheit, in Karlstadt eine Metzgerei zu pachten und sind deshalb mainabwärts in die Zementstadt gezogen. Damals gab es noch keine Luftfilter in den Schloten der Zementfabriken, und so war in Karlstadt überall der feine Zementstaub zu sehen und zu spüren. Man sah nur graue Dächer. Der kleine Erwin vertrug diesen feinen Staub nicht, er litt ständig unter verschleimten Bronchien, und das Kind musste oft nach Atem ringen. Die Eltern konnten das erst kurz zuvor übernommene Geschäft aus finanziellen Gründen nicht aufgeben, so dass der kleine Erwin nach Ochsenfurt zurückkehren musste und in die Obhut von Verwandten kam. Hier ging es ihm bald wieder besser. Bis zum Beginn seiner Schulzeit blieb der Bub bei den Verwandten in Ochsenfurt. Als er sechs Jahre alt war und in die Schule musste, hatte sich seine Gesundheit zum Glück soweit stabilisiert, dass er nun die Karlstädter Luft vertrug und zu seinen Eltern zurückkehren konnte.

Acht Jahre besuchte Erwin Dorsch die Volksschule in Karlstadt. Die ersten Schuljahre verliefen ohne Probleme. Als Erwin älter und kräftiger wurde, musste er seinem Vater häufig in der Metzgerei helfen. Und nicht immer vertrugen sich die Mitarbeit im elterlichen Betrieb und der Schulbesuch. So erinnert sich Herr Dorsch: „Oft musste ich schon frühmorgens vor der Schule mit meinem Vater und einem Gesellen in einem der umliegenden Dörfer Schlachtvieh holen. Für das Kleinvieh hatten wir zwar schon einen Viehwagen, das Großvieh musste aber noch zu Fuß über die Straße zum Schlachthaus getrieben werden. Damit nun die Rindviecher schneller liefen, rannte ich hinterher und trieb die Tiere an.

Dabei kam ich ganz schön ins Schwitzen. Wenn dann meine Klassenkameraden gut ausgeschlafen gegen acht Uhr in die Schule kamen, war ich nach getaner Arbeit schon wieder müde. So erwischte mich unser Lehrer Schinko dabei, wie ich im Unterricht kurz zwischendurch eingenickt bin. Im Klassenzimmer stand ein altes Waschgestell, in dem sich der Lehrer die Hände wusch. Darunter lag ein Schwamm zum Tafelputzen. Den packte der Lehrer blitzschnell, machte ihn ordentlich nass und schleuderte ihn auf mich in die letzte Bank. Mein aufmerksamer Banknachbar stupste mich dann an, und ich konnte noch schnell den Kopf etwas wegdrehen und die Hände vors Gesicht halten. Einmal warf er wieder den nassen Schwamm nach mir, verfehlte mich aber und das nasse Geschoss flog mit Geklirr durchs geschlossene Fenster mitsamt der Scheibe ins Freie. Das Gejohle in der Klasse war natürlich groß, der Lehrer schaute verdattert drein, denn Fensterglas war um diese Zeit kurz nach dem Krieg rar. Die Sache hatte einen Erfolg: Von da an hatte ich meine Ruhe."

Noch eine weitere Episode blieb dem Schüler Erwin im Gedächtnis: „Eines Tages musste ich wegen irgendeines Vergehens in der Schule nachsitzen. Der Lehrer gab mir eine Aufgabe und erklärte dazu: ‚Wenn du damit fertig bist, darfst du heimgehen.' Als der Lehrer fortging, schloss er zu meiner Bestürzung die Tür hinter sich zu. Ich rief ihm noch nach, doch er antwortete nur: ‚Ich gehe schnell zum Schulamt, und auf dem Rückweg lasse ich dich raus.' Die Strafaufgabe hatte ich schnell erledigt. Da saß ich nun und wartete. Die Zeit verging langsam und allmählich wurde es dunkel. Mir war nun klar, dass mich der Lehrer vergessen hatte. Ich schaute zum Fenster raus, sah aber niemanden, dem ich mich bemerkbar machen konnte. Als mir die Warterei schließlich zu bunt wurde, bin ich aus dem Fenster im ersten Obergeschoss geklettert, habe mich am Blitzableiter heruntergelassen und bin heim gerannt. Die Schultasche hatte ich vorher wohlweislich hinuntergeworfen. Am nächsten Morgen bin ich schon recht früh in die Schule gegangen. Als der Lehrer in die Klasse kam, ging ich auf ihn zu, tat recht verschlafen und sagte: ‚Herr Lehrer, ich gehe jetzt wieder heim und lege mich ins Bett, um auszuschlafen. Ich bin nämlich müde.' Empört über so ein freches Verhalten eines Schülers brüllte er: ‚Wieso, was fällt dir überhaupt ein!' ‚Na, erwiderte ich, ‚Sie haben mich doch gestern hier eingeschlossen und mich in der Schule vergessen! Ich musste die ganze Nacht hier ohne etwas zu essen auf der Schulbank sitzen!' Da bekam der Lehrer einen Riesenschreck und stotterte: ‚Ach du meine Güte! Es tut mir leid, natürlich kannst du deine Sachen packen und heimgehen. Er war schließlich froh, dass ich den Vorfall nicht gemeldet habe. Er war halt schon ein älterer Herr und leicht vergesslich."

Im ständigen Kampf zwischen Schüler und Lehrer blieb oft der gewitzte Erwin der Sieger. Nicht nur der Lehrer, auch der Schüler hatte seine Tricks, weiß Herr Dorsch zu berichten: „Wenn einer von den Schülern schwätzte oder den Unterricht sonst wie störte, schoss der Lehrer auf den betreffenden zu und sagte schnell: ‚Los, nenne mir eine Seite im Lesebuch!' Daraufhin musste man eine Seitenzahl sagen und alles was auf dieser Seite stand, anschließend abschreiben. Da ging es mir durch den Kopf: Bevor es dich einmal erwischt, suchst du dir im Lesebuch eine Seite mit viel Bild und wenig Text aus. Und tatsächlich, eines Tages war ich an der Reihe; ich hatte Unsinn gemacht und sollte nun ruckzuck eine Zahl nennen. Ich nicht faul, nannte wie aus der Pistole geschossen: ‚18'. Als der Lehrer diese Zahl hörte, stutzte er, nahm das Lesebuch zur Hand und schlug nach. ‚Du Haderlump du', schmunzelte er, ‚gut, diese Seite schreibst du ab, aber zehnmal!' Immerhin war ich gut vorbereitet, was ihm wohl imponiert hatte."

Der junge Erwin wuchs mit zwei Schwestern auf. Irma ist drei Jahre älter, hat selbst fünf Töchter und lebt auch in Karlstadt. Leider ist sie schon verwitwet. Die jüngere Schwester Elfriede ist nach der Heirat mit ihrem Mann nach Schweinfurt gezogen und hat eine Tochter. Auch die beiden Schwestern mussten im Haushalt und im Geschäft fleißig mithelfen. Viel Freizeit hatten die Dorsch-Kinder nicht. Von klein auf waren sie harte Arbeit gewohnt. Es gab auch nicht viel Abwechslung für die Geschwister. Die Eltern waren die ganze Woche über im Geschäft, außer am Sonntag.

„Mit Spannung warteten alle Kinder deshalb auf das Volksfest, das alljährlich im Juni an der Mainlände in Karlstadt gefeiert wurde. Es war das bedeutendste Fest in der Stadt für Alt und Jung. Ich erhielt von meinem Vater zum Karussellfahren eine Mark, mit der man allerdings beim Volksfest, das immerhin eine ganze Woche dauerte, auch damals schon nicht weit kam. Ich musste also sehen, wie ich mit so wenig Geld über die Runden kam. Das Fahren auf dem Karussell hat mir ganz besonders Spaß gemacht, und vor allem das Feuerwehrauto interessierte mich dabei. Noch heute sehe ich das rotlackierte und blitzblank geputzte Auto vor mir mit glänzender Glocke, die immer mit Sidol poliert wurde. Das Karussell wurde nicht elektrisch angetrieben, sondern musste per Hand geschoben werden. Der Karussellbetreiber suchte sich dafür immer ein paar Schüler, und auch ich habe diese Arbeit gern übernommen. Wenn der Besitzer läutete, mussten wir mit dem Anschieben beginnen. Nach ungefähr sechs Runden läutete er wieder, und wir konnten mit dem Schieben aufhören und auf das fahrende Karussell springen. Wir setzten uns auf die Achse des Karussells und hatten eine Mordsgaudi. Wenn wieder eine Glocke läutete, mussten wir abspringen und das Gefährt mit all unserer Kraft abbremsen. Für unsere Arbeit bekamen wir noch eine Mark. So kamen wir billig auf unsere Kosten. Daheim angekommen fragte mich mein Vater: ‚Na, hast du dein Geld verjubelt?' Ich zeigte ihm stolz meine zwei Mark und erzählte ihm von der wundersamen Verdoppelung des Geldes. Ich glaube, auch meinem Vater hat mein Geschäftssinn imponiert." Kurz vor Kriegsende am Weißen Sonntag des Jahres 1945 ging Erwin zur ersten heiligen Kommunion: „Eigentlich wollten meine Eltern dieses festliche Ereignis zusammen mit den Verwandten feiern. Wenige Tage vor dem Weißen Sonntag, am 16. März, wurde jedoch Würzburg bombardiert und größtenteils zerstört. Kurz danach ist die Mainbrücke in Karlstadt von den Deutschen gesprengt worden. Man wollte damit den Vormarsch der Amerikaner stoppen. Bei dieser ungeheuren Detonation zersplitterten in ganz Karlstadt sämtliche Fenster. In dieser Zeit herrschte an allem Mangel, und auch Fensterglas war nicht so ohne weiteres zu haben. Die Leute und auch meine Eltern verschlossen ihre Fenster notdürftig mit Pappe. Das machte die Wohnungen so dunkel, dass den ganzen Tag das elektrische Licht brennen musste. Man kann sich leicht vorstellen, wie ungemütlich es jetzt in den Karlstädter Stuben war. Mein Vater entschloss sich deshalb, die Familienfeier anlässlich meiner Kommunion ausfallen zu lassen. ‚Wie sieht das denn aus bei uns', meinte er, ‚überall Pappendeckel an den Fenstern, alles dunkel und unwirtlich, das können wir den Verwandten nicht zumuten. Also, Erwin, deine Kommunionfeier fällt aus, dafür feiern wir im nächsten Jahr deine Firmung umso schöner', tröstete er mich. Ich war natürlich enttäuscht, denn gerade in dieser kargen Zeit wäre die Feier etwas ganz Besonderes gewesen. Ich musste mich aber mit dieser Entscheidung abfinden, die auch meinen Eltern im Herzen weh tat.

Aber ein Jahr drauf konnten wir richtig feiern. Die Wohnung war wieder schön hergerichtet. Mein Vater hielt sein Versprechen, und die Verwandten wurden zu dem Fest eingeladen. Der Bruder meines Vaters, Onkel Valentin, war mein Pate. Er war erst kurz vorher aus dem Krieg und der Gefangenschaft heimgekehrt. ‚Was wünschst du dir zur Firmung?', fragte er mich, ‚einen Uller oder eine Uhr?' Uller war ein damals begehrter Anhänger, der gerne von Jugendlichen getragen wurde. Ich wusste, dass ein Uller flott aussah, wenn er so aus dem Hosentäschchen heraushing, aber mein sehnlichster Wunsch war doch eine Uhr. Mit meinem Wunsch brachte ich nun Onkel Valentin in große Schwierigkeiten, denn einen Uller hatte er, aber keine Uhr. Im Jahr 1946 war so etwas Wertvolles wie eine Uhr nur durch Schieberei oder Tauschhandel zu beschaffen. Aus dem Krieg hatte er ein paar Pfund Bohnenkaffee mitgebracht, allerdings ungemahlen und ungeröstet, also noch grün. Meine Mutter hatte nach vielen Mühen endlich einen Uhrmacher ausgemacht, der bereit war, eine Armbanduhr zum enormen Preis von 350 Reichsmark zu verkaufen. Daneben verlangte er noch die damals üblichen Naturalien. So wurde der Bohnenkaffee vom Onkel angeboten. Der Uhrmacher ging auf das Angebot ein, wollte den Kaffee aber so geliefert bekommen, dass er ihn gleich zum Trinken aufbrühen konnte. Da hat meine tapfere Mutter eine Bratpfanne genommen, die grünen Kaffeebohnen hineingefüllt und sie so lange in der heißen Pfanne umgerührt, bis sie knusprig braun waren und köstlich nach richtigem Bohnenkaffee dufteten. Drei Pfund Kaffee hatte der Uhrmacher verlangt, und die wurden ihm dann auch schön abgefüllt in einer Kaffeedose überreicht. Ich bekam also die Uhr. Dieses teuer erkaufte Stück habe ich heute noch", sagt Herr Dorsch, holt die Uhr aus einer Schatulle und zeigt sie uns stolz.

Zu hungern brauchte man in der Familie Dorsch nicht, auch nicht in der schlechtesten Zeit am Kriegsende. „Wir wohnten nicht weit von der Schule, unser Geschäft war in der alten Bahnhofstraße, da wo jetzt das Gemüsegeschäft Geißler ist, gleich an der heutigen Fußgängerzone. So konnte ich in der Pause immer nach Hause rennen, wo meine Mutter schon auf mich wartete mit heißem Kaba und einem leckeren Pausenbrot. Die Erlaubnis zu diesem Ausflug hatte ich, denn der Lehrer gab mir gelegentlich für sich einen Einkaufszettel mit. Ich brachte ihm seine Wurst- und Fleischwaren, und er hatte sich den Einkauf gespart. So war diese Übereinkunft sowohl für mich wie auch für den Lehrer von Vorteil", berichtet Herr Dorsch über das Arrangement zwischen Lehrer und Schüler.

Das Verhältnis zwischen Lehrer und Schüler war in den Jahren nach dem Krieg anders als heute. Es war durchaus üblich, dass die Schüler zu privaten Arbeiten für die Lehrer herangezogen wurden. „Bei einem Lehrer haben wir das Fahrrad putzen müssen. Dazu wurden zwei oder drei von uns während des Unterrichts eingeteilt. Diese Arbeit hätten wir natürlich in einer halben Stunde erledigen können, doch wir Spitzbuben ließen uns extra viel Zeit und ersparten uns den Unterricht so lange es ging. Irgendwann holte uns der Lehrer aber dann doch wieder ins Klassenzimmer zurück. Dieser Lehrer besaß hinter seinem Haus einen großen Obst- und Gemüsegarten und benötigte zur Erntezeit fleißige Helfer. Wenn das Obst reif war, fragte er: ‚Also, wer meldet sich freiwillig von euch Mädchen und Buben? Ihr könnt mir heute Nachmittag beim Obstpflücken helfen.' Es meldeten sich immer genügend Schüler. Als Belohnung durften wir soviel Obst essen, wie wir vertragen konnten.

Ein anderer Lehrer hatte Bienen, und wenn er Honig geschleudert hatte, spendierte er uns am anderen Tag etwas davon. Wir Schüler sollten dann eine Scheibe Brot mitbringen, die schmierte uns der Lehrer großzügigerweise mit Honig voll. Was hat nun der schlaue Erwin gemacht? Er brachte eine besonders dicke Scheibe Brot mit. In das Brot hat er Löcher gebohrt, damit möglichst viel Honig einfließen konnte. Natürlich machten das die anderen Schüler nach und wir hatten unseren Spaß dabei, wahrscheinlich amüsierte sich auch der Lehrer."

In den Ferien wurde der junge Erwin häufig zu Verwandten nach Hopferstadt bei Ochsenfurt geschickt. Die Verwandten führten dort einen größeren Bauernhof, und in der Ferienzeit im Sommer war jede Hilfe recht. Dem Erwin gefiel das gar nicht. Er musste auf dem Hof hart zupacken und hatte nicht viel von den Ferien: „Ach, habe ich damals gedacht, jetzt fängt die Schufterei wieder an! Ich habe eigentlich die Sommerferien nicht so herbeigesehnt wie meine Klassenkameraden. Die Arbeit in der Landwirtschaft machte mir auch keinen besonderen Spaß. Jeden Tag hieß es, um fünf Uhr aufstehen, und das will für einen Schüler vor allem in den Ferien schon etwas bedeuten! Den ganzen Tag musste ich schwer zulangen, eigentlich wie ein Erwachsener. Man kann sich vorstellen, dass ich von solcher Art Ferien nicht gerade begeistert war. Aber die eigenen Kinder der Verwandten mussten genauso hart arbeiten. Einmal haben wir den Groll der Erwachsenen auf uns gezogen. Auf dem Speicher waren die Winterstiefel abgestellt. Von diesen Stiefeln haben wir Kinder die Sohlen heruntergetrennt und uns daraus Sandalen hergestellt. Als das bemerkt wurde, war natürlich der Teufel los! Während andere Schüler traurig waren, wenn sich das Ende der Ferien näherte, war ich nach so einem Aufenthalt auf dem Bauernhof froh, wenn ich wieder nach Hause zurückkehren konnte."

Besonders gut erinnert sich Herr Dorsch an das wöchentliche Familienbad: „Samstag nach Schließung des Metzgerladens war bei uns Badetag. Bis 1953 gab es im Haus noch keine Duschen und auch kein Badezimmer. Die ganze fünfköpfige Familie badete deshalb in einer großen verzinkten Wanne in der Wurstküche! Der Kessel wurde kräftig aufgeheizt, um genügend heißes Wasser zu haben. Die Bade-Prozedur dauerte so drei bis vier Stunden. Weil wir erst um achtzehn Uhr den Metzgerladen schließen konnten, zog sich das Baden bis etwa zehn oder elf Uhr nachts hin. Damit wir jungen Leute auch mal am Samstagabend ausgehen konnten, wurde die Reihenfolge des Badens gewechselt, so dass ich schon mal als erster fertig war und den Abend dann für mich hatte."

Erwin Dorsch mit 18 Jahren.

Die Erziehung war in den Nachkriegsjahren allgemein streng. Die Eltern achteten sehr darauf, dass ihre Kinder nicht zu spät nach Hause kamen. Selbst wenn diese schon fast erwachsen waren, wurden sie noch von den Eltern kontrolliert. So war das auch bei der Familie Dorsch. „Als ich bereits bei meinem Vater in die Lehre ging", erzählt Herr Dorsch, „so mit sechzehn, achtzehn Jahren, durfte ich nur selten weg und musste spätestens um zehn Uhr abends daheim sein. Mein Zimmer war im Obergeschoss und die Stufen der alten Holztreppe, die nach oben führte, knarrten. Dieses Knarren weckte meinen Vater auf, und wenn ich zu spät heim kam, gab es ein Donnerwetter. Aber ich fand einen Trick, damit mein Vater nicht durch die knarrende Treppe hellhörig wurde. Auf der unmittelbar an der Altstadt vorbeiführenden Bahnstrecke von Würzburg nach Gemünden fuhren damals ständig Züge, auch nachts, die solchen Lärm machten, dass sie das Knarren der Treppe übertönten. Ich wartete also, bis ein Zug vorbeidonnerte und lief dann vorsichtig die Treppe hoch. Wenn der Zug recht kurz war, schaffte ich es nicht bis ins Obergeschoss und musste mitten auf der Treppe auf den nächsten Zug warten."

Nach dem achtjährigen Schulbesuch begann Erwin Dorsch eine dreijährige Lehrzeit im elterlichen Metzgereibetrieb: „Diese Ausbildung habe ich nie bereut, denn ich war gern Metzger. Die Ausbildung bei meinem Vater war aber kein Zuckerschlecken. Ich musste zusammen mit einem älteren Lehrling alles von der Pike auf lernen, mir wurde auch als Sohn des Meisters nichts geschenkt.

In der Metzgerei war noch ein Geselle tätig, den Verkauf leitete meine Mutter, wobei ihr noch einige Mädchen halfen. Ich war der Unterstift, wie das halt oft bei Söhnen von Geschäftsinhabern ist. Weil ich schon früher gelegentlich ausgeholfen hatte und mich auch mit Schlachttieren auskannte, hatte ich einige Vorkenntnisse, die mir nun zugute kamen.
„Doch es ging nicht immer alles glatt ab", erzählt er schmunzelnd: „Einmal sollten der Geselle und ich wieder mal Fleischwürste kochen. Unglücklicherweise platzten uns fünf Ringe auf. Das durfte natürlich nicht passieren, denn diese Wurstringe musste man wegwerfen, die konnten ja nicht verkauft werden. Wir fürchteten den Zorn meines Vaters. Deshalb blieb uns nichts anderes übrig, als das Missgeschick zu vertuschen. Ich habe im Geschäft einige Brötchen organisiert und wir haben alle fünf Fleischwurstringe verdrückt. Obwohl wir kräftig essen konnten, war es für uns doch ein harter Kampf, diese Wurstmenge zu vertilgen. Es war an einem Freitag, da gab es meistens zu Mittag Kartoffeln, Spinat und Ei. Wir saßen nun also schon völlig vollgestopft am Mittagstisch und konnten kaum noch was essen. Die Köchin wunderte sich, warum wir entgegen unserer Gewohnheit so wenig essen und fragte: ‚Habt ihr denn heute gar keinen Hunger?' Der Geselle und ich guckten uns

Erwin Dosch (hinten) 1963 mit einem Gesellen in seiner Wurstküche.

an und antworteten wie aus einem Munde: ‚Nein, heute haben wir überhaupt keinen Hunger' und verschwanden so schnell wir konnten.
Ich kannte kaum Freizeit und auch Urlaub gab es in der Lehrzeit nur wenig. Einmal fuhr ich mit einem Freund mit dem Fahrrad zum Starnberger See zum Zelten. Für zehn Tage hatte ich nur fünfunddreißig Mark zur Verfügung. Es hieß also sparen! Von zu Hause habe ich Salami mitgenommen und Erbswürste von Knorr. Diese Lebensmittel waren natürlich schnell verbraucht. Danach holten wir uns von einem Bauernhof Milch, beim Krämer kauften wir Reis und so gab es oft nur Milchreis. Satt wurden wir nie richtig. Eines Tages zeltete neben uns ein junges Pärchen. Beide waren eifrige Pilzsucher und bereiteten nun ein köstlich duftendes Mahl mit Pilzen und Eiern zu. Wir hatten solch einen Kohldampf und schauten sehnsüchtig zu den Nachbarn. Der junge Mann spürte unsere Blicke und fragte: ‚Was kocht ihr denn gerade?' Als er hörte, dass bei uns mal wieder Milchreis auf dem Speiseplan stand, rief er begeistert: ‚Mensch, wir essen schon acht Tage lang Pilze, wollen wir nicht mal tauschen?' Natürlich waren wir sofort dazu bereit und ließen uns das Pilzgericht gut schmecken. Manchmal gab es auch Verständigungsprobleme. Einmal ging ich zum Einkaufen und verlangte in dem Laden auf gut unterfränkisch ‚zehn Weck'. Der Verkäufer musste lange suchen, denn er meinte, ich möchte Eingewecktes. Nach langem Hin und Her wurde ihm klar, dass ich Brötchen, oder wie man in Oberbayern sagt ‚Semmeln' wollte."
Der inzwischen fast erwachsene Erwin wollte sich eigentlich nach der Lehre ein bisschen in der Welt umsehen, doch daraus wurde leider nichts: „Mein Vater wurde frühzeitig sehr krank. Ich musste ihn am Ende der Lehrzeit und vor allem als junger Geselle oft vertreten. Er erkrankte schwer an der Leber aufgrund einer in jüngeren Jahren nicht ernst genommenen und nicht ausgeheilten Gelbsucht. Nach einem

vierteljährigen Krankenhausaufenthalt ging es ihm eine Zeit lang besser, doch er hat sich immer häufiger auf mich verlassen. Aus meinem Wunsch, mir ein wenig den Wind in der Fremde um die Nase wehen zu lassen, wurde also nichts. Ich konnte doch nicht die Eltern und den Betrieb im Stich lassen! Im Jahr 1960 starb mein Vater, und ich musste nun als Vierundzwanzigjähriger mit meiner Mutter die Metzgerei alleine weiterführen. Meine Schwester Irma war schon verheiratet, auch meine jüngere Schwester Elfriede wohnte nicht mehr zu Hause. Schnell musste ich meine Meisterprüfung machen, denn nur zwei Jahre durfte ich die Lehrlinge ohne Meisterbrief weiter ausbilden. Das war eine harte Zeit. Tagsüber stand ich in der Wurstküche, abends begann die Lernerei. Alle zwei Tage fuhr ich mit dem Auto nach Würzburg zur Handwerkskammer, wo ich an dem Meistervorbereitungskurs teilnahm. Einen Abend blieb ich jeweils daheim, um die gestellten Aufgaben zu erledigen, den anderen Abend besuchte ich den Lehrgang. Sonntags nahm ich dann noch an einem Kurs in Karlstadt über Steuerwesen, Buchführung und Gesetzeskunde teil. Ich wusste manchmal gar nicht mehr, wo mir der Kopf steht. Zu meinem großen Glück hatte ich zu diesem Zeitpunkt schon meine Frau kennen gelernt, die mir beim Lernen eine sehr gute Hilfe war. Sie hatte die Handelsschule besucht und war bei einer Bank tätig und firm in Buchführung. Mit ihrer tatkräftigen Unterstützung schaffte ich die Lehrgänge. Im Jahr 1962 war es dann soweit, ich konnte die Prüfung ablegen und erhielt den begehrten Meistertitel."

Jetzt ist also die junge Ingrid in das Leben des sechsundzwanzigjährigen Erwin Dorsch getreten, und sie ist ihm bis heute eine tatkräftige, fürsorgliche und verständnisvolle Ehepartnerin geblieben. Beide machen einen sehr glücklichen Eindruck und verstehen sich allem Anschein nach prächtig. Man wächst wohl auch besonders eng zusammen, wenn man gemeinsam ein Geschäft führt.

Uns interessiert natürlich, wie es zu dieser Begegnung überhaupt gekommen ist. Herr Dorsch schildert das erste Treffen: „In meiner sehr spärlichen Freizeit, wenn ich mal vom Lernen genug hatte, ging ich hin und wieder in die Gastwirtschaft ‚Weißes Lamm'. Dort gab es eine Musikbox und es wurde auch getanzt. An einem Tag kam spät abends eine Gruppe junger Damen von einem Theaterbesuch von Würzburg in dieses Lokal und wollte in geselliger Runde noch einen Schoppen Wein trinken. Eine junge Frau gefiel mir besonders, und da habe ich sie zum Tanzen aufgefordert. Und so haben wir uns halt kennen gelernt. Unsere Liebe ist uns bis heute erhalten geblieben."
Nun fällt Frau Dorsch in das Gespräch ein: „Ich kannte diesen jungen Mann gar nicht, der mich den ganzen Abend zum Tanz führte und erkundigte mich bei meinen mich begleitenden Freundinnen. Die erzählten mir, dass der Erwin ganz in meiner Nähe wohnt und der Juniorchef der Metzgerei Dorsch ist. Ich arbeitete damals in Würzburg und ging morgens früh aus dem Haus und kam erst spät heim, hatte also wenig Gelegenheit, mich in der unmittelbaren Nachbarschaft umzusehen. Man weiß halt manchmal gar nicht, wie nah doch oft das Glück liegt."
Die junge Ingrid fand nach Abschluss der Handelsschule in dem renommierten Würzburger Kaufhaus Deppisch eine Stelle als Buchhalterin. Die Arbeitszeiten waren zu dieser Zeit des blühenden deutschen Wirtschaftswunders sehr lang. Die Geschäfte hatten auch samstags bis 18 Uhr geöffnet. „Wenn viel Betrieb war, und das war oft der Fall, mussten auch wir vom Büro beim Verkauf mithelfen", erinnert sich Frau Dorsch an diese hektische Zeit. „Auf die Dauer hat mir dieser Rundum-Einsatz nicht mehr gepasst und so wechselte ich gegen den Wunsch meiner Eltern in das Bankgeschäft. Sie waren der Ansicht, dass meine Kündigung keinen guten Eindruck macht und setzten mir zu: ‚Da hast du gelernt, sei froh, dass der Chef mit dir zufrieden ist und dich

behalten will. Da wechselt man nicht!' Aber ich ließ mich nicht beirren und setzte mich durch. Ich nahm eine Stelle bei der Hypobank in Würzburg an, wo es mir gut gefiel.
Im Jahr 1963 haben wir dann geheiratet, aber auf das Leben in einem Geschäftshaushalt war ich keineswegs vorbereitet.
Mein Vater war Beamter beim Finanzamt, meine Mutter hatte immer den Haushalt geführt, und so war mir das Leben einer Geschäftsfrau deshalb völlig unbekannt. Die Hypobank hat mich großzügigerweise für ein Vierteljahr beurlaubt, und so konnte

Das verliebte junge Paar Ingrid und Erwin 1961.

ich in Würzburg bei einer Metzgerei in der Innenstadt als Volontärin den Metzgereibetrieb ein wenig kennen lernen.
Ich wollte schließlich nicht völlig sachfremd im Geschäft meines Mannes der Kundschaft gegenüberstehen. Nach dem Schnupperkurs bin ich zunächst wieder in die Bank zurückgekehrt. Da der Laden in der Karlstädter Innenstadt nur gepachtet war, hatte der Vater meines Mannes in den Jahren 1953 bis 1955 in der Siedlung, und zwar in der ‚Von-Hohenlohe-Straße', bereits ein Wohn- und Geschäftshaus gebaut und dort eine kleine Metzgereifiliale eingerichtet. Der Pachtvertrag für die Metzgerei in der Innenstadt würde ja irgendwann auslaufen, und er wollte für sich und seinen Sohn den Betrieb auf Dauer sichern. Nach dem Tod des Va-

ters hat mein Mann das Geschäft in der Innenstadt aufgegeben. Die Filiale wurde nun zu einer ansehnlichen Metzgerei vergrößert. Bald habe ich die Stelle bei der Bank aufgegeben und bin in den Meisterbetrieb meines Mannes eingestiegen. Ich habe mich hauptsächlich um das Verkaufsgeschäft und die Buchführung gekümmert", schildert Frau Dorsch die Anfänge als Geschäftsfrau.

Die neue Aufgabe forderte die junge Ehefrau stark, bereitete ihr aber auch viel Freude. Aufmerksam bediente sie ihre Kunden, deren besondere Wünsche sie bald kannte. Zwischendurch blieb meist Zeit für ein kurzes persönliches Gespräch oder ein kleines Späßchen, und so entstand im Laufe der Jahre manch gute Beziehung zwischen Geschäftsfrau und Kunden. Nach einer erneuten Erweiterung des Metzgereibetriebes konnte Herr Dorsch ab 1963 in eigenen Räumen mit modernster Technik schlachten und so seinen Betrieb noch effizienter führen. Es war eine schwere Arbeit, die trotz vieler technischer Hilfsmittel wie elektrische Hebevorrichtungen immer noch große Kraft erforderte. Stolz zeigen uns die Eheleute Dorsch die Schlacht- und Kühlräume mit den teilweise noch vorhandenen Fleischereimaschinen, dem Cutter, der Knetmaschine und der Wurstfüllmaschine. Diese Räume, in denen das Vieh geschlachtet, das Fleisch verarbeitet, gekühlt gelagert und zum Verkauf zubereitet wurde, machen immer noch einen blitzsauberen Eindruck mit hell glänzenden Fliesen und glatten Arbeitsflächen, obwohl nun bereits seit zwei Jahren der Metzgereibetrieb aufgegeben wurde. Man könnte heute noch dort Fleisch verarbeiten.

Herr Dorsch denkt immer wieder an die Zeit zurück, als er in die Dörfer im Landkreis Karlstadt fuhr und Schlachtvieh kaufte: „Ich habe das Vieh selbst bei den Bauern ausgesucht und mit dem eigenen Viehtransportwagen abgeholt. Früher, als Schüler und Lehrling, hatte ich das zusammen mit meinem Vater und unserem Gesellen getan, denn damals musste das Vieh noch vom Bauernhof zum Schlachthof getrieben werden. Da erinnere ich mich an eine lustige Begebenheit: Es war im Krieg und wir hatten einen Gesellen aus Berlin. Der Geselle und ich sollten wieder einmal Großvieh von einem Dorf in den Karlstädter Schlachthof bringen. Ein Rind wollte sich absolut nicht treiben lassen. Es blieb immer wieder stehen. Wie sich später herausstellte, waren die Hufe ganz eingewachsen und taten dem Tier beim Laufen auf der ungewohnten Asphaltstraße weh. Kurz entschlossen band der Geselle den Ochsen an einen Straßenbaum in der Absicht, ihn später zu holen. Daheim angekommen, vermisste mein Vater ein Tier und der Geselle klärte ihm in Berliner Dialekt den Sachverhalt auf: ‚Das Vieh is nich mehr jeloofen, det wa wohl müde. Wir holen et morjen.' Darauf mein Vater erbost: ‚Ja meinst du, das hängt morgen noch am Baum? Da findet ihr nur noch den Strick! Macht bloß, dass ihr rauskommt und das Tier holt, bevor es einen anderen Besitzer findet!' Alles Klagen half nichts, der Chef hatte das Sagen, und so mussten wir zwei nochmals zurück. Glücklicherweise war der Ochse noch da. Wir plagten uns nun stundenlang mit dem Rindvieh herum und kamen schweißgebadet und todmüde schließlich daheim an."

Allerhand Dinge passierten Herrn Dorsch während seiner Metzgerlaufbahn, über die er heute lachen kann: „In dem Dorf Heßlar sollte ich mit meinem Vater von einem Bauernhof schlachtreife Schweine abholen. Vom Schweinestall lief nur ein schmaler Weg zum Hof, unmittelbar an der Jauchegrube vorbei. Der Bauer hatte gerade die Grube geleert und die etwa einen knappen halben Meter hoch stehende restliche Suddel mit etwas Stroh abgedeckt. Man konnte mit dem Auto nicht direkt zum Schweinestall fahren, sondern musste die Schweine über diesen schmalen Weg treiben. Plötzlich sprang ein Schwein aus der Reihe. Ich dachte, es wolle ausbüxen, wollte das Tier zurückhalten und fiel dabei in die Jauchegrube. Da lag ich nun in der stinkenden Brühe. Man kann sich nicht vorstellen, wie ich durch und durch gestunken habe. Es ekelt mich noch heute, wenn ich daran denke. Mein Vater wollte mich Stinker nicht nach vorne ins Auto nehmen, den unerträglichen Geruch hätten wir wohl nie mehr aus dem Führerhaus heraus gebracht und so musste ich mit den Schweinen zusammen auf der Ladefläche heimfahren. Zum Glück gab es zu Hause eine warme Dusche und frische Kleider.

Beim Bauern wurde früher das Vieh immer bar bezahlt. Mein Vater oder später ich hatten deshalb immer viel Geld bei uns, wenn wir zum Viehkauf in die Dörfer fuhren. Nur einmal zur Zeit der Währungsreform hatte mein Vater nicht genügend Bargeld, weil es für jeden nur ein Kopfgeld von vierzig Deutsche Mark gab. Unsere fünfköpfige Familie besaß also nur zweihundert Mark. Das reichte für den notwendigen Vieheinkauf nicht aus. Die Nachfrage nach Fleisch- und Wurstwaren und damit auch nach Schlachtvieh war mit der Währungsreform enorm gestiegen, die Einkaufspreise natürlich auch. Mein Vater brauchte dringend Schlachtvieh und musste sich nun bei Bekannten etwas von deren Kopfgeld leihen, denn die Bauern wollten nur gegen die gute neue Währung verkaufen. Das war das einzige Mal, dass er Schulden machen musste.

Ich habe mir später die Mühen des Vieheinkaufs beim Bauern erspart und das Vieh über einen Händler eingekauft. So konnte ich auf den Viehtransporter verzichten und brauchte einen Gesellen weniger. Da habe ich nur am Wochenende angerufen und zum Beispiel fünf Schweine und einen Bullen bestellt, und das Vieh wurde mir termingemäß geliefert. Ich habe nie Probleme mit der Anlieferung gehabt und wusste natürlich auch, woher der Händler das Vieh bezieht. Es stammte immer aus der unmittelbaren Umgebung. Die heutigen Probleme, die Herkunft des Fleisches festzustellen, gab es damals für die Kunden nicht", betont Herr Dorsch.

Am 1. Mai 1997 hat Herr Dorsch den Metzgereibetrieb aufgegeben. Er hatte bis dahin immerhin siebenundvierzig

Jahre lang hart gearbeitet und war nun einundsechzig Jahre alt. Die schwere Arbeit war ihm zur körperlichen Belastung geworden. Rente bekommt er allerdings erst seit 1999, als er dreiundsechzig Jahre alt geworden ist. Nun wurden die nicht mehr benötigten Geschäftsräume in die Wohnung integriert und wohnlich hergerichtet. Alles ist aufs Modernste renoviert und neu möbliert. Hier soll schließlich nun der wohlverdiente Ruhestand gemütlich genossen werden. Die Schlacht- und Kühlräume sowie die Fleischvorbereitung sind noch ungenutzt und sollen eventuell vermietet werden. Einige Fleischereimaschinen hat Herr Dorsch inzwischen verkauft. Er selbst bereitet noch ab und zu für sich und seine Frau nach alter Metzgerkunst Fleisch- und Wurstwaren zu, die ihnen doch am besten schmecken.
„Metzger ist ein schwerer Beruf", sagt Herr Dorsch, und wir glauben das gern. „Täglich in der Kälte und Nässe stehen, das belastet die Gelenke und die ganze Gesundheit erheblich. Das Heben der schweren Fleischstücke geht in die Knochen, das hält man auf Dauer nicht aus." Er berichtet davon, dass auch andere Metzgerkollegen den Betrieb aus gesundheitlichen Gründen aufgeben. Ein weiteres Problem, das er sieht, ist die fehlende Nachfolge in vielen Metzgereien. „Die Kinder wollen oft nicht den elterlichen Betrieb übernehmen, sie studieren teilweise und haben kein Interesse, ein ganzes Leben lang Tag für Tag von morgens bis abends in der Metzgerei zu stehen", bedauert Herr Dorsch die inzwischen überall eingetretene Entwicklung. Für die Eheleute Dorsch stellte sich dieses Problem nicht, denn sie haben, wie sie bedauern, keine Kinder.
Herr Dorsch freut sich jetzt über seinen Ruhestand, weiß seinen Tag ausgefüllt und spürt keine Langeweile. Auch Frau Dorsch genießt nach langer Berufstätigkeit den Ruhestand sehr. Sie schätzt die vermehrte Freizeit und Muße. „Endlich", so sagt sie erleichtert, „können wir nun ausgedehnte Reisen machen, was früher kaum möglich war. Eine Zeit

lang haben wir drei Wochen Betriebsferien gemacht. Aber wir waren dann schon immer in der letzten Urlaubswoche unruhig, ob denn nun unsere Kunden wieder kommen würden. Denn wir merkten die große Konkurrenz der Metzgereiabteilungen in den um sich greifenden Supermärkten. Nach 1989 haben wir die Betriebsferien wieder abgeschafft und gönnten uns nur noch von Zeit zu Zeit einige wenige gemeinsame Urlaubstage an Ostern oder Pfingsten. Den Verkauf überließen wir dann für zwei oder drei Tage unseren verlässlichen Verkäuferinnen. Am Wochenende musste mein Mann allerdings wieder für frische Ware sorgen, denn die Zufriedenheit unserer Kunden war stets unser oberstes Gebot."

Rückblickend sagt Herr Dorsch, dass er sehr gern seinen Beruf ausgeübt hat und mit Leib und Seele Metzger war. Er hätte sich keinen anderen Beruf vorstellen können. In den letzten Jahren, so klagt er, sei aber der Wettbewerb immer schlimmer geworden: „Wenn du dich schon reinkniest und schaffst wie ein Stier, dann muss am Ende des Jahres auch die Rechnung stimmen. Und das war zuletzt leider nicht mehr der Fall." Herr Dorsch hebt dabei bedauernd die Schultern und fährt fort: „Zehn Jahre lang habe ich mit meiner Frau einen Party-Service eingerichtet mit gutem Erfolg und respektablen Umsätzen. Allerdings bedeutete dies viel zusätzliche Arbeit am Wochenende. Wir haben Braten, Salate, Brötchen, alles fürs kalte Büfett geliefert. Ich blieb dann bei den Festen bis zum Schluss da und wurde manchmal noch zu einem Bier eingeladen, also zum Mitfeiern nach getaner Arbeit."

Auf unsere Frage, wie er die momentane Situation der selbstständigen Metzgereien beurteile, meint Herr Dorsch: „Wenn ich einen Sohn hätte, dann würde ich ihm in der heutigen Zeit niemals zur Geschäftsübernahme raten. In Karlstadt gibt es nur noch eine selbstständige Metzgerei. Aber was hätte ich machen sollen, wenn mein Sohn so starrköpfig ge-

wesen wäre wie ich? Ich sollte nämlich eine höhere Schule besuchen und einen anderen Beruf ergreifen, doch ich wollte unbedingt meinem Vater nachfolgen und sein Geschäft einmal übernehmen. Ich bin halt mehr ein Praktiker und hätte mir nie vorstellen können, acht Stunden in einem Büro zu sitzen."
Nun greift Frau Dorsch energisch Partei für die kleinen Metzgereien: „Also wenn ein Lebensmittelmarkt eine Metzgereiabteilung führt und ein ortsansässiger Metzger diese Abteilung leitet, ist dies in Ordnung. Aber wenn die vom Großhandel oder einer überregionalen Fleischwarenfabrik beliefert wird, kann man das nicht mehr als Metzgerei bezeichnen. Da weiß man doch gar nicht mehr, woher das Fleisch kommt. Der Kunde sollte immer wissen, aus welchen Betrieben Fleisch und Wurst stammen. Wir wussten immer ganz genau, bei welchem Bauern das Vieh eingekauft worden ist und welches Futter der Bauer verabreichte. In den Märkten hat man da keinen Einblick mehr. Der Verbraucher kauft da, wo es billig ist und achtet weniger auf die Qualität des Fleisches. Also wir selber kaufen unser Fleisch selbstverständlich weiterhin in einer Metzgerei. Manchmal geht mein Mann noch heute zu unserem ehemaligen Großschlächter, um einzukaufen. Er macht gern etwas Wurst zum Eigenverbrauch. Die Wurst wird in Gläsern konserviert." Herr Dorsch hat nun also seinen Beruf zu seinem Hobby gemacht und zeigt uns in seinem Vorratsraum die abgefüllten Wurstkonserven.
Ingrid und Erwin Dorsch bezeichnen sich beide als gläubige Christen, die häufig die Sonntagsgottesdienste besuchen. Auch im Urlaub, so erzählen sie, gehen sie gern in eine Kirche, sei es bei einer Wanderung oder bei einer Stadtbesichtigung, um ein kurzes Dankgebet zu sprechen. Sie tragen aber ihren Glauben nicht zur Schau und zeigen sich in Glaubensfragen durchaus tolerant. Bei den Pfarrfesten in Karlstadt haben sie sich mit ihrer Mithilfe beim Grillen von Fleisch-

und Wurstwaren eingebracht, ebenso bei der Zubereitung von Salaten. Insgesamt siebzehn Jahre haben sie für ihre Kirchengemeinde freiwillig und ehrenamtlich diese Tätigkeiten übernommen. Regelmäßig gehen die Eheleute Dorsch mit Bekannten zum Kegeln. „Das gemeinsame Kegeln in lustiger Runde möchten wir nicht missen", betonen Frau und Herr Dorsch. „Wenn Kegeln angesagt ist, verspricht dies immer ein vergnüglicher Abend zu werden." Herr Dorsch hat sich früher beim Rudern fit gehalten. Seit 1949 ist er Mitglied des Karlstädter Ruderclubs. Siebzehn Jahre fuhr er aktiv im Rennvierer. Auch bei den Clubmeisterschaften gegen Aschaffenburg, Bamberg, Schweinfurt und Würzburg war er dabei. Vor kurzem erhielt er die goldene Ehrennadel für seine fünfzigjährige Mitgliedschaft. „Unter dem Vorsitz von Direktor Albert Düker wurde der Verein sehr gefördert und nahm auch an internationalen Rennen teil", erzählt Herr Dorsch mit einem gewissen Stolz und fügt an: „Zu dieser Zeit gehörte ich aber schon zu den ‚Alten Herren'. Hin und wieder machte ich früher noch mit älteren Clubmitgliedern eine ‚Mostfahrt' mainabwärts nach Harrbach. Das ist aber heute auch vorbei.

Meine Sportlichkeit nahm mit den Jahren ab, denn ich rauchte gern und trank regelmäßig mein Bier. Dadurch stieg mein Gewicht ganz schön an. Aber das wird jetzt alles besser! Das Rauchen habe ich schon seit fünf Jahren aufgegeben und mein Gewicht will ich auch in den Griff kriegen. Dafür sorgt schon meine Frau, denn ich soll ihr noch lange erhalten bleiben", sagt er mit einem leichten Lächeln, und seine Frau stimmt ihm dabei zu. Wegen Gelenkproblemen nimmt er seit zwei Jahren einmal in der Woche an Gymnastikübungen und an Wassergymnastik teil und meint, dass ihm das sehr gut tut.

Frau Dorsch betreut zusammen mit ihrer Schwester ihren Vater, der noch mit seinen neunzig Jahren allein im eigenen Haus in Karlstadt wohnt. Die Schwestern wechseln sich bei der täglichen Hilfe in seinem Haushalt ab und geben ihrem Vater auch die persönliche Zuwendung, die er nun braucht. „Der Vater", so sagt Frau Dorsch, „ist sehr anspruchsvoll und legt Wert darauf, dass eine der Töchter mindestens einmal am Tag nach ihm schaut."

Herr Dorsch fühlt sich mit seinen dreiundsechzig Jahren recht wohl. An Sterben und Tod denkt er nicht, obwohl er weiß, dass das Leben einmal ganz schnell zu Ende sein kann, sei es durch Unfall oder plötzlichen Herztod. „Wir sind nur Gäste auf Erden", meint er und hofft, noch ein langes Leben in guter Gesundheit mit seiner Frau vor sich zu haben.

Frau Dorsch erinnert sich bei diesem Thema an die lange Krankheit ihrer Mutter. In ihren letzten Lebensjahren war die Mutter zu einem schweren Pflegefall geworden. „Eines Tages rief mich meine Schwester an, die jeden Tag meine Mutter besuchte, und bat mich, schnell zu kommen. Der Pfarrer sei im Haus, um der Mutter die letzte Ölung zu geben. Ich beeilte mich und war sehr bewegt, wie der Pfarrer seine Hand auf die Stirn meiner Mutter legte. Links vom Bett meiner sterbenden Mutter hing das Kruzifix an der Wand. Das schaute meine Mutter plötzlich wie gebannt an. Ihr Blick verklärte sich zu unser aller Erstaunen und ihre Augen leuchteten und strahlten. Alle Schmerzen schienen verflogen. Ich näherte mich ihr, streichelte ihre Hand, aber meine Mutter reagierte kaum auf meine Berührung und schaute weiter wie verzückt auf das Kruzifix. Ein kleines Lächeln umspielte ihr Gesicht. Sie hatte verstanden, dass sie auf das Sterben vorbereitet worden war und nun von ihren Leiden erlöst werde. Irgendetwas Schönes scheint sie gesehen zu haben, das sie uns jedoch nicht mitzuteilen vermochte und das sie von uns zu entrücken schien. Nicht lange danach durfte sie unsere Welt verlassen. Dieses ganz eindrückliche Sterbeerlebnis meiner Mutter gibt mir Hoffnung auf ein Leben nach dem Tod."

Wir verabschieden uns nach einem langen Gespräch von einem Ehepaar, das in Harmonie miteinander lebt und sind dankbar für die Offenheit und das Vertrauen, das uns bei diesen Berichten über die Lebenswege zweier Menschen, die zueinander gefunden haben, entgegengebracht wurde.

Erich Gillmann, Marktheidenfeld

Erich Gillmann, geboren am 31. Mai 1925 in Mellrichstadt, verheiratet mit der Ärztin Emmi Karoline, geborene Ebel, geboren am 22. Dezember 1923 in Annweiler am Trifels, Bildhauer, von 1954 bis 1987 Berufsschullehrer an der Berufsschule in Marktheidenfeld, das Ehepaar Gillmann wohnt seit 1954 in Marktheidenfeld.

Ein Wald ist für mich wie ein Blumenstrauss

Gern lesen wir die ganzseitigen, bebilderten Würdigungen bekannter Persönlichkeiten im wöchentlichen Anzeigenblatt des Verlagshauses Bröstler GmbH in Marktheidenfeld. Auf diese Weise wurden wir aufmerksam auf den Bildhauer Erich Gillmann, der anlässlich seines fünfundsiebzigsten Geburtstages eine Ausstellung über sein reiches Schaffen im

Erich und Emmi Gillmann im Sommer 2000 in ihrer Wohnung.

Franck-Haus in Marktheidenfeld präsentierte. Bereitwillig lud er uns ein in sein Haus, das er mit seiner Frau Emmi 1961 gebaut hat. Gleich beim Betreten spüren wir, dass hier Künstler wohnen. Herrliche, schlanke Holzfiguren, Exponate aus Keramik und Ton, alles Werke von Herrn Gillmann, fallen uns in ihrer Schlichtheit und starken Ausdruckskraft sofort ins Auge. Die Wände zieren farbenfrohe Landschaftsbilder, die Frau Gillmann nach der Aufgabe der ärztlichen Tätigkeit geschaffen hat. Sie hatte vor etwa zehn Jahren begonnen, in der Volkshochschule Malkurse zu belegen und dabei wurde ihr künstlerisches Talent entdeckt. Insbesondere die Technik der Ölmalerei beherrscht sie und malt Bilder aus der fränkischen Heimat. Wir treffen also ein Künstlerehepaar an mit großem kreativen Engagement.

In Mellrichstadt in der Rhön wurde Erich Gillmann am 31. Mai 1925 geboren. Sein Vater Jakob Gillmann amtierte dort als Gendarmeriekommissär. Die Familie wohnte bei einem Bauern, in dessen Haus auch der Gendarmerieposten untergebracht war. Als der kleine Erich vier Jahre alt war, wurde der Vater nach Kirchlauter in den Hassbergen versetzt, wo die Familie wiederum eine Dienstwohnung bezog. Bereits kurze Zeit danach mussten die Gillmanns wieder umziehen, denn der Vater wurde Chef des Gendarmeriepostens Rimpar im Landkreis Würzburg. Hier konnte Erich mit seinen Geschwistern seine Kindheit verbringen. Bruder Kurt war 1921, Bruder Walter 1923 geboren, und Schwester Lotte machte 1929 als Nesthäkchen die Familie komplett.

„Das ständige Umziehen hat uns Kindern überhaupt nicht gepasst", erinnert sich Herr Gillmann: „Es war für die ganze Familie nicht leicht, sich immer wieder neu einzugewöhnen und neue Freunde und Bekannte zu gewinnen. In dem Dorf Rimpar, das damals noch bestimmt war von Bauernhöfen und Handwerksbetrieben, bin ich schließlich aufgewachsen und habe mich dort auch zu Hause gefühlt. Ich habe in Rimpar gute Freunde gefunden und war bald in das rege

Dorfleben integriert. Bis heute habe ich noch gute Kontakte zu diesem Ort meiner Kindheit und Schulzeit und fühle mich bei meinem Aufenthalt dort, als wenn ich heimkomme. Die Einheimischen sprechen alle Dialekt, den ich auch noch beherrsche und gerne anwende. Das ist Heimat für mich.

In Rimpar wurden wir zunächst als gut situiert eingestuft. Manche meiner Freunde sagten zu mir: ‚Mensch, ihr seid reich!', denn mein Vater bezog als Beamter regelmäßig sein Gehalt, wenn es auch niedrig war und wir uns nicht viel leisten konnten. Wir sind gerade so zurechtgekommen, auch deshalb, weil meine Mutter sparsam wirtschaftete. Sie nähte sehr gut und sorgte so für unsere Kleidung. Es gab aber zu Beginn der dreißiger Jahre auch in dem ländlichen Rimpar viele Arbeitslose, und oft herrschte bittere Not.

Mein Vater stammte aus Cronenberg im Nordpfälzer Bergland, war 1892 geboren und bereits mit zwölf Jahren Vollwaise. In der Nähmaschinenfabrik Pfaff in Kaiserslautern machte er eine Lehre.

Später meldete er sich freiwillig zum Militär, verpflichtete sich für zwölf Jahre und kam zum Ulanenregiment nach Bamberg. Die Pfalz gehörte damals noch zu Bayern, und so war es ohne weiteres möglich, dass mein Vater von der Pfalz in die oberfränkische Stadt kam. Nach dem Ende des Ersten Weltkrieges ging er zur Gendarmerie, wie damals in Bayern die Polizei auf dem Land hieß. Er hat also trotz der schwierigen Verhältnisse in seiner Jugend noch etwas aus seinem Leben gemacht.

Eine Zeit lang leistete mein Vater bei dem Gendarmeriehauptposten in Gemünden Dienst und lernte dort meine Mutter Marie May kennen. Sie stammte aus Aschach bei Bad Kissingen. Ihr Vater war Töpfer, woher wohl meine manuelle Fertigkeit kommt. In der Rhön konnte er jedoch die Familie kaum ernähren, und so ging er zur Post und wurde Beamter. Zunächst war er in Gemünden Postbote, später dort stolzer Königlich Bayerischer Oberpostschaffner.

Der Bruder meiner Mutter, Franz May, war sehr künstlerisch veranlagt, wurde Holzbildhauer und besuchte in München die Kunstakademie. Nach dem Studium durfte er sich akademischer Bildhauer nennen, baute sich in Gemünden eine Werkstatt auf und wurde bald als Künstler und Grafiker bekannt."

Der stolze Schüler Erich in der Rimparer Volksschule, 1931.

Erich Gillmann ist mit sechs Jahren in Rimpar in die Volksschule gekommen. Probleme mit seinen Schulkameraden hatte der Beamtensohn nicht, obwohl die meisten Mitschüler aus Arbeiter-, Bauernfamilien oder Handwerksbetrieben stammten. Nur wegen seiner Kleidung schämte er sich vor den anderen Kindern: „Meine Mutter hatte mir als geschickte Schneiderin zum Schuleintritt einen schönen Matrosenanzug genäht. Diese Anzüge waren damals in bestimmten Kreisen sehr beliebt, allerdings in das Dorf Rimpar passte ein solches Kleidungsstück nicht. Alle Buben lachten mich aus, als ich an meinem ersten Schultag in meinem Matrosenanzügle daher marschiert kam und veräppelten mich. Sie waren so gekleidet, wie es auf dem Dorf eben üblich war. Schnell habe ich den Latz vorne abgemacht, um nicht zu sehr als Außenseiter zu gelten. Mein Vater war mir jedoch mit seinem Fahrrad gefolgt und legte mir ordnungsgemäß meinen Latz wieder an. Sobald ich im Schulhaus war und mich unbeobachtet fühlte, riss ich mir das Ding wieder runter. Für mich war dieser Matrosenanzug eine regelrechte Strafe.

Abgesehen von dieser Blamage mit meinem Schulanzug kam ich gut mit den einheimischen Buben zurecht. Nachmittags bauten wir uns Burgen und Lager in den Hecken der

Feldflur und durchstreiften das Dorf. Die Eltern eines Freundes besaßen ein Gartengrundstück mit einem Wochenendhäuschen, in dem auch Lebensmittelvorräte aufgehoben wurden. Wir hatten keinen Schlüssel, also sind wir in das Häuschen eingebrochen und haben uns an der süßen Marmelade und anderen guten Sachen satt gegessen. Der Vater meines Freundes wusste nichts von unserem Bubenstreich und zeigte den Einbruch bei meinem Vater an. Der hatte natürlich keine Ahnung von meiner Beteiligung an dem ‚Einbruch' und schimpfte beim Mittagessen: ‚Da haben so ein paar Lausbuben beim Schneider eingebrochen, und ich soll nun die Burschen finden!' Wir Buben haben uns köstlich darüber amüsiert."

In Rimpar gab es damals viele Handwerksbetriebe, und diese eifrig werkelnden Wagner, Schmiede und Schreiner hatten es dem Kind Erich Gillmann angetan: „Schon in meiner Kindheit verspürte ich einen besonderen Hang zu den Handwerkern und verbrachte viel Zeit bei ihnen in der Werkstatt. Ich war voll begeistert von dem, was diese Männer mit ihren Händen und Werkzeugen schufen. Stundenlang schaute ich ihnen zu und half auch tüchtig mit. Mein Leben lang ist mir die Sympathie für diese anspruchsvollen Berufe geblieben. Gern wäre ich zu einem Handwerker in die Lehre gegangen. Doch das hätte meinem Vater nicht gepasst. ‚Der Bub muss doch die höhere Schule besuchen. Er muss doch was werden', war seine feste Meinung.

Nach vier Jahren Volksschulzeit in Rimpar schickte mich mein Vater in die Oberrealschule nach Würzburg. Ich fuhr nun jeden Tag ins nahe Würzburg zur Schule, blieb aber meinen Rimparer Freunden treu. In unserem Dorf habe ich auch das Wachsen und später die Herrschaft des Nationalsozialismus erlebt. Mein Vater war als Gendarmeriebeamter ein Helfer der Obrigkeit, während meine Mutter durch ihren starken katholischen Glauben eine große Gegnerin der Nazis war. Dadurch gab es immer wieder Spannungen zu Hause, und wir Kinder erlebten oft einige Szenen daheim. Meine Mutter hörte manchmal die Auslandssender ab, woraufhin mein Vater schimpfte: ‚Du bringst uns noch nach Dachau!'. Dachau war meinem Vater als Lager bekannt, weil dorthin Kommunisten abtransportiert wurden und auch er zu solchen Transporten abkommandiert wurde. Wir Kinder waren hin und her gebeutelt. Auf der einen Seite engagierten wir uns eifrig beim Jungvolk. Mutter nähte uns sogar die hellbraunen Hemden. Auf der anderen Seite waren wir als Ministranten im Gottesdienst eingesetzt und befanden uns so ständig in einer Zwickmühle.

Im Jahr 1943 habe ich nach einem Notabitur die Oberrealschule verlassen, weil ich als Achtzehnjähriger zur Wehrmacht einberufen wurde. In Rimpar wohnte ein Arzt, dessen Söhne, ganz schneidige Burschen, waren ungefähr zehn Jahre älter als ich. Beide hatten sich zur Luftwaffe gemeldet und waren hochdekorierte Fliegeroffiziere geworden. Ab und zu überflogen sie unser Dorf, sie fuhren elegante Sportwagen und galten als etwas Besonderes. Mein Vater nahm diese beiden uns Brüdern zum Vorbild: ‚Das sind Kerle, die imponieren, ihr müsst es so machen wie sie!' Da ich von Jugend an Segelflieger und Modellbauer war und mich die Fliegerei begeisterte, wollte ich Jagdflieger werden, und so meldete ich mich freiwillig als Berufsoffizier zur Luftwaffe. Zunächst musste ich in München eine Aufnahmeprüfung machen. Als ich angenommen wurde, strahlte mein Vater vor Stolz. Als Schüler hofften ich und meine Kameraden, die sich ebenfalls freiwillig gemeldet hatten, dass der Krieg nicht so bald beendet wird, damit wir das reguläre Abitur ohne weitere Prüfung geschenkt bekommen.

Noch heute träume ich davon, ich müsse das Abitur nachholen und würde durchfallen, denn vor allem Mathematik war mein Schwachpunkt. Schon während meiner Schulzeit fiel meine schöne, gestochene Schrift auf. Mein Zeichenlehrer meinte: ‚Gillmann, nehmen Sie Schreibzeug mit, wenn Sie

einrücken müssen.' Das war ein ganz toller Tipp. Denn bereits bei meinem dreimonatigen Arbeitsdienst habe ich keine Dreckarbeiten machen müssen, sondern saß in meinem Schreibzimmer und habe fein säuberlich Leitzordner beschriftet, Urkunden geschrieben und Pläne gezeichnet.
Meine Fliegerausbildung begann am 20. Juli 1943 in Oschatz östlich von Leipzig. Auch da hatte ich meine Schreibutensilien parat und wurde oft für besondere Zwecke abgeordnet. Während die Kameraden auf dem Exerzierplatz gedrillt wurden, habe ich spaßeshalber huldvoll mit meiner Schreibfeder aus meinem Zimmer rausgewunken. Nach der Ausbildung im Segelfliegen kamen wir nach Dresden auf die Luftkriegsschule. Das war eine Offiziersakademie, eine tolle Ausbildungsstätte. Man glaubte gar nicht, beim Militär zu sein. Es gab Unterricht in Allgemeinbildung und den verschiedenen technischen Fächern, wie Funken, Navigation und Motorkunde, was mich alles sehr interessierte. Von Politik spürten wir nichts. Wir hatten hervorragende Unterkünfte und sehr gutes Essen. Die Luftwaffe war herausgehoben, so dass man manchmal gegenüber anderen Einheiten ein schlechtes Gewissen bekam. Täglich Bohnenkaffee und Kekse, Butter und Schokolade. In Kriegszeiten, wenn andere hungern, braucht man eigentlich solch eine vorzügliche Versorgung nicht.
Von Dresden ging es nach Neustadt an der Weinstraße zum Jagdergänzungsgeschwader, wo wir weiter zum Jagdflieger ausgebildet wurden. Dort wurden wir 1944 ausgebombt und kamen nach Schussenried in der Nähe von Biberach in Württemberg auf einen Notflugplatz. Im Januar 1945 kam ich als Fähnrich nach Liegnitz in Niederschlesien. Während unsere Flüge, die bis in die Umgebung der damals schon von den Russen bedrohten schlesischen Hauptstadt Breslau führten, beobachteten wir mit Schrecken all die Flüchtlingstrecks aus dem Osten. Zum ersten Mal wurde mir Neunzehnjährigem das Ausmaß des Krieges so richtig bewusst.

Von diesem Elend hatten wir keine Ahnung. Wir jungen Leute lebten in Saus und Braus fern aller Realität und hatten uns bis dahin keine großen Sorgen gemacht. Als wir den Befehl erhielten, von Liegnitz nach Flensburg zu fliegen, mussten wir wegen Benzinmangels und Nebels mit vier Maschinen Messerschmitt Me 109 bei Frankfurt an der Oder neben einer Straße notlanden. Auf der Straße zog ein Fuhrwerk nach dem anderen mit Kindern, alten Leuten, Frauen, Kühen und Ziegen vorüber. Wir meinten, es sei etwas Außergewöhnliches, wenn da plötzlich Flugzeuge auf einem Acker notlanden. Doch die Flüchtlinge haben sich nicht einmal nach uns umgedreht, so erschöpft müssen sie gewesen sein. Ich war furchtbar ergriffen über diese Trostlosigkeit, die über dem langen Flüchtlingstreck hing.

Unsere Flugzeuge waren natürlich verloren und wir wurden zum Flugplatz Frankfurt an der Oder gebracht und von dort kamen wir nach Dänemark. Man merkte nun deutlich, dass sich der Krieg dem Ende näherte. Wir durften kaum noch fliegen, da Benzinmangel herrschte. Einige hoch dekorierte Offiziere warnten vor allem die Übereifrigen unter uns, damit sie nicht noch abgeschossen wurden. ‚Passt auf, dass ihr am Leben bleibt, der Krieg ist bald aus', meinten sie fürsorglich und weitsichtig.

Ohne große Feindberührung war für uns der Krieg bald beendet, wir wurden von den Engländern gefangen genommen und in ein Internierungslager nach Hadersleben im südlichen Dänemark gebracht.

Ich glaube, es war mein Glück, dass ich mich zur Luftwaffe gemeldet habe. Ich hatte Schulkameraden, die zur Infanterie eingezogen wurden, und manche von ihnen waren schon nach vier Wochen gefallen. Andere sind in Russland gefangen genommen worden und blieben vier bis fünf Jahre in Lagern unter schlimmsten Bedingungen. Mir war immer angst und bange, als Infanterist irgendwo zu krepieren. Wenn ich beim Fliegen abgeschossen werde und runterfalle,

verursacht das für mich keine großen Schmerzen, dachte ich.
Eine kurze Zeit verbrachte ich noch in dem Lager in Hadersleben. Von dort mussten wir Gefangenen in ein Lager nach Heide in Schleswig-Holstein marschieren. Dieser Marsch wurde von uns Deutschen selbst organisiert, die Engländer traten dabei völlig in den Hintergrund. Wir mussten unterwegs auch selbst für Unterkunft und Verpflegung sorgen. In dem Lager in Heide gab es Verwaltungsoffiziere, ehemalige Zahlmeister, die bei den Bauern die nötigen Lebensmittel kauften. Wir litten keinen Hunger, konnten Fußballmannschaften bilden und verbrachten eigentlich wieder eine schöne Zeit. In anderen Internierungslagern wie Bad Aibling, wo mein Bruder Walter lag, oder gar Bad Kreuznach sind viele der Gefangenen regelrecht verhungert. Weil ich einer der jüngsten Gefangenen war, hatte der Koch des Lagers, der Gastwirt in Kitzingen war, Mitleid mit mir: ‚Bub, du kriegst einen Schlag extra, damit du auch gut und gesund heimkommst', sagte er und füllte meinen Topf besonders gut. Ich hatte in meinem Leben immer Glück, galt als Perfektionist und war ein Pünktlichkeitsfanatiker. So bin ich auf den Tag genau zwei Jahre, nachdem ich am 20. Juli 1943 eingezogen wurde, am 20. Juli 1945 unversehrt in Rimpar bei meinen Eltern wieder eingetroffen."
Der zwanzigjährige Erich Gillmann hatte keine Berufsausbildung und musste sich nun nach dem Ende des Krieges Gedanken über seine Zukunft machen. Eigentlich wollte er erst Volksschullehrer werden, hatte aber dann doch keine rechte Lust dazu. Er erinnerte sich an seine früheren neugierigen Besuche bei den Handwerkern in Rimpar und die künstlerische Ader regte sich in ihm. So ging er auf Wunsch seines Onkels Franz May für zwei Jahre zu ihm in Gemünden in die Lehre als Bildhauer: „Onkel Franz wohnte zusammen mit seinem Vater am Brückleinsweg im Bahnhofsviertel von Gemünden. In der Bahnhofstraße am Rand der Innen-

stadt besaß er eine schöne alte Werkstatt neben dem Friseur Endres. Die Werkstatt sah aus wie auf einem Gemälde von Spitzweg, ganz romantisch. Wenn beim Friseur gerade keine Kunden waren, kam Herr Endres rüber zu uns und schaute uns mit großem Interesse bei der Arbeit zu. Ich zog nun zu meinem Onkel und so lebten drei Männer aus drei Generationen zusammen in der kleinen Wohnung am Brückleinsweg in Gemünden.

Onkel Franz imponierte mir, ich hatte schon früher in den Ferien öfter bei ihm modellieren dürfen und besaß ein besonders gutes Verhältnis zu ihm. Im Geheimen wünschte ich mir manchmal: Wenn doch Franz May mein Vater wäre! Zu meinem Vater war die Bindung nicht so eng, weil er wohl sehr hohe Anforderungen an mich stellte. Er wollte unbedingt einen Akademiker aus mir machen und erkannte weniger meine künstlerischen und handwerklichen Begabungen. Zu meiner Mutter war die Bindung stärker. Sie war eine lustige Frau, mit der ich so richtig blödeln und herzhaft lachen konnte. Da sie eine hervorragende Köchin war, ließ ich mich auch später noch gern von ihren Kochkünsten verwöhnen. Meine Mutter ist bereits 1968, mein Vater 1970 gestorben. Von uns vier Geschwistern leben nur noch meine Schwester Lotte und ich. Meine Brüder starben beide im Alter von fünfundzwanzig Jahren. Kurt kam im Gefangenenlager bei Augsburg um. Walter war Koch und Konditor und starb 1948 in Würzburg bei der Arbeit an einem Herzschlag. Mit Walter, der nur zwei Jahre älter war als ich, hatte ich mich besonders gut verstanden. Da wir uns sehr ähnlich sahen und oft gleich angezogen waren, hielt man uns früher sogar für Zwillinge. Als er so plötzlich verstarb, hat mich das besonders tief getroffen.

Bei meinem Onkel Franz May, dem akademischen Bildhauer, absolvierte ich von 1945 bis 1947 eine Ausbildung als Holzbildhauer und Grafiker. Jeden Tag machte ich mit ihm einen langen Fußmarsch von der Wohnung im Brückleinweg bis zur Werkstatt. Dort haben wir im harmonischen Miteinander geschnitzt und schöne grafische Arbeiten angefertigt. Ich fühlte mich damals ins Mittelalter versetzt. Vor allem auch schätzte ich, dass sich mein Onkel viel mit mir unterhalten hat und sich sehr darum bemühte, mir eine gründliche Ausbildung zu bieten. Nebenbei stellte er mir seine Bücher aus seiner umfangreichen Bibliothek von alten Meistern zum Lesen zur Verfügung. Später habe ich die Bücher von ihm geerbt, denn er hatte als Junggeselle keine eigene Familie. Bei meinem Onkel Franz konnte ich enorm viel lernen, da er mich maßgebend in der Formgebung und Ästhetik beeinflusste. Noch heute denke ich mit Dankbarkeit an ihn zurück."

Bei Onkel Franz Gillmann, 1946.

Der zwanzigjährige Erich Gillmann lebte mit den anderen beiden Männern in einem reinen Drei-Männer-Haushalt: Großvater mit Sohn und Enkel. Der Großvater hat den Haushalt versorgt und gespült, der Onkel hat gekocht, während der Enkel Erich wie ein Prinz behandelt wurde und keine Hausarbeiten verrichten musste. Eine Hilfe im Haushalt gab es nicht, und die Männer hätten sie sich auch nicht leisten können. Herr Gillmann sagt auch warum: „Mein Onkel verkaufte seine Werke weit unter dem Preis, was ich aber bald korrigiert habe. So gut wie in meiner Zeit war es ihm finanziell noch nie gegangen. Er war immer zu bescheiden und konnte mit Geld nicht gut umgehen. Als ich höhere Preise für seine Werke herausholen konnte, bekam er regelrecht Angst vor dem Finanzamt, weil er meinte, er verdiene plötzlich zu viel.

Eines Tages im Jahr 1947 sagte er zu mir: ‚Erich, du musst fort, du kannst bei mir nichts mehr lernen!' Was war also zu tun? Der Gedanke, Lehrer zu werden, ging mir nicht aus dem Sinn. Ein ehemaliger Lehrer von mir, Professor Pollmann, der sich nie der nationalsozialistischen Partei angeschlossen hatte, war Direktor der Lehrerbildungsanstalt in Würzburg geworden. So ging ich zu ihm, um mich über den Lehrerberuf zu informieren. Er meinte: ‚Gillmann, kommen Sie zu uns, in neun Monaten sind Sie fertig und haben eine sichere Existenz'. – ‚Ja, was verdiene ich denn dann nach der Ausbildung?', war meine Frage. ‚Dreihundertzwanzig Reichsmark im Monat', gab er zur Antwort. Ich war aber verdorben, hatte nämlich schon wesentlich mehr verdient. Auch Schulrat Leo Weismantel hätte mich gern aufgenommen, aber die Verdienstmöglichkeiten als Lehrer waren mir doch zu schlecht. So habe ich die Entscheidung wieder hinausgeschoben.

Ein anderer Onkel, Emil Mergenthaler, hatte in Annweiler am Trifels in der Pfalz ein Grabmalgeschäft mit Steinbildhauerei. Da er stark gehbehindert und auf Hilfe angewiesen war, fragte er bei mir an, ob ich bei ihm mitarbeiten wolle. So siedelte ich im Mai 1948 in die Pfalz um. Die Pfalz war damals französische Besatzungszone, Bayern war jedoch von den Amerikanern kontrolliertes Gebiet. Für die Einreise benötigte man deshalb einen Passierschein, den ich nicht hatte. Kurz bevor der Zug in den Bahnhof von Ludwigshafen einfuhr, bestach ich einen Zugschaffner mit einem kleinen Rollschinken, den ich eigentlich meinen Verwandten mitbringen wollte. So half der Schaffner mir, an der Kontrolle vorbeizukommen.

Ich hatte mir vorgestellt, im Betrieb meines Onkels werden Figuren und Reliefs in Stein gehauen. Als ich in die Arbeiten in dem Grabsteingeschäft eingeführt wurde, fiel es mir wie Schuppen von den Augen. Mit Pickel und Schaufel marschierte ich mit einem Mitarbeiter auf den Bergfriedhof. Dort schaufelten wir bis auf Sargsohle einen fast zwei Meter tiefen Graben für das Fundament eines Grabsteines aus. Mir wurde fast übel, als wir, auf dem Sarg stehend, weiter die seitliche Erde herausholten. Dann stellten wir zwei Betonständer in das Grab, füllten Erde ein und legten zuletzt eine Eisenbetonplatte über die beiden Pfeiler. Darauf wurde dann der Grabstein mit der Einfassung gesetzt. Diese Arbeit dauerte je nach Bodenbeschaffenheit zehn bis achtzehn Stunden. Die Betonplatten und die Einfassungen stellten wir von Hand her. Es gab keine Mischmaschine, geschweige denn Gummi- oder Arbeitshandschuhe. Beim Schleifen der Einfassungen fraß die Zementbrühe kleine Löcher in die Finger, die dann oft am Abend bluteten. Ich kam mir in der Anfangszeit vor wie ein Sträfling.

Ein Lichtblick war der Besuch der Kunst- und Handwerkerschule in Kaiserslautern, wo ich 1949 die Gesellenprüfung als Holzbildhauer und 1951 die Meisterprüfung als Steinbildhauer ablegte. Ich pachtete das Geschäft meines Onkels für fast zwei Jahre und konnte in dieser Zeit eine schöne Summe sparen. Trotz des guten Verdienstes lag die Abneigung gegen diese Arbeit wie ein Stein auf meiner Brust.

Ich hatte bereits in den Jahren 1947/48 angefangen, in Würzburg Kunstgeschichte zu studieren. Da ich nur das Notabitur besaß, hätte ich nach dem dritten Semester eine Prüfung ablegen müssen, und zwar in Latein und Griechisch. Da ich keine Lust hatte, diese alten Sprachen zu lernen, habe ich das Studium dann abgebrochen. Ich bin in keiner Prüfung durchgefallen, denn wenn ich von vornherein wusste, da könnte ich durchfallen, bin ich gar nicht erst hingegangen. Im Hinterkopf schwebte mir immer wieder der Lehrerberuf vor, wobei ich mir eine Verbindung zwischen Lehrtätigkeit und praktischer Arbeit vorstellte. Schließlich

stand für mich fest: Ich werde Berufsschullehrer. Die Voraussetzung dazu hatte ich, nämlich eine praktische Ausbildung. Das Studium als Berufsschullehrer war in Bayern nur in München möglich, und nun kam mir zugute, dass ich bei meiner Tätigkeit im Geschäft meines Onkels in der Pfalz einiges Geld hatte sparen können. Ich konnte somit relativ sorgenlos in den Jahren 1952 bis 1954 mein Studium in München absolvieren. Mein Vater hätte mich nicht unterstützen können, denn er war zu dieser Zeit noch außer Dienst. Später wurde er nach der Entnazifizierung wieder angestellt und war bis zu seiner Pensionierung in Waldbüttelbrunn im Landkreis Würzburg Leiter des Landpolizeipostens. Mein Vater hatte natürlich auch keinerlei finanzielle Reserven, denn sein Gehalt war immer recht bescheiden gewesen. Im Nachhinein muss ich ihm hoch anrechnen, dass wir Buben die höhere Schule besuchen konnten. Diese kostspielige Schulbildung war für meine Eltern mit großen Opfern verbunden. Mein ältester Bruder war sogar in einem Internat.
Das Studium in München war eine schöne Zeit. Finanziell hatte ich durch meine Ersparnisse keine großen Probleme, und auch der Onkel in der Pfalz zeigte Verständnis für meine Entscheidung, nicht in sein Grabsteingeschäft eingestiegen zu sein. Ich hatte in Annweiler inzwischen meine spätere Frau kennen gelernt, die bereits als Ärztin im dortigen Krankenhaus beschäftigt war. Mein Onkel sagte dazu: ‚Ärztin und Grabsteingeschäft, das passt wirklich nicht zusammen.' Mein Vater war mit meiner Berufswahl auch endlich zufrieden, denn nun wurde sein Sohn doch noch ein Akademiker, wie er es sich immer gewünscht hatte."
Frau Emmi Karoline Gillmann, die aufmerksam dem Lebensbericht ihres Mannes mit kurzen Zwischenbemerkungen gefolgt war, beginnt nun aus ihrem Leben und von den ersten Begegnungen mit dem jungen Erich zu erzählen: „Meinen Mann habe ich schon früher hin und wieder in den Schulferien gesehen, wenn er zu seiner Tante Bina zu Besuch kam.

Ich stamme aus Annweiler am Trifels und bin am 22. Dezember 1923 als fünftes Kind meiner Eltern Friedrich und Karoline Ebel dort geboren. Auf einem Ball, den ich im Jahr 1952 mit meinem Cousin Werner besuchte, traf ich Erich und wir merkten bald, dass wir gut zusammenpassen."
Die Vorfahren mütterlicherseits von Frau Gillmann stammen alle aus Annweiler, während die Familie des Vaters aus Mussbach bei Neustadt an der Weinstraße kommt. Mussbach ist heute ein Stadtteil von Neustadt. Eigentlich hatte sie vier Geschwister, doch die zwei ältesten sind bereits als Kleinkinder vor ihrer Geburt gestorben. So wuchs die kleine Emmi zusammen mit ihrer Schwester Irma, die 1920 geboren wurde, und ihrem 1912 geborenen Bruder Fritz auf. Die Schwester lebt noch in Edenkoben, der Bruder starb im Jahr 1972. Die Mutter hatte während des Ersten Weltkrieges einen Milchhandel aufgebaut. Früh um fünf Uhr fuhr sie mit dem Pferdefuhrwerk in das etwa fünfzehn Kilometer entfernte Gleisweiler nördlich von Landau, um dort von den Bauern in großen Kannen Milch zu holen, die sie dann in Annweiler verkaufte. Später verkaufte sie noch Obst und Gemüse, und so entwickelte sich dieser Handel allmählich zu einem gut florierenden Lebensmittelgeschäft. Als der

Die kleine Emmi (links) mit ihrer Schwester Irma, 1928.

Vater schwer verwundet aus dem Krieg zurückkehrte, betrieb er noch zusätzlich einen Weingroßhandel und einen Handel mit Landesprodukten. Auch Sauerkraut stellten die Eltern in großen Mengen her und verkauften es.

„In Annweiler gab es früher kein Schwimmbad", erinnert sich Frau Gillmann an ihre frühe Kindheit, „und so benutzten wir Kinder das schmale Flüsschen Queich, um uns im Sommer abzukühlen. Als wir noch klein waren, stiegen wir mit Unterhöschen und Schürze bekleidet unter der Aufsicht der dicken Frau Richter, unserer Nachbarin, ins Wasser. Sie hatte sich freundlicherweise bereit erklärt, auf uns aufzupassen. Nicht weit von unserer Badestelle entfernt befand sich nämlich eine Mühle mit einem Rechen, der Treibholz und anderes Geröll aufhielt, damit es nicht ins Mühlrad geriet. Einmal wurde beim Baden ein kleiner Bub abgetrieben und ist in diesem Mühlrad zu Tode gekommen. Seitdem durften die Kinder nur noch unter Aufsicht im Bach baden. Nach dem Besuch der Volksschule in Annweiler ging ich nach Landau in die Oberschule für Mädchen und fuhr bis zum Abitur im Jahr 1942 täglich die etwa fünfzehn Kilometer lange Strecke mit dem Zug, gehörte also zu den zahllosen Fahrschülern, die der Schrecken der übrigen Fahrgäste und der Schaffner waren. Unser Jahrgang war bis zum Kriegsende der letzte, der noch mit einem vollwertigen Abitur abschließen durfte. Später wurde nur noch Notabitur gemacht, und man musste nach 1945 nochmals in die Schule und Prüfungen ablegen, um zum Studium zugelassen zu werden.

Mein Wunsch war es, Medizin zu studieren, aber schon acht Tage nach Schulschluss kam ich zum Arbeitsdienst nach Dillingen an der Donau. Anschließend wurde ich für ein halbes Jahr zum Kriegshilfsdienst nach Sonthofen im Allgäu geschickt. Während des Arbeitsdienstes wohnten wir in einem Lager und wurden jeweils für vier Wochen einem Bauernhof in der Umgebung zum Arbeitseinsatz zugeteilt. Wir Arbeitsdienstmädchen trugen alle blaue Kleider und rote

Tücher, so dass die polnischen Zwangsarbeiter, mit denen wir zusammen arbeiteten, anfangs meinten, wir kämen aus dem Gefängnis. Eine Zeit lang war ich einer Bäuerin zugeteilt, deren Mann als Soldat eingezogen war. Sie hätte es gern gesehen, wenn ich bis zur Rückkehr ihres Mannes bei ihr geblieben wäre, aber ich wollte nach meinem Pflichtarbeitseinsatz unbedingt mit dem Studium beginnen.
Im Frühjahr 1943 durfte ich endlich an der Heidelberger Universität das Studium der Medizin aufnehmen und musste gleichzeitig noch an einem Gymnasium das Latinum nachmachen.
Im Januar 1945 bereitete ich mich auf das Physikum vor, die ärztliche Vorprüfung nach vier Semestern vorklinischen Studiums, das im April anstand. Da wurde ich in das Luftwaffenlazarett in Bad Kohlgrub in Oberbayern abgeordnet, musste also mein Studium unterbrechen, um meinen Dienst in dem Lazarett abzuleisten. Im Juli 1945 konnte ich endlich nach Hause zurückkehren. Mein Vater war bei einem Fliegerangriff auf Annweiler umgekommen. Er war der Ansicht gewesen, bei einem Angriff im Gartenhaus sicherer zu sein. Doch durch den großen Luftdruck wurde das Gartenhaus zerstört und alle, die dort Schutz gesucht hatten, kamen bei dem Angriff am 6. Januar 1945 ums Leben. Meine Mutter war daheim geblieben und konnte so ihr Leben retten. Mein Vater hatte seinen Hund mitgenommen, der aber unversehrt blieb und nun allein heimlief. Da wusste meine Mutter, dass etwas Schreckliches passiert sein musste.
Ich habe von diesem tragischen Tod meines Vaters erst im März erfahren und durfte nur für ein paar Tage nach Hause zu meiner Mutter fahren, dann musste ich wieder zurück ins Lazarett nach Bad Kohlgrub. Dort erlebte ich auch den Einmarsch der Amerikaner, der recht problemlos verlief, und das Kriegsende."
Die zweiundzwanzigjährige Emmi Ebel wollte nun so schnell wie möglich ihr zwangsweise unterbrochenes Medi-

zinstudium fortsetzen. Doch das war im viergeteilten Deutschland kurz nach Ende des Zweiten Weltkrieges nicht so einfach. Der Heimatort Annweiler lag in der Pfalz, und die Pfalz gehörte zur französischen Besatzungszone, während in der Universitätsstadt Heidelberg, die zu Württemberg gehörte, die Amerikaner residierten. Eine wahre Odyssee begann nun für die Medizinstudentin:
„Als ich nach Heidelberg kam, um mich an der Universität wieder einzuschreiben, wies man mich ab mit der Bemerkung, ich müsste mein Studium in der französischen Zone fortsetzen. An der Tübinger Uni bot man mir und meinen befreundeten Mitstudenten an, das Physikum wohl abzunehmen, doch müssten wir uns selbst extern auf diese Prüfung vorbereiten, was wir ablehnten. Schließlich fuhren wir nach Mainz zur französischen Militärregierung und beschwerten uns über diese Zustände. Man vertröstete uns und riet uns abzuwarten, bis in der Pfalz wieder eine Universität gegründet würde. Nach einiger Zeit bekam ich einen Studienplatz an der Uni in Mainz und konnte 1950 endlich mein Medizinstudium abschließen. Diese letzten Studienjahre waren sehr hart. Professoren wie Studenten hatten nicht genug zu essen. Zum Glück konnte ich hin und wieder einige Lebensmittel aus unserem Geschäft abzweigen, die ich dann zur Freude aller verteilte. Außerdem schickte eine Tante aus Amerika von Zeit zu Zeit ein Paket, worin auch köstlicher Nescafé enthalten war. Die Vorlesungsräume waren provisorisch in Baracken untergebracht. Dort haben wir einen Kocher aufgestellt, auf dem ich für alle Nescafé zubereitete.
Wir bekamen damals die so genannte ‚Hoover-Speisung', benannt nach Herbert Clark Hoover, dem amerikanischen Politiker und Berater von Präsident Eisenhower, der nach dem Zweiten Weltkrieg umfangreiche Hilfsmaßnahmen in Europa leitete, und konnten durch diese zusätzliche Mahlzeit so einigermaßen durchhalten. Von der Versorgung her

war diese Nachkriegszeit bei uns in der französischen Zone schlimmer als die Kriegszeit, und das jahrelang.
Gleich nach Beendigung meines Studiums wurde ich im Jahr 1950 am Krankenhaus in Annweiler angestellt. Ich war dort schon während meiner Ausbildung tätig gewesen und kannte daher das Krankenhaus gut. Es herrschte nach dem Krieg großer Personalmangel und so musste ich als junge Ärztin überall einspringen. Ich durfte operieren, Laborarbeiten übernehmen und wurde eigentlich mit allem konfrontiert, was in einem Kreiskrankenhaus anfällt. Erich begann 1952 in München zu studieren, und für uns war bald klar, dass wir heiraten wollen. Ich blieb während seines Studiums in Annweiler, man ließ mich im Krankenhaus auch so schnell gar nicht fort, und so waren wir beide doch sehr weit voneinander getrennt. Nachdem Erich sein Studium beendet hatte, heirateten wir am 3. Juli 1954 in München."
Der frisch gebackene Ehemann und Berufsschullehrer Erich Gillmann suchte nun eine Stelle an einer Berufsschule. „Ursprünglich wollte ich nach Oberbayern", fährt Herr Gillmann in seinem Lebensbericht fort, „es ist mir aber nicht gelungen, dort eine Stelle zu finden. Da erfuhr ich, dass die Berufsschule Arzberg im Fichtelgebirge für ihre Porzellanklassen einen Berufsschullehrer suchte. Man behandelte mich dort wie einen König und bot mir eine Fünf-Zimmer-Wohnung an. Der Bürgermeister, Porzellanfabrikant Schumann, versprach mir ein herrliches Leben, das mir sehr zugesagt hätte. Die kreative Arbeit hätte mich gereizt. Doch da schrieb mir meine Frau: ‚In diese verlassene Ecke des Landes nahe der tschechischen Grenze bringst du mich nicht.' Arzberg lag nur sechs Kilometer von der Grenze entfernt, es herrschte damals Kalter Krieg zwischen Ost und West, Chruschtschow war in Moskau an der Macht, die Grenze zwischen Deutschland und der Tschechoslowakei war durch den Eisernen Vorhang hermetisch abgeriegelt, und meine Frau hatte einfach Angst, in dieses abgelegene

Armutsgebiet zu gehen. Außerdem behagte ihr das Klima nicht, sie war ja von der milden Pfalz etwas verwöhnt. Ich war verzweifelt. Mittlerweile war bereits Juli und bald begann ein neues Schuljahr. Ich musste nun dem Schulleiter absagen, und der war natürlich auch bestürzt über meine plötzliche Absage.

Jetzt fing ich meiner Frau zuliebe mit der Stellensuche wieder von vorne an. Ich wollte wieder gerne in meine alte Heimat zurück und so meldete ich mich bei der Schulabteilung der Regierung von Unterfranken. Man war hoch erfreut über meine Bewerbung und bot mir freie Stellen in Hammelburg, Karlstadt und Marktheidenfeld an. ‚Schauen Sie sich die Schulen an, die alle neu gebaut sind, und entscheiden Sie sich', riet man mir. Durch Zufall kam ich erst nach Marktheidenfeld, wo es mir gleich gut gefiel. Ich entschied mich für eine Stelle an der dortigen Berufsschule und habe zum Schuljahresbeginn 1954 als Lehrer im Fachbereich Holz- und Bautechnik angefangen. Auch meine Frau war nun mit meiner Wahl zufrieden und kam ein Jahr später nach. Mehr als dreißig Jahre bis 1987 habe ich an der Berufsschule in Marktheidenfeld unterrichtet und Schreiner, Maler und Maurer ausgebildet. Die abwechslungsreiche Tätigkeit und das Arbeiten mit jungen Leuten machte mir bis zu meiner Pensionierung viel Freude. Disziplinarisch hatte ich keinerlei Schwierigkeiten, noch heute besuchen mich ehemalige Schüler und fragen um Rat. Ich war sehr gern Lehrer und hatte immer ein gutes Verhältnis zu meinen Schülern. Natürlich gab es auch problematische Fälle, aber auch die waren schließlich zu bewältigen. Mein Bereich war der theoretische Unterricht, für den praktischen Unterricht waren die Fachlehrer zuständig. Fachtheorie, Fachrechnen, Fachzeichnen, Deutsch und Sozialkunde waren meine Unterrichtsfächer.

Neben meiner Lehrertätigkeit habe ich mich immer wieder, soweit es meine Freizeit zuließ, künstlerisch betätigt. Natürlich durfte ich meine Pflichten als Lehrer dadurch nicht ver-

nachlässigen. Eine kreativ gute Zeit erlebte ich unter dem damaligen Marktheidenfelder Landrat Albin Niklaus, mit dem ich interessante Objekte umsetzen konnte, zum Beispiel die Akustikdecke und den Wappenfries im Musikpavillon der Realschule. Es entstanden Objekte in Baukeramik, Entwürfe für Betonglasfenster, Skulpturen in Eichenholz für Leichenhallen.
Der Unterricht in den gestalterischen Fächern bei den Malern, Schreinern und Keramikern kam sowohl mir als auch den Schülern zugute. Da konnten wir neue Form- und Farbkompositionen entwickeln. Noch heute habe ich mit ehemaligen Schülern regen Austausch über kreatives Arbeiten.
Meine Frau und ich haben unsere Berufe als Berufung angesehen und viel Idealismus hineingesteckt. Die künstlerische Tätigkeit war für mich eine gute Entspannung und tat mir auch körperlich gut. Denn gerade beim Arbeiten mit Stein benötigt man viel Kraft und muss seinen Körper beherrschen. Ich habe mich schnell in Marktheidenfeld eingelebt, weil ich wieder in Unterfranken war und erkannte, dass dies meine Heimat ist. Meine Frau brauchte etwas längere Zeit, sich einzugewöhnen. Aber sie fand bereits vier Wochen nach ihrer Ankunft eine Anstellung als Ärztin in dem damals noch kleinen Kreiskrankenhaus, und lebte sich dadurch schneller in unserer neuen Heimat ein."
Mit den Jahren vergrößerten drei Töchter die Familie Gillmann. Suse wurde 1956 geboren, Ursula 1958 und Barbara im Jahr 1966. Frau Gillmann blieb während dieser ganzen Zeit weiterhin als Ärztin tätig, weil ihr die Arbeit Freude machte. So hatte sie eine dreifache Belastung, einmal im Beruf und zum anderen in Familie und Haushalt, obwohl eine Hilfe im Haushalt einen Teil der Hausarbeiten übernahm.
„Vier Jahre lang vertrat ich Herrn Dr. Cremer in seiner Arztpraxis in Lengfurt, während er sein Mandat als Landtagsabgeordneter ausübte", erzählt Frau Gillmann weiter: „Eigent-

lich wollte ich nicht mehr arbeiten und mich um meine kleinen Mädchen kümmern. Aber immer wieder trat jemand mit Vertretungswünschen an mich heran, und ich ließ mich dann doch zu einer erneuten Arztvertretung überreden. Meine Kinder habe ich überall mit hingeschleppt, bis sie in den Kindergarten und in die Schule kamen. Als ich wieder einmal um die Übernahme einer Praxisvertretung gebeten wurde, überlegte ich mir, ob es nicht sinnvoller ist, eine eigene Arztpraxis zu betreiben, als nur immer Vertretungsdienste zu leisten. Ein Bedarf für eine weitere Arztpraxis in Marktheidenfeld war gegeben und so kam ich zu dem Entschluss, eine eigene Praxis in unserem Haus als Allgemeinärztin einzurichten. Wir hatten im Jahr 1961 unser Haus hier in Marktheidenfeld gebaut und haben es 1970 um die erforderlichen Praxisräume erweitert. So konnte ich daheim praktizieren und war für meinen Mann und die Kinder jederzeit erreichbar. Die Arbeit in der gut gehenden Praxis nahm allmählich überhand, so dass ich eine Kollegin einstellte. Bald wurden die Räume zu klein, und wir verlegten die Praxis 1981 in das Gebäude der Sparkasse in der Innenstadt. Schließlich wurde daraus eine Gemeinschaftspraxis mit drei Ärztinnen. Bis 1986 blieb ich als praktizierende Ärztin tätig. Ich war dreiundsechzig Jahre alt und hatte nicht das Gefühl, dass ohne mich die Arbeit nicht weitergeht. Als eine Kollegin verstarb, wollte man mich in die Praxis zurückholen, doch ich hatte bereits einen Schlussstrich gezogen und lehnte ab. Unsere Kinder haben meine Berufstätigkeit recht gut verkraftet. Schließlich entlastete mich unsere tüchtige Haushaltshilfe Gertrud im Haushalt. Unsere älteste Tochter Suse hat Ethnologie studiert und ist Werklehrerin in Muttenz bei Basel. Ursula ist selbstständige Museologin und Diplom-Designerin in Basel. Barbara ist Säuglingsschwester und Diplom-Sozialpädagogin und wohnt noch in Marktheidenfeld. Wir haben vier Enkelkinder und erwarten das fünfte in Kürze.

Frau Gillmann in ihrer Praxis, 1970.

Nachdem ich nicht mehr als Ärztin tätig bin, habe ich in der Malerei eine schöne Beschäftigung gefunden", erklärt Frau Gillmann und zeigt uns stolz ihre farbenfrohen Werke. „Ich habe Kurse an der Volkshochschule belegt und dabei meine künstlerischen Fähigkeiten entdeckt und geweckt. Das Malen macht mir viel Freude, und da ich mich vorwiegend mit Landschaftsbildern beschäftige, habe ich dadurch auch einen neuen Blick für unsere schöne fränkische Heimat bekommen."

Herr Gillmann hat vor fünfundfünfzig Jahren in Gemünden als Holzbildhauer begonnen, und noch heute hängt er ganz besonders an diesem Material Holz, vor allem der Geruch des Eichenholzes ist für ihn ein Hochgenuss. „Ich beschäftige mich auch mit Dekorationsmalerei und der Gestaltung von Kirchenfenstern. Ich mache die Entwürfe, die dann von Glasmalern in Glas gefertigt werden. Das künstlerische

Schaffen habe ich immer als Nebenberuf angesehen. Meinen Schulunterricht wollte ich nie aufgeben, denn die Arbeit mit den jungen Menschen hätte mir gefehlt. Auch habe ich natürlich durch den Lehrerberuf eine gewisse finanzielle Sicherheit bekommen. Für Bildhauer ist hier im Landkreis Main-Spessart ein schlechtes Feld, denn es gibt nicht genügend Aufträge. Im Wesentlichen werden Aufträge von den Kommunen und der Kirche erteilt, kaum von Privatleuten.
Das einschneidende Erlebnis für meinen weiteren Weg war die Lehrzeit bei Onkel Franz in Gemünden. Wenn ich nicht zum Onkel gegangen wäre und später auf die Kunstakademie, dann wäre ich wohl Volksschullehrer geworden. Mir wäre dann viel körperliche Arbeit erspart geblieben, aber auch viel Freude. Ich habe meinen beruflichen Werdegang überhaupt nicht bereut. Mein Großvater May hat oft zu seinem Sohn Franz gesagt, wenn wieder mal das Geld in dem Künstlerhaushalt knapp war: ‚Wärst zur Post gegangen, dann hättest du einen sicheren Beruf gehabt.'
Nach meiner Pensionierung erlebte ich noch einmal eine Blütezeit in meinen handwerklichen Tätigkeiten, und meine Zeit ist bis heute ausgefüllt mit neuen Aufgaben. In der letzten Zeit gab es viel Arbeit für die Vorbereitung meiner jetzigen Ausstellung im Franck-Haus hier in Marktheidenfeld. Heute ist eigentlich der erste Tag, an dem wir etwas aufatmen können. Unsere Kinder haben erst um elf Uhr das Haus verlassen, denn der ganze Familienclan hat uns bis zum Schluss mit Rat und Tat zur Seite gestanden und sozusagen mit vereinten Kräften auf die Ausstellung hingearbeitet. Unsere Töchter Suse und Uschi beobachten in Basel die Kunstszene in Europa und informieren sich, was auf dem Sektor Malerei und Bildhauerei aktuell ist.
Eines Tages teilten sie mir mit: ‚Papa, jetzt ist realistische Kunst gefragt.' Sie wissen, was die führenden Leute in Europa ausstellen, denn sie besuchen viele Ausstellungen. Sonntags von elf bis zwölf Uhr läuft bei uns das Telefon heiß,

denn dann tauschen wir unsere Gedanken aus. In der Zeit meines Ruhestandes habe ich verschiedene Aufträge erhalten, so für fünf Kreuzwege in Eichenholz und Keramik für Kirchen in Marktheidenfeld, Bischbrunn, Ringheim und Wiesenfeld. Aus Resten der alten Linde am Adenauerplatz in Marktheidenfeld habe ich eine große Skulptur für die Stadt geschaffen. Diese dreieinhalb Meter hohe Skulptur steht nun zum Schutz vor Wettereinflüssen in der Aula der Hauptschule."

Die Eheleute Gillmann füllen ihre Zeit nach ihrer Pensionierung voll aus mit ihren künstlerischen Begabungen. Auch das gepflegte Haus und der große Garten, der zum Verweilen einlädt, lassen diese kreative Atmosphäre erkennen. „Früher sind wir viel gereist, doch zur Zeit können wir beide wegen Gelenkbeschwerden vor allem in den Knien nicht mehr so gut laufen", gibt Frau Gillmann etwas wehmütig zu. „Unterwegs sein mit dem Campingwagen war früher unsere Erholung. Doch nach zwei Wochen Ferien zog es uns immer wieder nach Hause, meinen Mann vor allem zurück in seine Werkstatt."

Aufmerksam verfolgt Herr Gillmann die Politik, hat sich aber selbst nie politisch betätigt und meint dazu: „Politisch bin ich sehr interessiert, verfolge natürlich auch die Kommunalpolitik, hatte aber nie die Zeit, mich aktiv in die Politik einzubringen. Ich wollte mich neben meinem Beruf, der Familie und der künstlerischen Betätigung nicht noch weiter verzetteln und bin deshalb auch keinem Verein beigetreten. Wenn man als Lehrer einem Verein beitritt, bekommt man schnell einen Posten, der wieder einige Zeit beansprucht. Gern war ich Kursleiter an der Volkshochschule und habe dort bis vor zwei Jahren Kurse in figürlicher Keramik, Dekorationsmalerei, Kalligraphie, Holz- und Steinbildhauerei gehalten. Oft war ich erstaunt, welch gute Begabungen in manchen Leuten verborgen sind und dann zutage treten."

Dass Begabungen von Generation zu Generation weitergegeben werden, sieht man nicht nur an Erich Gillmann, der von seinem Onkel Franz May inspiriert wurde. Die Enkelkinder Lena und Jelina haben bereits im Kindergartenalter ausdrucksstarke Zeichnungen angefertigt, nach deren Vorlage der Opa Keramikfiguren schuf, die bei der jüngsten Präsentation ausgestellt waren.

Dazu bemerkt Herr Gillmann: „Die Jahreszahl 2000 hatte für mich etwas Magisches an sich. Sie erschien mir wie ein Berggipfel, den es zu erklimmen gilt. Wenn du das Jahr 2000 erreichst, dachte ich, machst du noch eine, und zwar deine letzte Ausstellung und hörst dann auf. Und so gilt diese Ausstellung anlässlich meines fünfundsiebzigsten Geburtstages als ein Höhepunkt meines künstlerischen Schaffens. Ein Jugendfreund hat mir etwas geschrieben, das mir gut gefiel: ‚Nach dem 75. Geburtstag kannst du beruhigt dem Ende entgegensehen.'

Wie ich zu den Ideen für die einzelnen Objekte komme, kann ich an einem Beispiel erklären: Vor einem Jahr ist in unserem Garten bei stürmischem Wetter eine Fichte umgefallen. Als ich den Baum so liegen sah, entstand in mir nach einigen Tagen die Idee, den Stamm aufzuteilen, die Äste wie in einem Rad außen herum zu setzen und dazwischen hinein blau glasierte Keramikrohre zu setzen, so dass ein Turm von dreieinhalb Meter Höhe entstand. Diese Skulptur ist auch in der Ausstellung zu sehen. Solche Gedanken entwickeln sich meistens nachts in mir, die ich mir gleich aufschreibe. Dann fertige ich mir eine Skizze an oder auch oft ein Modell wegen der Größenverhältnisse. Einmal fand ich ein Stück einer Granitsäule, habe nur ein Gesicht und eine Hand eingesägt und schon entstand eine wunderbare Figur. Ich staune selbst, wie diese Eingebungen in mir entstehen ohne mein Zutun. Wenn ich für die Stadt etwas arbeiten darf, ist das für mich fast ein Vergnügen, ein Erlebnis. Da steht die Bezahlung nie im Vordergrund."

Zum Glauben hat Herr Gillmann ein kritisches Verhältnis. „Selbstverständlich glaube ich an Gott als höhere Macht", betont er, bekennt aber zugleich, dass er kein Vertrauen in die Institution Kirche hat: „Seit den Jugoslawien-Kriegen habe ich zu den Kirchen ein distanziertes Verhältnis. Mir bleibt unverständlich, wie man die Truppen von den Kirchen hat segnen können. Kurz danach sah man im Fernsehen Bauern auf ihren Feldern liegen mit abgehackten Gliedern. Das hat mich doch stark erschüttert."
Frau Gillmann sieht das etwas anders: „Ich komme aus der Pfalz mit einer unierten evangelischen Kirche, wo es recht spartanisch in den Gottesdiensten zuging. Hier in der katholischen Kirche ist alles viel feierlicher. Ich gehe seit meiner Hochzeit mit meinem Mann in die katholische Kirche. Vor allem an hohen Feiertagen besuchen wir den Gottesdienst im Würzburger Dom und erfreuen uns an der schönen Musik.
Früher war es selbstverständlich, dass unsere Töchter sonntags mit in den Gottesdienst gingen, denn sie sind katholisch getauft. Unsere älteste Tochter Suse hat sich während ihres Studiums viel mit den verschiedenen Religionen beschäftigt und so einen weiten Horizont erhalten."
Bei diesem lebensfrohen, humorvollen und unbeschwert wirkenden Erich Gillmann überrascht uns sein Leitsatz: ‚Das Leben ist ein ständiges Abschiednehmen', der für ihn eine große Bedeutung hat: „Ich habe schon früh meine beiden Brüder verloren und stehe immer wieder am Grab von guten Freunden und Bekannten, was mir weh tut. Auch das Loslassen meiner Töchter fiel mir schwer, als sie das Haus verließen. Solche Verluste gehen mir doch lange Zeit innerlich nach. Immer wieder musste ich Schüler verabschieden, die mir jahrelang anvertraut waren. Auch wenn ich an einer Figur vielleicht monatelang gearbeitet habe, um sie schließlich dem Auftraggeber zu übergeben, fiel mir das nicht immer leicht, denn sie war ein Teil von mir selbst geworden. Im

Erich Gillmann bei einer Bildhauerarbeit.

Hinblick auf Abschiednehmen und Sterben wird mir deutlich: Wir sind nur Gäste auf dieser Welt. Man darf sich auf der Erde nicht so einrichten, als wäre man dauernd hier. So besteht ein Leben im ständigen Abschiednehmen. Ich habe seit meiner Fliegerei keine Angst mehr vor Sterben und Tod und sehe den Tod mehr als Abschiednehmen.

Aus diesem Grund habe ich nie große Ansprüche gestellt und war eigentlich im Innern zufrieden und dankbar mit dem jeweils Erreichten. Einer meiner festen Grundsätze ist, dass wir mit der Schöpfung verantwortungsbewusst umgehen müssen. Ein Wald ist für mich wie ein Blumenstrauß. Alles in der Natur fasziniert mich, die Formungen der Berge und der Wolken, die harmonische Gestalt der Bäume. Das Universum ist meine transzendente Welt, der Kreislauf der Natur, in den auch wir eingebunden sind. Unsere Energie geht nicht verloren, sondern bleibt im großen Universum erhalten. So verstehe ich den Ewigkeitsbegriff. Wenn man das weiß und sich nur als winzig kleinen Teil im großen Ganzen der wunderbaren Schöpfung sieht, erkennt man, dass man selbst zwar gebraucht wird, nimmt sich aber nicht wichtiger als andere Dinge. Ich habe Aufgaben hier auf der Erde und muss mein Bestes tun und meine Erfahrungen und Begabungen weitergeben. Aus diesem Grund haben mich mein Lehrberuf und die Kurse an der Volkshochschule immer befriedigt und erfüllt. Auch meine Frau hat der Arztberuf stets ausgefüllt, denn sie konnte Wissen weitergeben und Leben erhalten. Wir beide hatten ein reiches, erfülltes Leben und sind dankbar für das, was uns geschenkt wurde."

Natürlich machten uns die Werkstücke, die wir im Haus Gillmann bewundern durften, neugierig auf die Ausstellung im Franck-Haus. Wir staunten bei diesem Besuch, mit welch vielfältigen Materialien der Künstler Erich Gillmann umzugehen versteht und welche Kunstwerke er daraus entstehen lässt. In das ausgelegte Gästebuch zur Ausstellung schrieben wir: „Nicht nur der Mensch Erich Gillmann beeindruckt uns, sondern auch seine Werke."

Erich Gillmann: „Pfau"-Skulptur aus Dolomit-Gestein, 1999, Gesamthöhe 1,40 Meter.

ANNI HAAS, HOFSTETTEN

*Anni Haas, geborene Pabst, am 21. Juni 1918 in
Langenprozelten geboren,
1938 Heirat mit Edi (Edmund) Haas, seit 1988 verwitwet,
lange Jahre Ortssprecherin von Hofstetten,
Frau Haas wohnt in Gemünden-Hofstetten.*

DER MENSCH LEBT NICHT FÜR SICH ALLEIN

Besonders herzlich willkommen fühlten wir uns bei unserem Besuch bei Frau Haas, die uns bereits in ihrem sommerlich blühenden Garten entgegenkam. Das im fränkischen Dorfstil erbaute Haus bewohnt die Familie ihres verstorbenen Mannes schon seit Generationen. Frau Haas lebt in diesem hell und gemütlich eingerichteten Heim mit ihrer Tochter Gabriele und deren Ehemann Klaus Witt und fühlt sich hier geborgen und wohl. Sie kann sich kein schöneres Zuhause vorstellen. Die noch gut erhaltene fränkische Landschaft bedeutet ihr viel, und für den Schutz dieses lieblichen Landes am Main kämpft sie auch heute noch im Alter von über achtzig Jahren. Diese ruhige ländliche Gegend ist ihre Heimat.

Frau Haas erblickte nicht weit von ihrem jetzigen Wohnhaus in Langenprozelten im Spitzengarten fast unmittelbar am Mainufer kurz vor Ende des Ersten Weltkrieges am 21. Juni 1918 das Licht der Welt. Wer hätte damals gedacht, dass sie später länger als ein halbes Jahrhundert vom linken Mainufer auf ihr Geburtshaus werde sehen können. Die kleine Anni wuchs in liebevoller Atmosphäre in der Geborgenheit der Eltern Josefine und Otto Pabst zusammen mit der vier Jahre älteren Schwester Regina auf. Ein Bruder war bereits vor Annis Geburt im Alter von vier Jahren verstorben.

Wie bei Geschwistern üblich, herrschte natürlich auch bei den Pabst-Schwestern nicht immer nur eitel Sonnenschein.

Anni Haas bei der Blumenbewertung in der Fischergasse in Lohr.

„Meine Schwester bevormundete mich gern," erzählt Frau Haas schmunzelnd, „aber meistens konnte ich die Oberhand gewinnen. Eines Tages wollte sie mich wieder maßregeln und verklopfen. Schnell lief ich in den Hof vor ihr davon, sie hinterher. Es lag zur Zeit Schnee, der im Hof an einer Stelle zu einem Hügel zusammengeschoben war. Da ich recht flink und sportlich war, konnte ich darüber hüpfen. Meine größere Schwester wollte mir nach, blieb aber oben auf dem Schneehügel stecken, was mich natürlich sehr gefreut hat. Ich habe sogar noch geklatscht, weil das gar zu komisch aussah. Aber meine Schwester war verständlicherweise sehr verärgert und hat mich bei der Mutter verpetzt, was dann eine wohl verdiente Strafe nach sich zog. Insgesamt haben wir uns aber gut verstanden und hatten bis zu ihrem Tod vor zehn Jahren ein harmonisches Verhältnis zueinander. Ab und zu gab es Reibereien, wenn wir miteinander gesungen haben. Sowie ich mit der zweiten Stimme eingefallen bin, konnte sie ihre Stimme nicht mehr halten, und wir mussten von vorn anfangen. Das hat dann mich wiederum geärgert." Es wurde überhaupt viel musiziert in der Familie, der Vater spielte Trompete. Er war Musikant mit Leib und Seele und hat bei vielen Festen ein Ständchen gebracht. Das ging der kleinen Anni in Fleisch und Blut über, und so hat sie diese schöne Geste ihres Vaters übernommen und gratuliert noch heute gern mit einem kleinen Gedicht oder Gesang bei Geburtstagen.

In ihrem Geburtsort Langenprozelten wurde Frau Haas eingeschult. Sie erinnert sich noch gern an ihre erste Lehrerin, Frau Laudenschlag. Die Schule war in dem großen Gebäude an der Hauptstraße (heute: Langenprozeltener Straße) untergebracht. Nach dem Umzug der Schule in einen Neubau diente das Haus bis zur Eingemeindung von Langenprozelten in die Stadt Gemünden zum 1. Januar 1978 als Rathaus. Heute sind in diesem Gebäude eine Arztpraxis und eine Zahnarztpraxis untergebracht. „Die Schule machte mir Spaß", erzählt Frau Haas über die damalige Zeit: „Die Schüler kannten sich alle, Langenprozelten war ein über-

Weißer Sonntag, 29. April 1929.

schaubarer Ort. Einmal übte die Lehrerin mit uns ein Weihnachtsspiel ein und ich sollte dabei als Engel auftreten. Ich war darüber recht stolz und freute mich ungeheuer auf unsere Aufführung vor allen Eltern. Doch dann kam die große Enttäuschung: Der Vater, der bei der Reichsbahn Lokheizer war, wurde in die etwa sechzig Kilometer mainaufwärts gelegene Industriestadt Schweinfurt versetzt und wie damals üblich, musste nun die ganze Familie umziehen. Ausgerechnet im Dezember kurz vor der Aufführung des Weihnachtsspieles fand der Umzug statt. Ich konnte nun als Engel nicht mehr auftreten, eine andere Schülerin übernahm diese Rolle. Als nun am Heiligen Abend die Mutter die Weihnachtsgeschichte vorlas und der Vater auf der Trompete ‚Stille Nacht, Heilige Nacht' anstimmte, saß ich ganz unglücklich da, dachte an das schöne in der Langenprozeltener Schule einstudierte Weihnachtsspiel und an meinen geplatzten Auftritt als Engel und heulte wie ein Schlosshund.

Die Umstellung von der Dorfschule in die städtische Schule fiel mir nicht leicht. Abgesehen davon, dass ich keine meiner neuen Mitschülerinnen kannte – ich war nun in einer reinen Mädchenklasse – neckten am Anfang die Stadtschülerinnen mich Mädchen vom Lande. Die Klassenkameradinnen meinten, da kommt so eine Landpomeranze daher, die in ihrer ländlichen Kleidung auch noch so anders aussah als die Stadtkinder und frotzelten mich zu Beginn. Doch die Lehrerin hat mich stets unterstützt und moralisch aufgebaut, so dass doch bald ein gutes Verhältnis mit der neuen Klassengemeinschaft entstand und ich gut aufgenommen wurde."

Das Elternhaus prägte stark die Entwicklung des heranwachsenden Mädchens. Die Mutter hatte ein großzügiges Herz, der Vater war gern in Gesellschaft, liebte seine Musik und teilte seine Freude mit anderen. Von den Eltern hat wohl auch Frau Haas ihre soziale Ader und einen ausgeprägten Sinn für das Gemeinwohl geerbt. Dafür ist sie ihren

Eltern besonders dankbar: „Ich weiß noch, dass ich zum Geburtstag der Lehrerin eine Tischdecke mitbrachte und meine Mutter einen Kuchen spendierte, damit in der Schule gefeiert werden konnte. Wenn ein Blumenstöckchen für die Lehrerin zu besorgen war, hat meine Mutter dies bereitwillig übernommen. Auch der Vater hat sich oft für andere Menschen eingesetzt und geholfen. Er war ein gütiger Mensch, der andere beschenkte, so oft sich dies anbot.
In Schweinfurt wohnten wir im Hotel Zeppelin in der Cramerstraße in der Nähe des Hauptbahnhofes. Die Mutter hatte man gebeten, ein wenig in Haus und Küche zu helfen, und da sie sehr hilfsbereit war, ist sie auch immer eingesprungen. Dies hatte einen großen Vorteil für die Familie, denn dadurch gab es auch in den Zeiten der Wirtschaftskrise in den Jahren 1926 bis 1932 immer ausreichend zu essen. Neben dran war die Weinhandlung Lehmann, wo der Vater wiederum von Zeit zu Zeit ausgeholfen hat. Zu der Familie Lehmann hatten wir ein gutes Verhältnis, und ich habe es damals nicht begriffen, als sie eines Tages ausgewandert sind. Denn die Lehmanns waren Juden. Über das Judenproblem sind wir seinerzeit nicht aufgeklärt worden. Einen Häuserblock weiter wohnte eine jüdische Familie, mit der wir ebenfalls guten Kontakt hatten. Diese Familie wanderte später auch aus. Ich habe das damals gar nicht nachvollziehen können", berichtet Frau Haas über das Leben in der Nachbarschaft in den dreißiger Jahren.
Als besonders unangenehm empfand das inzwischen etwa vierzehn Jahre junge Mädchen in den Jahren vor 1933 die Aufmärsche der vielen Arbeitslosen, die auf ihr Elend aufmerksam machen wollten. Ende 1932 gab es in Deutschland bei rund 65 Millionen Einwohnern über sechs Millionen Arbeitslose! Auch in der Industriestadt Schweinfurt war die Arbeitslosigkeit hoch. Mit der Arbeitslosigkeit verbunden war damals bittere Not. Es gab zwar in Deutschland bereits seit 1927 eine Arbeitslosenversicherung aufgrund des Geset-

zes vom 16. Juli 1927, das Arbeitslosengeld reichte aber oft nicht zum Leben. Die Arbeitslosen hatten kaum Geld, waren verzweifelt und verbittert, und diese Verbitterung schlug um in zum Teil gewalttätige Ausschreitungen. Frau Haas denkt mit Schrecken an diese auch in Schweinfurt unruhige Zeit: „Diese Demonstrationen habe ich gehasst, denn die Leute waren teilweise so ordinär und brutal, dass ich mich immer schleunigst davongemacht habe. Ich erinnere mich noch, dass in dieser Zeit fast täglich ein arbeitsloser Mann zu meiner Mutter kam und um einen Teller Suppe bat. Die Arbeitslosen waren wegen mangelnder Hilfe oft aufs Betteln angewiesen. Natürlich hat meine gutmütige Mutter den Mann zu einem Teller Suppe eingeladen. Wir hatten immer noch genug zu essen, mein Vater war auch nicht arbeitslos, wenn es auch bei uns natürlich sehr sparsam zuging.

Eines Tages, es war um das Jahr 1933, stand der Mann wieder vor der Tür, diesmal aber freudestrahlend und verkündete froh, dass er jetzt wieder Arbeit habe. Er wolle uns nun zurückzahlen, was meine Mutter für ihn ausgegeben habe. Selbstverständlich hat das meine Mutter abgelehnt. Ich werde aber nie vergessen, wie der Mann geweint hat vor Freude, dass die für ihn beschämende Not nun endlich ein Ende hatte.

Die Notzeiten, die wir Kinder natürlich auch mitbekamen, und vor allem die Art und Weise, wie unsere Eltern sich in dieser Zeit gegenüber anderen verhalten haben, prägten meine Schwester und mich. Wir sind von zu Hause so erzogen worden, dass wir anderen Menschen gegenüber keinerlei Vorurteile hegten. Ich bin in einer gläubigen christlichen Familie aufgewachsen. Der regelmäßige Gottesdienstbesuch war für uns selbstverständlich. Allerdings ging es zu meiner Schulzeit noch sehr streng in der Kirche zu. So lief während der Messe ein Wärter mit großem Stab und Glöckchen durch die Gänge und sorgte für Ruhe und Ordnung. Wehe, man lächelte oder tuschelte in der Kirche! Die Kinder und Ju-

gendlichen, die sich gern in die hinteren Bankreihen drückten, scheuchte dieser Mann nach vorne, wo der Pfarrer einen besseren Überblick über sie hatte. Wir hatten riesigen Respekt vor diesem Mann.
In der Kirche und auch in der Schule habe ich schon immer gern gesungen. Zu der Zeit wurde gerade ein neues Gesangbuch eingeführt, dessen Melodien anfangs für die Kirchgänger wohl etwas schwierig nachzusingen waren. So übten wir Schulkinder die jeweiligen Lieder ein und haben sie im Gottesdienst vorgesungen, bis die ganze Gemeinde die Lieder beherrschte. In der Schule begannen wir jeden Morgen den Unterricht mit dem Choral ‚Lobt froh den Herrn, ihr himmlischen Chöre'. Vermutlich haben wir so gut gesungen, dass oft draußen auf der Straße die Leute stehen blieben, um uns zuzuhören", berichtet Frau Haas stolz.
Nach Beendigung der Schulzeit begann Anni Pabst eine Ausbildung als Verkäuferin und Kontoristin bei der Firma Ruppert, einem Pelzwarengeschäft in Schweinfurt, und sie erinnert sich an die wirtschaftliche Notlage vieler Familien damals: „Viele Kunden hatten seinerzeit Schulden, die in einem Buch eingetragen wurden. Oft bin ich in meiner Mittagszeit zu den einzelnen Kunden gegangen, um die Raten zu kassieren; manchmal kamen allerdings nur ein paar Mark zusammen. Aber dieses Engagement hat mir mein Chef hoch angerechnet. Meine ältere Schwester hatte inzwischen ebenfalls in Schweinfurt eine Stellung als Verkäuferin in einem Glas- und Geschirrwarengeschäft angetreten, und so waren die Eltern finanziell etwas entlastet."
Im Laufe unseres Gesprächs kommt Frau Haas auch auf ihre Zeit im Bund Deutscher Mädel (BDM) zu sprechen, dem weiblichen Teil der Hitler-Jugend: „Wie die meisten meiner Mitschülerinnen und Freundinnen gehörte auch ich dieser Jugendorganisation der Nationalsozialistischen Partei an. Wir genossen die Ausflüge und die Sportübungen, die abwechslungsreichen Abende, bei denen wir viel gesungen

haben, Geschichten erzählten, Gesellschaftsspiele spielten. Auch wurden wir zur Nachbarschaftshilfe eingeteilt und lernten so soziale Aufgaben zu übernehmen. In einer Gruppe haben wir alte und kranke Leute betreuen müssen, sind für sie einkaufen gegangen und haben im Haushalt mitgeholfen. Hin und wieder haben wir auch kochen müssen, wobei manches Gericht aufgrund unserer Unerfahrenheit misslang. Schließlich waren wir ja keine gelernten Köchinnen."
An ihrer ehemaligen Schule geht Frau Haas bei ihren Besuchen in Schweinfurt oft vorbei. Auch heute werden in der Ludwigschule noch Kinder unterrichtet, das Gebäude erscheint Frau Haas so grau wie damals in ihrer doch schon lang zurückliegenden Schulzeit. Dabei werden Erinnerungen an die Schulstunden wach: „Damals bestand in unserer Schule eine große Toleranz, die unterschiedlichen Religionszugehörigkeiten waren kein Thema. Ich weiß noch, dass während der Religionsstunden die katholischen, evangelischen und jüdischen Mädchen in den jeweils für sie bestimmten Unterricht gingen. Wenn ich an die heute oft gestellte Forderung nach Entfernung des Kruzifixes an manchen Schulen denke, kann ich mich nur wundern. Eine solche Forderung hätte wohl eher in die Zeit der Naziherrschaft gepasst, aber damals hat man die Kruzifixe hängen lassen. Bei Großveranstaltungen begann man sogar stets mit dem Choral ‚Wir treten zum Beten vor Gott, den Gerechten'. Niemand störte sich damals daran, ein solches christliches Lied zu singen."
Noch immer fährt Frau Haas einmal im Jahr zum Klassentreffen nach Schweinfurt. In der Adventszeit kommen die ehemaligen Mitschülerinnen zusammen und plaudern über vergangene Zeiten, aber auch über aktuelle Probleme. Da erinnert sich Frau Haas an eine Mitschülerin, die andere regelmäßig eine Zeit lang beklaut hat: „Wir wussten genau, wer die Täterin war. Sie ist nämlich als einzige morgens ganz früh in die Kirche und gleich anschließend in die Klasse ge-

Letztes Schuljahr in Schweinfurt. Anni Haas oberste Reihe, vierte von links.

gangen und war immer eher als wir anderen im Klassenzimmer. Als wir ihr hinter die Schliche kamen, hat die Lehrerin ihr mit der Polizei gedroht, die dann wohl bei allen eine Leibesvisitation durchführen müsse. Wir alle bedrängten unsere Klassenkameradin und riefen: ‚Überleg dir das gut! Wenn wir uns alle durchsuchen lassen müssen und du wirst erwischt, dann schlagen wir dich windelweich! Du kriegst solche Dresche, dass du dein Leben lang daran denkst! Und tatsächlich wurde bei ihr ein Lineal einer anderen Schülerin gefunden. Daraufhin hat sie natürlich tüchtige Prügel von uns bekommen. Wir haben ihr noch gedroht: ‚Wehe, du verpetzt uns, dann kriegst du sie erst richtig!' Nun, die Sache hatte ein Gutes. Es kam künftig nichts mehr abhanden. Wenn diese Frau heute zu unserem Klassentreffen kommt, muss ich immer noch an die damalige Begebenheit denken", erklärt Frau Haas mit einem Lächeln in den Augen.
Die Schweinfurter Zeit ging bald zu Ende. Der Vater befuhr als Lokheizer mit schweren Dampfloks die Strecke Schwein-

furt–Leipzig. Heute mögen die Schweinfurter darüber verwundert sein, aber vor dem Zweiten Weltkrieg war die Bahnstrecke von Stuttgart über Würzburg und Schweinfurt nach Leipzig und Berlin eine wichtige und mit Schnellzügen befahrene Strecke. Täglich fuhren sieben Schnellzugpaare von Stuttgart nach Berlin und zurück. In Schweinfurt mussten die Züge wenden, erhielten eine neue Dampflok, und das Schweinfurter Lokpersonal fuhr den Zug bis Leipzig. Die Reichsbahn wurde vor dem Krieg als schnelles Verkehrsmittel in ganz Europa gerühmt. Von Schweinfurt bis Leipzig brauchte der Schnellzug etwa fünf Stunden, der FD 7 schaffte 1938 die Strecke sogar in weniger als vier Stunden. Heute gibt es von Schweinfurt solche durchgehenden Bahnverbindungen nicht mehr. Von Schweinfurt nach Leipzig benötigt man mit dem Zug immer noch fünf Stunden, muss allerdings einmal umsteigen.

Der Großvater fuhr also mit der Bahn vor sechzig Jahren so schnell wie heute der Enkel. Der Vater war gerne Eisenbahner, er liebte seine Bahn trotz des schweren Dienstes, den ein Lokheizer mit ständigem Kohleschaufeln verrichten musste. 1938 wurde der Vater wieder zurückversetzt nach Gemünden, das damals ein wichtiger Bahnknotenpunkt und eine bedeutende Einsatzdienststelle für das Lokpersonal war. Die Familie konnte nun wieder nach Langenprozelten ins Elternhaus der Mutter heimkehren, worüber alle froh waren. Die mittlerweile zwanzigjährige Anni unternahm mit Freundinnen Radtouren in die nähere Umgebung.

Eine schöne Erinnerung wird lebendig: „Damals waren nicht so großartige Urlaubsreisen wie heute möglich, sondern wir jungen Mädchen haben unsere Umgebung mit dem Rad erkundet, am Main, am Rhein entlang, wir fuhren sogar bis Heidelberg. Übrigens gab es noch keine Radwege, man fuhr auf den Landstraßen, allerdings war der Autoverkehr sehr spärlich. Die Räder hatten auch keine Gangschaltung wie heute, die Berge waren ganz schön anstrengend. Eines

Tages waren wir auf der Straße von Lohr nach Langenprozelten unterwegs, wo ich meine Oma und Tante besuchen wollte. Wir wohnten damals noch in Schweinfurt. Plötzlich überholte uns ein Lastkraftwagen, auf dem junge Burschen saßen. Die winkten uns fröhlich zu. In Langenprozelten haben wir zu unserem Erstaunen die Burschen wieder getroffen. Auf diese ungewöhnliche Weise habe ich meinen späteren Ehemann, den Edi Haas aus Hofstetten, kennen gelernt. Eigentlich war sein Vorname Edmund, aber alle nannten ihn nur den ‚Edi.'

Noch im Jahr 1938 haben Edi und ich geheiratet und im Elternhaus von Edi in Hofstetten gewohnt. Mein Mann sollte den elterlichen Obstgroßhandel übernehmen. Wir strengten uns an, arbeiteten fleißig und konnten so bald den Betrieb erweitern. In Langenprozelten, gleich auf der anderen Mainseite, bauten wir die alte Scheune in meinem Elternhaus als Lagerhalle aus, und von dort wurde dann der Obsthandel in die nähere und weitere Umgebung betrieben. Wir

Das Ehepaar Haas beim 70. Geburtstag von Edi Hass, im Jahr 1979.

kauften Beeren, Äpfel, Kirschen, Zwetschgen und anderes Obst von Leuten auf, die die Früchte vorher gesammelt und gepflückt hatten und verkauften das Obst weiter. Wir waren eine der wenigen Familien in Hofstetten und Langenprozelten, die damals schon ein Personenauto und ein Lastauto hatten, um die Märkte zu beliefern.
Bald begann der Krieg mit all seinen Wirrnissen, und auch mein Mann wurde als Soldat eingezogen. Ich betrieb das Geschäft mit den Schwiegereltern weiter. Als dann später der Gemeindeschreiber von Hofstetten ebenfalls eingezogen wurde, bat man mich, dessen Tätigkeit zu übernehmen, da ich als gelernte Bürokraft und Kontoristin eine gewisse Erfahrung im Schreiben hatte. Da habe ich erst einmal gesehen, was in einer Gemeindekanzlei alles anfällt. Aber es hat mir Spaß gemacht, obwohl die Arbeitslast immer mehr anwuchs. Der fortschreitende Krieg und die damit verbundenen Einschränkungen machten sich immer mehr bemerkbar. Es kamen schwere Zeiten auf die Bevölkerung zu, auch auf die Bewohner unseres kleinen Dorfes Hofstetten. Die Fahrzeuge wurden zeitweilig für andere Transporte konfisziert mitsamt Fahrer. Nur wenige Leute hatten einen Führerschein, und so musste ich auch noch diese Fahrten übernehmen. Es gab zum Beispiel einen Einsatzbefehl, da und dort Schlachtvieh abzuholen und zu verladen. Anderntags waren Sand oder Kohle zu transportieren. In Gemünden an der Stelle der heutigen Sparkasse war die Einsatzleitung für die Fahrbereitschaften untergebracht. Von dort wurde alles dirigiert. Man musste sich ständig bereithalten. Wir hatten sogar schon Telefon, und so wurde ich manchmal auch nachts angerufen mit der Aufforderung, am Bahnhof in Gemünden Flüchtlinge abzuholen, um sie auf die umliegenden Dörfer wie Ruppertshütten, Rengersbrunn und andere Orte zu verteilen. Am Anfang waren das zurückgeführte Personen aus dem Rheinland, dann aus dem Saarland, am Schluss Familien aus dem Osten. Es war eine besonders schwere Aufgabe,

all diese armen und heimatlosen Menschen in unseren Familien unterzubringen, denn wer wollte schon sein Haus mit wildfremden Menschen teilen?"
Das Bürgermeisteramt übten in dieser Zeit Michael Riedmann und zeitweise auch der Schwiegervater von Frau Haas aus. Anni Haas half weiterhin in der Gemeindekanzlei von Hofstetten mit. Sie war, wie übrigens auch der Bürgermeister, ehrenamtlich tätig und erhielt nur eine kleine Aufwandsentschädigung. Als der alte Bürgermeister später wieder aus dem Krieg heimkehrte, übernahm er auch wieder das Amt des Gemeindeschreibers.
„Hofstetten selbst war im Krieg nicht umkämpft. Doch wir sahen und hörten von Hofstetten aus, wie die Stadt Gemünden Ende März und Anfang April 1945 bombardiert und völlig zerstört wurde. Jedoch änderte der Krieg auch in unserem kleinen Dorf das Leben. Die Frauen mussten nun viele Tätigkeiten übernehmen, die bisher Männern vorbehalten waren. Fast alle Männer waren an der Front. Eine gut funktionierende Ortsfeuerwehr war in Kriegszeiten besonders wichtig, und so übernahmen nun wir Frauen den Feuerwehrdienst." Frau Haas stand als Feuerwehrkommandantin der Freiwilligen Feuerwehr Hofstetten ihren Mann. Ausgerüstet mit einer Spritze und einigen Schläuchen rückte die Wehr unter ihrem Kommando zum Löschen von zwei Großbränden aus. Ein Feuerwehrauto gab es damals selbstverständlich nicht. Dem tapferen Einsatz der Frauen von Hofstetten – wie überall in Deutschland in den schweren Kriegsjahren – ist es zu verdanken, dass dieses Land überleben konnte und nicht völlig untergegangen ist. Oft leisteten diese Frauen unter Einsatz ihres Lebens Hilfe. Frau Haas wurde für ihre Verdienste um die Feuerwehr später zum Ehrenmitglied und zur Ehrenkommandantin der Freiwilligen Feuerwehr Hofstetten ernannt.
Für Frau Haas hatte der Krieg noch andere Aufgaben bereit. Gern erzählt sie darüber: „Im Jahr 1942 habe ich einen Kin-

dergarten einrichten können im Kleinheinz-Saal, in dem früher Tanzabende stattfanden. Die Kinder sollten dort den ganzen Tag betreut werden, damit die Mütter auf den Feldern arbeiten konnten. An dem uns zugewiesenen Gebäude waren einige Umbaumaßnahmen nötig, so ein neuer Eingang mit Treppe. Dazu brauchten wir Sand, Zement und weiteres Baumaterial. Damals war mir in der Gemeindekanzlei ein junges Mädchen als Hilfe zugeteilt. Deren Eltern verfügten über Kühe und einen Leiterwagen. Eines Tages machten wir uns mit diesem Gespann auf den Weg nach Wernfeld zum Baustoffhandel Laumeister. Als wir gerade zwischen Gemünden und Wernfeld waren, kamen urplötzlich Tiefflieger, die unsere Kühe derart erschreckten, dass sie mitsamt unserem Gefährt durchgingen und wir mit dem Wagen in den Straßengraben stürzten. Mit großer Mühe haben wir es nach einiger Zeit geschafft, den Wagen wieder aufzurichten und konnten endlich nach dem überstandenen Schrecken unser Baumaterial holen und die Ladung ohne weiteren Zwischenfall nach Hofstetten bringen. Der ganze Ort war im Einsatz, um den Kindergarten einzurichten. Sand karrten wir von einem Mainschiff zum Gebäude, ein Zaun wurde errichtet, damit die Kinder beim Spielen nicht davonlaufen konnten. Ich ergatterte in Aschaffenburg kleine Kinderklos, die habe ich mit der Bahn nach Langenprozelten gebracht. Während der Zugfahrt musste ich immer aufpassen, dass mir diese wertvollen Gegenstände nicht abhanden kamen, denn ich war glücklich, dass ich sie überhaupt bekommen hatte. Ja, alles war schwierig in dieser Zeit, man musste halt organisieren können. Aber was war das letztendlich für ein schöner Kindergarten geworden! Mitten im Raum hing ein riesiger selbstgemachter und von allen bewunderter toll hergerichteter Märchenleuchter. Für sechzig Kinder haben wir alles einrichten können mit Betten, Decken, Stühlchen und was man sich für eine kindgerechte Einrichtung nur denken kann. So wurden die Kinder den ganzen Tag beaufsichtigt und betreut, während die Mütter in Ruhe der Feldarbeit nachgehen konnten. Die Eltern haben eingemachtes Obst und andere Lebensmittel beigesteuert, denn die Kinder wurden auch mit Essen versorgt. Wenn Fliegeralarm ertönte, mussten wir die Kinder in den Keller bringen, falls sie nicht abgeholt werden konnten. Erst kümmerte sich eine Kindergärtnerin aus Langenprozelten um die Kleinen, danach kam die ‚Tante Elfriede' aus Gössenheim. Gerne erinnern wir uns an die damalige Zeit, wenn ich sie in Gössenheim treffe, wo sie heute noch lebt."

Nach dem Krieg gab es in Hofstetten keinen Kindergarten mehr. Die Frauen konnten sich ja jetzt wieder mehr um ihren Nachwuchs kümmern. Ab 1971 besuchten die Kleinen den Kindergarten in Gemünden. Erst 1997 wurde auf Initiative einer Elterngruppe wieder ein Kindergarten in Hofstetten eingerichtet, und zwar in der ehemaligen Schule. Die Volksschule war im Zuge der Schul- und Gebietsreform in den Jahren um 1970 aufgelöst worden.

An eine besonders leidvolle Aufgabe während des Krieges denkt Frau Haas mit Schrecken: „Als Gemeindeschreiberin musste ich die Gefallenenmitteilungen an die Familien überbringen. Oft hielt ich diese Nachrichten einige Tage zurück, um selbst innerlich für diese Hiobsbotschaft gefestigt zu sein. Auch war manchmal meiner Meinung nach die Ungewissheit vielleicht besser als die endgültige Nachricht über den Tod eines lieben Menschen schwarz auf weiß in den Händen zu halten. Diese traurigen Besuche zählen bis heute zu den schmerzlichsten Erfahrungen meines Lebens. Dreimal führte mich mein Weg beispielsweise zu Frau Mathilde Dittrich mit dieser todbringenden Nachricht, denn drei Söhne waren gefallen. Wenn die mich auf ihr Haus zukommen sah, fing sie schon an zu weinen."

Während die Frauen so zu Hause ihr Leid zu tragen hatten, mussten derweil die Männer in ganz Europa im Einsatz an den todbringenden Fronten kämpfen. Der Ehemann von

Frau Haas war beim Afrikakorps und stritt in Nordafrika. Nach der Kapitulation der deutschen Truppen in Nordafrika am 13. Mai 1943 kam er in Kriegsgefangenschaft. Bei Kriegsende wurde er nach Frankreich ausgeliefert und musste dort zunächst in einem sogenannten Todeslager sein Leben fristen. „Der Edi ist dann zu Bauern in Frankreich gekommen, die die Gefangenen hart hergenommen haben. Mein Edi hat es besonders schwer getroffen, er wurde geschlagen, die kleinen Päckchen, die ich ihm schickte, wurden ihm nicht ausgeliefert. Eines Tages ist er voller Wut mit der Mistgabel auf den Bauern losgegangen und wurde schließlich woanders untergebracht. Ende 1946 wurde er freigelassen und kam endlich zurück zu mir nach Hofstetten", berichtet Frau Haas.
Nach dem Krieg verstärkte die Familie wieder den Obsthandel, kaufte vermehrt Pilze, Beeren und Früchte auf, bis die Zulieferung spärlicher floss, weil die Leute immer weniger an der Beerensuche interessiert waren. Der Verdienst war nämlich äußerst bescheiden. Kurz nach 1950 musste der Obsthandel aufgegeben werden, da er nichts mehr einbrachte. Herr Haas hat sich nach einer anderen Tätigkeit umgesehen und fuhr von da an mit seinem Lastwagen für eine Molkerei. Er holte die Milch von den damals in jedem Ort eingerichteten Milchsammelstellen ab und brachte sie in die Molkerei, zunächst nach Gemünden, dann nach Arnstein und später nach Bad Kissingen. Das war eine körperlich sehr schwere Arbeit, bei der Frau Haas ihren Mann oft unterstützte.
Für die Dorfgemeinschaft haben sich Herr und Frau Haas schon immer interessiert und eingesetzt. So hat Herr Haas 1949 zusammen mit dem Lehrer Kraft den Sportverein gegründet. Beide Eheleute haben kräftig am Bau des Sportheimes mitgewirkt. Nach Fertigstellung des Sportheimes war es für Frau Haas eine besondere Freude, eine Jugend-Theatergruppe aufbauen zu können. „Ich habe schon län-

gere Zeit mit den Kindern im Schulsaal geturnt, und aus dieser Turn- und Spielgemeinschaft erwuchs dann das Theaterspiel. Jedes Jahr wurden zwei bis drei Stücke einstudiert für Weihnachtsfeiern, Altenabende und andere Feste. Alle Kinder im Ort wollten mitspielen und waren voll Begeisterung bei der Sache. Die Eltern waren sehr froh, weil ihre Sprösslinge aufgrund der vielen Leseproben gut lesen konnten und sich voller Ehrgeiz anstrengten und tüchtig übten. Sie wollten sich ja bei den Aufführungen vor ihren Eltern nicht blamieren."

Eine weitere Aufgabe, die Frau Haas anpackte und der sie sich heute noch widmet, ist die Dorfverschönerung: „Der Obst- und Gartenbauverein existierte schon lange, doch als das Obst nicht mehr in größerem Umfang verkauft wurde, riet man uns, die Vereinsarbeit zunächst ein Jahr lang ruhen zu lassen. Schließlich vergingen zwei Jahre, bis eine neue Versammlung einberufen wurde. Der Fachberater des Landratsamtes Gemünden, Herr Beuther, schlug den Mitgliedern vor, den Namen des Vereins umzuändern in ‚Verein der Garten- und Blumenfreunde'. Mit acht Mitgliedern wurde dieser Verein gegründet, und man bat mich, den Vorsitz zu übernehmen. Gutmütig wie ich war, sagte ich zu und führte den Verein von 1974 bis 1997. Dann war ich der Meinung, dass jüngere Leute diese Aufgabe übernehmen sollten und übergab die Vereinsführung an Kurt Höfling. Die Hofstettener entwickelten sich zu wahren Meistern der Dorfverschönerung, und wir konnten viele Preise und Auszeichnungen in unser Dorf holen, was wiederum die Leute zum weiteren Mitmachen animierte. Seit 1972 bin ich Mitglied im Vorstand des Kreisverbandes der Obst- und Gartenbauvereine und gehöre seit 1974 bis heute dem Bezirksvorstand Unterfranken ‚Gartenbau und Landespflege' an. Ich freue mich immer wieder, dass ich noch an den jährlichen Bewertungskommissionen für die Blumenschmuckwettbewerbe teilnehmen kann. Herr Landrat Erwin Ammann, der erste Landrat des

Main-Spessart-Kreises und zugleich der Erste Vorsitzende des Kreisverbandes der Obst- und Gartenbauvereine, hat mich damals eindringlich gebeten, als stellvertretende Kreisvorsitzende zu fungieren. Ich war also seine Stellvertreterin, was ich geblieben bin, auch jetzt unter Landrat Grein. Der sagt immer: ‚Ich bin wohl der Erste Vorsitzende, aber die Anni erledigt die Arbeit.' Mir bereitet diese schöne Aufgabe immer noch Spaß, und ich werde dabei bleiben, so lange ich kann."

Frau Haas ist eine gläubige Christin und besucht gern die Gottesdienste. Lange Zeit war sie Kommunionspenderin und Lektorin. Im Jahr 1966 hat Frau Haas in Hofstetten die Altentage eingeführt und blickt dabei gern auf die gute Zusammenarbeit mit der Pfarrei Sankt Peter und Paul in Gemünden unter Pfarrer Kohl zurück. Frau Haas bekennt sich zu ihrem Glauben und versucht, danach zu leben. Das scheinheilige Verhalten vieler Mitchristen versteht sie nicht: „Die fehlen nie in der Kirche, aber wenn sie aus der Kirchentür herausgehen, haben sie alles vergessen, was sie drinnen gebetet haben. Sie beten mit Inbrunst das Vaterunser mit dem Gelöbnis ‚Vergib uns unsere Schuld, wie wir vergeben unseren Schuldigern' und vergessen den zweiten Teil dieses Satzes rasch im mitmenschlichen Verhalten. Ich unterhalte mich gern mit unserem Herrgott, singe beim Autofahren die schönsten Lieder und bewundere dabei aus vollem Herzen die herrliche Schöpfung, für die ich mich auch oft bei unserem Schöpfer bedanke. Wenn ich die Grußworte übermittle als Vertreterin der Obst- und Gartenbauvereine fordere ich die Teilnehmer immer wieder auf, diese Dankbarkeit und Achtung nicht zu vergessen und sich zu erinnern, dass wir die besten Ansprechpartner dem Herrgott gegenüber sind für die wunderbare Schöpfung und dies ein wichtiges Ziel unserer Tätigkeit bleiben muss. Es tut mir wirklich leid, dass auch von behördlicher Seite in dieser Hinsicht so wenig Achtung gezeigt wird gegenüber der Natur. Ich habe kein Ver-

ständnis dafür, dass so viel zerstört wird, denn wir haben nun einmal den Auftrag bekommen, die Schöpfung zu bewahren.
Mit dem Älterwerden habe ich eigentliche keine Probleme, denn schließlich wird kein Mensch davon ausgenommen. Das war vor uns so und wird nach uns so bleiben. Man sollte im Laufe seines Lebens erkennen lassen, dass man nicht nur für sich selbst lebt, sondern vor allem für andere da ist und sich für das Gemeinwohl einsetzen muss. Vor dem Sterben habe ich keine Angst, da ich mich in Gottes Hand geborgen fühle."
Einsam und allein fühlt sich Frau Haas durchaus nicht und versteht auch die Menschen nicht, die immer darüber klagen, ohne selbst etwas dagegen zu tun. Hier in ihrem Haus in Hofstetten möchte sie ihren Lebensabend verbringen und könnte sich nicht vorstellen, woanders zu leben. Das Haus ist ihre Heimat, hier findet sie nach ihren vielfältigen Aktivitäten in der Öffentlichkeit zur Ruhe und kann sich zurückziehen. Die in vielen Farben leuchtenden Sommerblumen im Garten vor dem Haus erfreuen sie immer besonders. Das Gebäude ist ein typisches Dorfwohnhaus. Es wurde 1786 erbaut und ist bis heute immer im Besitz der Familie Haas geblieben. Es hat mehr als 200 Jahre ohne große äußere Umbauten und Verunstaltungen überstanden und ist deshalb auch heute noch ein gutes Beispiel einer dorfgerechten Baugestaltung. In einer solchen Atmosphäre kann man sich wohl fühlen und ist daheim.
„Schlimm war die Zeit, als mein Mann 1988 starb", gibt Frau Haas zu. „Anfangs meinte ich, die Welt bricht zusammen. Doch diese bittere Erfahrung machen tagtäglich weltweit so viele Menschen, an denen man sich ein Beispiel nehmen kann. Du musst dir sagen, das wirst du schaffen. Ich bin der festen Überzeugung, dass es meinem Edi jetzt besser als mir geht und das tröstet mich. Ehrlich gesagt, halte ich manchen Tag sogar Zwiesprache mit ihm. Wenn ich etwas

verlegt habe und nach langem Suchen nicht finden kann, rufe ich: ‚Edi, du hast Zeit, hilf mir mal beim Suchen!' Ich meine, dann die Antwort zu hören: ‚Ja, ja, du Schlumperer schmeißt alles durcheinander, und ich soll dir jetzt suchen helfen.' Diese Gespräche halte ich für gescheiter, als ständig zum Friedhof zu gehen. So kann man auch miteinander weiterleben."

Kreative Ideen gehen Frau Haas auch heute noch im Kopf herum, doch es werde immer schwerer, etwas durchzusetzen, meint sie. „Manchmal denke ich, das Gemeinschaftsgefühl war früher besser, doch dann wiederum bin ich überrascht, dass sich immer wieder Menschen finden, die sich für die Dorfgemeinschaft einsetzen. Der Sportverein wird gut weitergeführt unter Herrn Helmar Zadra. Auch der Verein der Blumenfreunde, den jetzt Herr Kurt Höfling führt, zeigt weiterhin gute Erfolge. Die Familie Heilgenthal ist für Hofstetten ein großer Gewinn. Ihre Volksmusik hat unser Dorf bekannt gemacht. Diese Musik ist eine große Bereicherung für uns."

Da Frau Haas auch als Theaterspielerin bekannt geworden ist, fragen wir sie, wie sie denn überhaupt zur Darstellerin bei den Scherenburgfestspielen in Gemünden gekommen ist. „Ich habe ja schon in der Schule gern bei Theateraufführungen mitgemacht, aber leider hatte ich da nur wenig Gelegenheit zu spielen", erklärt sie und fährt fort: „Frau Anneliese Lussert hat mir bei unseren vielen Gesprächen davon erzählt, dass sie Theaterstücke schreibt. Der damalige umtriebige Gemündener Bürgermeister Hans Michelbach habe die Scherenburgfestspiele initiiert und nun sollte zur Eröffnung 1990 ‚Das Schlüsselfräulein' aufgeführt werden. Sie bot mir an, doch eine Rolle in dem Stück zu übernehmen. Also spielte ich mit viel Freude ‚Die Weise Frau der Burg'."

Noch ein weiterer wichtiger Bereich des reichen Lebens von Frau Haas wird angesprochen. Das ist die ehrenamtliche Arbeit im Vorstand der Lebenshilfe seit 1976. Hier engagiert sie sich vor allem im Ausschuss ‚Wohnen und Arbeiten'. Dabei spricht Frau Haas eine schwere Phase ihres Lebens an. 1938 wurde der behinderte Sohn Horst geboren: „Unser Horst war ein lieber Junge, besonders fleißig, half gern in Haus und Hof und in unserem Obstlager in Langenprozelten aus und fühlte sich zufrieden mit seinem Leben. Da die Betreuung im Erwachsenenalter sehr schwierig wurde, suchten wir einen Heimplatz und konnten ihn bei der Lebenshilfe unterbringen. Er hat gern in dem Wohnheim der Lebenshilfe gelebt und ist dort mit fünfzig Jahren gestorben. Meine Mitarbeit in der Lebenshilfe habe ich auch nach dem Tod unseres Sohnes beibehalten, weil ich erkannte, wie wertvoll diese Arbeit ist. In Steinbach konnte die Lebenshilfe die Wirtschaft Bauer übernehmen und zu einem Wohnheim umbauen, das 1976 bezogen wurde. Das war der Anfang unserer segensreichen Arbeit, die vielen Behinderten helfen sollte. Daraufhin wurde eine Werkstatt für Behinderte in Lohr und später in Rohrbach und schließlich auch die große Werkstatt in Gemünden mit Arbeitsplätzen für Behinderte eingerichtet."

Eine ganz andere Aktivität ist die Mitarbeit von Frau Haas im Heimkehrerverband und bei den schon seit Jahren stattfindenden Hofstetten-Treffen. Die Wiege dieser Begegnungen liegt im Zweiten Weltkrieg. Frau Haas erzählt die erstaunliche Geschichte: „Ein Soldat aus Hofstetten am Lech und ein Soldat aus Hofstetten im Schwarzwald haben sich während des Krieges in der Schreibstube einer Kompanie getroffen, wobei jeder behauptete, aus Hofstetten zu sein. Aus dieser zufälligen Begegnung entwickelte sich eine Freundschaft, und nach dem Krieg trafen sich einige Bürger aus diesen Gemeinden. Rasch stellte man fest, dass es eine ganze Menge ‚Hofstetten' gibt. (Anm.: In einem guten Autoatlas kann man bis zu neunzehn Orte dieses Namens finden.) So wurde auch unser Hofstetten mit einbezogen, und ich wurde eine der Ansprechpartnerinnen für das europaweite Hofstetten-Treffen. Wir organisierten hier in unserem Ort das fünfte Treffen, das ein großer Erfolg wurde. Der Zusammenschluss umfasst mittlerweile neun Orte mit dem Namen Hofstetten. Das letzte Mal haben wir uns in der Schweiz getroffen, das nächste Treffen wird in Österreich sein."

Frau Haas gerät richtig ins Schwärmen bei diesen Erinnerungen. Sie fühlt sich sozusagen als Mutter der Kompanie, und damit ist auch der Weg zum Heimkehrerverband nicht weit. „Mein Mann trat seinerzeit dem Heimkehrerverband bei, und nach seinem Tod im Jahr 1988 bat man mich, das Amt der Bezirks-Frauenreferentin zu übernehmen. So kam also wieder ein Pöstle dazu. Wir führten hier sogar ein Bezirks-Frauentreffen durch, das sehr gut gelungen war. Für diesen Einsatz erhielt ich kürzlich die Auszeichnung ‚Madonna von Stalingrad'. Leider ist das ein sterbender Verband. Auch vom Afrika-Korps, dem mein Mann ja angehörte, wurde ich immer bedrängt, an den jährlichen Veranstaltungen teilzunehmen, so dass ich mich im letzten Jahr zur Teilnahme entschloss. Von nun an werde ich wohl jedes Jahr dabei sein, denn es werden halt immer weniger Mitglieder", bekennt sie etwas wehmütig.

Wir können nur staunen, wie diese Frau ihr Leben so ausfüllen und bereichern kann im Einsatz für andere, ohne über mangelnde Zeit und Überforderung zu jammern. Welche Kraft steckt nur in dieser zarten Anni Haas, die unsere Bewunderung hervorruft durch ihren so ereignisreichen Lebensbericht. Sie hat auch noch Zeit für Muße und für die wichtige persönliche Besinnung und lässt keine Hektik erkennen. Dabei strahlt sie Gelassenheit und Ausgeglichenheit aus. Gern, so sagt sie, widmet sie sich noch der Gartenarbeit und zeigt uns ihren liebevoll geschmückten Garten mit all der Blumenpracht. Eine leuchtende Begonienart trägt sogar den Namen „Anni Haas", können wir voller Erstaunen lesen. Frau Haas spricht nicht nur vom Naturschutz und von

der Liebe zur Natur, sie lebt sie auch täglich. Jetzt erst war sie wieder mehrere Tage unterwegs mit der Bewertungskommission „Unser Dorf soll schöner werden". Sie nimmt noch regelmäßig an den Versammlungen und Preisverleihungen teil. Diese Tätigkeiten machen ihr immer noch besondere Freude. „Ich bin sehr reich beschenkt worden durch Freundschaften und Hilfsbereitschaft", kommt sie ins Schwärmen. „Wenn ich nur daran denke, welche schöne Stunden wir schon beim Blumenstecken hier unten vor unserem Keller verbracht haben. Beim Anfertigen von Blumengebinden für den Altarschmuck und für festliche Veranstaltungen helfen alle Frauen im Ort zusammen, bringen wunderschöne Blumen herbei, und miteinander zaubern wir die herrlichsten Gestecke. Oft bleiben Vorüberfahrende stehen und möchten den Blumenschmuck kaufen. Welch große Hilfsbereitschaft erfuhr ich kürzlich auch nach meiner Krankheit, als das Sportfest vorzubereiten war. Also meine Klappe ging ja noch immer gut, und so habe ich mich ans Telefon gesetzt, um von hier aus den Blumenschmuck für das Festzelt zu organisieren. Es hat wunderbar geklappt. Viele kamen mit ihren Blumen und mit ihrer Tatkraft, ich durfte nur zuschauen, weil ich ja körperlich noch sehr schwach war. So helfen wir uns gegenseitig und treten füreinander ein, was mich ganz glücklich macht. Mein Wunschtraum ist es, wenn der historische Apothekergarten in Gemünden wieder restauriert und der Öffentlichkeit zugänglich gemacht werden könnte. Aber dies wird wohl aus finanziellen Gründen ein unerfüllbarer Traum bleiben."
Zum Schluss kommen wir noch auf die Zeit der Eingemeindung von Hofstetten in die Stadt Gemünden zu sprechen. Auch diese Zeit hat Frau Haas aktiv mitgestaltet. Bis 1971 war Hofstetten eine selbstständige Gemeinde im Landkreis Gemünden und wurde dann in die Stadt Gemünden eingegliedert. Der damalige Bürgermeister Schäfer hatte eine Abstimmung durchführen lassen. Die überwiegende Mehrheit

der Bevölkerung hat sich dabei für den Anschluss an die Stadt Gemünden ausgesprochen. Hofstetten war zwar zu diesem Zeitpunkt bereits über die 1967 gebaute linksmainische Kreisstraße an das Verkehrsnetz angeschlossen, eine Verbindung zur anderen Mainseite und damit zur Kreisstadt bestand aber nur über die Fähre, die für die kleine Gemeinde eine nicht mehr zu tragende finanzielle Belastung darstellte. Im Jahr 1970 plante der letzte Landrat des im Zuge der Gebietsreform 1972 aufgelösten Landkreises Gemünden, Karl Müller, den Bau einer Brücke über den Main. Auch die Stadt Gemünden und die verkehrsmäßig nur unzureichend erschlossenen Gemeinden an der linken Mainseite beteiligten sich an dieser Baumaßnahme. Damit verwirklichte sich ein jahrzehntelanger Traum der Hofstettener. Die Mainbrücke konnte 1974 eingeweiht und dem Verkehr übergeben werden. Gleichzeitig stellte die alte Mainfähre ihren Betrieb zwischen Hofstetten und Langenprozelten ein. Da trauerte aber dann doch der eine oder andere darüber, dass nun nicht mehr die romantische Überfahrt über den Main möglich war.

Frau Anni Haas wurde nach dem Tod des Bürgermeisters Schäfer 1974 Ortssprecherin von Hofstetten. Dieses Ehrenamt übte sie bis 1990 aus. Im selben Jahr wurde sie aufgrund ihres weit über Hofstetten hinaus reichenden Bekanntheitsgrades in den Gemündener Stadtrat gewählt und war Mitglied des Stadtrates bis 1996. Seit 1996 vertritt sie den Stadtteil Hofstetten wieder als Ortssprecherin. Vehement trat sie für die Interessen ihres Dorfes und der Stadt Gemünden und für die Erhaltung der Natur gegen den Bau der Bahnlinie ‚Nantenbacher Kurve' ein. „Ich war nur ein kleines Kaninchen, das gegen eine Kobra – die Bundesbahn – kämpfte", gibt sie sich geschlagen. Das Kämpfen hat sie aber trotzdem bis heute nicht aufgegeben.

Aufgrund ihrer vielfältigen Verdienste um Hofstetten, aber auch für ihr großes Engagement über Hofstetten hinaus,

Ehrenbürgerin Frau Anni Haas.

beschloss der Stadtrat im Juli 1999, Frau Anni Haas zur Ehrenbürgerin der Stadt Gemünden am Main zu ernennen. Damit erhält diese Frau die gebührende Ehrung für ihr tatkräftiges Eintreten für die Gemeinschaft, für ihr soziales Engagement, für die Erhaltung unserer Kulturlandschaft und der mainfränkischen Lebensart.

Bewundernd können wir nur feststellen, dass Anni Haas eine Gemündener Institution geworden ist. Aus ihrem reichen Leben spricht die Liebe für den Nächsten, eine persönliche Bescheidenheit, Demut vor dem Schöpfer und der Schöpfung, ein unerschütterlicher Glaube und die Freude an kleinen Dingen, zum Beispiel an einer blühenden Blume. Ihr klarer Verstand und ihre Durchsetzungskraft ermöglichen es ihr, sich in der Öffentlichkeit auch heute noch eine beachtete

Stimme zu verschaffen und so viele ihrer Ideen in die Tat umzusetzen.

Auch nach zwei Stunden regen Gesprächs war ihr keinerlei Müdigkeit anzumerken, wahrscheinlich hätte sie noch lange erzählen können. Immer wieder neue Ideen und Gesprächsthemen fallen ihr ein, durchaus auch aktuelle Probleme. Wir wollen aber diesen Lebensbericht hier schließen und verabschieden uns von dieser energiegeladenen Frau, die unseren großen Respekt verdient.

Philipp Hannawacker, Gemünden

Philipp Hannawacker, geboren am 28. Oktober 1918 in Gemünden, Verwaltungsangestellter, verheiratet mit Maria Hannawacker, geborene Kohmanns, am 21. Dezember 1925 in Osterrath bei Krefeld geboren, das Ehepaar Hannawacker wohnt in Gemünden.

Aus jedem Tief führt ein Weg heraus

Auf das Ehepaar Hannawacker wurden wir durch Familie Heckelmann aufmerksam gemacht mit dem Hinweis, dass wir dort sicher viel erfahren könnten aus einem langen Leben in Gemünden. Bereitwillig luden uns die Eheleute Hannawacker in ihre gemütliche und geräumige Wohnung in der Friedenstraße in Gemünden ein. Sie freuten sich, dass wir solches Interesse an ihren Lebenserfahrungen zeigten. Viele Fotos an den Wänden und in Fotoalben begleiteten uns während der interessanten Erzählung beider Ehepartner und machten so die Lebensgeschichten von Herrn und Frau Hannawacker für uns umso anschaulicher. In der Friedenstraße wohnen die Hannawackers nun schon seit 1948, also seit mehr als fünfzig Jahren, und sie haben dabei auch den stetigen Wandel in dem Bereich des Gemündener Bahnhofsviertels beobachten können. Beide fühlen sich wohl in dieser für sie so vertrauten Umgebung.

Tief bewegt beginnt Herr Hannawacker zu erzählen, wie er im Alter von sechs Jahren innerhalb einer Woche beide Schwestern verlor. Damals im Jahr 1924 herrschte eine Masern-Epidemie. Diese seinerzeit äußerst gefährliche und heimtückische Kinderkrankheit raffte in jenem Jahr allein in der kleinen Stadt Gemünden mit etwa 3000 Einwohnern zwölf Kinder dahin, darunter auch seine beiden Geschwister, und verbreitete große Trauer in so mancher Gemündener Familie.

Goldene Hochzeit im Hause Hannawacker am 19. Oktober 1996.

„Recht früh verstarb auch mein Vater an einer Kriegsverletzung aus dem Ersten Weltkrieg, so dass meine Mutter mich nun allein und als Einzelkind großziehen musste", berichtet Herr Hannawacker aus seiner frühen und entbehrungsreichen Kindheit und fährt fort: „Mein Vater stammte aus dem damals in Gemünden und Umgebung bekannten Gasthaus ‚Lamm', meine Mutter aus der Metzgerei Althaus. Meine Eltern erwarben nach ihrer Heirat 1907 das Gemündener Hotel ‚Bayerischer Hof' und bewirtschafteten das Hotel gemeinsam. Es gab immer viel zu tun, das Privatleben musste zurückstehen. So erinnere ich mich, wie meine Mutter einmal erzählte, dass sie bis kurz vor meiner Geburt noch damit beschäftigt war, Klöße zuzubereiten, als plötzlich die Wehen einsetzten. ‚Ich glaube, jetzt ist es soweit', soll sie in aller Ruhe gesagt haben, und kurz danach wurde ich geboren. Einen Mutterschutz gab es damals ja noch nicht. Meine Mutter musste auch gleich nach der Entbindung wieder im Hotelbetrieb arbeiten. Mein Vater litt sehr an seiner Kriegsverletzung und starb bald. Nach dem Tod meines Vaters

konnte meine Mutter das Hotel nicht mehr lange weiter führen. Sie mühte sich ab, war aber einfach überfordert. Auch wuchsen ihr die Schulden über den Kopf, so dass sie zu ihrem großen Kummer das schöne Hotel an den Gläubiger, eine Würzburger Brauerei, zurückgeben musste. Es war dies für sie ein harter Schlag, nach ihrem Mann nun auch noch die gesicherte Existenz zu verlieren. Noch heute ist es bitter für mich, daran zu denken. Beide Elternteile waren für damalige Verhältnisse finanziell gut situiert und hätten ein sorgenfreies Leben führen können als Inhaber eines gut gehenden Hotels. Und nun trat diese Notlage ein! Aber in der Zeit nach dem Ersten Weltkrieg gab es noch keine soziale Absicherung. Nach dem Tod des Mannes waren allein erziehende Frauen besonders schlimm dran. Für meine Mutter war das eine furchtbare Zeit und sie hat viel erdulden müssen.
In dieser Zeit um 1924/1925 war die allgemeine Lage in Deutschland nicht gut. Die Folgen des verlorenen Krieges waren überall zu spüren. Man ging nicht zimperlich um mit einer Witwe mit einem kleinen Kind. So musste meine Mutter mit mir aus dem eigenen Hotel ausziehen und sich eine bescheidene Unterkunft suchen. Sie fand in der Obertorstraße in der kleinen Gasse neben dem heutigen Tabak-Geschäft Feser eine bescheidene Wohnung. Meine Mutter arbeitete nun in der elterlichen Metzgerei und konnte so für uns den notwendigen Lebensunterhalt verdienen. Ich kam im Jahr 1924 in die Volksschule, die am Rand der Altstadt in der Obertorstraße stand. Außerdem diente ich zusätzlich als Ministrant in der Stadtpfarrkirche. Damals war noch an jedem Morgen Gottesdienst, und wir Ministranten mussten uns jeden Tag früh um sieben Uhr in der Kirche einfinden. Vom Pfarrer Holzmann haben wir auch immer eine Belohnung bekommen, Kekse, die manchmal schon von Würmern angefressen waren. Die Kekse hat der Pfarrer von der Lehrerin Will bekommen, die oben im Rathaus wohnte. Das war also unser Dankeschön für den Ministrantendienst. Natür-

Im Feststaat bei der heiligen Kommunion, 1928.

lich haben wir die Kekse dennoch gegessen, denn wir hatten immer Hunger", erinnert sich Herr Hannawacker. Das besondere Vergnügen der Buben war das Fußballspielen. Er war ein besonders guter Fußballer und die Augen von Herrn Hannawacker strahlen, wenn er von den Fußballspielen erzählt: „Ich war Stürmer beim ‚ESV Bavaria' Gemünden und habe in den Verbandsspielen viele Tore geschossen.

Im Winter, wenn wir nicht Fußball spielen konnten, fuhren wir Buben Schlitten. Dabei trafen wir natürlich auch die Mädchen und oft gab es dann herrliche Schneeballschlachten. Ich meine, dass es damals in den Wintern mehr Schnee als heute gab. Auf alle Fälle blieb der Schnee viel länger liegen, denn es wurde ja kein Salz gestreut. Auf den Autoverkehr musste niemand Rücksicht nehmen, denn es fuhren kaum Autos. Eine beliebte Schlittenbahn war vom Schulberg hinunter in die Stadt. Auch Schlittschuhlaufen war groß in Mode. Am Hofweg, wo heute das Hallenbad steht, war ein größerer, im Winter oft zugefrorener Weiher, auf dem sich nachmittags oder am Wochenende die Jugend zum Schlittschuhlaufen traf. Als Kinder waren wir eigentlich die meiste Zeit draußen. In den Wohnungen war es recht eng und viele Spielsachen hatten wir

damals auch nicht. All das, was heute Kinder zu Hause hält, wie Fernseher oder Computer, war ja völlig unbekannt."
Die Stadt Gemünden war zu jener Zeit zwischen den beiden Weltkriegen noch recht klein, kaum 3000 Einwohner zählte die Stadt. Neben dem engen und verwinkelten Stadtkern zwischen den Bahngleisen am Main, der Fränkischen Saale und dem Burgberg gab es nur einige wenige Häuser nördlich der Saale in Kleingemünden. Immer mehr an Bedeutung gewann die Gegend um den Bahnhof. Der Bahnhof hatte sich inzwischen zu einem stattlichen Knotenpunkt entwickelt. Mehr und mehr Eisenbahner und damit auch mehr Fremde zogen in die kleine Stadt am Main. Bei der Jugend entwickelte sich eine Rivalität zwischen den „Stödtenern" aus der Altstadt und den „Eiseböhnern", den Kindern der Eisenbahner und all denen, die im Bahnhofsgebiet wohnten. „Wir Buben haben regelrecht Krieg gegeneinander geführt", gesteht Herr Hannawacker. „Oben an der „Alten Eiche" oberhalb der Scherenburg war unser Kampfgelände, da sind wir mit Holzknüppeln aufeinander losgegangen. Es war aber mehr eine Gaudi, trotzdem gab es ab und zu auch Verletzungen. Mir fällt dabei ein, wie ich mit meinem Freund Uhl, der mir übrigens zum Verwechseln ähnlich sah, oft vor der Konditorei Madlon gestanden und gewartet habe, bis wir für zehn Pfennig ein Stück Torte bekamen."
Auch nach der Schulzeit blieb Philipp Hannawacker in Gemünden. Bei seinem Patenonkel konnte er in der ‚Bavaria'-Drogerie Hannawacker eine Lehre als Drogist machen. Das war für den jungen Philipp recht angenehm, konnte er doch so mit wenigen Schritten von der Wohnung die Lehrstelle erreichen. Außerdem konnte er seinem Fußballverein treu bleiben. Doch am 1. April 1939 wurde er zum Reichsarbeitsdienst eingezogen und musste für wenig Geld harte Arbeit leisten. Im Januar 1940 kam der Stellungsbefehl der Wehrmacht. Der Zweite Weltkrieg hatte vor einem knappen halben Jahr begonnen, Philipp Hannawacker musste nun

wie die meisten seiner Freunde als Soldat an den verschiedenen Fronten kämpfen.

An dieser Stelle möchte Frau Hannawacker einige Begebenheiten einflechten. Denn zwischenzeitlich war sie bereits in das Leben ihres Mannes getreten, wenn auch zunächst auf ganz unübliche Weise: „Im Dritten Reich gab es die sehr beliebte Kinderlandverschickung in den Sommerferien. Wir Kinder konnten für wenig Geld unsere Ferien in einem anderen Teil Deutschlands bei fremden Familien verbringen. Man konnte dabei Land und Leute kennen lernen und das war für uns eine schöne Abwechslung. Manchmal entstanden dabei sogar auch feste Verbindungen. Im Sommer 1938 erhielt ich einen Ferienplatz in Bayern und durfte nach Gemünden fahren. Ich war damals zwölf Jahre alt. In der Altstadt von Gemünden kam ich bei den Großeltern von Philipp in der Metzgerei Althaus unter. Wir sahen uns eine Zeit lang fast täglich und Philipp, der schon neunzehn Jahre alt war, neckte mich immer, wohl auch wegen meines singenden rheinischen Dialektes. Als ich zum Ende der Ferien wieder nach Hause fahren musste, brachte Philipp mich zum Bahnhof und meinte: ‚Dich will ich mal wieder sehen, wenn du fünfzehn Jahre alt bist.' Wir haben uns dann eifrig Briefe geschrieben, so dass der Kontakt nicht mehr abriss. Als ich fünfzehn Jahre alt war, fuhr ich wieder nach Gemünden in die Ferien, um Philipp zu treffen."

Im Sommer 1940 war die Zeit allerdings nicht mehr so unbeschwert wie beim ersten Besuch von Maria Kohmanns im Jahr 1938. Der Zweite Weltkrieg hatte vor einem Jahr im September 1939 begonnen, dunkle Wolken zogen sich über Deutschland zusammen. Der junge Philipp war bereits Soldat. Aber welche Freude für die beiden, Philipp ist just um diese Sommerzeit nach Hause gekommen! Ein gnädiges Schicksal führte Maria und Philipp zusammen. Es gab glückliche, gemeinsame Sommerferien.

Nach den Sommerferien kamen für Philipp härtere Zeiten. Der endlose Krieg forderte ihn. Es gab nun weniger Heimaturlaub. Die meiste Zeit war er in Frankreich im Einsatz. Einmal konnte er zum Heimaturlaub über Krefeld nach Gemünden fahren. So haben ihn die Eltern seiner späteren Frau kennen gelernt. Während des Krieges gab es immer nur kurze Wiedersehen.

Maria Kohmanns in ihrem hübschen Sommerkleid, 1941.

Erinnerungen an die Kriegszeit werden nun bei Herrn Hannawacker wach: „In der Bataillonsmannschaft habe ich Fußball gespielt. Zu der Mannschaft gehörte auch der zwei Jahre jüngere Fritz Walter, der später als großer Fußballer Weltruhm erlangte", erzählt der Fußballer Philipp Hannawacker stolz und fügt gleichzeitig hinzu: „Ich glaube, als Fußballer war ich ganz gut und ein kleiner Held dort mitten im Krieg in einer aus jungen Soldaten bestehenden Mannschaft. Fußball war ja unsere einzige Entspannung. Dass einer unserer Mitspieler einmal berühmt werden sollte und gar die Weltmeisterschaft gewinnen würde, ahnte natürlich keiner von uns. Vergünstigungen erhielten wir Fußballer übrigens nicht. Wir mussten unseren ganz normalen Frontdienst leisten."

Der Krieg wurde immer härter und bei der erfolglosen Ardennen-Offensive der Wehrmacht an der Westfront, der so genannten Rundstedt-Offensive im Dezember 1944 wurde Herr Hannawacker schwer verwundet. Er geriet in amerikanische Gefangenschaft und kam in ein Lazarett. Nach der Genesung blieb er in einem Gefangenenlager. An diese schreckliche Zeit im Gefangenencamp erinnert sich der damals sechsundzwanzigjährige Philipp ungern: „Die Amerikaner haben uns nur wenig zu essen gegeben, so dass wir ständig Hunger hatten. Sie selbst lebten gut, und in unserer Not haben wir deren reichlichen Abfall durchwühlt und alles Essbare herausgeklaubt und verzehrt. Etwa ein halbes Jahr nach Kriegsende wurde ich endlich im Oktober 1945 aus der Gefangenschaft entlassen und konnte nach Gemünden zurückkehren. Doch wie erschüttert war ich, als ich meine in den letzten Kriegswochen so schwer zerstörte Heimatstadt sah."

Auch nach dem Krieg blieb Herr Hannawacker dem Fußball treu. Beim ESV ‚Bavaria' Gemünden, der damals in der Bezirksliga spielte, gehörte er noch lange zur ersten Mannschaft. Bis 1953 spielte er in den Verbandsrunden, da war er immerhin schon fünfunddreißig Jahre alt. Er war nach wie vor ein vom Gegner gefürchteter Stürmer. Bei der gegnerischen Mannschaft hieß es oft: ‚Den Alten musst du decken!' – gemeint war Philipp Hannawacker. Nach 1953 spielte er in der Altherrenmannschaft weiter. Der Fußball bestimmte einen großen Teil seines Lebens. Schiedsrichter, Trainer und Mannschaftsbetreuer, alle diese Posten natürlich ehrenamtlich, füllte er lange Jahre aus.

Kurz nach seiner Rückkehr aus der Gefangenschaft hat Philipp seine Maria im Jahr 1946 in Krefeld geheiratet. „Ich war für die damalige Zeit schick eingekleidet und fühlte mich ungeheuer elegant. Das Brautkleid war allerdings aus Gemünden geliehen", erinnert sich Frau Hannawacker. „Die Lebensmittel waren bei uns in Krefeld knapp, deshalb schickten die Verwandten meines Mannes von Gemünden ein riesiges Paket nach Krefeld, Fleisch aus der Metzgerei Althaus, Kartoffeln vom Bauern, aber leider ging unterwegs alles verloren. Die Transportwege waren damals nicht sicher.

Es war so kurz nach dem Kriegsende eine chaotische Zeit. Auf der Fahrt von unserer Hochzeitsfeier nach Gemünden waren auf dem Kölner Hauptbahnhof Menschen über Menschen. Ich sehe sie noch wie heute vor mir. Alles wollte in den Zug. Die Züge fuhren ja, wenn überhaupt, nur unregelmäßig. Einen festen Fahrplan gab es nicht, gar nicht zu denken an Platzreservierung. So strömte alles in den Zug hinein, durch Fenster und Türen! Dass dabei niemand verletzt worden ist, erscheint mir noch heute wie ein Wunder. Mein Mann hat den einen Koffer in den Zug bugsiert, ich selbst blieb neben dem riesigen selbstfabrizierten zweiten Koffer stehen. Plötzlich kamen ein paar junge Männer auf uns zu. Die wollten mich durchs Fenster in den Zug heben. Ich schreie noch in meiner Not: ‚Mein Koffer, mein Koffer!', doch der war schon verschwunden. Und darin steckten all meine Habseligkeiten!

Ein glückliches Brautpaar, Maria und Philipp Hannawacker 1946.

Noch heute kriege ich eine Gänsehaut, wenn ich daran denke. Ich besaß kein Kleidungsstück zum Wechseln mehr, einfach nichts! Damit war ich das ärmste Hascherl, das Philipp heiraten konnte. Auch alle Dokumente waren verloren samt Zeugnissen. In dem anderen geretteten Koffer waren nur einige Dosen und Eingemachtes. Wenn ich später im Gemündener Bahnhof die Züge gehört habe, bekam ich richtige Angstzustände und musste immer wieder an dieses furchtbare Erlebnis denken.

Es dauerte lange, bis ich in diesen schwierigen Zeiten wieder genug zum Anziehen besaß. Hier bekam ich ein Kleid geschenkt, dort ein paar gestrickte Schlüpfer, so richtige Bomber! Heute lacht man darüber, aber damals war ich sehr verzweifelt und dankbar für diese Geschenke", bekennt Frau Hannawacker.

Im Haus von Dr. Hofmann in der Friedenstraße in Gemünden konnten die jungen Eheleute eine kleine Wohnung beziehen. Herr Hannawacker nahm noch seine Mutter bei sich auf, und von nun an lebte sie bei dem frisch vermählten Paar. Schon bald erhielt Herr Hannawacker eine Anstellung beim Landratsamt in Gemünden. Zunächst war er in der Spruchkammer tätig. Das war die Stelle, die nach dem Krieg die Entnazifizierung durchzuführen hatte. Er hatte nun sein bescheidenes aber sicheres Einkommen. Auch eine neue Wohnung wurde dem Ehepaar Hannawacker zugewiesen und zwar gleich neben dem Landratsamt im so genannten Beamtenwohnhaus. Im Erdgeschoss war die amerikanische Militärregierung untergebracht, die Wohnung der Hannawackers lag im Obergeschoss. Frau Hannawacker muss lachen, denn ihr fällt eine lustige Begebenheit ein: „Also, oben auf dem Dachboden war alles offen, überhaupt nichts isoliert. Deshalb war es dort im Winter bitterkalt. An diesem zugigen Ort befand sich auch das Klo, das aber im Winter oft zugefroren war. Als wieder einmal Frost herrschte, organisierte mein Mann in unserer Bedrängnis einen offenen Kanister, an dem ein Henkel aus Draht befestigt war. Dieser Kanister diente uns vorübergehend als stilles Örtchen. Nach kurzer Zeit war auch der Inhalt des Kanisters eingefroren und der Kanister bis zum Rand voll. Mein Mann sagte eines Abends: ‚Ich muss das Ding wohl mal ausschütten' und schlich bei Dunkelheit in der Kälte runter in die Grünanlage an der Friedenstraße in der Hoffnung, dass ihn niemand beobachtete. Da alles zugefroren war, ging natürlich nichts raus aus dem Pott. ‚Da muss ich wohl kochendes Wasser drüber gießen', war sein Gedanke und rannte ganz schnell zurück. Als er mit einem Eimer voll heißem Wasser zurückkam, war zu seiner großen Überraschung der volle und zugefrorene Kanister spurlos verschwinden. Wirklich alles, was nicht niet- und nagelfest war, wurde in diesen Notzeiten geklaut. Man konnte eben alles brauchen. Es gab nichts, was nicht heiß begehrt war, so auch dieser Kanister mit Sch... ."

Trotz mancher Widrigkeiten hatten die Hannawackers noch Glück. Sie besaßen ein Dach über dem Kopf, der Mann gleich nebenan eine feste Arbeitsstelle. Aber wie sah es in den Jahren 1946/1947 in Gemünden aus? In der Innenstadt war durch die beiden Luftangriffe kurz vor Kriegsende furchtbar viel zerstört. Die Altstadt von Gemünden war eine der wenigen Kleinstädte in Deutschland, von der nur noch ein Ruinenfeld übrig geblieben war. Und so gingen Bilder von der geschundenen Stadt in alle Welt. Auch in der Londoner Times erschien ein Foto von der zerstörten Saalebrücke und dem total zerstörten Marktplatz. „Eine Tante mütterlicherseits, Hedi Althaus, lebte in England und schickte uns eine ‚Times' mit den Aufnahmen aus dem zerbombten und brennenden Gemünden, so wie die einmarschierten Amerikaner dieses Chaos fotografiert haben. Im Treppenhaus des Rathauses hängen diese eindrucksvollen Fotos noch heute", erinnert sich Herr Hannawacker.

Die Zeit der Militärregierung war für die Deutschen hart und manchmal erniedrigend, und wie immer im Laufe der Weltgeschichte umfasste die Rache der Sieger nicht nur die Schuldigen. Herr Hannawacker ist noch heute leicht empört, wenn er schildert, wie einige Mitbürger, die im Krieg zwar aus beruflichen Gründen der NSDAP beigetreten, aber dennoch keine aktiven Nazis waren und sich nichts zuschulden kommen ließen, erniedrigt und gedemütigt wurden: „Sie wurden zwangsverpflichtet zu den stumpfsinnigsten und härtesten Arbeiten. Man zwang sie zum Beispiel, tagelang Holz zu schleppen oder Straßenschäden zu beheben. Das hat mich als junger Mann doch sehr erschüttert, wenn ich sehen musste, wie ältere Männer zu diesen körperlich sehr schweren Arbeiten herangezogen wurden. Ich war ja auch bei der Hitlerjugend, habe mir aber seinerzeit wenig Gedanken über mögliche Konsequenzen gemacht", gesteht Herr Hannawacker.

„In der zerstörten Stadt waren die Wohnverhältnisse sehr schlimm", erinnert sich Herr Hannawacker. „Erst mit dem Wiederaufbau, der 1948/1949 begann, verbesserte sich diese Situation. Aber auch schon vor dem Krieg hatten in manchen Familien sehr beengte und unsoziale Wohnverhältnisse geherrscht. Da hausten einige Familien mit mehreren Kindern in einem einzigen Raum. Man kann sich das heute kaum vorstellen. Die Armut war teilweise im Gebiet von Rhön und Spessart und im Gemündener Raum schon vor dem Krieg recht groß. Die hygienischen Verhältnisse waren schlecht und viele Familien schlugen sich gerade mehr schlecht als recht durch."

Herr Hannawacker bestätigt, dass früher in Gemünden relativ viele Juden wohnten: „Es gab so genannte Judenhäuser, zum Beispiel gegenüber der Gaststätte Schubert und gegenüber dem jetzigen Farbengeschäft Pfeiffer. Neben der Stadtapotheke in der Obertorstraße wohnte ein jüdischer Pferdemetzger. Als Schulbuben sind wir oft in diese Häuser gegangen, um für uns Matzen zu erbitten. Die haben uns so gut geschmeckt und wurden auch gern als Kostprobe verschenkt. Von der Verfolgung der Juden haben wir jungen Kerle wenig mitbekommen. Doch ein einschneidendes Erlebnis will mir nicht aus dem Sinn, nämlich als die Synagoge in der Nähe des Mühltores abgebrannt wurde. Da habe ich auf der Saalebrücke gestanden und diese schreckliche Tat miterlebt. Gewundert hat mich, dass keine Feuerwehr kam. Das hat mir doch zu denken gegeben. Diesen Brand ihrer Synagoge müssen wohl einige Juden als Warnung richtig

aufgefasst haben und sind weggezogen oder noch zur rechten Zeit ausgewandert.
Mir persönlich ist von Deportationen nichts bekannt gewesen. Ich weiß nur, dass ein paar Gemündener noch Kontakt zu jüdischen Familien halten, die nach Amerika ausgewandert sind. Es fanden auch Jahre nach dem Krieg gegenseitige Besuche statt. Einen jüdischen Viehhändler, der in Gemünden lebte, habe ich noch gut in Erinnerung. Der hat mit den Bauern im Sinngrund Geschäfte gemacht, sie aber manchmal wohl übers Ohr gehauen. Er durfte sich bald nicht mehr in den Gemeinden blicken lassen, sonst hätten sie ihm übel mitgespielt. Über solche Spitzbübereien wurde halt auch gesprochen. Zwischen uns Kindern gab es keine Abgrenzungen, alle spielten zusammen und gingen gemeinsam in die Schule. An der Schule war sogar zeitweilig ein jüdischer Lehrerpraktikant. Eigentlich waren Unterschiede für uns Jugendlichen nicht ersichtlich, eher wurden wir von den Erwachsenen darauf hingewiesen", schließt Herr Hannawacker dieses Thema ab.
Allmählich wurden die Lebensverhältnisse etwas geregelter und auch besser. In dem Beamtenwohnhaus teilten sich inzwischen die Hannawackers mit einer Lehrerfamilie eine große Wohnung. Im Jahr 1947 kam Sohn Herbert auf die Welt. „Er war noch klein und winzig, da meldete sich schon unsere Tochter Hedi an, die im November 1948 das Licht der Welt erblickte", erzählt Frau Hannawacker stolz. Der Sohn lebt jetzt in Würzburg und die Tochter in München. Voller Freude zeigt Frau Hannawacker auf das Foto über dem Sofa, das vier Generationen Frauen der Familie abbildet, nämlich Oma Hannawacker, Mutter, Tochter und Enkelin. Die Eheleute Hannawacker freuen sich immer, wenn sie wieder einmal mit ihren Kindern und den drei Enkeln zusammen sein können. Dann wird viel erzählt, und im Mittelpunkt stehen oft die Enkelkinder, die sich gern mit Oma und Opa unterhalten. Doch zurück zur Lebensgeschichte der Eheleute Hanna-

Stadtrat Gemünden 1952 mit Bürgermeister Karl Graml (Mitte sitzend). Stadtrat Philipp Hannawacker ist der Dritte von rechts.

wacker. Herr Hannawacker engagierte sich in seiner Heimatstadt nicht nur beim Fußball, sondern gestaltete auch die Kommunalpolitik mit. Er trat bald nach Gründung der CSU in diese Partei ein und konnte im Jahr 1948 als jüngstes Mitglied in den Gemündener Stadtrat einziehen. Ein Foto zeigt den jungen gut aussehenden Stadtrat inmitten seiner bedeutend älteren Amtskollegen. Bis 1966 übte Herr Hannawacker das Amt des ehrenamtlichen Stadtrates aus. In diese Zeit fiel der beispielhafte Wiederaufbau der zerstörten Stadt, die ersten Industrieansiedlungen und die Erschließung neuer Baugebiete. Ganz stolz ist Herr Hannawacker, dass auf seine Initiative hin das Feuerwerk von der Scherenburg zum Abschluss des alljährlichen Kirchweih- und Heimatfestes eingeführt worden ist: „Damals begann man in größeren Orten, zum Abschluss eines Volksfestes ein Feuerwerk zu

entzünden. Ich fand diese Idee gut und stellte im Stadtrat einen entsprechenden Antrag, der auch genehmigt wurde. In Frankreich war ich auch bei der Brandschutztruppe eingesetzt und hatte deshalb etwas Erfahrungen auf diesem Gebiet. Als nun das erste Feuerwerk abgebrannt werden sollte, war guter Rat teuer. Es gab ja kaum Material. Geld hatte die Stadt auch nicht, also musste improvisiert werden. Das Ganze ging für heutige Verhältnisse ziemlich primitiv vor sich. Von einem Spengler lieh ich mir alte Dachrinnen, die damals alle noch aus Blech waren. Mit einigen Bekannten baute ich die Dachrinnen im Burghof auf, füllte Schießpulver rein und entzündete das Pulver. Ein Feuerrad an der Burgmauer habe ich selbst mit den Händen festgehalten, während es sich drehte. Für die Leute war dieses erste Feuerwerk nach dem Krieg eine riesige Freude. Von nun an wurde das Feuerwerk fester Bestandteil des jährlichen Heimatfestes. Natürlich war ich erleichtert, dass alles gut geklappt hat."
Nun wollen wir von Frau Hannawacker erfahren, wie sie sich denn als fröhliche Rheinländerin in dem etwas herben Unterfranken eingelebt hat. „Von Anfang an habe ich mich in Gemünden wohl gefühlt und auch gespürt, dass ich von den Einheimischen angenommen wurde. Bereits 1937 bei meinem ersten Ferienaufenthalt im Rahmen der Kinderlandverschickung hatte ich gute Eindrücke von der Stadt am Main gewonnen. Gemünden schien mir auch wegen des großen Bahnhofes mit dem regen Zugverkehr nicht so klein. Es herrschte immer reger Betrieb in der Stadt. Doch hätte ich damals nie gedacht, dass ich einmal hier mein Zuhause finden würde. Dabei erinnere ich mich an ein amüsantes Erlebnis als zwölfjähriges Ferienkind: Eines Tages durfte ich mit dem Metzger Althaus, bei dem ich untergebracht war, zum Vieheinkauf nach Heßdorf mitfahren. Im Dorf wollte Herr Althaus mich fotografieren und ich sollte mich in Positur stellen. Auf einem alten Foto bin ich noch zu sehen mit meinem weiß-geblümten Kleidchen mit rotem Seidenschal um

den Kopf. Es war gerade Musterungszeit und so standen einige Burschen in der Nähe. Die kamen näher und fragten Herrn Althaus: ‚Was hast du denn da für ein junges Mädchen bei dir?' Schlagfertig antwortete er: ‚Das ist doch meine Tochter!' – ‚Was du hast eine Tochter?' – ‚Ja, aber die wohnt in England.' – ‚Kann die uns denn verstehen?' Da fing ich geistesgegenwärtig an, Rheinländer Dialekt zu reden. Niemand verstand mich, denn englisch verstanden die Burschen wohl auch nicht. Und so glaubten sie vielleicht doch, dass der Metzger Althaus eine Tochter in England hatte. Auf alle Fälle war die Situation für Herrn Althaus und für mich gerettet und die Burschen fragten nicht weiter nach."
In einem langen Leben wechseln sich Glück und Unglück ab, und so veränderte sich das inzwischen ruhig und ohne große Probleme verlaufende Dasein der Eheleute Hannawacker tiefgreifend durch einen schweren Unfall, den Frau Hannawacker im Jahr 1989 erlitt. „Mein Mann und ich wollten mit unserem Hund wie alle Tage spazieren gehen. Ich betrat mit dem Hund an der Leine als erste den Zebrastreifen beim Bahnhof. Da kam plötzlich ein Auto angefahren, erfasste mich und verletzte mich lebensgefährlich am Kopf und an den Beinen. Den Unfall habe ich gar nicht so richtig mitbekommen, da ich bewusstlos war. Nach langen, schmerzhaften Behandlungen im Krankenhaus kam ich nach drei Monaten für weitere sechs Wochen in eine Reha-Klinik. Anfangs habe ich nicht gedacht, dass ich diese schweren Verletzungen überleben werde. Aber schließlich schaffte ich es. Sobald ich wieder laufen konnte, hatte ich das starke Bedürfnis, in die Kirche zu gehen, um für die Bewahrung und Heilung zu danken. Wie oft habe ich damals aus Verzweiflung und vor Schmerzen geweint, gefleht und Trost gesucht." Bei diesen Worten, aus denen ein fester Glaube sichtbar wird, ist Frau Hannawacker immer noch tief ergriffen. Diese Zeit war auch für Herrn Hannawacker sehr schwer, als er täglich um das Leben seiner Frau bangen

musste. Man spürt heute bei beiden keine Bitterkeit mehr, da dieses tragische Ereignis von ihnen tapfer bewältigt wurde, obwohl die Folgen des Unfalles noch immer Frau Hannawacker zu schaffen machen. Dem Verursacher des Unfalles haben beide im Nachhinein vergeben.
Wie seine Frau ist auch Herr Hannawacker ein gläubiger Christ. Er geht jedoch seltener in die Kirche. Bereitwillig fährt er seine Frau zum Gottesdienst. Für sie gehört der regelmäßige Kirchgang zum Leben, um die Dankbarkeit gegenüber dem Schöpfer auszudrücken. Herr Hannawacker meint: „Um als Christ zu leben, muss man doch nicht ständig in die Kirche laufen."
Die Hannawackers, die früher gerne an Festen teilgenommen haben, leben jetzt eher zurückgezogen. „Wir besuchen nur noch selten eines der vielen Feste im Jahresverlauf. Selbst das Heimatfest hat für uns nicht mehr die Anziehungskraft wie früher. Die laute Musik, das Getöse und der Rummel sind nicht mehr nach unserem Geschmack. Wir müssen nirgendwo mehr dabei sein."
Über Sterben und Tod macht sich Herr Hannawacker, wie er sagt, kaum Gedanken. Seine Frau scheint sich mit dieser Frage eher zu beschäftigen: „Ich glaube schon, dass es ein Leben nach dem Tod gibt, eben anders und für uns schwer vorstellbar. Gern lese ich Bücher über dieses Thema, zum Beispiel von der Ärztin und Autorin Elisabeth Kübler-Ross, die sich mit Nahtoderfahrungen befasst hat. Ich habe auch keine Angst vor dem Tod, da ich ihm bei einer Verschüttung im Krieg und bei dem schweren Unfall schon sehr nahe war."
Frau Hannawacker lässt uns zum Abschluss unseres Gespräches ganz deutlich spüren, dass sie zufrieden ist mit ihrem Leben und Negatives hinter sich gelassen hat. Sie macht den Eindruck, dass sie loslassen kann und ihr viele alltägliche kleine Dinge Freude bereiten. Zu ihren Kindern besitzt sie ein gutes Verhältnis und freut sich an der positiven Entwicklung der Enkelkinder.

Von Herrn Hannawacker erfahren wir, dass er sich noch mit seinen einundachtzig Jahren gern nützlich macht. „Bis vor kurzer Zeit betätigte ich mich ab und zu als eine Art Detektiv in der Bahnhofsbuchhandlung. Einmal habe ich einen jungen Mann erwischt, der unter seinem Pullover Zeitschriften im Wert von siebzig Mark versteckt hatte. Besonders bei Schulschluss muss man bei einigen Jugendlichen aufpassen, da sie gern heimlich Bildchen und Aufkleber aus manchen Heften heraustrennen. Wenn ich beobachtend im Laden herumging, trauten sie sich halt doch nicht, irgend etwas mitgehen zu lassen. Ich machte dies mehr aus Zeitvertreib, habe nun aber mit dem Detektiv-Spielen aufgehört", erzählt schmunzelnd Herr Hannawacker.

Trotz einer lang andauernden Krankheit fühlt er sich mit seinem Leben zufrieden und ausgefüllt. Etwas bitter schaut er allerdings immer noch auf die Zeit zurück, als seine Mutter durch den frühen Tod des Vaters in finanzielle Schwierigkeiten geriet, so dass sie zeitweise sogar von der Fürsorge leben musste und sich dadurch auch seine Kindheit und Jugend einschneidend veränderte. Beide Eltern stammten aus besten finanziellen Verhältnissen, durch die widrigen politischen und sozialen Umstände nach dem Ersten Weltkrieg ging aber alles verloren.

Noch lange hätten wir uns mit Herrn und Frau Hannawacker unterhalten können, und sicher hätte es weitere Geschichten aus diesem reichhaltigen Leben mit seinen Höhen und Tiefen zu erzählen gegeben. Wir verlassen nach zwei Stunden ein zufriedenes Ehepaar, das nun gemeinsam das Alter in Genügsamkeit genießen will.

Aus unseren Erfahrungen wissen wir, dass beim Erzählen der eigenen Lebensgeschichte längst vergessene und verdrängte Ereignisse wieder an die Oberfläche gelangen und auch nach unserem Besuch bei den Befragten noch viel innere Unruhe bleibt.

August Hartmann, Massenbuch

August Hartmann, am 7. Januar 1927 in Massenbuch geboren, Landwirt, 1960 bis 1970 Bürgermeister von Massenbuch, seit 1959 verheiratet mit Elfriede Hartmann, geb. Franz, am 14. September 1936 in Würzburg geboren, das Ehepaar Hartmann wohnt in Gemünden-Massenbuch.

Mach das Beste draus

In dem kleinen Stadtteil Massenbuch auf der linken Mainhöhe gegenüber von Gemünden erwarteten uns am 19. Januar 2000 die Eheleute Elfriede und August Hartmann in ihrem Zweifamilienhaus, das sie zusammen mit ihrem Sohn Rainer und seiner Familie bewohnen. Wenn Alt und Jung unter einem Dach wohnen, ist das eine feine Sache. Die Großeltern freuen sich über den täglichen Besuch ihrer Kinder und Enkel und stellen sich gern als Babysitter zur Verfügung. Sie nehmen aber auch selbst bereitwillig Hilfe an bei Besorgungen oder in Krankheitsfällen. In zunehmendem Alter ist es beruhigend zu wissen: Ich kann in meiner gewohnten häuslichen Umgebung bleiben und werde innerhalb der Familie liebevoll betreut. Vater und Sohn teilen sich auch die noch anstehende Arbeit im landwirtschaftlichen Betrieb und beim Holzmachen im eigenen Wald.

Ebenso wie seine Eltern ist August Hartmann, den alle nur ‚Gustl' nennen, ein geborener Massenbucher. Er kam dort am 7. Januar 1927 auf die Welt. Seine Großeltern stammen alle aus der näheren Umgebung, aus den Dörfern Seifriedsburg und Halsbach, wo sie seit Generationen Landwirtschaft betrieben. Die Mutter, eine geborene Betz, stammt direkt aus einem Nachbarhof.

„Mein Vater bewirtschaftete den elterlichen Bauernhof, den ich später übernahm. Er hatte eine Schwester und zwei Brü-

Das Ehepaar Hartmann mit Tochter Jutta und den Söhnen Bernd und Rainer.

der", beginnt Herr Hartmann mit seinem Bericht. „Ein Bruder erlernte das Bäckerhandwerk und fuhr eine Zeit lang zur See, später war er bei der Würzburger Straßenbahn beschäftigt. Der andere Bruder blieb in Massenbuch, war in der Landwirtschaft tätig und verdiente im Winter als Holzfäller sein Brot. In Massenbuch lebten zu der Zeit, als ich ein Kind war, alle Familien vornehmlich von der Landwirtschaft. Immerhin existierten bis vor etwa vierzig Jahren noch sechsundzwanzig landwirtschaftliche Vollerwerbsbetriebe bei rund einhundertachtzig Einwohnern. Von vierundzwanzig Milchablieferern von damals sind ganze zwei übrig geblieben. Die liefern aber heute genauso viel Milch ab wie seinerzeit die vierundzwanzig Betriebe. Die Milchkühe geben heute aufgrund besserer, vitaminreicherer Fütterung weitaus mehr Milch ab als früher. Außerdem werden eigens Milchkühe gezüchtet, so dass der Milchertrag einer Kuh heute fast doppelt so hoch liegt wie damals. Wir selbst besitzen noch neunzehn Hektar land- und forstwirtschaftliche Fläche, davon sind etwa drei Fünftel Wald."

Feld und Wald bestimmen heute noch das Bild des kleinen Dorfes Massenbuch. Es liegt auf einer Anhöhe fast zweihundert Meter oberhalb des im Tal ruhig dahinfließenden Maines. Das kompakte Dorf wird umgeben von der Feldflur, die wiederum von dichten Eichen- und Buchenwäldern begrenzt wird. Jeder Hofbesitzer nennt neben Feldern auch mehrere Hektar Wald sein Eigen. Heute betreiben bis auf vier Familien alle Massenbucher Land- und Forstwirtschaft nur noch im Nebenberuf. Die Männer und inzwischen auch viele Frauen haben auswärts eine Arbeitsstelle, so dass im Dorf tagsüber nur noch wenige Männer und einige Frauen mit ihren kleinen Kindern und die Rentner anzutreffen sind. Auch die Schulkinder verlassen früh mit dem Schulbus das Dorf und kehren erst am frühen Nachmittag wieder nach Hause zurück.

„Ich wuchs mit drei Geschwistern auf", fährt Herr Hartmann in seiner Erzählung fort: „Mein ältester Bruder Adolf war 1924 geboren, meine Schwester Maria 1925, im Jahr 1927 kam ich dazu und 1928 schließlich noch die jüngste Schwester Martha. Einen Kindergarten gab es damals nicht in Massenbuch, und so wurden wir Kinder ohne viel Federlesen zur täglichen Arbeit auf die Felder mitgenommen. Die Jüngsten schliefen im Kinderwagen und schon die Dreijährigen halfen mit beim Kartoffelnausgraben und Ährenauflesen. Zwischendurch hatten wir genügend Zeit für Spiele in Feld und Wald. Wir brauchten immer einen Anreiz zum Helfen und so erinnere ich mich, dass es hieß: ‚Von allen Ähren, die ihr auflest, gibt es am Sonntag einen guten Kuchen', und schon waren wir emsig bei der Arbeit, die für uns Kinder eher wie ein Wettspiel aussah. Natürlich gehörten zu jedem

Bauernhof Kühe, Schweine und Geflügel, die zu versorgen waren. Auch dabei mussten wir mithelfen.
Meine Eltern bewirtschafteten den Hof ganz allein; hin und wieder kam der Onkel zu Hilfe, für den wir, da er ledig blieb, eine Art Ersatzfamilie bildeten. Außerdem arbeitete mein Vater mit seinem Schwager August Betz vorbildlich zusammen, um effektiver wirtschaften zu können. Später übernahm ich diese gute Kooperation mit meinem Vetter Otto Betz. Bis 1974 dauerte diese Teamarbeit. Miteinander wurde das Holz gemacht, die Getreideernte eingebracht, Kartoffeln und Rüben gehackt und geerntet. Alles was im Laufe eines Jahres anfiel, erledigten wir gemeinschaftlich im besten Einvernehmen. Am Vortag wurde der Einsatz miteinander abgesprochen und alle Familienmitglieder zur Arbeit eingeteilt. Der eine war mit Eggen beschäftigt, der andere mit Säen oder Düngen. Es war nie einer auf sich allein gestellt und auch im Krankheitsfall konnten die notwendigen Tätigkeiten fortgeführt werden. Diese Art der Zusammenarbeit galt als einmalig in Massenbuch und man beneidete uns darum. Natürlich konnte der jeweilige Arbeitseinsatz nicht stundengenau abgerechnet werden, sondern einmal im Jahr wurde Bilanz gezogen und zwar umgerechnet auf die jeweilige Fläche an Wald, Wiesen und Ackerland. Meist war diese Berechnung in kurzer Zeit erledigt, ohne dass es jemals Streitigkeiten oder Unstimmigkeiten gab. Es herrschte großes gegenseitiges Vertrauen, bereits zwischen meinem Vater und seinem Schwager und später zwischen mir und meinem Vetter. Auf diese Weise war es ihnen schon 1939 möglich, einen Traktor anzuschaffen. Es war der zweite Schlepper, den es damals in unserer Gemeinde gab.
Bei Unwetter oder Gewitter beeindruckte mich als Kind ungeheuer, wenn Wasser und Geröll wie ein Sturzbach angeschossen kamen, die Ortsstraße ausgeschwemmt wurde und unser Hof voll Wasser stand. Der Hof liegt am unteren Ende des Dorfes, so dass sich immer bei uns Sand und Geröll an-

Der Vater auf Urlaub von der Front 1940. Sohn August steht ganz rechts.

sammelten. Es hieß dann für alle zupacken und aufräumen. Steine und Geröll wurden auf Schubkarren aufgeladen und die ausgehöhlten Spuren in der damals noch nicht befestigten Straße zugefüllt. Erst lange nach dem Krieg im Jahr 1971 wurde unsere Ortsstraße asphaltiert. Massenbuch war bis dahin nur über Feld- und Waldwege zu erreichen. Zum Main nach Kleinwernfeld hinunter gab es wohl schon eine Zufahrt, das war aber mehr ein Hohlweg mit neunzehn Prozent Steigung. Massenbuch liegt etwa zweihundert Meter über dem Tal. Einige unserer Wiesen lagen allerdings unten am Main, und die enorme Steigung machte allen, auch den Zugtieren, große Probleme. Als Schulbuben mussten wir manchmal vom Heumachen am Main heimlaufen, ein weiteres Kuhgespann holen, damit der geladene Heuwagen mit diesem zusätzlichen Vorgespann den Berg hochkam. Eine

Gaudi war es für uns Kinder natürlich, hoch oben auf dem Heuwagen zu sitzen und die Welt aus dieser Perspektive zu betrachten."

In Massenbuch gab es bis 1970 noch wie in den meisten kleinen Dörfern eine Volksschule. Zwergschulen nannte man diese Dorfschulen, in denen ein Lehrer in einem Klassenraum alle Schüler unterrichtete. Auch Herr Hartmann besuchte die Schule in seinem Heimatort. Er erinnert sich: „Wir waren etwa zwanzig Kinder aller Jahrgänge von eins bis acht. Unsere Schule bestand aus einem Schulraum. Der Lehrer, der im Schulhaus eine Wohnung hatte, musste sowohl die Erstklässler als auch die Vierzehnjährigen gleichzeitig mit unterschiedlichem Lernstoff beschäftigen und in Schach halten, was sicher nicht immer eine leichte Aufgabe war. In der Nachkriegszeit wurden zeitweilig sogar achtundvierzig Schüler in diesem einen Raum von einer Lehrkraft betreut."

Wegen seiner guten Leistungen durfte Gustl nach dem siebten Jahrgang auf die Lehrerbildungsanstalt nach Zangberg bei Ampfing in Oberbayern wechseln. Dort sollte er zunächst das Abitur machen und anschließend die Lehrerausbildung beginnen. Im Herbst 1940 machte sich der knapp vierzehnjährige Junge stolz ganz allein auf seine erste größere Reise. Herr Hartmann berichtet über seine Erlebnisse: „Ich fuhr mit dem Zug von Gemünden nach München und weiter Richtung Mühldorf bis Ampfing. Dort wurde ich mit meinem großen Schließkorb, in dem ich Kleidung, Wäsche und meine Bettdecke verstaut hatte, in einen so genannten ‚Reiswagen', einen von Pferden gezogenen Leiterwagen mit Holzbänken, geladen und auf der Landstraße ein paar Kilometer zum Schulgebäude gebracht. Motorisierte Taxen gab es damals auf dem Land noch nicht. Nach einem Jahr wechselte ich in die Schule nach Freising, und nach einem weiteren Jahr kam ich in die Lehrerbildungsanstalt nach Würzburg. Dort waren ungefähr einhundertachtzig Lehreraspiranten begierig, ihre Ausbildung so schnell wie möglich

abzuschließen, damit sie als Lehrer eingesetzt werden konnten."
Doch es kam alles anders. Der Wunsch August Hartmanns erfüllte sich nicht. Der nun schon fünf Jahre währende Krieg nahm keine Rücksicht auf die Berufsinteressen junger Leute. Etwas wehmütig schildert Herr Hartmann den weiteren Verlauf seiner ‚Ausbildung': „Kurz bevor ich mein Notabitur hätte ablegen können, wurde ich im Herbst 1944 zum Reichsarbeitsdienst nach Weißenburg in Mittelfranken einberufen. Vorher war ich schon während meiner Schulzeit an der Lehrerbildungsanstalt im Rahmen der so genannten Wehrertüchtigung bei der Hitlerjugend in einem Lager bei Fladungen in der Rhön eingesetzt worden. Ich konnte mir dort erstklassige technische Kenntnisse, insbesondere über Motoren, aneignen. Diese Kenntnisse haben mir später beste Dienste bei meiner Arbeit geleistet. Wir mussten Motoren bis in kleinste Einzelteile zerlegen und wieder zusammensetzen. Ich konnte hier auch meinen Führerschein machen, so dass ich später unseren Schlepper fahren durfte. Zwischenzeitlich kamen wir immer wieder zurück in die Schule, aber die Lehrerausbildung spielte nur noch eine untergeordnete Rolle. Nach den Bombenangriffen auf Schweinfurt wurden wir vom Unterricht befreit, und ich musste mit etwa fünfzig meiner Kameraden dort Verschüttete aus den zerbombten Häusern herausholen und Tote bergen. Für uns siebzehn- und achtzehnjährige Jungen waren das erschütternde, grausame und tiefgreifende Erlebnisse."
Anfang März 1945, als das Schicksal Deutschlands längst besiegelt war, wurde der inzwischen achtzehnjährige August Hartmann noch zur Wehrmacht eingezogen. Damit war die Lehrerausbildung endgültig zum Scheitern verurteilt. Für den jugendlichen Gustl begann nun wie für viele seines Jahrgangs eine besonders schlimme und harte Zeit, an die er sich genau erinnert: „Zuerst musste ich mich in Nürnberg melden, doch meine Einheit war bereits weiter gezogen.

Der junge Soldat August Hartmann im Frühjahr 1945.

Also hieß es, sich schleunigst zur Wehrmeldestelle zu begeben, versäumte man das, konnte dies als Fahnenflucht angesehen werden und man kam vors Kriegsgericht. In dieser Zeit wurde nicht viel Federlesen gemacht. Ich musste mich dann in Regensburg bei einer Panzergrenadier-Division einfinden, wo ich vier Wochen notdürftig ausgebildet wurde. Die Amerikaner waren inzwischen schon weit auf dem Vormarsch. Jeden Tag wurden wir in unseren Schützengräben von feindlicher Artillerie und Fliegern beschossen. Unser Kompaniechef verlangte von uns, noch weiter gegen die feindliche Übermacht vorzurücken.

Während die Amerikaner mit Panzern immer weiter vorankamen, lagen wir mit unseren Gewehren und ein paar Schuss Munition in den Verteidigungsgräben, immer mit Todesangst im Nacken. Nie werde ich vergessen, wie wir eines Tages durch das Dorf Geisling südöstlich von Regensburg im Gänsemarsch jeweils im Abstand von zehn bis fünfzehn Metern marschierten. Zu unserer Gruppe gehörten Zwillingsbrüder, die trotz Warnungen nebeneinander blieben und nicht zu trennen waren. Ich habe ihnen noch wie in einer schlimmen Vorahnung zugerufen: ‚Mensch, geht doch voneinander!' Doch meine Warnung kam zu spät, denn kurz darauf schlägt eine Granate ein und zerfetzt diese beiden Brüder, die auch nicht älter waren als ich. So ein grauen-

haftes Erlebnis vergisst ein Junge im Alter von achtzehn Jahren niemals."
In dieser völlig aussichtslosen Situation wurden die kaum erwachsenen jungen Leute ohne Rücksicht auf Verluste in eine sinnlose Verteidigung in den ungleichen Kampf gegen die weit überlegenen Amerikaner geschickt. Viele sind gefallen, alle hatten Angst um ihr Leben. „In einer Ortschaft haben wir uns aus Angst vor den Amerikanern zu fünft in einer Scheune versteckt, um nicht in Gefangenschaft zu geraten. Wir lagen mucksmäuschenstill oben auf dem Heuboden. Plötzlich hörten wir das Rasseln von Panzerketten, fremde Kommandos, und es kamen amerikanische Soldaten in die Scheune; einer stieg sogar die Leiter zum Heuboden hoch. Wir konnten vor Angst unser Herz klopfen hören. Dummerweise heben in diesem Moment zwei von uns aus Neugier ihren Kopf hoch, so dass die Amerikaner uns bemerken. Völlig außer sich laufen die Soldaten hinaus, sie wissen ja nicht, wie viele Gegner sie vor sich haben. Sie rufen den Bauern, drohen damit, die Scheune in die Luft zu sprengen, falls wir uns nicht ergeben. Der Bauer fleht uns an herauszukommen: ‚Leute, ich bitte euch inständig, kommt raus, sonst setzen sie alles in Brand und euch dazu!' Was blieb uns anderes übrig, wir mussten mit erhobenen Händen unser Versteck verlassen und waren von da an amerikanische Gefangene. Wie die Ironie des Schicksals so spielt: Obwohl wir zu einer motorisierten Einheit gehörten, hatten wir bisher alles nur zu Fuß bewältigen müssen. Jetzt waren wir zum ersten Mal motorisiert, allerdings saßen wir nun als Gefangene auf einem Truck der US-Army auf dem Weg ins Kriegsgefangenencamp."
August Hartmann landete mit seinen Kameraden in einem kleinen Lager bei Straubing und schildert die dortigen Verhältnisse: „Mir wurde von den Amerikanern alles abgenommen, der Wehrpass, der Mantel, ich besaß überhaupt nichts mehr. Eines Tages wurden alle Deutschen, die aufgrund

einer eingeritzten Nummer am Arm als Angehörige der SS erkennbar waren, abgeführt. Kurz darauf hörten wir mehrere Schüsse und wussten, dass diese Männer hingerichtet worden waren. Da fuhr uns natürlich ein eisiger Schreck durch alle Glieder! Bald wurde uns die Entlassung versprochen, und man verlud uns auf Lastwagen und fuhr Richtung Würzburg. Nachts um ein Uhr standen wir bei strömendem Regen mitten in dem zerstörten Würzburg. Wir sahen nur Ruinen. Ich kannte mich in Würzburg gut aus und hätte eigentlich fliehen können. Doch ich ließ diesen Gedanken wieder fallen, weil ich darauf vertraute, entlassen zu werden. Aber leider hielten die Amerikaner ihr Wort nicht. Wir wurden weiter nach Westen transportiert in ein riesiges Gefangenenlager bei Bad Kreuznach. Unter den Gefangenen ging das Gerücht um, Bad Kreuznach sei das Schlimmste, was einem passieren könne. Und tatsächlich, es war fürchterlich! Immer vierzig Mann erhielten einen kleinen Platz auf dem blanken Ackerboden. Wir durften uns nicht einmal zum Schutz eingraben, nur eine kleine Mulde stand man uns zu. Wir waren ohne Decken, hatten auch kein Dach über dem Kopf und waren somit Wind und Wetter schutzlos ausgeliefert. Zu essen gab es kaum etwas, so dass wir die jungen Getreidekeime aßen, die im frühen Stadium besonders süß schmecken und viele Vitamine enthalten. Etwa alle zwölf, oft nur vierundzwanzig Stunden gab es Kaffee, eine Dose Corned Beef und einen Laib Brot für vierzig hungrige Männer.
Ich gehörte zu den Jüngsten, konnte aber ohne Papiere nicht nachweisen, dass ich erst achtzehn Jahre alt war. Denn die jüngeren Soldaten unter zwanzig Jahren wurden in einem besonderen Camp untergebracht, besser verpflegt und durften sogar Fußball spielen. Wenn ich hin und wieder mein Recht gegenüber den Älteren durchsetzen wollte, bekam ich als Antwort eine solche Schelle, dass ich im Dreck landete. Denn Kraft hatte ich in dieser entbehrungsreichen

Zeit als ausgehungerter Junge nicht mehr." Bald nahmen sich aber zwei der Mitgefangenen des jungen Mannes an. „Der eine hatte noch eine Zeltplane, der andere einen Mantel, so dass wir uns eine Art Zelt bauen konnten, unter dem wir drei vor allem bei Regen Schutz fanden. Unsere Devise hieß: ‚Die bringen uns nicht klein, wir halten zusammen.' Diese beiden haben mich immer wieder aufgemuntert und mir unter diesen unmenschlichen Umständen das Leben gerettet. Den einen Kumpel, der in Kleinheubach bei Miltenberg lebt, habe ich später öfter besucht, von dem anderen habe ich leider nie mehr etwas erfahren. Die Verhältnisse in dem Lager waren schrecklich. Durch das verdorbene Wasser bekam ich wie viele andere gefangene Soldaten die Ruhr. Ständig hatten wir großen Hunger. Da ich nicht rauchte, habe ich meine Zigarettenration gegen Brot eingetauscht. Auch um den Kaffeesatz haben wir uns gestritten, denn der füllte unseren Magen und dämmte etwas das Hungergefühl ein. Man sieht halt in so einer schlimmen Situation, was ein Mensch alles aushalten kann, wenn er den nötigen Überlebenswillen hat. Manchmal kamen auch mitleidige Einwohner und wollten uns gekochte Kartoffeln über den Stacheldrahtzaun zuwerfen. Meistens wurden sie jedoch von den Aufpassern gar nicht erst nahe genug herangelassen. Es gab aber auch mitfühlende, meist farbige Wachen, die wegschauten, so dass wir die heiß ersehnten Kartoffeln auffangen konnten. Sieben nicht enden wollende Wochen war ich in diesem Camp.
Eines Tages rief man verschiedene Berufsgruppen auf. Ich fühlte mich den Landwirten zugehörig und wurde mit anderen nach Bingen am Rhein gebracht. Diesmal kamen wir in ein Camp inmitten eines Sauerkirschenfeldes. Dort erfuhr ich, dass im Lager noch jemand aus Massenbuch sei. Erfreut laufe ich durch die Gefangenengruppen und entdecke plötzlich meinen Nachbarn Oskar Riedmann. Der ruft ganz überrascht: ‚Ja, Mensch, Gustl, wie siehst du denn aus! Du hast

wohl Hunger?' Er hatte Mitleid mit mir, und da gerade die Kirschen reif waren, stieg er auf einen Baum, pflückte seine Kappe voll Kirschen und bot mir die süßen Früchte an. Ich habe voller Heißhunger gefuttert, aber leider mehr, als ich vertragen konnte. Mein Magen war ja total ausgehungert und konnte diese vielen Kirschen nicht verarbeiten. Ein anderes Mal schlug ich mir mit Roten Rüben den Bauch voll. Ich war so glücklich, wieder einmal etwas zu essen zu haben. Aber auch nach dieser Mahlzeit rebellierte mein Magen, und bald bereute ich meine Gier."
Nach einigen Wochen begann die Entlassungswelle. Auch der junge Gustl freute sich schon darauf, endlich heimfahren zu können und erzählt: „Die Gefangenen wurden namentlich aufgerufen und mussten sich nach dem Heimatort in Gruppen aufstellen. Ich trug das Schild mit der Aufschrift ‚Gemünden' und hinter mir gruppierten sich die Aufgerufenen. Etwa dreihundert Männer waren bereits auf die verschiedenen Lastwagen geklettert, nur ich stand einsam und verlassen da mit meinem Schild, dem Weinen nahe. Mein Name war nicht aufgerufen worden.
Ich fühlte mich von aller Welt verlassen und dieses klägliche Bild des Verlorenseins wird mir immer gegenwärtig bleiben. Plötzlich sieht mich armseligen Wurm ein Deutsch sprechender amerikanischer Captain und fragt: ‚Was ist mit dir?' ‚Ich bin nicht aufgerufen worden', war meine prompte Antwort. Der amerikanische Offizier eilt ins Büro zurück und ruft vorher noch zu den auf Abfahrt wartenden Lastwagenfahrern: ‚Einer bleibt hier, bis ich die Sache geklärt habe!' Er blättert im Büro den großen Stapel der Entlassungspapiere durch, bis er schließlich ganz unten meinen Namen findet. So konnte ich noch mit dem letzten wartenden Lastwagen das Lager verlassen. Wie ich später erfahren habe, war mein Retter ein amerikanischer Jude. Noch heute habe ich die größte Hochachtung vor diesem Mann, der sich um mein Schicksal persönlich gekümmert hat, obwohl dies sicher

nicht seine Aufgabe war. Ich hätte sonst noch einige Monate im Lager bleiben müssen bis zum nächsten Entlassungstermin."

Die Entlassenen wurden nun bis nach Aschaffenburg gefahren. Hier wurden alle abgeladen, waren frei, aber auch auf sich allein gestellt. Zunächst verwies man sie an eine Ausgabestelle für Lebensmittelkarten. Mit den Karten kauften sich die ausgehungerten Männer erst einmal Brot, Butter und Wurst und aßen sich nun nach langer Zeit wieder einmal richtig satt. Die freien Männer organisierten gemeinsam die Rückfahrt in ihren Heimatort. Und so schildert Herr Hartmann weiter: „Der Aschaffenburger Bahnhof war zerstört. Von Einheimischen erfuhren wir, dass zuweilen noch ein Zug Richtung Würzburg fuhr, doch einen Fahrplan gab es damals nicht. Wir entdeckten auf einem Gleis einen langsam fahrenden Güterzug. Ich konnte mit letzter Kraft einen Griff am Bremserhäuschen eines Güterwagens erfassen und wurde von einem älteren und stärkeren Kameraden hochgezogen. Erleichtert saß ich nun in dem im Schneckentempo fahrenden Zug Richtung Heimat. Die Fahrt dauerte sehr lange, denn die Bahngleise waren zum Teil noch beschädigt. In Gemünden hielt der Zug vor dem Bahnhof in Höhe des Hotel Koppen, wo ich sofort vom Zug heruntersprang. Zuerst lief ich ins Hotel, um mich nach meinem Nachbarn Oskar Riedmann zu erkundigen, der schon vor mir in einem anderen Lastwagen das Lager in Bingen verlassen durfte. Der Oskar war nämlich im Koppen gut bekannt, weil seine Familie das Hotel mit Eiern und Butter belieferte. Doch man hatte von ihm noch nichts gehört. Auch dem Fährmann, der mich mit der Fähre über den Main setzte, war der Oskar bis jetzt nicht beggenet. Was war das für ein herrliches Gefühl, an diesem Sommertag – es war der 20. Juli 1945 – zu Fuß hinauf in mein Heimatdorf Massenbuch zu wandern. Kurz vor dem Dorf sah ich meinen Vater beim Kirschenpflücken und lief rasch auf ihn zu. Die Wiedersehensfreude war auf

beiden Seiten riesengroß, denn meine Eltern hatten lange Zeit nichts von mir gehört. Sie wussten nicht einmal, ob ich noch am Leben war. Ein kleiner Bub, der meinem Vater bei der Arbeit half, lief schnell ins Dorf und verbreitete die Nachricht von meiner Heimkehr. Den freudigen Empfang zu Hause kann man sich vorstellen. Auch der Oskar Riedmann konnte bald danach von seiner Familie in die Arme geschlossen werden."
Auf tragische Weise ist der Bruder von August Hartmann im Krieg ums Leben gekommen. Er war an der Front in der Normandie als Kradmelder im Einsatz. Bei einem feindlichen Angriff im Herbst 1944 wurde sein Motorrad unter ihm weggeschossen, er blieb wie durch ein Wunder fast unverletzt. Für ein paar Tage durfte er auf Urlaub nach Hause. Als er wieder bei seinem Regiment war, das mittlerweile von Frankreich in die Tschechei verlegt war, passierte das schreckliche Unglück. Aus den Schilderungen der Kameraden berichtet Herr Hartmann noch ganz erschüttert über dieses unbegreifliche Geschehen: „Es war der 6. Dezember 1944, ein ruhiger Tag an der Front, da saßen er und seine Kameraden beim Waffenputzen zusammen. Mein Bruder Adolf sagt gerade zu seinem Nachbarn: ‚Mensch, fuchtele nicht so mit deinem Gewehr herum, als sich unverhofft schon ein Schuss aus dessen Waffe löst und meinen Bruder tödlich trifft. Da war er lange Zeit an vorderster Linie als Kradmelder unterwegs, oftmals in gefährlichsten Situationen, und es ist ihm nichts passiert. Und dann schießt ihm einer seiner Kameraden aus Unvorsichtigkeit in den Bauch! Meine Eltern durften bei der Beerdigung bei ihm sein, doch ich bekam damals beim Reichsarbeitsdienst keinen Urlaub, um meinem zwanzigjährigen Bruder die letzte Ehre zu erweisen. Für die Eltern war der tragische Tod des ältesten Sohnes furchtbar. Er sollte ja den Hof einmal übernehmen."
Der aus der Gefangenschaft heimgekehrte achtzehnjährige August war furchtbar heruntergekommen und durch die

Ruhr-Erkrankung in schlechtem Gesundheitszustand. Nun wurde er von seiner Mutter langsam mit leichter Kost gesund gepflegt. „Ich musste mir jetzt Gedanken um meine Zukunft machen", fährt Herr Hartmann in seiner Erzählung fort: „Einige meiner Freunde nahmen wieder ihr Studium auf. Mein Vater ließ mir die freie Entscheidung, aber ich merkte, dass es ihm recht wäre, wenn ich auf dem Hof bliebe, um ihn später zu übernehmen. Ich entschied mich also für die Landwirtschaft und gegen die Fortsetzung des Studiums. Diesen Entschluss habe ich nie bereut, auch wenn es bei uns kärglich zuging, denn Geld gab es kaum. Um Geld zu verdienen, mussten wir neben der Landwirtschaft Langholz für die Forstämter fahren, Grubenholz schälen und eigentlich den ganzen Winter im Wald arbeiten. Eine Zeit lang hatte ich Gelegenheit, mich als Maurer zu betätigen und konnte mir so etwas Taschengeld verdienen. Außerdem war ich nebenbei als Vermittler einer Schlepperfirma unterwegs und verkaufte einige Traktoren, die um 1950 herum etwa fünftausend Mark kosteten. Ich erhielt als Provision einhundert Mark."
Als sein Vater fünfundsechzig Jahre alt war, übergab er im Jahr 1961 den Hof an seinen Sohn August. Der Vater hat aber weiter noch auf dem Hof mitgearbeitet, solange er dies körperlich konnte. 1977 ist er im Alter von achtzig Jahren gestorben.
Der Krieg hatte das kleine Dorf Massenbuch verschont. Bis auf einige Bombenlöcher im Wald unterhalb des Ortes, die von fehlgeleiteten Bomben bei den Angriffen auf Gemünden stammten, gab es keine Schäden. Die Massenbucher mussten aber den Untergang ihrer Kreisstadt Gemünden bei den furchtbaren Angriffen Ende März und Anfang April 1945 miterleben. Wie alle anderen Gemeinden war auch Massenbuch verpflichtet, nach dem Krieg Flüchtlinge aufzunehmen, und der Bürgermeister musste zusehen, wie er die Flüchtlingsfamilien unterbrachte. Auf dem Bauernhof Hart-

mann wurde eine Familie aus dem Rheinland und eine aus dem Sudetengau einquartiert. „Wir mussten nun alle enger zusammenrücken", erinnert sich Herr Hartmann. „Hin und wieder habe ich in Gemünden Flüchtlinge abholen müssen, um sie in ihr neues Quartier zu bringen. Wir sind immer gut mit unseren neuen Mitbewohnern ausgekommen. Im Laufe der nächsten Jahre zogen aber diese Familien wieder weg, weil es in Massenbuch für sie keine Arbeitsplätze gab und auch keine Verkehrsverbindungen bestanden."

Seine Frau Elfriede, geborene Franz, hatte Herr Hartmann schon als Kind gekannt. Einer seiner Vettern war ebenfalls auf der Lehrerbildungsanstalt gewesen. Kurz nach dem Krieg besuchte Gustl ihn öfter im Dorf Roßbrunn bei Würzburg und half dort gelegentlich mit bei der Rübenernte. Dabei lernte er auch die kleine Elfriede kennen. „Damals im Jahr 1946 war sie gerade zehn Jahre alt, und ich hätte nicht gedacht, dass sie einmal meine Frau werden würde", schildert Herr Hartmann seine ersten zufälligen Begegnungen. „Mit den Jahren wurde sie immer erwachsener, gefiel mir von Mal zu Mal besser und eines Tages war es beschlossene Sache, dass wir heiraten. Am 6. Juli 1959 war es dann soweit, dass ich meine junge Frau nach Massenbuch holen konnte."
Frau Hartmann hat bis jetzt aufmerksam zugehört. Die Kriegserlebnisse ihres Mannes bewegen sie doch sehr, denn so musste sie wieder einmal erfahren, wie schwer ihr Gustl in diesen letzten Monaten vor Kriegsende und danach in der Gefangenschaft hatte leiden müssen. Auch sie spürte als Kind die Auswirkungen des Krieges, da sie ihren Vater sechs Jahre lang nur immer kurz in seinem Heimaturlaub sah. Über ihre eigene Kindheit berichtet Frau Hartmann: „Ich wurde am 14. September 1936 in Würzburg geboren und wuchs bei meinen Eltern in Roßbrunn auf, das heute zur Gemeinde Waldbüttelbrunn gehört. Ich habe noch drei Ge-

schwister: Irmgard, die 1935 geboren wurde, Otmar, der 1939 auf die Welt kam und schließlich den 1950 geborenen Bruder Raimund. Als ich drei Jahre alt war, wurde mein Vater als Soldat eingezogen. Volle sechs Jahre war er im Krieg und kam erst 1945 heim, als ich bereits neun Jahre alt war. Mein Vater war gelernter Schreiner und baute später ein kleines Fuhrunternehmen auf, das mein Bruder Otmar übernahm und vergrößerte."

Herr Hartmann war immer an Wohlergehen und Weiterentwicklung seines Dorfes interessiert. 1953 wurde er als Sechsundzwanzigjähriger in den Gemeinderat gewählt. Die Mitbürger hatten Vertrauen zu diesem tüchtigen jungen Mann, der immer zur Stelle war, wenn er gebraucht wurde. „Am Anfang war es für mich als jüngstes Mitglied des Gemeinderates nicht einfach", erinnert sich Herr Hartmann: „Die älteren Gemeinderäte und auch der Bürgermeister waren zunächst sehr skeptisch wegen meiner Jugend. Ich musste mich erst bewähren und hatte dazu gleich Gelegenheit. Im Jahr 1956 begann in Massenbuch die Flurbereinigung, und man bestimmte mich zum Wegebaumeister. Die Flurbereinigung war damals noch eine echte Gemeinschaftsaufgabe des gesamten Dorfes. Es gab noch nicht viele Maschinen und technische Hilfsmittel, Geld war auch äußerst knapp, und so war es üblich, dass die arbeitsfähigen Männer und Frauen zum Arbeitseinsatz verpflichtet wurden. Diese so genannten Hand- und Spanndienste besagten, dass alle Grundstückseigentümer, die ja letztlich von der Flurbereinigung profitierten, ihre Arbeitskraft und ihre Zugtiere oder Zugmaschinen zur Verfügung stellen mussten, um Wirtschaftswege, Entwässerungsgräben oder Leitungen zu bauen oder in Stand zu setzen oder nach Unwettern ausgespülte Straßen auszubessern. Es war eine harte Arbeit. Die Steine für den Wegeunterbau wurden eigenhändig gebrochen, anschließend wurde rolliert, gewalzt und schließlich der Basalt mit Gabeln eingebaut und mit Sand eingeschlämmt. Die Männer

Schuleinweihung in Massenbach.

Stolze Autobesitzer, 1962.

mussten die körperlich schwereren Arbeiten durchführen, die Frauen wurden für leichtere Tätigkeiten eingesetzt. Alle Arbeitsstunden mussten von mir als Wegebaumeister aufgeschrieben werden. Jeder erhielt eine Gutschrift, und am Ende des Flurbereinigungsverfahrens im Jahr 1962/63 wurden die geleisteten Stunden mit den entstandenen Kosten verrechnet. Da alle Leute wenig Geld hatten, wurden so die Geldzahlungen auf ein Minimum reduziert, und für die Grundstückseigentümer waren die Grundstücksneuordnung und der Wegebau ohne große finanzielle Belastung verkraftbar."

Nachdem Herr Hartmann als Wegebaumeister gute Arbeit geleistet hatte, verschwand die anfängliche Skepsis gegen diesen ‚jungen Spund', und Bürgermeister und Gemeinderatskollegen baten ihn, bei der nächsten Wahl unbedingt wieder zu kandidieren. „Ich fühlte mich natürlich geehrt, und da mir die Mitarbeit im Gemeinderat zusagte, ließ ich mich wieder auf die Kandidatenliste setzen", erzählt Herr Hartmann stolz: „Als Bürgermeister Fischer aus Altersgründen nicht mehr zur Wahl zur Verfügung stand, bedrängte man mich, für dieses Amt zu kandidieren. Und so wurde ich 1960 zum Bürgermeister der Gemeinde Massenbuch gewählt.

Meine Frau sagte damals: ‚Wenn ich das gewusst hätte, hätte ich dich nicht geheiratet!' Sie ahnte schon, was mit diesem Amt auf uns beide zukommen würde. Am 1. Mai 1960 bin ich Bürgermeister geworden, und beinahe wäre meine erste Amtshandlung die Registrierung der Geburt unseres Sohnes Rainer geworden. Rainer ist am 2. Mai geboren. Normalerweise fanden damals in Massenbuch Hausgeburten statt, jedoch musste die Hebamme zum Zeitpunkt der Geburt zu einem Lehrgang und empfahl meiner Frau, nach Würzburg in die Klinik zu fahren. So wurde es also nichts mit der standesamtlichen Geburtseintragung des Erstgeborenen des neuen Bürgermeisters."

Frau Hartmann fügt hier ein: „Für mich waren die ersten Jahre in dieser fremden Umgebung nicht einfach. Ich habe lange Zeit gebraucht, um mich in Massenbuch einzuleben und heimisch zu fühlen. Mein Mann war durch sein Amt häufig unterwegs und ich dadurch viel allein. In so einem kleinen Dorf kamen die Leute wegen jeder Kleinigkeit zum Bürgermeister gelaufen, und wenn mein Mann nicht da war, musste ich die Sorgen der Massenbucher entgegennehmen. Da ich keinen Führerschein hatte und es von Massenbuch keinerlei Verkehrsverbindungen gab, fühlte ich mich manchmal doch recht einsam. Aber heute bin ich hier in Massenbuch zu Hause. Nachdem unser erster Sohn Rainer 1960 geboren wurde, kam 1962 unser Sohn Bernd zur Welt und 1965 unsere Tochter Jutta. So war ich vollauf beschäftigt mit der Erziehung unserer drei Kinder, die uns auch heute noch sehr nahe stehen."

Bis auf den Sohn Rainer wohnen die Kinder nicht mehr im Elternhaus. Bernd ist Großhandelskaufmann und leitet bei der Brauerei Stumpf in Lohr die Logistikabteilung. Er ist verheiratet und wohnt im Nachbarort Wiesenfeld. Jutta ist ebenfalls verheiratet und wohnt mit ihrer Familie im Neubaugebiet von Massenbuch im eigenen Haus. Sie hatte eine Banklehre abgeschlossen und bis zur Geburt ihres ersten Kindes bei der Volksbank in Gemünden gearbeitet. Rainer ist gelernter Werkzeugmacher und heute Lehrlingsausbilder bei der Firma Magna in Lohr. Er ist ebenfalls verheiratet, hat bereits drei Kinder und wohnt mit seiner Familie im Elternhaus. Zusammen mit seinem Vater erledigt er die noch anfallenden landwirtschaftlichen Arbeiten und hilft auch im Wald mit. Acht Enkelkinder halten die Eheleute Hartmann jung und freuen sich mit ihnen an gemeinsamen Spielen. Da die Kinder in der Umgebung wohnen, kommen sie häufig zu Besuch und verbringen in Massenbuch schöne Stunden miteinander. Der Familienzusammenhalt sei stark und der Kontakt unter den Geschwistern gut, sagt Frau Hartmann und

ergänzt: „Alle drei Kinder haben innerhalb eines Jahres geheiratet, so hat bei uns ein Hochzeitsfest das andere abgelöst."
Herr Hartmann blieb bis zur Eingemeindung von Massenbuch in die Stadt Gemünden im Jahr 1971 Bürgermeister. Das Dorf verdankt seiner Tatkraft viel, und mit Freude denkt er an die großen Leistungen seiner kleinen Gemeinde zurück: „Wir konnten die Flurbereinigung erfolgreich abschließen und haben eine neue Schule gebaut. Das alte Schulhaus war zu klein geworden, ein Umbau hätte viel mehr Geld gekostet als ein Neubau, da beim Neubau erhebliche Eigenleistungen möglich waren." Recht unkonventionell ging der Bürgermeister an den Bau der Schule heran: „Um Geld zu sparen, habe ich die Baugrube mit einem gemieteten Bagger selbst ausgehoben. Jeden Tag musste ein anderer Haushalt ein Familienmitglied als Hilfsarbeiter bei den Bauarbeiten stellen. Diese große Gemeinschaftsarbeit aller Dorfbewohner beeindruckte das Landratsamt in Gemünden und die Regierung von Unterfranken so sehr, dass uns die höchstmöglichen Zuschüsse zur Verfügung gestellt wurden und wir noch ein Lehrerwohnhaus errichten konnten." Heute könnte man sicher eine Schule auf diese Art nicht mehr bauen.
Das Jahr 1965 war für die kleine Gemeinde ein Katastrophenjahr. Sie war nach dem Schulhausbau und dem Bau des Lehrerwohnhauses finanziell am Ende. Aufgrund von starken Regenfällen rutschte nun noch die einzige Straßenverbindung nach Kleinwernfeld ab, und durch einen Joucheeinbruch in das Grundwasser war die Wasserleitung unbrauchbar geworden. Mit Schrecken denkt Herr Hartmann an diese Horrornachricht zurück: „Von einem Tag auf den anderen musste die Wasserleitung in sämtlichen Haushalten abgestellt werden, weil aus allen Hähnen nur braune Brühe floss. Die Gemündener Feuerwehr lieferte uns mit Tanklöschfahrzeugen sauberes Wasser. Schleunigst musste nun eine neue Wasserleitung verlegt werden. Keine Firma

Wasserleitungsbau 1969 in Eigenregie.

war bereit, sofort mit den Arbeiten zu beginnen.
‚Was soll das, dann machen wir das in Eigenregie', war mein kurzer Entschluss. Ich übernahm nach Überprüfung durch das Wasserwirtschaftsamt die Bauleitung, lieh mir einen Bagger aus und verlegte mit einigen Massenbuchern die Wasserleitung unter schwersten Bedingungen.

Das war der schlimmste Herbst, an den ich mich erinnere. Soviel Regen, Matsch und Geröll hatten wir noch nie gehabt. Die neu ausgehobenen Leitungsgräben fielen wieder zusammen und die Arbeiten erfolgten unter primitivsten Verhältnissen! Am Silvestertag des Jahres 1965 konnten wir das erste Mal Wasser durch die neuen Leitungen pumpen. Der Wasserdruck war nun bedeutend höher als bei der alten Wasserversorgung und die ersten Anschlussleitungen, die kaputt gingen, waren die vom Bürgermeister und vom Gemeindeschreiber Toni Müller. Da war aber doch die Schadenfreude bei den Massenbuchern zu spüren. Dies blieben aber die einzigen Störungen. Die Wasserleitung ist noch heute voll funktionsfähig. Auch mit der Ortsstraße hatten wir immer wieder Probleme. Sie war noch nicht asphaltiert und bei starkem Regen oder bei Gewitter lief der ganze Dreck in unseren Hof. Da hieß es dann im Dorf: ‚Nur gut, dass der Dreck immer erst beim Bürgermeister reinläuft."

Im Jahr 1969 haben die Massenbucher unter der Bauaufsicht ihres Bürgermeisters die gesamte Ortswasserleitung in Eigenregie verlegt. „Viel Schweiß und Mühe hat diese Arbeit gekostet. Der ganze Ort wurde von oben bis unten aufgegraben, so dass die Leute kaum laufen konnten, geschweige denn mit Fahrzeugen durchfahren konnten. Da wir später die Ortsstraße ausbauen und asphaltieren wollten, musste jeder seinen Hausanschluss neu anlegen. Alle hielten in der Gemeinde zusammen, jeder machte mit, keiner drückte sich, wenn Not am Mann war und ein Arbeitseinsatz anstand. Durch die enormen Eigenleistungen hatten alle einen Vorteil. Denn kein Ortsbürger musste auch nur eine Mark für Straße und Gehsteig bezahlen. Dafür erklärten sich alle Grundstückseigentümer bereit, ihre Höfe und Einfahrten schön zu gestalten. Daraus entwickelte sich dann unser Erfolg bei dem Bundeswettbewerb ‚Unser Dorf soll schöner werden'. Massenbuch errang dabei im Jahr 1975 eine Goldmedaille und wurde vom damaligen Bundeslandwirtschaftsminister Ertl bei der Grünen Woche in Berlin im Jahr 1976 ausgezeichnet. Zuvor hatten wir bereits bei dem bayerischen Landesentscheid Silbermedaillen erhalten."

In Massenbuch war noch bis zur Eingemeindung in die Stadt Gemünden die direkte Information vom Bürgermeister zu den Dorfbewohnern üblich. „Wenn der Bürgermeister am Sonntag nach dem Kirchgang vor der Kirche stehen blieb, versammelten sich die Bürger, die fast alle zum sonntäglichen Gottesdienst kamen. Sie wussten: Jetzt will der Bürgermeister uns etwas mitteilen. Ich erzählte den Leuten, was es Neues gab und welche Arbeiten für die nächste Woche anstehen.

So hielten wir jeden Sonntag unsere etwas unkonventionelle Bürgerversammlung ab. Über wichtige Themen wurden die Bürger auch befragt und das Ergebnis war dann für den Gemeinderat eine wichtige Hilfe bei der Beschlussfassung. Auf diese einfache Weise ersparten wir uns das Amtsblatt, und sogar das sonst übliche Ausschellen durch Gemeindeboten kannten wir nicht. Es gab bei uns zu der Zeit auch keinen Gemeindeboten mehr, das machte alles der Bürgermeister selbst."

Die bedeutendste Entscheidung für die Gemeinde Massenbuch fiel in den Jahren 1969 und 1970. Im Zuge der Gemeindegebietsreform in Bayern drohte den kleinen Gemeinden die Zwangsauflösung, wenn sie sich nicht freiwillig einer größeren Gemeinde anschließen wollten. Der Bürgermeister der Kreisstadt Gemünden, die bald bei dieser Reform ihren Kreissitz verlieren sollte, warb eifrig bei den benachbarten Gemeinden um die Eingliederung. Diese wurde vom Freistaat Bayern finanziell gefördert, ungefähr nach dem Motto: Wer sich zuerst eingemeinden lässt, erhält die höchsten Zuschüsse. Die Bevölkerung und anschließend der Gemeinderat von Massenbuch stimmten einstimmig für die Eingemeindung nach Gemünden, und so wurde die selbstständige Gemeinde Massenbuch zu Beginn des Jahres 1971 Ortsteil der Stadt Gemünden.
Rückblickend auf die rund zehnjährige Tätigkeit als Bürgermeister erklärt Herr Hartmann: „Es war eine schöne, aber sehr arbeitsintensive Zeit. Natürlich habe ich mich oft gefragt, wie ich das alles zeitlich bewältigen solle, meine Familie, unsere Landwirtschaft und die Bürgermeisterei. Oft habe ich mir Gedanken gemacht, weil ich meine Frau mit den Kindern allein lassen und ihr den Hauptteil der Erziehung überlassen musste. Dabei ging mir immer wieder die Frage durch den Kopf: Lohnt sich das alles überhaupt? Ich war ja nur ehrenamtlich als Bürgermeister tätig und erhielt eine monatliche Entschädigung von achtzig Mark. Mein Büro war in unserem Wohnzimmer eingerichtet, wodurch sich meine Frau und die Kinder sehr einschränken mussten. Meine Kinder haben manchmal darunter gelitten, dass ihr Vater Bürgermeister war. Während die übrige Dorfjugend im Winter mit dem Schlitten die Dorfstraße heruntersauste, war das meinen Kindern untersagt, denn offiziell war das Schlittenfahren auf der Dorfstraße verboten. Auch sonst sollten sich unsere Kinder immer vorbildlich verhalten und das fiel ihnen oft schwer, wie sie mir später gestanden."

Man glaubt diesem Mann, dass er gerne Bürgermeister seiner Dorfbewohner war und sich mit großem Verantwortungsbewusstsein und hohem Pflichtgefühl und nicht zuletzt mit äußerstem körperlichen Einsatz für sein Massenbuch eingesetzt hat.

Nach der Eingliederung in die Stadt Gemünden war August Hartmann bis 1978 Stadtrat und bis 1992 der von der Bevölkerung gewählte Ortssprecher und damit Vertreter seines Ortsteiles im Stadtrat. Eine Zeit lang war er auch dritter Bürgermeister der Stadt Gemünden.

Ende 1972 holte ihn der damalige Gemündener Bürgermeister Kurt Völker in die Stadtverwaltung, und das kam so: „Eines Tages im Spätherbst 1972 rief mich Herr Völker ganz aufgeregt an: ‚Gustl, ich brauch dich dringend. Unser Bausachbearbeiter ist plötzlich krank geworden und ich habe niemand, der den Bauhof leiten kann und vom Kanal- und Straßenbau eine Ahnung hat. Du hast doch in Massenbuch schon so viel gemacht, du musst unbedingt zu uns kommen.' Ich antwortete ihm: ‚Wie stellst du dir das denn vor? Ich habe noch meine Landwirtschaft, die kann ich nicht einfach stehen und liegen lassen!' Aber es half alles nichts, der Gemündener Bürgermeister gab nicht auf, er bedrängte mich, und so musste ich schon am nächsten Tag als Leiter des städtischen Bauhofes anfangen. Zu Beginn tat ich mich sehr schwer. Ich wurde praktisch ins kalte Wasser geworfen, hatte keinerlei Einweisung und musste mir alles selbst aneignen. Zum Glück konnte ich aufgrund meiner praktischen Erfahrung Pläne lesen und wusste auch über die Technik bei der Kanalverlegung und beim Straßenbau Bescheid. Am 1. Januar 1973 wurde ich bei der Stadt Gemünden als Leiter des Bauhofes fest angestellt und zwar zunächst als Arbeiter, weil ich sonst nicht Mitglied des Stadtrates sein durfte. Es war das erste Mal, dass ich nun ein regelmäßiges Gehalt bezog, denn bisher hatte ich ja nur davon gelebt, was meine kleine Landwirtschaft abwarf.

1974 entschlossen wir uns, die Kühe und das übrige Vieh abzuschaffen, da die Belastung für meinen Vater und mich zu groß war. Im Februar 1975 wurde dann das alte Bauernhaus abgerissen und ein Neubau am alten Platz errichtet. Den Rohbau erstellte eine Baufirma, den Innenausbau mussten wir aus finanziellen Gründen selbst ausführen, wobei meine Frau und die Kinder fest mithalfen. Im Oktober des gleichen Jahres konnte die Familie in das schmucke neue Haus einziehen.

Die Arbeit bei der Stadt habe ich gerne getan, auch wenn die Organisation und die Arbeitsabwicklung des Bauhofes oftmals sehr schwierig waren", erzählt Herr Hartmann. „Man musste sich ständig auf neue Situationen einstellen, weil bis 1978 das Stadtgebiet durch zahlreiche Eingemeindungen immer größer wurde und schließlich eine Fläche von fünfundsiebzig Quadratkilometer umfasste. Auch wenn es manchmal Ärger mit dem Bürgermeister oder dem Geschäftsleiter gab, weil das Personal nicht reichte oder manche Arbeit nicht schnell genug erledigt werden konnte, denke ich gerne an diese Zeit zurück. Obwohl ich im April 1990 in den Ruhestand getreten bin, habe ich heute noch Kontakt zu meinen ehemaligen Mitarbeitern. Alle meine Ehrenämter habe ich inzwischen abgegeben. Nur das Amt des Feldgeschworenen, das in Bayern ein Amt auf Lebenszeit ist, übe ich noch aus."

Frau Hartmann merkt man an, wie froh sie ist, dass ihr Mann nun nur noch Privatperson ist. Beide genießen ihre vermehrte freie Zeit. Herr Hartmann geht noch gern in den Wald zum Holzmachen und schätzt den Aufenthalt in freier Natur. Außerdem werkelt er häufig mit dem Schwiegersohn in der gut ausgestatteten Hobby-Werkstatt im Keller. „Ohne Beschäftigung wäre ich unglücklich", gesteht August Hartmann und fügt etwas wehmütig, aber schmunzelnd hinzu: „Samstagabend ist Stammtischzeit, aber oft sitzen wir da nur noch zu zweit oder zu dritt."

Urlaub in den Dolomiten 1990.

Von Zeit zu Zeit unternimmt das Ehepaar Hartmann eine kleine Reise, in Kürze geht es für eine Woche in den sonnigen Süden. „Einmal im Jahr tun wir etwas für unsere Gesundheit und lassen uns in Bad Füssing ein wenig verwöhnen. Weite Flugreisen wollen wir uns nicht mehr antun, denn das stundenlange Sitzen im Flugzeug ist für uns schon eine Strapaze", meint Herr Hartmann.
Das Alter macht den Eheleuten Hartmann keine Probleme. „Wenn manche Leute sagen: ‚Ich möchte noch einmal jung sein', kann ich das nicht verstehen", erklärt Herr Hartmann ganz überzeugt: „Jedes Alter ist schön. ‚Mach das Beste draus!' ist ein Wahlspruch von mir. Das gilt für jedes Lebensalter. Wenn einmal die Zeit kommt, dass wir fort müssen von dieser schönen Erde, so wissen wir als gläubige Christen, dass wir nicht verloren sind, sondern in die Ewigkeit hinüber gehen. Sicher macht jeder von uns Fehler in seinem Leben, aber daraus lernen wir schließlich. Ich habe mich immer bemüht, mein Bestes zu geben und glaube, das ist schon viel

wert. Wir sind nun vierzig Jahre miteinander verheiratet und hatten über diese lange Zeit hinweg keine ernstlichen Streitigkeiten. Wir bereden alles miteinander und haben viel gegenseitiges Verständnis. Ohne die Unterstützung meiner Frau hätte ich sicher nicht so viel leisten und erreichen können", lobt Herr Hartmann dankbar seine Frau.
Bei einer fränkischen Brotzeit mit herzhafter selbst gemachter Wurst konnten wir noch in gemütlicher Runde weiteren Gedanken nachhängen und die Harmonie zwischen den Eheleuten August und Elfriede Hartmann spüren. Wir merkten immer wieder bei unseren Gesprächen, wie sehr die Reise in die eigene Vergangenheit die Gefühle der Befragten aufwühlt und man sich mit längst als abgeschlossen geglaubten Perioden seines Lebens neu auseinander setzen muss.

Alexander Heckelmann, Gemünden

Alexander Heckelmann, geboren am 14. November 1913 in Röttingen an der Tauber, Polizeihauptmeister a.D., verheiratet mit Irmgard Heckelmann, geborene Clauß, am 3. September 1920 in Kassel geboren.
Die Eheleute Heckelmann wohnen in Gemünden.

Habe Lust am Leben

Schon seit vielen Jahren sind uns Herr und Frau Heckelmann als treue Gottesdienstbesucher und talentierte Sänger im Kirchenchor der evangelischen Christuskirche in Gemünden bekannt. Sie strahlen Eleganz aus mit individuellem künstlerischen Flair, was uns schon immer beeindruckte. So freuen wir uns, sie nach vorheriger Absprache in ihrer großen und gemütlich eingerichteten Wohnung in der Friedenstraße zu einem Interview besuchen zu dürfen.
Alexander Heckelmann wurde am 14. November 1913 in Röttingen im schönen Taubergrund geboren. Das Kaiserreich bestand noch, in Bayern regierte König Ludwig III. Es war eine geruhsame Zeit, vor allem auf dem Land. Die bereits immer stärker werdenden internationalen Spannungen, die Balkankriege 1912/1913, die drohende Gefahr über Mitteleuropa spürte man im abseits gelegenen fränkischen Land an der Tauber nicht. Die junge Familie Heckelmann hatte andere Sorgen. Bei der Geburt des kleinen Alexander erklärte nämlich der Arzt, der offensichtlich ein großer Verehrer des Soldatentums war, ernüchternd der schockierten Mutter: ‚Ein Held oder ein Kürassier (Anm.: Reitertruppe, schwerer Reiter) wird er nicht, der Bub, denn er dürfte aller Voraussicht nach die ersten Monate nicht überleben.' Die Ironie des Schicksals fügte es aber, dass der Sohn später zwar nicht Kürassier, aber doch Berufssoldat geworden ist. Die junge Mutter erholte sich von dem Schock, den ihr der

Das Ehepaar Heckelmann 1999.

Arzt bereitet hatte und umsorgte und hätschelte ihr Baby so liebevoll und aufopfernd, dass die böse Prophezeiung Gott sei Dank nicht in Erfüllung ging. „Nun bin ich sechsundachtzig Jahre alt geworden und meiner Mutter zu großem Dank verpflichtet für ihre Fürsorge", fügt Herr Heckelmann zu dieser ersten Episode seines Lebens ein.

Die Kindheit in dem kleinen Ort an der Tauber verlief ohne große Probleme. Der Vater war Lokführer bei der Königlich Bayerischen Staatsbahn und fuhr die Züge auf der Strecke Ochsenfurt–Weikersheim. Die Bahnstrecke von Ochsenfurt nach Röttingen war erst am 1. Mai 1907, die Fortführung der Strecke von Röttingen nach Weikersheim am 17. November 1909 in Betrieb genommen worden. (Anm.: Stilllegung am 29. September 1974).

Im Sommer 1914 brach der Erste Weltkrieg aus. Die Not im Land wurde immer größer. Vielerorts hungerten die Familien. Doch die Heckelmanns hatten Glück: „Ich verlebte in einem Bauernhaus unterhalb der Burg Brattenstein meine ersten Kinderjahre und wir fanden überall reichlich zu essen. Schon mit drei Jahren durfte ich mit auf die Felder gehen,

um mit den Eltern und Geschwistern Kartoffeln und Getreide ‚zu stoppeln', wie wir das nannten. Wir hatten Enten, die wir fütterten und später schlachteten, so dass auch Fleisch auf dem Speiseplan stand", erinnert sich Herr Heckelmann. Vier Kinder wuchsen in der Familie auf. Bruder Bernhard war sechs Jahre älter, Erna vier Jahre älter und die kleine Martha zwei Jahre jünger als Alexander. „Eine schöne Jugendzeit haben wir miteinander verlebt, in der wir nichts entbehren mussten. Mein Vater war in Frankreich als Soldat eingesetzt, so dass unsere Mutter die Erziehung der Kinder allein übernehmen musste, wie im Krieg in den meisten Familien üblich. Als ich fünf Jahre alt war, habe ich beobachten können, wie die Soldaten heimkehrten auf ihren Pferden mit Feldküche und Gerätschaften und durch unseren kleinen Ort zogen. Auch mein Vater kehrte glücklicherweise unversehrt heim zu uns. Die Frauen am Weg haben geweint und den Soldaten Blumensträußchen zugeworfen. Ich habe nur gestaunt, die Soldaten haben mich so fasziniert. Damals hätte ich nicht gedacht, dass wir später einmal anders empfangen würden nach einem erneut verlorenen Krieg."
Im Jahr 1923 wurde der Vater als Lokführer nach Gemünden versetzt. Inzwischen gab es die Königlich Bayerische Staatsbahn nicht mehr. Die Eisenbahner gehörten nun zur neuen Reichsbahn. Mit der Reichsbahn verschwanden die hellblauen Uniformen der bayerischen Eisenbahner. Von nun an trug man schwarze Hosen und dunkelblaue Jacken, wie die Preußen. Die Eisenbahn gewann als der wichtigste Verkehrsträger immer mehr an Bedeutung. Gemünden war ein großer Bahnknotenpunkt und bot vielen Eisenbahnern eine sichere Beschäftigung. Wie damals üblich, zog die Familie an den neuen Dienstort. Der zehnjährige Alexander war von der Stadt am Main gleich begeistert. Noch heute gerät Herr Heckelmann ins Schwärmen, wenn er von der Blütenpracht und den Weinbergen spricht, die ihn damals im Frühjahr hier inmitten des Maintales, umgeben von Wäldern,

empfingen. „Ich bin ein sehr naturverbundener Mensch und schon damals hat mich diese zauberhafte Gegend überwältigt. Die Landschaft war lieblicher, das Klima auch milder als im Taubertal. Ich fühlte mich hier sofort zu Hause", gibt Herr Heckelmann seine ersten Eindrücke von Gemünden kund. Am Bahnhof stand der sogenannte Rote Bau, ein Backsteingebäude mit Eisenbahnerwohnungen. In eine dieser Wohnungen zog die Familie Heckelmann. Das Gebiet um den Bahnhof war noch nicht sehr bebaut, oberhalb der Bahnhofstraße und am Eichberg standen kaum Häuser, Obstbäume und aufgelassene Weinberge beherrschten den Berghang.

In Gemünden besuchte der kleine Alexander zunächst die Volksschule. Das Schulgebäude stand am südöstlichen Rand der Altstadt und bildete mit der angrenzenden „Alten Apotheke" die Grenze zwischen Altstadt und Bahnhofsviertel. Nachdem das Schulhaus Generationen von Schülern gedient hat, ist es heute nach umfassender Restaurierung im Rahmen der Stadtsanierung das Kulturhaus der Stadt Gemünden mit Stadtbibliothek, Volkshochschule, Musikschule. Alexander besuchte nach der Volksschule sechs Jahre die Realschule in Lohr.

„Ich war wohl ein ziemlicher Lausbub", gibt Herr Heckelmann zu, „hatte aber immer das Gefühl, dass mich meine Mutti am liebsten hatte. Vielleicht, weil ich nach der Geburt ihr Sorgenkind war und sie so die ganze Liebe in mich hineingesteckt hat. Aus dieser Zeit ist mir auch so richtig klar geworden, welche große Rolle der erzieherische Einfluss und der Bezug zur Mutter im Leben eines Menschen spielt. Durch die enge Bindung an sie habe ich auch eine besondere Einstellung zur Frau und eine Achtung des Weiblichen erhalten. Ich fühlte instinktiv, von dieser Frau, meiner Mutter, habe ich unendlich viel Positives mitbekommen auf meinem Lebensweg. So bestand eine ganz besonders enge Beziehung zwischen meiner Mutter und mir, dass die anderen Ge-

Familienbild 1925. Alexander steht neben seiner Schwester Martha.

schwister manchmal sogar etwas eifersüchtig wurden, wie sie später zugaben. Als meine Mutter auf dem Sterbebett lag, bat sie mich telefonisch dringend zu ihr zu kommen, damit sie mich in ihrer Nähe hatte. In großer Liebe denke ich an sie zurück, der ich so viel zu verdanken habe. Sehr froh bin ich, dass ich aufgrund meiner Ausbildung und Tätigkeit als Sanitäter meiner Mutter durch Massagen und Handauflegen manchmal Linderung verschaffen konnte."
Der Vater stellte die Autorität in der Familie dar und behandelte die Kinder sehr streng. Er war ein Naturliebhaber, und von ihm übernahm der kleine Alexander die große Liebe zur Natur. In seiner Freizeit ging der Vater gern in den nahen Wald. Sein Wort musste befolgt werden. „Wenn er sagte: ‚Heute gehen wir in den Wald, um Heidelbeeren zu pflü-

cken', gab es keine Widerworte, auch wenn wir Kinder schon etwas anderes vorhatten. Oft suchten wir zusammen Pilze, und bald konnte ich alle Pilzarten genau unterscheiden. Die schönsten Blumen haben wir bei unseren Wanderungen entdeckt, die man heute kaum noch kennt. Arnika haben wir gesammelt, daraus hat dann meine Mutter Tee gekocht. Tannenzapfen und Reisig haben wir zum Heizen heimgeschleppt. Schlehen, Himbeeren, Brombeeren haben wir gepflückt zum Einmachen, um den doch recht einfachen Speiseplan zu bereichern. Später zog ich dann mit meinen Kindern in den Wald und konnte meine von meinem Vater erworbenen Kenntnisse an sie weitergeben. Weniger schön war für mich kleinen Bub, dass mich mein Vater oft an einem Platz im Wald allein zurück ließ und sich selbst weiter in den Wald entfernte auf der Suche nach besonderen Pilzen. Ich fand das damals recht hart und fühlte mich gar nicht wohl so allein im Wald. Dadurch habe ich aber gelernt, mich im Wald zu orientieren und auf die geheimnisvollen Geräusche im Wald zu achten. Dies kam mir später im Krieg und vor allem beim Rückzug sehr zugute. So hatte auch dieses für mich damals nicht nachvollziehbare harte Verhalten meines Vaters sein Gutes.

In Gemünden hat sich unsere Familie gleich wohl gefühlt und gut eingelebt. Es gab hier ja mehrere Eisenbahnerfamilien, die zugezogen waren. Gemünden war zwar auch eine Kleinstadt, jedoch etwas größer als Röttingen und nicht so abgeschieden. Es war ein lebhaftes Städtchen, am Bahnhof herrschte immer ein wenig ‚Weltstadtatmosphäre'. Die vornehmen Kurgäste nach Bad Kissingen stiegen um, internationale Schnellzüge von Oostende und Amsterdam nach Wien machten hier Station. Für uns Kinder gab es viele reizvolle Plätze zum Spielen. Vor allem der noch unverbaute Eichberg mit zahlreichen Trockenmauern, Obsthängen und zum Teil damals schon verlassenen Weinbergen hatte es mir und meinen Spielgefährten angetan. Es war eine wunder-

volle Zeit, dort herum zu toben und auf Entdeckungsreise zu gehen und immer wieder etwas Neues zu erkunden", schwärmt Herr Heckelmann.
Die Familie wohnte gleich am Bahnhof, und als der junge Alexander nach der Volksschule in die Realschule in die Nachbarstadt Lohr fahren musste, hatte er nur einen Katzensprung zum Zug. „Um sieben Uhr morgens fuhr ein Güterzug nach Lohr, an den für uns Fahrschüler zwei Personenwagen angehängt wurden. Wir rauften manchmal im Zug und waren deshalb weder bei den erwachsenen Mitreisenden und noch viel weniger beim Zugpersonal beliebt. Gerne beförderte man uns deshalb separat und möglichst in alten Personenwagen. Wenn ich etwas spät dran war, sprang ich einfach von unserem Wohnhaus über den Zaun und auf den recht langsam anfahrenden Zug, der gleich von Gleis eins abfuhr", berichtet Herr Heckelmann.
Dann erzählt er von den Kämpfen zwischen den beiden Gruppen von Jugendlichen, die es in Gemünden gab und die sich regelrecht bekriegten: „Da waren die ‚Stödtener', wozu die Jungen aus der Altstadt bis zur „Alten Apotheke" gehörten und die ‚Eiseböhner' aus dem Bahnhofsviertel. Nach dem Unterricht haben wir uns auf der Straße vor dem damaligen Forsthaus (heute Sparkasse) aufgestellt und sind aufeinander losgegangen. Dabei waren wir gar nicht zimperlich, es gab an manchen Tagen sogar Verletzte. Das ging solange, bis die zwei Autoritäten im Ort, Pfarrer Holzmann und Lehrer Müller, genannt ‚Platte', Einhalt geboten und die Rädelsführer bestraften. Wir Jungen haben uns aber durch dieses Einschreiten nicht geschlagen gegeben, sondern nur unser Schlachtfeld nach draußen an den Rand des Bahnhofsviertels verlegt auf die sogenannte Ilsewiese, beim heutigen Anwesen Dr. Hofmann. Da haben wir dann weiter unsere Kämpfe ausgetragen, nur waren hier die Stödtener im Nachteil. Sie hatten nun einen langen Anmarsch, während wir frisch waren. Ich verstehe überhaupt nicht, dass wir

damals schon Krieg untereinander geführt haben. Wie sind wir nur dazu gekommen! Heute macht das doch kein Jugendlicher mehr. Die gehen eher in die Disko, rauchen vielleicht Hasch und was weiß ich! Auf der Ilsewiese sind wir auch im Winter Schlitten gefahren, am Krankenhaus vorbei bis in die Friedenstraße runter ging die Rodelbahn. Eine wunderbare Schlittenbahn! Es gab damals noch keinen gefährlichen Autoverkehr, auf den man Rücksicht nehmen musste", denkt Herr Heckelmann gern an die Jugendzeit zurück.

Strenge Sitten herrschten in der Jugendzeit von Alexander Heckelmann in der katholischen Kirche unter dem damaligen Gemündener Pfarrer Holzmann, der von 1921 bis 1937 Dekan in Gemünden war. Die älteren Schüler, die aus Realschule und Gymnasium, saßen während des Gottesdienstes oben auf der Empore, von wo man den besten Überblick über den Kirchenraum genoss. Die jüngeren Schüler mussten dagegen unten in den ersten zwei Reihen Platz nehmen, damit sie vom Pfarrer besser kontrolliert werden konnten. „Im Sommer wurde es für uns Schüler immer besonders interessant", erzählt schmunzelnd Herr Heckelmann, „denn wir wussten, jetzt spielt sich da unten in der Kirche wieder etwas ab. Oft kamen nämlich Wanderer aus Würzburg durch Gemünden, die in die Rhön oder in den Spessart wollten, und nahmen am Gottesdienst in der Stadtpfarrkirche St. Peter und Paul teil. Manche der Frauen waren sommerlich gekleidet mit kurzärmeligen Blusen und Söckchen. Auf die ging Pfarrer Holzmann während des Gottesdienstes unverblümt zu und wies sie rigoros aus der Kirche. Ich habe erlebt, wie er auf der Kanzel seine Predigt unterbrach und polterte: ‚Sie da unten mit der blauen Bluse, verlassen Sie sofort den Gottesdienst!' Der Pfarrer war nämlich der Auffassung, dass ein nackter weiblicher Arm die Kirche entweihen könnte. Für uns Schüler war das natürlich immer eine besondere Gaudi, wenn sich der Pfarrer so aufführte. Ich kann

Aufnahme von 1926.

Hintere Reihe von links:
1. Arthur Kahn, jüdischer Mitschüler, Kaufmannssohn aus Gemünden. Besuchte nach der Realschule in Lohr die Oberrealschule in Würzburg, anschließend Studium an der Uni Würzburg.
1935 bis 1936 im Konzentrationslager Dachau.
2. Alexander Heckelmann; 3. Andreas Leipold: war ein ausgezeichneter Zeichner und Maler. Nach dem Studium kam er in den höheren Dienst des Bay. Staatsministeriums (Bauwesen).

Vordere Reihe von links:
1. Hans Schneider, Spitznamen: Mäk-Mäk, war ein Streber und guter Fußballer, studierte Jura. War nach dem Kriege Amtsgerichtsrat in Gemünden und wurde nach Aschaffenburg versetzt.
2. Freitag: war auch ein guter Sportler und wurde Pater. Nach dem Krieg wurde er Prior auf Kloster Andechs. 3. Knörr; 4. Heiner Handschuch: war nach dem Krieg Abteilungsleiter im Postamt Gemünden, er wohnt jetzt in einem Pflegeheim in Würzburg; 5. Anton Eschenbacher, arbeitete bei der Bundesbahn in Gemünden, vor zirka 10 Jahren verstorben.

es bis heute nicht verstehen, wie ein Mensch solche irren Gedanken hegen konnte. Aber die Zeit war halt anders.
Wir Kinder mussten, wenn wir dem Pfarrer auf der Straße begegneten, untertänigst zur Seite treten, eine Verbeugung oder einen Knicks machen und zum Pfarrer sprechen: ‚Gelobt sei Jesus Christus.' Eines Tages war eine Gruppe von Schülern und Schülerinnen unterwegs und begegnete dem Pfarrer Holzmann. Brav ertönte: ‚Gelobt sei Jesus Christus.' Ein evangelisches Mädchen kannte aber diesen Gruß nicht und sagte artig: ‚Grüß Gott, Herr Pfarrer.' Der Pfarrer war ob solcher Ketzerei empört und brüllte: ‚Was, du kannst nicht richtig grüßen!' und gibt ihr patsch, patsch, zwei feste Ohrfeigen. Das Mädchen lief weinend heim zu ihren Eltern, die zwar böse waren über den Pfarrer, aber doch nichts unternommen haben. Der Pfarrer war damals halt eine strenge Autorität und putzte durchaus auch Erwachsene zusammen. Auch wenn viele Leute dieses Verhalten eines Kirchenmannes nicht verstanden haben, nahmen sie dies doch hin, aufmucken war zu dieser Zeit nicht üblich. Wir Schüler haben zwar über das autoritäre Verhalten des Pfarrers diskutiert, weil wir das damals schon nicht verstehen konnten, aber auch wir mussten uns natürlich fügen. Heute kann man sich nicht vorstellen, dass ein solcher Mann der Hirte einer großen Kirchengemeinde noch bis kurz vor Ausbruch des Zweiten Weltkrieges war."
In der Volksschule wurden Buben und Mädchen in getrennten Klassen unterrichtet, in der Realschule in Lohr dagegen in gemischten Klassen. Herr Heckelmann erinnert sich, dass in der Klasse auch eine jüdische Mitschülerin war. In der Weimarer Republik galten Juden als normale Staatsbürger. In den Schulen waren die jüdischen Kinder wie alle anderen auch in die Klassengemeinschaft integriert. Die Schüler machten sich keine Gedanken über ihre jüdischen Kameraden. Auch im täglichen Leben begegnete man immer wieder jüdischen Mitbürgern, denn in Gemünden lebten mehrere

jüdische Familien. Manche galten zwar als Sonderlinge, aber von Feindschaft war nichts zu spüren. Da fällt Herrn Heckelmann eine Begebenheit aus seiner Kindheit in Röttingen ein: „Alle vier Wochen lief ein Lumpensammler, ein Jude, mit seinem Karren durch den Ort. Die Leute eilten herbei, um alte Sachen, Lumpen, nicht mehr zu gebrauchende Gegenstände abzuliefern, so wie das heute beim Sperrmüll geschieht. Wie ein Lauffeuer verbreitete sich das Erscheinen des Juden. Wir Buben haben uns wie auf ein Zeichen versammelt, sind hinter ihm und seinem Karren hergelaufen, haben gepfiffen, geschrien und diesen armen Mann aus dem Dorf gejagt. Noch heute frage ich mich, wie es unter uns nicht mal zehn Jahre alten Buben zu solchen Gemeinheiten und Diskriminierungen kommen konnte. Ob das nicht auch Schuld der Erwachsenen oder der Kirche war? Später im Krankenhaus lag ich einmal mit einem Juden in einem Zimmer, und zwischen uns entstanden interessante lange Diskussionen über dieses Thema, das uns beide sehr bewegte."
Die Schulzeit bezeichnet Herr Heckelmann als seine unvergessliche Sturm- und Drangzeit. Seine Zeit als Fahrschüler möchte er nicht missen. Nach dem Unterricht spielten die Buben auf freien Wiesen neben dem Schulgebäude Fußball bis zur Abfahrt des Zuges. Die Fahrschüler kamen dabei so richtig in Fahrt und stürmten dann im Lohrer Bahnhof den Zug, manchmal sehr zum Schrecken der übrigen Fahrgäste und des Zugpersonals. Im Zug mit Fahrschülern war es auch nie langweilig. So waren Schüler, Reisende und Schaffner froh, wenn die Endstation erreicht war. „Sehr gern erinnere ich mich an meine unbeschwerte Kinder- und Jugendzeit", versichert Herr Heckelmann. „Wir hatten trotz Schule, auch während meiner Lohrer Schulzeit, immer noch ausreichend Zeit zum Spielen und Herumtollen. Oft war der Main unser Ziel. Auf dem Main fuhr regelmäßig ein Schiff, die „Meekuh" genannt, das zog sich an mächtigen Stahlketten

den Main hoch und hatte drei bis fünf Schiffe im Schlepptau. Wir Buben sind zu diesem Schiff hingeschwommen, haben uns angehängt an ein Beiboot und sind dann von Wernfeld auf Flößen, die damals häufig unterwegs waren, wieder zurückgeschippert, ungeachtet der Gefahren."

In Gemünden gab es damals bereits ein Schwimmbad. Das Bad lag auf der anderen Mainseite und bestand aus einem durch Pflöcke abgegrenzten Bereich im Main, einer kleinen Liegefläche und Umkleidekabinen. Man musste mit der Fähre den Main überqueren. Eine Brücke über den Main gab es noch nicht. Herrn Heckelmann sind noch die strengen Sitten in seiner Schulzeit gut im Gedächtnis: „Pfarrer Holzmann überwachte auch das Freibad. Er sorgte dafür, dass unterschiedliche Badezeiten für Buben und Mädchen eingehalten wurden, damit sie sich gegenseitig nicht leicht bekleidet im Badeanzug sahen."

Sechs Jahre besuchte Alexander die Schule in Lohr, dann fuhr er noch ein Jahr nach Würzburg in die Oberrealschule. „Mein Vater wollte, dass ich als Volontär in die Holzhandlung Zucker eintrat. Doch diese Tätigkeit interessierte mich überhaupt nicht. Mir hatte es schon längere Zeit die Reichswehr angetan. Ich habe immer die Aufmärsche bewundert, wenn die Soldaten die Juliuspromenade entlangmarschiert sind und weiter durch die Theaterstraße, manche hoch zu Ross in den eindrucksvollen Uniformen. Das hat mich so begeistert, dass ich gleich nach Beendigung der elften Klasse in die Reichswehr eingetreten bin, wahrscheinlich zum Kummer meiner Eltern", schildert Herr Heckelmann seine erste und für sein weiteres Leben wichtige selbstständige Entscheidung. Die Reichswehr unterlag damals gegen Ende der Weimarer Republik noch engen Beschränkungen. Deutschland durfte nach den Bestimmungen des Versailler Vertrages und gemäß Wehrgesetz vom 23. Januar 1921 nur ein aus Berufssoldaten bestehendes Heer von 100 000 Mann Reichsheer und 15 000 Mann Reichsmarine unterhalten. Die

Dienstzeit betrug mindestens zwölf Jahre, bei Offizieren sogar fünfundzwanzig Jahre! Die Reichswehr nahm eine distanzierte Haltung zur Weimarer Republik ein und entzog sich weitgehend der politischen Kontrolle. Sie war ein Staat im Staat und ging 1935 in der Wehrmacht auf.
Bald sollte der junge Rekrut den krassen Unterschied kennen lernen zwischen wohlbehütetem Elternhaus und diesem autoritären Stil bei der Reichswehr, dem sich alles unterzuordnen hatte. Es herrschte eine besonders strenge Erziehung und man wurde überhaupt nur nach ausgiebigen Tests aufgenommen. Wegen der großen Arbeitslosigkeit meldeten sich viele Bewerber, doch nur wenige konnten unterkommen. Dieses 100 000-Mann-Heer war eine Einheit, in der das eigene Ich nichts zählte, sondern Unterordnung alles war.
„Ob diese Ausbildung für mein Innenleben gut war, glaube ich nicht. Nach zwei Jahren bin ich dann in den Sanitätsdienst übergewechselt und habe dort eine grundlegende Ausbildung durchlaufen. Als Stationsaufseher in der Chirurgie durfte ich bei manchen Operationen assistieren und sogar Narkosen vornehmen, was heute unvorstellbar wäre."
Ein Ereignis ist ihm dabei besonders in Erinnerung geblieben:
„Einmal hatte ich wieder einen Kranken vor der Operation festgeschnallt und die Narkose verabreicht. Dazu stülpte ich dem Patienten eine Maske übers Gesicht und träufelte Äther in die Maske. Das war die damals übliche Narkose. Ich löste dann die Gurte und sagte: ‚Ich bin jetzt fertig!' Da bäumte sich der Kranke plötzlich auf. Der Chirurg brüllte mich wutentbrannt an, was mir wohl einfiel, und ich stand ganz verdattert da und konnte gar nicht begreifen, dass meine Narkose diesmal überhaupt nicht wirkte. Trotz dieses Missgeschicks durfte ich meinen wichtigen Posten auf der Krankenstation behalten und weiter Narkoseschwester oder Assistenten vertreten. Ich habe dort sehr viel gelernt, was mir später im Krieg in manchen Situationen ungeheuer geholfen hat."

Der junge Heckelmann kam 1939 nach Ausbruch des Krieges zu einer Sanitätskompanie als Zugführer und war in Frankreich, in Polen und in Russland bis zum bitteren Ende im Einsatz. Er überstand den Krieg ohne Verwundung.
Frau Heckelmann lauscht angeregt dem fortlaufenden Lebensbericht ihres Mannes. Damit wir erfahren, wer da zusammen gefunden hat fürs Leben, erzählt nun Frau Heckelmann aus ihrer Kindheit und Jugend. Die kleine Irmgard kam am 3. September 1920 in Kassel auf die Welt. Als sie drei Jahre alt war, zogen die Eltern nach Leipzig, wo die Tochter die Volksschule, danach die Oberrealschule und schließlich die Handelsschule besuchte. Irmgard blieb ein Einzelkind, das ein sehr liebevolles, harmonisches Elternhaus genoss. Der Vater war Zuschneider bei der Firma Junge in Leipzig mit feinster Kundschaft, die besonders vom Vater bedient werden wollte, weiß Frau Heckelmann stolz zu berichten. Da Irmgard sehr musikalisch war, bekam sie schon recht bald Klavierunterricht. Die Mutter stammte aus Hessen, der Vater war Sachse. Nach der Handelsschule begann Frau Heckelmann eine Ausbildung in der Leipziger Firma Thalysia, dem damals größten Reformgeschäft Deutschlands mit etwa 3000 Beschäftigten und wanderte dort von Abteilung zu Abteilung, um den Betrieb von Grund auf kennen zu lernen. Nach dem Krieg siedelte die Firma um nach Düsseldorf. „Übrigens durfte in der Firma nicht gesächselt werden," fügt Frau Heckelmann ein und ergänzt: „Eine schöne Zeit habe ich dort erlebt und beruflich als Stenotypistin und Bürofachkraft viel gelernt. Nach einiger Zeit wechselte ich über in ein Ingenieurbüro, wo ich die Buchhaltung übernahm, was mir noch besser gefiel. Da ich eine schöne Sopranstimme hatte und gerne gesungen habe, wollte ich noch Gesang studieren, doch der Krieg machte mir einen Strich durch die Rechnung," sagt Frau Heckelmann, und das Bedauern ist ihr heute noch anzumerken. „Diese künstlerische Ader liegt in unserer Familie. Mein Großvater hat

selbst Lieder komponiert und auch meine beiden Eltern spielten ein Musikinstrument. In Leipzig gehörte ich zum sechzig Stimmen starken Kirchenchor der Nathanaelkirche. Das Singen in diesem Chor hat mir immer viel Freude gemacht. Meine Eltern waren gläubige evangelische Christen, und der gemeinsame Gottesdienstbesuch gehörte zu unserem Sonntag. Auch das tägliche Tisch- und Abendgebet war bei uns üblich. Ich bin meinen Eltern noch heute dankbar für diese Erziehung im christlichen Glauben."
Nun interessiert uns aber, wie sich das Ehepaar Heckelmann eigentlich kennen gelernt hat. „Wie ich meinen Mann kennen gelernt habe, ach, das war wunderbar!" schwelgt Frau Heckelmann in Erinnerungen und beginnt ihre Erzählung: „Als ich meine Großeltern einmal in Kassel besuchte, sind meine Onkels, mein Vater und ich eines Abends ins vornehme Restaurant ‚Aue' zum Tanzen gegangen. Es war der 7. September 1937, das weiß ich noch ganz genau. Da kam ein Herr auf mich zu und bat mich um einen Tanz zu dem schönen Walzer ‚Ich tanze mit dir in den Himmel hinein'. Nach zwei oder drei Tänzen erwähnte ich, dass ich am nächsten Tag nach Leipzig zurückkehren müsse, gab ihm aber noch meine Kasseler Adresse. Am nächsten Tag klingelte es und ein ganz junger Bursche in langen Hosen – ich sehe ihn noch vor mir, so als wäre es heute – überreichte mir einen großen Strauß Gladiolen in den schönsten Farben zusammen mit einem Brief. In dem Kuvert fand ich ein Foto meines Tanzpartners in Uniform. Natürlich fühlte ich mich geschmeichelt, doch sagte ich gleich zu meiner Mutter: ‚Männer in Uniform interessieren mich eigentlich nicht, weil man nie genau weiß, was dahintersteckt.'"
Die siebzehnjährige Irmgard fuhr mit ihrem Vater wieder zurück nach Leipzig und sah über ein Jahr ihren Verehrer nicht wieder. Nach einiger Zeit fiel ihr das Foto des Tanzpartners wieder in die Hände und ihr Vater ermunterte sie, dem jungen Heckelmann doch einmal zu schreiben. Schließ-

lich kam es erneut zu einem Treffen in Kassel. Von da an fuhr Alexander alle fünf Wochen nach Leipzig. So begann diese große Liebe, die bis heute, also mehr als sechzig Jahre, währt. In zwei Jahren können die Heckelmanns die diamantene Hochzeit feiern. Herr Heckelmann muss lachen, als seine Frau anfügt: „So haben wir uns kennen und lieben gelernt, aber nicht so, wie das heute üblich ist."

Am ersten September 1939 begann der Zweite Weltkrieg, und der fünfundzwanzigjährige Berufssoldat Alexander Heckelmann kam mit einem der ersten Trupps nach Polen an die Front. Zu der Zeit wartete die junge Braut vergeblich auf Post, denn die Soldaten erhielten striktes Schreibverbot. „Täglich lief ich vergebens zum Briefkasten", gesteht Frau Heckelmann. Herr Heckelmann gehörte zur ersten Besatzungstruppe in dem von der deutschen Wehrmacht eingenommenen Warschau. Die polnische Hauptstadt hatte am 29. September 1939 kapituliert. Am 6. Oktober 1939 endete der polnische Widerstand gegen die Besatzungsarmee. Herr Heckelmann gehörte nicht zu den Kampftruppen, sondern zur Sanitätseinheit. Ihm sind aus der damaligen Zeit in Warschau keine Gräueltaten der Deutschen gegen die Polen bekannt. Die deutschen Soldaten konnten auch mit Polen Kontakt knüpfen, und so lernte Herr Heckelmann einen Warschauer Hotelier kennen, mit dem er sich gelegentlich unterhielt. Mit diesem Hotelier traf er 1943 nochmals zusammen, als er mit seinem Kommando vom Osten auf dem Weg nach Dresden wiederum in Warschau Halt machte. Die Kriegssituation hatte sich inzwischen entscheidend verändert. Es kam immer wieder zu Aufständen der Polen gegen die deutsche Besatzung. Vom 19. April bis zum 19. Mai 1943 dauerte der Aufstand der Juden im Warschauer Getto. Herr Heckelmann über diese Situation: „Als ich zu dem Hotel kam, sah ich dort ein Schild mit der Aufschrift: ‚Eintritt verboten für Uniformierte'. Dennoch ging ich rein, um den Hotelier zu begrüßen. Er kam mir aufgeregt entgegen und rief:

‚Aluja, du darfst hier nicht rein, das ist verboten!' ‚Moment', entgegnete ich, ‚erst einmal trinken wir zusammen ein Bier.' Bei diesem Beisammensein vertraute er mir an: ‚Ihr wart damals 1939 eine Besatzungstruppe, die uns noch als Menschen behandelt hat, aber wie die Deutschen jetzt mit uns Polen umgehen, das ist entsetzlich. Und ich sage dir, ihr verliert den Krieg!'
Noch oft musste ich an diese Worte denken. Auch konnte ich mir selber ein Bild von den geänderten Zuständen machen. Eines Tages fuhr ich mit der Straßenbahn durch Warschau und beobachtete, wie eine junge Polin mit einem kleinen Kind aussteigen wollte. Einem SS-Polizisten muss das nicht schnell genug gegangen sein. Er packte sie und schleuderte sie mitsamt dem kleinen Kind aus dem Straßenbahnwagen. Ich habe den Mann zur Rede gestellt, denn ich war entsetzt über dieses hässliche Verhalten, doch er hat mich einfach stehen lassen. Solche Vorfälle geschahen öfter. Die Polen haben sich für die Übergriffe der Deutschen heimlich gerächt. So kam es vor, dass man deutsche Soldaten tot aus der Weichsel fischte. Dann wiederum wurde von den Deutschen im Gegenzug an den Polen ein Exempel statuiert. So steigerte sich die Brutalität auf beiden Seiten. Wie so oft, traf es nicht nur Schuldige, sondern vor allem die, die niemandem etwas zu Leide getan haben", berichtet Herr Heckelmann über seine Erlebnisse als Soldat im besetzten Warschau.
Zu Beginn des Russlandfeldzuges am 22. Juni 1941 wurde Herr Heckelmann mit seiner Sanitätseinheit an die Ostfront verlegt. Die Sanitätskompanie hatte die Verwundeten zu versorgen und auch Operationen durchzuführen. Die Lazarette lagen etwa fünf bis zehn Kilometer hinter den Frontlinien. Als der strenge Winter 1941/1942 überstanden war, kam ein Erlass vom Führerhauptquartier: ‚Alle Soldaten, die eine Familienfeier vor sich haben, können einen Antrag auf Urlaub stellen.' Postwendend schrieb Herr Heckelmann seiner Braut: ‚Ich komme am 6. Juni 1942. Wollen wir heira-

Am unvergesslich schönen Hochzeitstag im Sommer 1942.

ten?' Frau Heckelmann fügt hier ein: „Ich war gerade in Würzburg, um die zukünftigen Schwiegereltern zu besuchen, als ich dieses Telegramm erhielt. Noch in der Nacht bin ich nach Leipzig zurückgekehrt, um mein Brautkleid und alles was dazu gehört zu kaufen. Mein Vater hat sich sofort hingesetzt und eine wunderbare Hochzeitszeitung mit kleinen Anekdoten und Episoden aus dem Leben des Brautpaares geschrieben. Ach, was war das für eine Aufregung! Eigentlich wollten wir erst nach dem Krieg heiraten, aber wer konnte schon wissen, wann der enden würde? Meine Eltern haben uns eine unvergesslich schöne Hochzeit ausgerichtet mit einer von Schimmeln gezogenen Hochzeitskutsche. Ich war evangelisch, mein Mann katholisch. An eine ökumenische Trauung war damals noch nicht zu denken, und so wurden wir in Leipzig evangelisch getraut. Unseren Ehebund wollten wir beide als gläubige Christen unbedingt vor Gott bestätigt wissen. Das wäre in der katholischen Kirche nur möglich gewesen, wenn ich zum katholischen Glauben übergetreten wäre, was ich aber nicht wollte. Später kam einmal ein katholischer Pfarrer zu uns und wollte uns weismachen, dass unsere Ehe von der Kirche nicht anerkannt würde. Und so ist mein Mann dann halt evangelisch geworden und besucht mit mir seitdem die evangelischen Gottesdienste."

Vom Jahr 1942 an spürte man den Krieg auch in Deutschland. Deutsche Städte waren den alliierten Bombenangriffen ausgesetzt, als erste deutsche Stadt war Lübeck am 28. März 1942 von britischen Bomberverbänden teilweise zerstört worden. Leipzig war ebenfalls Ziel feindlicher Bomber. Immer mehr Männer wurden zur Wehrmacht eingezogen und mussten an der Front kämpfen. Auch Irmgards Vater war inzwischen Soldat im fernen Russland. Da Leipzig nun immer öfter von alliierten Luftverbänden angeflogen wurde, brachte die Mutter ihre Tochter Irmgard gegen Ende des Jahres 1943 aus der Wohnung in Leipzig weg nach Schwebda bei Eschwege, dem Heimatort der Mutter. Irmgard Heckelmann war schwanger und sollte in einer nicht so gefährdeten Gegend ihr Kind zur Welt bringen. Auf dem Land fühlte man sich sicherer. Da die meisten Frauen damals dienstverpflichtet wurden, hatte Frau Heckelmann ihre Mutter in ihrem Betrieb untergebracht. Sie wurde jedoch freigestellt, um die junge Frau zu begleiten. „Unsere Gitta ist dann am 5. Juni 1944 in Schwebda geboren und ich war glücklich, dass meine Mutter mir beistehen konnte in dieser schweren Zeit", sagt Frau Heckelmann dankbar.

„In Schwebda habe ich allerdings auch eine böse Zeit erlebt, als die Amerikaner näherrückten. Eines Tages hieß es: ‚Das Dorf wird morgen sturmreif geschossen!' Meine Mutter machte sich mit mir und dem Baby auf den Weg zu einem Gutshof, dessen Besitzer wir gut kannten, um dort vorübergehend Unterschlupf zu finden. Dieses Gut lag oben auf einem Berg. Um es zu erreichen, mussten wir erst fünf Minuten über ein freies Feld laufen. Ich habe meinen Kinderwagen geschoben und rief der Mutti zu: ‚Wir müssen uns beeilen, damit uns keine Tiefflieger überraschen!' Kaum hatte ich das ausgesprochen, als zwei Jagdbomber am Himmel erschienen. ‚Mutti', schrie ich in meiner Angst, „leg dich hin, leg dich hin!' Auch ich warf mich auf den Boden, meine kleine Gitta lag geschützt unter mir. Schon erschütterten lauter

Einschüsse um uns herum die Erde. Wir hatten Todesangst! Das vergesse ich bis heute nicht, denn auch jetzt noch überkommt mich eine Gänsehaut, wenn ich im Fernsehen Bilder vom Krieg im Kosovo oder in Tschetschenien sehe, weil ich mich durch meine Erlebnisse in die Situation dieser leidenden Menschen hineinversetzen kann." Herr Heckelmann wirft empört ein: „Wie konnte man auf zwei wehrlose Frauen solch unsinnigen Angriff starten!" „Vom Gutshof aus", fährt Frau Heckelmann fort, „hatte man den Beschuss beobachtet und glaubte, wir seien tot. Doch wir erhoben uns, setzten mit zittrigen Beinen den restlichen Weg zurück und wurden erleichtert empfangen vom Gutsherrn, einem Jugendfreund von mir." Eine Woche durften sich Mutter, Tochter und Enkelin dort oben erholen. Es gab sogar Milch für die Kleine, was damals gar nicht so selbstverständlich war. Nach einer Woche kehrten die drei in das Dorf zurück. Dort herrschten inzwischen die Amerikaner. Sie rechneten offensichtlich noch mit einem deutschen Gegenangriff, denn aus verschiedenen Fenstern starrten Angst einflößende Maschinengewehre heraus. In dem Zimmer, das Frau Heckelmann bewohnte, hatten amerikanische Soldaten gehaust. Es sah chaotisch aus, sie erkannte den Raum kaum wieder, empört sich noch heute Frau Heckelmann.
Für Frau Heckelmann war der furchtbare Krieg zu Ende. Sie war glücklich, ihre Mutter und ihre Tochter bei sich zu haben. Ihr Mann war im Osten an der Front, ebenfalls der Vater. Für die Soldaten war noch kein Ende der Leidenszeit zu erkennen. Im Oktober 1944 erhielt Herr Heckelmann wieder einmal für ein paar Tage Urlaub und fuhr zu seiner Familie nach Schwebda. Unter den Soldaten herrschte damals oft Untergangsstimmung, erinnern sich beide. „Auch mein Mann hatte eine sehr depressive Stimmung", fügt Frau Heckelmann ein: „Beim Abschied wollte er mir seinen Ehering da lassen, weil er befürchtete, dass dies ein Abschied für immer sei. Natürlich habe ich den Ring nicht angenommen,

sondern versucht, meinen Mann aufzumuntern." Herr Heckelmann ergänzt: „Die Stimmung an der Front war sehr gedrückt. Alle waren niedergeschlagen, weil sich die Deutschen seit Monaten auf dem Rückzug befanden und die ständigen Angriffe der Sowjetarmee und die hohen Verluste unter den deutschen Soldaten uns alle zermürbten. Man wusste auch spätestens während des Heimaturlaubs, dass die Heimat und die Angehörigen zu Hause nicht mehr sicher waren. Ab und zu sickerten auch Gerüchte über Bombardierungen deutscher Großstädte durch. Bei Angriffen rief man sich zu: ‚Diesmal sehen wir uns nicht lebendig wieder!' Das Kriegsende und der drohende Untergang der deutschen Wehrmacht lagen in der Luft. Man war froh, unversehrt durchzukommen, während neben einem plötzlich der eine oder andere Kamerad tödlich getroffen zusammenbrach." Dass bereits am 21. Oktober 1944 als erste deutsche Großstadt Aachen von amerikanischen Truppen erobert worden war, erfuhren die Soldaten an der Front nicht.

Auf unsere Frage, wie man zu der Zeit über Hitler dachte, wird Herr Heckelmann nachdenklich und erklärt: „Wir hatten einen Eid auf ihn geleistet, der nicht gebrochen werden durfte. Sonst galt man als ‚Wehrkraftzersetzer' und musste damit rechnen, standrechtlich erschossen zu werden. Heute verstehen das viele nicht mehr, aber so war es. Auch mit unseren Kindern können wir kaum über diese Zeit diskutieren, denn wir müssen uns mit der Frage konfrontieren lassen: ‚Warum habt ihr mitgemacht?' Aber damals herrschten andere Gesetze. Auch was mit den Juden geschah, haben wir nicht gewusst." Frau Heckelmann fügt an: „Ich habe in Leipzig im Judenviertel gearbeitet in der Rosentalgasse. Eines Tages hörte ich schreiende Kinder von meinem Fenster aus, die auf einem Lastwagen zusammengepfercht waren und abtransportiert wurden. Wir haben uns nicht erklären können, wohin diese Kinder gebracht werden. Manchmal fragten wir beim Einkauf im Geschäft, wo denn diese oder jene Kundin geblieben sei, aber keiner konnte oder wollte uns darauf eine Antwort geben."

Der Soldat Heckelmann befand sich Anfang 1945 noch an der Ostfront. Die deutsche Armee zog sich immer mehr Richtung Deutschland zurück und kämpfte einen aussichtslosen Kampf auf heimatlichem Boden gegen die erdrückende Übermacht der Sowjetarmee. Herr Heckelmann erlebte schwere, bedrohliche Zeiten, die für ihn unvergesslich bleiben. Bald zeigten sich an der deutschen Front erste Auflösungserscheinungen. An einen geordneten Rückzug war nicht mehr zu denken. Herr Heckelmann berichtet noch immer recht aufgewühlt: „Als die Front sich auflöste, hieß es: ‚Rette sich, wer kann!' Ich habe mich mit einigen meiner Leute aus der Sanitätskompanie am Rande der Hohen Tatra bis nach Ostrau (Ostrava) im heutigen Tschechien nahe der polnischen Grenze durchgeschlagen. Von dort, es war schon gegen Ende des Krieges, ging es mit einem Lastwagen weiter Richtung Westen nach Prag. Unterwegs mussten wir wegen Angriffen von Partisanen anhalten, als plötzlich jemand aus einer Gruppe von Soldaten mei nen Namen ruft. Da erkenne ich doch tatsächlich meinen Bruder Bernhard zu Fuß mit einem Tornister beladen. Ich schreie ihm zu: ‚Komm hier rauf, rasch, und fahre mit uns weiter!' Er entgegnet bekümmert: ‚Das darf ich nicht, das ist Fahnenflucht!' Ich beruhige ihn und sage: ‚Heute gibt es keine Fahnenflucht mehr, alles ist auf dem Rückzug.' Er fuhr schließlich mit uns weiter. Welch glücklicher Zufall war dieses Wiedersehen, unglaublich, aber solche Wunder gab es auch im Krieg.

Auf unserer Weiterfahrt wurden wir von tschechischen Partisanen aufgegriffen und nach Prag gebracht. Der Krieg war inzwischen zu Ende. Am 9. Mai 1945 kapitulierte die deutsche Wehrmacht gegenüber der Sowjetunion. Wir wurden von den Tschechen äußerst brutal behandelt, schikaniert und zur Demonstration zwei Tage und zwei Nächte lang durch Prag getrieben und der Bevölkerung vorgeführt. Wir mussten zwei schrecklich lange Tage ohne Nahrung auskommen und hatten doch schon unterwegs kaum etwas zu Essen gehabt! Im Prager Stadtteil Smichov wurden wir mit Tausenden anderer gefangener deutscher Soldaten in einem großen Sportgelände oberhalb der Stadt mehrere Wochen eingesperrt. Dann wurden wir Soldaten auf einen langen Marsch getrieben. Alle hatten Angst vor einer Verschleppung nach Sibirien, denn wir wussten, dies würde für die meisten den sicheren Tod bedeuten. Von Prag ging es über Karlsbad, Marienbad, Richtung Berlin und dann nach Frankfurt an der Oder an die neue Grenze nach Polen. Im Juni 1945 kamen wir dort in ein Gefangenenlager. Uns saß immer die Angst im Nacken, nach Sibirien getrieben zu werden, denn wir waren ja nun schon an der äußersten Ostgrenze Deutschlands. Die Ungewissheit über unser Schicksal und der ständige Hunger waren bedrückend", berichtet Herr Heckelmann noch tief bewegt über diese wohl schrecklichste Zeit in seinem Leben.

Durch eine Verletzung, die Herr Heckelmann ganz bewusst nicht hatte ausheilen lassen, schafften es die beiden Brüder, in Frankfurt in dem Gefangenenlager zu bleiben, während ein Teil der Gefangenen weiter Richtung Osten getrieben wurde. Am 28. Oktober feierten die russischen Bewacher die Oktoberrevolution. „An diesem Tag hatte mein Bruder Geburtstag. Wir wussten, dass die Russen an diesem Feiertag betrunken sein würden und eine Flucht, wenn überhaupt, nur an diesem Tag möglich wäre", berichtet Herr Heckelmann über das Entkommen aus dem Lager. Die Flucht wurde sorgfältig geplant. Bei Ausbesserungsarbeiten, für die sich Herr Heckelmann öfter gemeldet hatte, konnte er eine Drahtschere heimlich mitgehen lassen. Die sollte ihm bald gute Dienste leisten. Der Bruder sorgte für genügend Verpflegung. Damit der Plan nicht verraten wurde, lautete die Devise: ‚Kein Wort zu irgendjemand!' Herr Heckelmann berichtet weiter über die aufregende und gefährliche Flucht:

„Um Mitternacht gratulierte ich meinem Bruder zum Geburtstag und los ging es. Mit der Drahtschere öffneten wir uns einen Durchschlupf im Stacheldraht. Selbstverständlich hatten wir vorher genau geprüft, an welcher Stelle die günstigste Gelegenheit zum Entkommen war. Wir robbten durch die verschiedenen Wassergräben und rannten los, obwohl die Hunde uns bemerkt hatten und hinter uns herbellten. Ganz außer Atem gelangten wir zum Bahnhof und konnten uns in einem Kohlezug verstecken. Nach kurzer Fahrt mussten wir den Zug wechseln. Tollkühn sind wir nachts auf einen Zug aufgesprungen, der russische Soldaten nach Berlin fuhr. Als die Soldaten morgens ausgeschlafen hatten und uns entdeckten, haben sie uns kurzerhand rausgeschmissen. Dass wir aus einem russischen Gefangenenlager ausgebrochen waren, haben sie zu unserem Glück nicht bemerkt. Aber wahrscheinlich wäre auch keiner auf die Idee gekommen, ausgerechnet in einem Soldatenzug nach Ausbrechern zu suchen. Unser Mut hat uns also nicht geschadet. Zu unserer Sicherheit hatte ich im Gefangenenlager für uns beide im Tausch mit Lebensmitteln russische Entlassungsscheine organisiert. Diese Papiere haben uns bei unserer weiteren Flucht sehr geholfen."
Nach vielen Umwegen kamen die beiden Brüder endlich in Leipzig an. Hier hoffte Herr Heckelmann, endlich seine Frau und seine kleine Tochter zu treffen. Die kleine Gitta war inzwischen schon achtzehn Monate alt, und er hatte sie erst einmal kurz bei seinem Heimaturlaub im November 1944 gesehen. Seine Enttäuschung war deshalb groß, als er in Leipzig feststellen musste, dass Frau und Tochter nicht dort waren. Von Nachbarn erfuhr er, dass sie sich wohl noch in Schwebda aufhielten. Nun begannen für Herrn Heckelmann und seine Frau wahre Irrfahrten, die nur in der Zeit kurz nach dem Krieg denkbar waren und heute unvorstellbar sind. In Deutschland funktionierte im Herbst und Winter 1945 fast gar nichts. Telefon gab es nicht, eine Verbindung

von Besatzungszone zu Besatzungszone war kaum möglich. Leipzig gehörte zur russischen Zone, Schwebda in Hessen zur amerikanischen. Die Schwiegereltern – der Vater seiner Frau war bei Kriegsende wieder nach Hause gekommen – hatten sich kurz vor Ankunft der Brüder Heckelmann von ihrer Wohnung in Leipzig auf den Weg zu ihrer Tochter nach Schwebda gemacht. Sie wollten Tochter und Enkelkind zu sich nach Leipzig holen, da der Soldat Heckelmann zu dieser Zeit als vermisst galt. Also machte sich nun auch Herr Heckelmann auf nach Schwebda zu Frau und Kind. Bernhard fuhr nach Köln weiter, und so trennten sich die Brüder nach der langen und gefahrvollen Flucht, glücklich, dem Krieg und der Gefangenschaft entronnen zu sein.
Der Weg des Herrn Heckelmann von Leipzig zu seiner in Hessen lebenden Frau war weit und umständlich. Eine direkte Zugverbindung bestand nicht mehr. Herr Heckelmann musste mehrmals umsteigen und war tagelang unterwegs. Auch Zugfahrten musste man damals improvisieren, einen festen Fahrplan gab es nicht. Er fuhr nun also in einem völlig überfüllten Zug von Leipzig Richtung Kassel auf der Suche nach seiner Familie. Zur gleichen Zeit fuhr Frau Heckelmann mit ihrer Tochter und ihren Eltern von Kassel nach Leipzig auf der Suche nach ihrem vermissten Mann. Irgendwo unterwegs müssen sie sich bei diesen Irrfahrten begegnet sein. Frau Heckelmann erzählt rückblickend und erklärend: „Unterwegs begegneten wir in den Bahnhöfen öfter Zügen, die überfüllt mit heimkehrenden Soldaten waren. Sie hingen zum Teil an den Türen, sogar auf den Dächern der fahrenden Züge saßen sie. In einem dieser Züge fuhr wohl auch mein Mann. Natürlich wussten wir nichts von unseren vergeblichen Hin- und Herfahrten. Es hört sich wie ein Witz an, wir waren unterwegs von Schwebda nach Leipzig, um ihn zu suchen, er war unterwegs von Leipzig nach Schwebda, um uns zu finden. Wir kamen gerade übermüdet in Leipzig an, da sagte eine Hausbewohnerin, dass mein Mann zwi-

schenzeitlich da gewesen war und sofort losfuhr, um mich abzuholen. Das war für mich zugleich eine gute und eine enttäuschende Nachricht, denn ich wusste nun endlich, dass mein Mann am Leben war. Traurig war ich allerdings, weil wir uns nicht gesehen hatten. Mein Mann schrieb mir gleich, dass ich nach Würzburg kommen solle, da er nicht mehr in die russische Zone zurückkehren konnte. In Würzburg wohnten inzwischen seine Eltern. Aber wie sollte ich nach Würzburg kommen? Mit meinem Goldreif erkaufte ich mir durch eine Bekannte einen vorläufigen Flüchtlingsausweis, denn ich konnte nur als Flüchtling in den Westen reisen. Ich musste mit meiner Tochter in einem Flüchtlingslager übernachten, um mit einem Flüchtlingszug zu meinem Mann reisen zu können. Meine Eltern begleiteten mich. In Oelsnitz bei Plauen waren wir in einem russischen Lager untergebracht. Das war die reinste Hölle! Das Elend im Lager war schrecklich. Alle Kinder bekamen Keuchhusten, unsere Gitta auch. Mein Vater wollte schon zurück nach Leipzig, weil er das Grauen nicht mehr ertragen konnte. Es war Winter und ziemlich kalt. Am Heiligen Abend hieß es plötzlich zu unserer Überraschung: Um zehn Uhr geht ein Zug nach München über Würzburg. Wir sind bei klirrender Kälte wie Vieh in Viehwaggons verladen worden und erreichten am Abend Würzburg, wo mein Mann bereits bei seinen Eltern untergekommen war. Welche Freude war das, als wir uns nun endlich alle um den Hals fallen konnten und das sogar noch an Weihnachten! Meine Eltern blieben noch bis Silvester bei uns, so dass wir damals Weihnachten 1945 mit drei Familien in der einen kleinen Wohnung hausten. Meine Eltern konnten nur auf Umwegen nach Leipzig zurückkehren. Bauern haben sie an der Grenze zwischen Bayern und Sachsen durch den Wald geschleust und sie schwarz über die Grenze gebracht." Später wollte Frau Heckelmann ihre alten Eltern zu sich holen, um sie in der Nähe zu haben. Doch der Vater hat es in Gemünden nicht ausgehalten. Die Eltern sind nach vier Monaten wieder nach Leipzig in die gewohnte Umgebung zurückgekehrt. Das war für Frau Heckelmann eine große Enttäuschung, zumal die Mutter schon krank war und Pflege brauchte.

Nun war die junge Familie Heckelmann in Würzburg wieder zusammen, die lange Zeit der Trennung war vorbei, der furchtbare Krieg endlich zu Ende. Wenn auch in Würzburg alles in Schutt und Trümmer lag und die Wohnverhältnisse katastrophal waren, musste man sich jetzt um die Sicherung der Zukunft kümmern. Der Familienvater Alexander Heckelmann war gefordert. Er musste sich nach einem Beruf umsehen, der seiner Familie eine ausreichende Existenz sicherte. Die Zeit um 1945 und 1946 war in Deutschland eine Zeit größter Not. Es gab außer der amerikanischen Militärregierung keine Ordnungsmacht mehr, die alten Polizeieinheiten waren aufgelöst worden. In Deutschland tummelten sich viele Verbrecherhorden, die Kriminalität nahm erschreckende Ausmaße an. Die Amerikaner erkannten bald, dass sie mit ihren Truppen allein die Ordnung nicht aufrechterhalten konnten. Deshalb ordneten sie die Aufstellung erster neuer Polizeikräfte an. Herr Heckelmann bewarb sich bei der Stadtpolizei Würzburg und wurde nun Ordnungshüter in der unterfränkischen Hauptstadt. Die neuen Polizisten hatten zunächst keine Uniform, auch keine Waffen. Lediglich eine Armbinde wies sie als Polizeikräfte aus. Als Bewaffnung durften sie einen armlangen Stock tragen. Städte mit mehr als 5000 Einwohnern mussten ihre eigene Polizei aufstellen, für den ländlichen Bereich und für Gemeinden bis 5000 Einwohner wurde die ‚Landpolizei' geschaffen. Nach kurzer Zeit wechselte Herr Heckelmann zu dieser neuen Bayerischen Landpolizei und kehrte auch bald an den Ort seiner Schul- und Jugendzeit zurück, wo es ihm so gut gefallen hatte. Eines Tages fragte man ihn: „Kennen Sie Gemünden?" Herr Heckelmann antwortete: „Natürlich kenne ich Gemünden." Doch verriet er nicht, dass er dort aufgewachsen war. Herr Heckelmann wurde Ende 1946 von der Bayerischen Landpolizei übernommen und kam an die Bezirksinspektion Gemünden.

Da in Gemünden wegen der schweren Zerstörungen der Altstadt und wegen des Zuzugs vieler Flüchtlinge Wohnraum knapp war, blieb die Familie zunächst in Würzburg wohnen, bis eine Wohnung gefunden war. Herr Heckelmann widmete sich nun mit der ganzen Kraft eines dreiunddreißigjährigen jungen Mannes dem Polizeiberuf. Wie sah es aber um die Sicherheit und Ordnung in Deutschland nach dem Krieg aus? Wir wollen einen kurzen Blick in die Chronik der Landpolizei-Bezirksinspektion Gemünden werfen:*
Mit dem Untergang des Deutschen Reiches und dem Einzug der Amerikaner hatte die bewährte Gendarmerie zu bestehen aufgehört. Alle Gendarmeriebeamte, die Mitglied der NSDAP waren, wurden auf Anordnung der Militärregierung entlassen. Im allgemeinen Durcheinander kurz nach Kriegsende haben die Amerikaner jeden, der unverdächtig schien, in öffentliche Ämter gesetzt oder mit Polizeiaufgaben betraut. Da viele Kriminelle, die mit Kriegsende aus den Zuchthäusern und Gefängnissen entlassen worden waren, nicht in der Partei waren und sich auch nicht der Unterstützung des Naziregimes verdächtig machten, wurde so mancher Verbrecher plötzlich Polizist oder erhielt einen wichtigen Posten in der Verwaltung. So wurde in Gemünden im August 1945 ein Krimineller, der nie eine Polizeischule besucht hatte, Chef der im Aufbau begriffenen, noch nicht gefestigten Polizei des Landkreises Gemünden. Immerhin ein Jahr konnte sich dieser Polizeichef halten, bis man seine kriminelle Vergangenheit entdeckte und er und andere Verbrecher und Betrüger den Polizeidienst quittieren mussten. Allmählich traten geordnetere Verhältnisse ein. Nachdem sich

---

Anm.: Uns wurde dankenswerter Weise von der Polizeistation Gemünden Einblick in die Chronik gewährt.

die Unschuld von manchem der entlassenen Beamten herausgestellt hatte, wurden auch wieder frühere Gendarmeriebeamte eingestellt. Die Bayerische Landpolizei wurde als Nachfolger der ehemaligen Gendarmerie im ganzen Land aufgebaut. Für jeden Landkreis wurde eine Bezirksinspektion am Sitz des Landratsamtes, des früheren Bezirksamtes, eingerichtet.

Die Kriminalität war in den Nachkriegsjahren in Gemünden sehr hoch. In der Chronik heißt es dazu: ‚Die Stadt Gemünden selbst ist Zuständigkeitsbereich des Hauptpostens als Metropole der verbrecherischen Elemente, die aus allen Teilen Deutschlands den Eisenbahnknotenpunkt Gemünden berühren.' In den Jahren 1945 und 1946 wurden fast täglich Razzien im Bahnhof durchgeführt, dabei wurde so mancher Verbrecher dingfest gemacht. Ausrüstung und Bewaffnung der Landpolizei waren zunächst sehr dürftig, verbesserten sich aber von Jahr zu Jahr. Während die ersten Nachkriegspolizisten nur eine Armbinde mit der Aufschrift ‚MP-Police' und einen weißen Holzstock trugen, wurde 1946 bereits eine Uniform eingeführt. Langsam formte sich die junge Landpolizei zur staatstragenden Institution. Mit Genehmigung der Militärregierung wurden im Herbst 1946 die ersten US-Karabiner ausgeteilt. Die Motorisierung der Polizei machte ebenfalls Fortschritte, wobei zunächst das Motorrad die Hauptaufgabe übernahm.

Herr Heckelmann war nun also als Beamter der Landpolizei für Sicherheit und Ordnung im Landkreis Gemünden zuständig. Er wurde bald Innendienstleiter der Inspektion, erlebte den Neuaufbau der Landpolizei, die fortschreitende technische Entwicklung und vor allem den rasanten Zuwachs des Straßenverkehrs und der Mobilität aller Bevölkerungsschichten, auch der Verbrecher. Diese Entwicklung machte eine Neuorganisation der Polizei notwendig. Im Jahr 1958 wurden die kleinen Polizeiposten aufgelöst, auch die selbstständigen Stadtpolizeien verschwanden. Die Bayeri-

Familie Heckelmann 1958 mit den Kindern Bernd, 6 Jahre, Barbara, 12 Jahre und Gitta, 14 Jahre.

sche Landespolizei entstand und damit für den Landkreis Gemünden die Landespolizeiinspektion. Herr Heckelmann erreichte als Polizeihauptmeister die damals mögliche Endstufe des mittleren Dienstes, wurde stellvertretender Inspektionsleiter und blieb bis zu seiner Pensionierung im Jahr 1973 bei der Gemündener Landespolizei.

Im Jahr 1946 wurde Tochter Barbara geboren und die Familie konnte endlich 1947 nach Gemünden ziehen. Zunächst bezog sie eine Wohnung in der Bahnhofstraße im Haus neben dem früheren Amtsgericht (heute Grundbuchamt). In diesem Gebäude war auch das kleine Gemündener Gefängnis eingerichtet. Die Wohnung war bescheiden, reichte aber zunächst für die Familie mit zwei kleinen Kindern aus. 1952 wurde Sohn Bernd geboren, auf den der Vater besonders stolz war. Im Jahr 1960 konnten die Heckelmanns eine größere Wohnung in dem Gebäude in der Friedenstraße beziehen, in dem lange Zeit auch die Polizeidienststelle untergebracht war. Frau Heckelmann konnte nun ihre ganze Kraft und Mühe für die Familie einsetzen und widmete sich vor allem der Erziehung ihrer zwei Töchter Gitta und Barbara und Sohn Bernd. Mit Dankbarkeit schaut sie heute auf die Kinder- und Enkelschar und freut sich, dass alle Mühe und Sorge sich gelohnt haben.

Frau und Herr Heckelmann sind beide musikalisch begabt. In der Musik finden sie immer wieder Zeit zur Muße und Entspannung. Frau Heckelmann spielt seit ihrer Kindheit Klavier, während ihr Ehemann in der Jugend Violine sogar im Schülerorchester spielte. Seit Jahrzehnten singen beide im Kirchenchor der evangelischen Christuskirche, die sich gleich in der Nachbarschaft befindet, wo wir schon oft die schöne Sopranstimme von Frau Heckelmann bewundern konnten.

Der Kirchenchor tritt heute seltener auf, die Überalterung der Chormitglieder macht sich bemerkbar, es fehlt leider am Nachwuchs. Herr Heckelmann, der bis zu seiner Heirat katholisch war, fühlt sich wohl in der evangelischen Kirche. Lange Jahre war er Mitglied des Kirchenvorstandes und hat hier einen Teil seiner Freizeit eingebracht. Vor zehn Jahren war er beteiligt bei der Gründung einer Bürgerinitiative, als es darum ging, im Bahnhofsviertel die Errichtung eines Einkaufsmarktes zu ermöglichen. Vor allem für die älteren Bewohner sollten dadurch die Einkaufsmöglichkeiten verbessert werden. Inzwischen gibt es mehrere Einzelhandelsgeschäfte in unmittelbarer Nähe.

Herr Heckelmann nimmt das Leben leicht. „‚Habe Lust am Leben', – ‚Humor muss man haben', – ‚Über das eigene Ich lachen können', sind einige Leitsprüche, die ich über mein Leben setzen könnte. Auch in den schwierigsten Zeiten meines Lebens habe ich mir zum Motto gemacht, positiv zu denken und immer nach einem Ausweg zu suchen." Frau Heckelmann fügt ein, dass ihr ein Vers von Dietrich Bonhoeffer oft Trost und Zuversicht in schwerer Zeit gab:

Von guten Mächten wunderbar geborgen,
erwarten wir getrost, was kommen mag.
Gott ist mit uns am Abend und am Morgen
Und ganz gewiss an jedem neuen Tag.

Beide Eheleute sagen, dass sie sich oft genug im Leben vom Herrgott beschützt gefühlt haben. Bei diesem Rückblick fällt Herrn Heckelmann wieder ein unvergessliches Ereignis aus dem Krieg ein, als er mit Tausenden von kriegsgefangenen deutschen Frauen und Männern im Stadion von Prag eingesperrt war, von Tschechen drangsaliert: „Eine Atmosphäre voller Angst herrschte dort, denn die Wächter schossen oft unkontrolliert um sich. Eines Abends fing in der Dunkelheit eine Männerstimme an zu singen ‚Großer Gott, wir loben Dich.' Dieser Gesang pflanzte sich fort und bald erklang das ganze riesige Lager aus Tausenden von Stimmen mit diesem herrlichen Lobgesang. Dieses zur Seele gehende Erlebnis geht mir noch heute nach Jahrzehnten durch und durch. Die Tschechen blieben ruhig, waren wohl etwas verwirrt und griffen nicht ein. Doch am nächsten Morgen erging der Befehl, den Gefangenen noch weniger zu essen und zu trinken zu geben, falls so etwas noch einmal vorkommen sollte."
Das Alter bedrückt Herrn Heckelmann nicht, im Gegenteil. „Mein Alter", so sagt er, „ erlebe ich zusammen mit meiner Frau als die schönste Zeit meines Lebens und wir genießen gemeinsam jeden Tag. Wir sind zufrieden mit unseren drei Kindern, Schwiegerkindern und vor allem mit den Enkelkindern. Auch wenn oft magere Zeiten herrschten, haben wir alles redlich miteinander geteilt und gedacht: ‚Die Zukunft gehört unseren Kindern'. Ich wurde gut bedacht vom Schicksal, habe viel gearbeitet und geleistet, dabei auch Prügel eingesteckt, hatte das Glück, eine liebenswerte Frau zu heiraten und eine gute Ehe führen zu dürfen, wie kann man glücklicher sein? Große Reichtümer haben wir nicht anhäufen können, doch die Reichen können auch nur essen und

trinken. Ob sie zufriedener im Leben sind als wir, steht dahin. Wir freuen uns über kleine Dinge im Leben und sind dankbar für das, was wir haben", sind sich beide Ehepartner einig.
Ihren drei Kindern konnten die Eheleute Heckelmann eine gute Erziehung und eine solide Ausbildung mit auf den Weg geben. Auch bei den Kindern kommt das Künstlerische, das schon bei den Eltern eine Rolle spielte, zum Vorschein. Gitta, die Älteste, die in der schlimmsten Phase des Krieges geboren wurde, hat den Beruf der Zeichnerin erlernt. Sie war viele Jahre in Würzburg in der Residenz bei der Denkmalpflege beschäftigt. Tochter Bärbel ist als Harfenistin eine bekannte Musikerin geworden. Bernd, der Jüngste, hat die Gabe einer überzeugenden Rhetorik, ist bei BMW als Manager für Entwicklungsstrategie tätig und kommt viel in Europa und Übersee herum. Besonders stolz sind die Großeltern auf Enkel Mirko. Er ist ein begnadeter Balletttänzer mit großem Erfolg im In- und Ausland. Er war als Solotänzer beim Staatstheater in München engagiert und gastiert zur Zeit bei dem weltbekannten kanadischen Ballett ‚La La La Human Steps' in Montreal. Mit seinem Ensemble tritt er im Rahmen einer Welttournee in verschiedenen Hauptstädten in Amerika, Asien, Australien und Europa auf.
Es ist erfreulich, so positiv gestimmte Menschen zu treffen. „Vor dem Tod habe ich keine Angst. Ich glaube an eine Auferstehung, nur vorstellen kann ich mir das nicht", sagt Herr Heckelmann. Frau Heckelmann sieht dem Tod auch nicht ängstlich entgegen, kann sich aber trotz vieler Gespräche mit ihren Kindern nicht mit dem Gedanken an ein Weiterleben anfreunden, zumindest noch nicht zu diesem Zeitpunkt. „Mein Leben, so wie ich es gelebt habe, akzeptiere ich voll und ganz und bereue nichts", resümiert Herr Heckelmann. „Sicher hätte es auch andere Wege gegeben, aber wie mein Leben verlaufen ist, das war eben mein Schicksal. Als ich im Krieg in Russland unter freiem Himmel bei sternenklarer

Nacht lag, gingen mir viele Gedanken durch den Kopf. Wie oft habe ich mich aus dieser weiten Entfernung mit meiner Frau unterhalten und mit meinem Herrgott Zwiesprache gehalten. Auch solche Stunden vergisst man in seinem Leben nicht und ist dankbar für diese Bereicherung."

Wir bedanken uns für dieses wertvolle Gespräch mit diesem lebenserfahrenen, fröhlichen und positiv denkenden Ehepaar. Dabei wurde deutlich, wie wichtig für uns und vielleicht auch für andere, vor allem jüngere Menschen, der Lebensrückblick unserer Senioren und Seniorinnen ist. Selbst Rückschläge im Leben können uns vorwärts bringen, auch in großer Not gibt es einen Ausweg und Hilfe. Dankbarkeit und Zufriedenheit nach einem erfüllten Leben sind ein gutes Zeichen, dass es um diese unsere Welt doch nicht so schlecht bestellt ist. Wir müssen halt nur ein wenig mehr Vertrauen haben.

Julian Höfling, Langenprozelten

Julian Höfling, am 10. August 1922 in Röttingen/Tauber geboren, Elektromeister, verheiratet mit Maria Höfling, geb. Zink, am 9. Februar 1924 in Karlstadt geboren, das Ehepaar Höfling wohnt in Gemünden-Langenprozelten.

Ein Leben in den Händen Gottes

Mit ausführlichen Notizen und ausgewählten Fotos hat sich Herr Höfling gut auf unser Gespräch vorbereitet. Erwartungsvoll und freundlich sitzt er vor uns und ist froh, dass wir an einem regnerischen Tag zu ihm kommen, denn sonst hätten zu dieser Jahreszeit dringend Obstbäume geschnitten werden müssen, bei ihm selbst oder bei Freunden und Bekannten. Seine gesunde Gesichtsfarbe verrät uns, dass er sich häufig in der frischen Luft aufhält. Er kann sich, wie er uns bestätigt, bester Gesundheit erfreuen und fühlt sich rundum zufrieden.

„Siebenundsiebzig Jahre zu leben ist ein Geschenk. Gefragt wird am Ende, was ein Mensch mit einem solchen Geschenk gemacht hat. Wenn ich so auf mein Leben zurückblicke, kann ich feststellen, es war ein Leben, Gott zu dienen und für die Menschen da zu sein." Mit diesen bemerkenswerten Gedanken beginnt Herr Höfling sein bisheriges Leben zu umfassen. Dabei spüren wir eine tiefe Gelassenheit, Zufriedenheit und Zuversicht, die erkennen lassen, dass er sich von Gott geführt weiß.

Am 10. August 1922 wurde Julian Höfling in Röttingen an der Tauber, im damaligen Landkreis Ochsenfurt (heute: Landkreis Würzburg) geboren. Sein Vater Karl Höfling stammte aus Langenprozelten. Er war wie viele Langenprozeltner Eisenbahner. Zunächst hatte er noch bei der Königlich Bayerischen Staatsbahn gedient, mit der Verein-

Julian Höfling 1999.

heitlichung der Eisenbahnen nach dem Ersten Weltkrieg gehörte er der neuen Deutschen Reichsbahn an und war als Reichsbahnassistent zum Bahnhof Röttingen an der Gäubahnlinie Ochsenfurt–Weikersheim versetzt worden.

„Als ich drei Jahre alt war, wurde mein Vater nach Lohr versetzt und unsere Familie zog mit an den neuen Dienstort", beginnt Herr Höfling mit seinem Lebensbericht. „So wurde ich in Lohr eingeschult, musste aber bald wieder die Schule wechseln. Denn bereits im Jahr 1929 wurde mein Vater erneut versetzt, diesmal an den Bahnhof seines Heimatortes Langenprozelten. Wieder stand ein Umzug an, aber jetzt konnten wir in das Haus des Großvaters in der Hauptstraße – heute: Langenprozeltener Straße – einziehen. Die Eltern freuten sich, endlich wieder in ihrem Heimatort zu sein, denn meine Mutter Barbara Höfling, geborene Edel, war auch eine Langenprozeltenerin. Ich bewohne übrigens heute noch mit meiner Frau das Elternhaus."

Im Heimatort seiner Eltern besuchte Julian von 1929 bis 1937 die Volksschule. Die Schulzeit und auch seine Jugend im Dorf verliefen eigentlich problemlos, wie Herr Höfling schildert, und unterschieden sich nicht wesentlich von den seiner Altersgenossen. Es gab wenige Vergnügungen und, wie in vielen Familien zu damaliger Zeit üblich, war die Erziehung recht streng. So erinnert sich Herr Höfling, dass die Lehrer in der Schule sehr auf Zucht und Ordnung schauten und auch den Rohrstock häufig gebrauchten. „Ich selbst hatte keine großen Schwierigkeiten in der Schule", erzählt er, „da ich gern lernte und die Lehrer auch nicht durch besondere Auffälligkeiten herausforderte. Schon als kleiner Schüler verspürte ich den Drang, Mitschülern, die von anderen gehänselt oder abgelehnt wurden, hilfreich zur Seite zu stehen. Auch bei Streitigkeiten stellte ich mich gern an die Seite der Schwächeren. Bereits damals als Zehnjähriger wurde mir klar, dass ich mich für die Schwachen stark machen soll. Ich habe schon früh Mitleid mit denen verspürt, die im Leben etwas abseits stehen und gerade zu diesen Menschen fühlte ich mich auch später oft hingezogen."

Das Fußballspiel wurde in der Zeit vor dem Zweiten Weltkrieg in Deutschland populär und wie viele Buben damals kickte auch der Schüler Julian gerne mit seinen Kameraden auf den Wiesen am langsam dahinfließenden Main.

„Fußball war meine Leidenschaft, aber ich übte mich auch in allen Arten der Leichtathletik, wo ich ganz gute Leistungen aufweisen konnte. Doch leider musste ich oft auf diese Freuden verzichten, weil ich daheim verschiedene Pflichten zu übernehmen hatte. Mein Vater verdiente bei der Bahn nicht sehr viel.

Für unsere vierköpfige Familie, ich hatte noch eine zehn Jahre ältere Schwester, reichte der Lohn nur knapp. Wie viele andere Eisenbahner betrieben des-

Bereit zum Pokalturnier in Gemünden, 7. August 1949.

halb auch meine Eltern nebenbei noch eine kleine Landwirtschaft. Ich musste Arbeiten im Stall und auf dem Feld übernehmen. Außerdem war es meine Aufgabe, das Holz für die Ofenfeuerung hereinzuholen und Rüben zu mahlen. Wenn ich hin und wieder auf dem Fußballplatz war, kam es nicht selten vor, dass mein Vater mich von dort zu meinen häuslichen Pflichten zurückholte. Meinen Kameraden erging es ähnlich. Für den Betreffenden war es schon recht peinlich, so vor den anderen vom Vater gegängelt zu werden. Die Eltern waren auch gegen das Fußballspielen, weil wir damals keine Fußballschuhe hatten und in unseren normalen Schuhen herumbolzten, was den Schuhen nicht gut tat. Und so schwebte immer eine gewisse Spannung über unseren Spielen, welcher Vater denn heute aufkreuzen würde."

Die dreißiger Jahre des vergangenen Jahrhunderts waren für die meisten Menschen in Deutschland eine harte Zeit. Die Eisenbahner litten als Beamte zwar nicht unter der Arbeitslosigkeit, aber ihr spärliches Einkommen bei hartem Schichtdienst erlaubte nur ein sehr karges Leben. „Trotz der kleinen Nebenerwerbslandwirtschaft, die auch nicht viel abwarf, musste die Mutter zeitweise in einer Zigarrenfabrik arbeiten, um die Familie über Wasser zu halten. Immer dann, wenn meine Mutter arbeitete, wurde ich von meiner Schwester Gretel beaufsichtigt. So entstand ein besonders enges Verhältnis zu ihr, da sie recht oft Ersatzmutter spielte. Aber ich glaube, immer hat ihr diese Rolle nicht zugesagt, denn sie wollte mit ihren Freundinnen auch mal allein sein und nicht stets den kleinen Bruder hinter sich herschleppen."

„Meine Eltern waren so genannte Durchschnittschristen", erzählt Herr Höfling über das Elternhaus: „Sie besuchten regelmäßig sonntags die Messe. Auch war es Sitte bei Tisch daheim zu beten, wie das damals zumindest auf dem Dorf noch allgemein üblich war. Aber besonders tief religiös veranlagt waren sie eigentlich nicht. Ich glaube, meine spätere Hinwendung zum Glauben habe ich dem Bruder meiner

Mutter, Onkel Karl Edel, zu verdanken. Er war Studienrat und ein tiefgläubiger Mensch. Regelmäßig las er in der Bibel und beschäftigte sich intensiv mit den verschiedensten theologischen Fragen. Sein Eifer hat mich nachhaltig beeindruckt und mein Interesse an dem christlichen Glauben geweckt. Mein Onkel ist aber an seiner tiefen Gläubigkeit später zerbrochen. Er hat sich wie in einen Wahn hineingesteigert und musste sogar in eine Nervenheilanstalt eingewiesen werden.

Der junge Julian beim Jungvolk.

Dort habe ich ihn mit meinem Vater öfter besucht. Er hat sich wohl mit seinen zu hohen Ansprüchen überfordert und den Bezug zur Realität verloren.

Wie fast alle Buben im Dorf war auch ich in der Hitlerjugend", bekennt Herr Höfling und berichtet über die Zeit des Nazi-Regimes: „In Langenprozelten spürte man vor allem als Jugendlicher nicht viel von den politischen Veränderungen. Wir kümmerten uns auch nicht um Politik. Für uns Jungen waren die Kampfspiele und die Freizeiten, die von der Hitlerjugend organisiert wurden, gern angenommene Abwechslungen in unserem sonst eher harten Alltagsleben. Eine Zeit lang war ich Fähnleinführer beim Jungvolk und somit für eine Gruppe jüngerer Buben verantwortlich. Dass mit den organisierten Kampfspielen eine vormilitärische Ausbildung verbunden war, merkten wir eigentlich nicht bewusst. In Langenprozelten lebten meines Erachtens keine Juden, so dass wir von der Verfolgung und Ausrottung der

Juden nichts mitbekamen. In der Hitlerjugend ging es bei uns relativ tolerant zu und wir konnten immer frei unserem Glauben nachgehen. Es hat uns auch nie einer Schwierigkeiten bereitet, wenn wir am Sonntag regelmäßig die heilige Messe besuchten."

Nach dem Abschluss der Volksschule begann der fünfzehnjährige Julian im Jahr 1937 eine Lehre als Elektriker bei der Firma Tratz und Co. in Aschaffenburg. Täglich fuhr er mit dem Zug von Langenprozelten nach Aschaffenburg. Dort wurde er erstmals mit der Verfolgung der Juden konfrontiert: „In Aschaffenburg gab es ganz in der Nähe meiner Lehrstelle eine jüdische Synagoge. Als ich am 10. November 1938 morgens vom Aschaffenburger Bahnhof zu meiner Arbeitsstelle ging, lag die Synagoge in Schutt und Asche. Sie war, wie ich später erfahren habe, in der Nacht – der so genannten Kristallnacht – wie viele Synagogen und jüdische Geschäfte in ganz Deutschland in Brand gesteckt worden. Als Sechzehnjähriger konnte ich damals natürlich nicht die Hintergründe dieser schlimmen Verbrechen der Nazis erkennen."

Die Elektrikerlehre schloss Herr Höfling im Jahr 1941 mit der Gesellenprüfung ab. Inzwischen wütete der Zweite Weltkrieg bereits zwei Jahre und das Hitler-Regime brauchte dringend Soldaten. So wurde auch der neunzehnjährige Julian gleich nach der bestandenen Gesellenprüfung zum Militärdienst eingezogen: „Als Elektriker wurde ich zu einer Marine-Einheit nach Stralsund an der Ostsee einberufen. Bald wurde ich nach Norwegen verlegt, wo ich eine gründliche militärische, aber auch vertiefte technische Ausbildung erhielt. Zu meinem Glück gehörte ich nicht zu den Schiffsbesatzungen oder der U-Boot-Truppe und war nie direkt an der Front eingesetzt. Dadurch bin ich wahrscheinlich von viel Leid und Elend verschont geblieben und wurde nicht vor schlimme Entscheidungen gestellt, wofür ich unendlich dankbar bin. Ein fürchterliches Ereignis werde ich nie ver-

gessen, bei dem ich vor einer Gräueltat, die mein ganzes Leben belastet hätte, bewahrt wurde:
Eines Tages, im Jahr 1943, wurde angeordnet, dass ein fahnenflüchtiger Kamerad erschossen werden soll. Die besten zehn Schützen unserer Kompanie wurden vom Kompaniechef dem Erschießungskommando zugeteilt. Auch ich gehörte zu meinem Entsetzen dazu. Wir erhielten ein Gewehr überreicht mit der Bemerkung, dass sich in einer Waffe eine Platzpatrone befindet. Schweigend und sehr betroffen marschierten wir dem Kommando gehorchend zur Hinrichtungsstätte. Auf halbem Weg ließ man uns anhalten und zu meinem Erstaunen erhielt ich den Befehl, sofort in die Kompaniestube zurückzukehren. Den Grund hat man mir damals nicht genannt und ich habe ihn nie erfahren. Doch meine große Erleichterung kann man sich vorstellen. Für mich war diese Befreiung eine Fügung Gottes, die ich unendlich dankbar annahm. Denn dadurch wurde ich vor einem großen Unrecht bewahrt."
Die Kriegsjahre verbrachte Julian Höfling bei der Marine, aber immer an Land, größtenteils in Norwegen. Gegen Ende des Krieges wurde er zum Marine-Oberkommando nach Kiel versetzt, wo er bei Kriegsende im Mai 1945 in britische Gefangenschaft geriet. „Wir deutschen Soldaten wurden von den Engländern in der U-Boot-Station in Kiel untergebracht und zum Arbeitseinsatz eingeteilt. Hier mussten wir Kriegsschäden beheben und auch Demontagen von Industrieanlagen durchführen. Diese Demontagen waren von den Besatzungsmächten angeordnet worden und sollten die Vernichtung des Kriegs- und Industriepotentials Deutschlands bezwecken. Bei einem dieser Arbeitseinsätze ist es mir gelungen, heimlich ein Fahrrad zu organisieren. Ich passte einen günstigen Moment ab und floh unbemerkt. Mit dem Rad fuhr ich auf Schleichwegen von Nord nach Süd durch ganz Deutschland und musste natürlich aufpassen, dass ich unterwegs nicht den Engländern und später im Hessischen

den Amerikanern in die Hände fiel, da ich noch keine Entlassungspapiere besaß. Andererseits ging im damaligen in Besatzungszonen eingeteilten Deutschland alles ziemlich chaotisch zu, so dass es mir schließlich gelang, bis nach Unterfranken durchzukommen. Man erzählte mir, dass es in Ochsenfurt ein Durchgangslager gäbe und man sich dort wegen der Entlassungspapiere melden müsse. So machte ich mich also an Gemünden vorbei nach Ochsenfurt auf und erhielt dort tatsächlich diesen wichtigen Schein. Erst jetzt war ich von dem Druck befreit, jederzeit von einem Besatzungssoldaten festgenommen zu werden. Ich war frei und gesund, hatte die schrecklichen Kriegsjahre überwunden und spürte wieder den Segen Gottes, der mich sicher nach Hause geleitet hat."
Ende Mai 1945 konnte Julian seine glücklichen Eltern endlich wieder in die Arme schließen. Jetzt war für die Familie Höfling der Krieg wirklich beendet. „Ich war sehr dankbar, wieder daheim zu sein und meine Eltern unterstützen zu können", erzählt Herr Höfling: „Mit dreiundzwanzig Jahren musste ich mir nun eine Arbeitsstelle suchen. Nach einer kurzen Ruhepause fand ich in dem Radiogeschäft Welzenbach in Aschaffenburg eine Beschäftigung. Es dauerte nicht lange und da bot sich für mich bei der Elektrofirma Tröber in Rieneck eine Stelle als Elektriker. Der Nachbarort Rieneck war für mich bequemer zu erreichen als Aschaffenburg und so wechselte ich nach einem Jahr die Stelle. Bis zum Jahr 1950 blieb ich bei dieser Firma und führte Installationsarbeiten in der Umgebung durch".
Die erste Begegnung mit seiner späteren Frau war etwas außergewöhnlich, wie Herr Höfling schmunzelnd schildert: „Meine Tante Gertraud Brückner aus Gemünden machte an einem Sonntag während eines Spazierganges entlang des Maines mit Frau Zink und deren Tochter Maria den Vorschlag, meine Eltern in Langenprozelten zu besuchen. Ich hatte an diesem Sonntagnachmittag Fußball gespielt auf

Hochzeitstag 1950.

dem neuen Sportplatz oben auf dem Berg. Am Tag zuvor hatte es geregnet und der Platz war noch ziemlich durchweicht. Beim Rennen um den Ball bin ich natürlich hin und wieder ausgerutscht und hingefallen. Am Ende des Spiels war der Platz total verschlammt und die Spieler sahen in ihren Trikots entsprechend dreckig und von oben bis unten vollgespritzt aus. So kam ich verschwitzt und voller Dreck daheim an und spitzte neugierig ins Wohnzimmer, wo die Eltern mit dem Besuch saßen. Die Maria Zink gefiel mir gleich und ich gefiel ihr trotz des Schmutzes wohl auch. Wir verabredeten uns spontan einige Male, verliebten uns und haben im Jahr 1950 geheiratet. Meine Frau war bei der Stadt Gemünden angestellt und erledigte dort die Stromrechnungen. Da passte es gut, dass ich Elektriker war, denn so verstanden wir beide etwas von dem Fach."

Die Arbeit als Elektriker bei der kleinen Elektrofirma füllte auf Dauer Herrn Höfling nicht aus: „Mein Wunsch war es nun, einen Arbeitsplatz zu finden, der mir Freude machte,

mir Aufstiegschancen und eine gewisse Sicherheit bot. Zu dieser Zeit, im Jahr 1950, suchte die Bayernwerk AG in Würzburg für den Aufbau neuer Stromleitungsnetze Elektromonteure, und ich bekam dort eine der sehr begehrten Stellen. Für mich war dies ein Glücksfall. Mein Traum hatte sich erfüllt. Ich durfte von nun an mithelfen, neue Umspannwerke aufzubauen. Die allmählich wachsende Industrie und auch die Haushalte meldeten einen immer höheren Strombedarf an, und die im Krieg teilweise stark zerstörten Stromleitungen mussten schleunigst instand gesetzt werden. Neue und stärkere Leitungen waren zu errichten. Diese Arbeit füllte mich ganz aus. Die Woche über war ich unterwegs auf Montage und habe für das Bayernwerk, das die Stromversorgung in Unterfranken gewährleistete, die Abspannportale erstellt und die Verdrahtungen der Umspanner durchgeführt. Bis auf den Untermain bereisten wir ganz Unterfranken und sorgten für eine funktionierende Stromversorgung. Manchmal waren wir bis zu zwei Wochen ohne Unterbrechung unterwegs im Einsatz und hatten danach einige Tage frei, um zu unserer Familie heimfahren zu können. Ich arbeitete an Spannungs- und Stromwandlern und an elektrischen Anlagen bis zu 220 000 Volt. Bei diesen Arbeiten mit hohen Spannungen waren äußerste Sorgfalt und Verlässlichkeit erforderlich. Schon ein winziger Fehler konnte tödlich enden. Aber auch hier kann ich sagen, dass ich immer vor Schaden bewahrt worden bin."
Nach einigen Jahren war die Aufbauphase im Bereich der Umspannwerke im Wesentlichen abgeschlossen und die Arbeitsgruppe des Herrn Höfling wurde aufgelöst. Die Mitarbeiter der Bayernwerk AG erhielten neue Arbeitsbereiche. So erging es auch ihm selbst und er schildert seinen weiteren beruflichen Werdegang: „Ich wurde im Jahr 1953 an das Umspannwerk Aschaffenburg versetzt und zog mit meiner Familie in eine schöne Werkswohnung. Bereits 1952 war unsere Tochter Edith geboren worden und 1953 folgte unsere

zweite Tochter Christel nach. Wir fühlten uns rundum wohl in Aschaffenburg, wo wir insgesamt zehn Jahre wohnen bleiben konnten. Hier hatte ich auch wieder eine interessante, aber schwierige und verantwortungsvolle Aufgabe übernommen. Ich musste mit zwei Schaltwärtern die Schaltungen im Hochspannungsbereich bis zu 220 000 Volt durchführen. Ferner hatten wir das Kohlekraftwerk Aschaffenburg in das Stromnetz einzuspeisen und für den Generatorenbetrieb des Bayernwerks Arbeiten auszuführen. Die Arbeit machte mir Freude und ich wollte in meinem Beruf weiterkommen. Ich fühlte mich für höhere Aufgaben berufen und so entschloss ich mich, die Meisterprüfung zu machen. Das war kein einfaches Unterfangen. Die nächsten Jahre bedeuteten für mich harte Arbeit, denn neben meinem anstrengenden Beruf musste ich nun Meistervorbereitungslehrgänge besuchen und für die Prüfung richtig büffeln. Endlich im Jahr 1956 wurden meine Mühe und mein Fleiß belohnt, und ich erhielt den begehrten Meistertitel."
Die Bayernwerk AG war mit ihrem Mitarbeiter Julian Höfling sehr zufrieden und sah den fähigen Meister bald für höhere Aufgaben vor. Mit einigem Stolz erzählt er: „Im Jahr 1962 erhielt ich von meiner obersten Dienststelle ein tolles Angebot: Ich sollte im Isarkraftwerk Altheim bei Landshut einen Aufgabenbereich übernehmen, der bisher nur Ingenieuren vorbehalten war. Ich freute mich über diese Anerkennung meiner Leistungen und die Beförderung und nahm gern diese Anforderung an, denn hier kam wieder ein ganz neuer Arbeitsbereich auf mich zu. Ich spürte, dass Gott mir auf meinem Lebensweg beistand und mich führte und wusste, dass ich mit seiner Hilfe die neue und anspruchsvolle Aufgabe auch würde erfüllen können. 1963 war es dann soweit und ich zog mit meiner Familie an den neuen Arbeitsort in Niederbayern. Selbstverständlich waren wir alle neugierig und gespannt, was uns da erwartete. Ich bekam wieder eine Werkswohnung gleich neben dem Kraftwerk in

idyllischer Lage direkt an der Isar, die hier aufgestaut war. In dem Wasserkraftwerk, für das ich nun als Schichtleiter verantwortlich war, wurde das Wasser der schnell dahinfließenden Isar und deren Zuflüsse durch Turbinen geschickt und dadurch Strom erzeugt. Meine Aufgabe war es in erster Linie, das Wasser von einem großen Speichersee mit fast einer Million Kubikmeter Inhalt zur Stromerzeugung zu verarbeiten und dies mit vier Kraftwerken und zwölf Turbinen und Generatoren. Es war ein harter Dienst damals in den sechziger Jahren. Wir mussten im Schichtdienst zu je zwölf Stunden arbeiten! Damit die Turbinen gleichmäßig arbeiteten, mussten wir die stark wechselnde Wasserführung des Flusses ständig überprüfen. Wenn die Turbinen die Wassermenge nicht mehr verkraften konnten, hatten wir dafür zu sorgen, dass das überschüssige Wasser über die Wehre abgeführt wurde. Außerdem gehörte die Überwachung von zwei 110 000-Volt-Freileitungen zu unserer Aufgabe. Dieser Strom war für die BMW-Werke in dem etwa dreißig Kilometer entfernten Dingolfing an der unteren Isar bestimmt. Unser Kraftwerk musste immer eine bestimmte Strommenge für dieses Autowerk gewährleisten."
Die Höflings gewöhnten sich schnell in ihre neue niederbayerische Umgebung ein und fühlten sich in der Werkswohnung an der Isar unterhalb der niederbayerischen Hauptstadt Landshut wohl. „Meine Frau, unsere beiden Kinder und ich liebten diese weitläufige Wiesen- und Auenlandschaft an der Isar", schwärmt Herr Höfling von dieser Zeit: „Da es in Altheim kein Gymnasium gab, schickten meine Frau und ich unsere Töchter Edith und Christel nach Landshut, das nur etwa sechs Kilometer entfernt lag, in die Schule des Klosters Seligenthal. Es war kein staatliches Gymnasium, wir hatten uns bewusst für diese private Klosterschule entschieden, die von Zisterzienserinnen geführt wurde. Beide Mädchen konnten an dieser Schule auch ihr Abitur ablegen. Insgesamt einundzwanzig Jahre bis zu meiner Pen-

sionierung im Jahr 1984 arbeitete ich in dem Wasserkraftwerk in Altheim, so dass unsere Kinder dort ihre ganze Jugend verbringen konnten."
Nun schiebt Herr Höfling einige Gedanken über seine Töchter in seinen Lebensbericht ein: „Ediths Wunsch war es, nach dem Abitur Lehrerin an einem Gymnasium zu werden. Sie nahm an der Universität in München das Studium in den Fächern Germanistik und Geschichte auf und konnte auch den Abschluss machen. Leider fand sie damals in den Jahren zwischen 1975 und 1977 keine Anstellung, weil es viele Bewerber und zu wenige Stellen gab. So schulte sie in einen technischen Beruf um und ist nun in der Datenverarbeitung einer Versicherungsgesellschaft in München tätig. Sie ist mit ihrem Beruf sehr zufrieden. Edith ist ledig geblieben und hat in München ihren Bekanntenkreis. Gelegentlich besucht sie uns hier in Langenprozelten.
Christel hat sich auch für den Beruf der Lehrerin entschieden. Sie ist inzwischen verheiratet und hat zwei Kinder. Sie übt heute noch ihren Beruf aus, ist an einer Grundschule in Rosenheim tätig und wohnt mit ihrer Familie auch dort. Besonders freuen wir uns bei ihren Besuchen über unsere zwei Enkelkinder: Barbara, die heute bereits achtzehn Jahre alt ist, und die fünfzehnjährige Katharina."
In seinem Beruf als Schaltmeister im Wasserkraftwerk Altheim ging Herr Höfling ganz auf. Der Beruf war für ihn gleichzeitig Berufung. Durch den langen Schichtdienst und die regelmäßigen Bereitschaftsstunden konnte er sich aber nicht in Altheim oder Landshut in Vereinen oder Organisationen betätigen. Der einzige Ausgleich für ihn war der Garten mit einigen Obstbäumen und eine Bienenzucht. Seine Frau hatte mit Haus, Garten und der Erziehung der beiden Töchter zu tun und fühlte sich damit ausgelastet. Über seine Arbeit im Kraftwerk sagt er: „Es war eine sehr verantwortungsvolle Aufgabe, die mir das Bayernwerk hier anvertraute. Ich bekam meine Anweisungen, musste aber in meiner

Arbeitsschicht selbstständig handeln und hatte somit auch für die Folgen meines Handelns einzutreten. In meiner Schicht war ich in der Befehlsstelle allein verantwortlich. Es war nur noch ein Schaltwärter anwesend, der meine Anweisungen ausführte. Hohe Konzentration war erforderlich. Gegen Ende jeder Schicht musste ich einen Bericht schreiben, in den alle unsere Arbeitsvorgänge grafisch aufzuzeichnen waren. Die Nachtschichten waren besonders anstrengend und verständlicherweise musste ich oft gegen die Müdigkeit zu später Stunde ankämpfen."
Gefürchtet sind in den Kraftwerken Netzzusammenbrüche, die bei den Abnehmern zum Stromausfall führen, wie Herr Höfling berichtet: „Einmal in meiner langen Tätigkeit erlebte ich einen totalen Netzzusammenbruch mit. Wegen einer Störung fiel ein Kraftwerk aus. Andere Kraftwerke mussten nun das ausgefallene Werk ersetzen und mehr Leistung bringen. Aus irgendwelchen Gründen hat das aber nicht funktioniert. Nacheinander sind alle unsere Kraftwerke ausgefallen, alle Leitungen sind, wie man bei uns sagt, aus dem Netz gefallen und das bei 380 000 Volt. In diesem Fall hatte der Stromausfall Auswirkungen bis zur RWE im Rheinland, was man sich als Laie kaum vorstellen kann. Solch ein totaler Stromausfall führt zu hohen Verlusten vor allem bei der Industrie. Denn wenn in einem Autowerk mit vielleicht tausend Beschäftigten die Produktion wegen Stromausfalls für nur eine Stunde stillsteht, kostet das Hunderttausende Mark. Bei so einem Netzausfall mussten wir unser Kraftwerk zunächst vom übrigen Netz trennen, einen so genannten Inselbetrieb fahren und Zug um Zug kleine Bereiche ins Netz einspeisen. Immer eine Leitung nach der anderen wurde zugeschaltet, bis das Stromnetz wieder stand. Dabei war von uns höchste Konzentration und schnelles aber überlegtes Reagieren gefragt, um den Ausfall baldmöglichst zu beheben. Gleichzeitig war es unsere Aufgabe, die Schäden so klein wie möglich zu halten und keine weiteren Ausfälle

durch erneute Netzüberlastung zu verursachen. Denn für Schäden musste zunächst die Bayernwerk-AG herhalten, diese wandte sich natürlich bei grober Fahrlässigkeit an den betreffenden Mitarbeiter.
In einem Kraftwerk hat ein Schichtleiter in meiner Position einmal einen großen Schaden verursacht. Das Wasser wurde tagsüber abgefahren und in der Nacht wurde der Speichersee wieder aufgestaut. Bis zum Morgen war der See erneut gefüllt. Der Kollege ist wegen Übermüdung in seiner Zwölfstunden-Schicht eingeschlafen und hat nicht registriert, wie der See allmählich übergelaufen ist. Es gab damals noch keine automatische Schaltung, sondern nur Warn- bzw. Alarmpegel. In diesem Fall sind zum Glück nur die Felder und Wiesen unterhalb des Speichersees überschwemmt worden, aber trotzdem war der Schaden groß. Der verantwortliche Mitarbeiter ist meines Wissens entlassen worden."
Im Laufe der Jahre wurde die Technik der Kraftwerke immer moderner und Herr Höfling musste stets auf dem neuesten technischen Stand bleiben. Er sagt über diese Veränderungen: „Die Kraftwerkstechnik änderte sich laufend und ich musste mich immer wieder fortbilden, um diese Technik zu beherrschen. Das Bayernwerk errichtete in Niederaichbach an der Isar nur wenige Kilometer von unserem Kraftwerk Altheim entfernt in den 1970er Jahren ein Atomkraftwerk. Später wurden in der Nähe noch die Atomkraftwerke Ohu 1 und 2 gebaut. Auch sie gehörten zu meinem Arbeitsbereich, denn in einem Störfall und bei Überholungsarbeiten musste unser Kraftwerk den notwendigen Strom für deren Eigenbedarf liefern. Ich hatte mich nun auch mit den Grundzügen der Arbeitsweise der Atomkraftwerke zu befassen und erfuhr somit etwas über Kernspaltung und Neutronenbeschuss. Während die Kraftwerke Ohu noch arbeiten, wurde Niederaichbach wegen Unwirtschaftlichkeit bald abgeschaltet. Bei dieser engen Verflechtung mit der Atomenergie blieb es nicht aus, dass ich mich auch mit der Atompolitik

befasste. Ich habe selbstverständlich hierzu einen festen Standpunkt. Meines Erachtens können wir auf die Atomenergie überhaupt nicht verzichten. Sie ist zur Deckung unseres Energiebedarfs notwendig. Ohne den Atomstrom müssten wir unsere Ansprüche spürbar zurückschrauben. Die Wasserkraftwerke an der Isar wurden übrigens unabhängig von den Atomkraftwerken immer noch weiter ausgebaut."
In diesem ständigen Veränderungen unterliegenden Wirtschaftsbereich konnte Herr Höfling bis zum Jahr 1984 im Wasserkraftwerk Altheim seiner Tätigkeit als Schaltmeister nachgehen. Dann beendete er mit zweiundsechzig Jahren sein Berufsleben, das ihn so ganz ausgefüllt hatte und erklärt dazu rückblickend: „Ich denke immer noch gern an die Zeit in Altheim zurück. Dort übte ich einen sehr interessanten und vielseitigen Beruf aus mit verantwortungsvollen Aufgaben, die ich gerne erfüllt habe. Noch heute bin ich dankbar für dieses Geschenk, denn nicht jeder ist mit seinem Beruf derart zufrieden, wie ich es gewesen bin."
Im Oktober 1984 nahmen Herr und Frau Höfling Abschied von Niederbayern und der vertrauten Landschaft mit den idyllischen Isarauen. Die beiden Töchter, die ihr Studium beendet hatten, wohnten zu diesem Zeitpunkt nicht mehr bei den Eltern. Nun konnten die Eheleute Höfling wieder in ihre alte Heimat Unterfranken und in das elterliche Anwesen von Herrn Höfling in Langenprozelten zurückkehren. Der Vater war bereits 1953 gestorben, die Mutter lebte noch bis zu ihrem Tod im Jahr 1973 in dem Wohnhaus in der Hauptstraße des Ortes am Main.
Herr Höfling malte sich einen gemütlichen Ruhestand aus: „In meiner alten Heimat angekommen, freute ich mich auf ein Leben als Rentner in Ruhe und Gelassenheit. Ich hatte mir vorgenommen, das Haus meiner Eltern auszubauen und zu renovieren. Außerdem wollte ich mich der Pflege unserer Obstbäume widmen. Meine Eltern besaßen einige mit alten

Obstbäumen bestandene Wiesen am Hang oberhalb von Langenprozelten. Doch die Bäume waren in den letzten Jahren nicht mehr geschnitten worden. Bereits in Altheim hatte ich mich in meiner Freizeit mit dem Obstbau und der Bienenzucht beschäftigt. Durch den Schichtdienst hatte ich auch oft tagsüber frei und habe durch diese Beschäftigung in der Natur Ausgleich und Entspannung gefunden und mich im Laufe der langen Jahre zu einem Fachmann auf diesem Gebiet entwickelt. In Deutenkofen, ganz in der Nähe von Altheim, hatte ich an der Bayerischen Versuchsanstalt für Obstbau Schnitt- und Pflegekurse für alle Obstbäume und Beerensträucher mitgemacht und die Befähigung erhalten, selbst solche Kurse zu leiten. Mein Vater war bereits Vorstand im Obst- und Gartenbauverein Langenprozelten gewesen und ich habe wohl von ihm die Liebe zur Natur und ein gewisses Verständnis für Obstbaumpflege geerbt. Von Altheim hatte ich meine dreißig Bienenvölker mit nach Langenprozelten gebracht und freute mich auf die nun wohl folgende geruhsame Zeit als Hobbyimker und Obstbauer."
Der Ruhestand des Herrn Höfling nahm aber einen ganz anderen Verlauf, als er sich dies vorgestellt hatte, und das begann so: „Die Vereine in Langenprozelten hatten einen großen Bedarf an Menschen, die sich für die Gemeinschaft engagieren sollten. Einige Mitglieder des Obst- und Gartenbauvereins sahen wohl, dass ich meine Obstbäume gut pflegte und der Obstertrag meiner Bäume gut war. So trat man bald an mich heran mit der Bitte, im Verein mitzuarbeiten und Schnitt- und Pflegekurse für die verschiedenen Obstarten durchzuführen. Da mir die Arbeit mit den Obstbäumen Spaß machte, habe ich zugesagt und im Laufe der Zeit sprach sich mein Können auch in anderen Orten herum. So habe ich schließlich nicht nur in Langenprozelten, sondern auch in Gemünden, Adelsberg, Hofstetten, Schaippach, Gössenheim, Karlburg, Wiesenfeld, Binsfeld und Heßlar solche Kurse mit gutem Erfolg abgehalten. Viele der Ver-

eine engagieren mich heute noch für Schnitt- und Veredelungskurse. Ich habe zu den Obst- und Gartenbauvereinen ein sehr freundschaftliches, ja, ich glaube sagen zu dürfen, ein herzliches Verhältnis gewonnen. Manche fragen mich um Rat und ich freue mich, anderen helfen zu können. So kann ich dabei gleichzeitig meine Achtung und Liebe für die Natur und die herrliche Schöpfung weitergeben. Denn nur, wenn wir mit der uns anvertrauten Schöpfung achtsam umgehen, können wir die schöne mainfränkische Landschaft, in der wir leben, erhalten. Mit der Pflege der Bäume ist für mich eine ganze Philosophie verbunden. Die Leute freuen sich und sind glücklich, wenn ich mich mit ihnen unterhalte und dabei die Bäume pflege. Ich spüre, dass ich eine Hand und ein Gefühl für die Bäume habe. Bei einem alten ungepflegten Baum sehe ich, wie er sich mit seinem Astgestrüpp plagt und ich merke, wie ich ihn entlaste, wenn ich ihn von alten und teilweise dürren Ästen befreie. Die Bäume danken eine solche Pflege und blühen danach richtig auf. Es erfüllt mich mit Dankbarkeit, wenn ich einen solchen Dienst an den Obstbäumen leisten kann und den Menschen, denen die Bäume gehören, damit helfe." Wir spüren bei diesen Worten die enge Verbundenheit von Herr Höfling mit Mensch und Natur und können uns auch von Briefen überzeugen, in denen die Obstbaumbesitzer Herrn Höfling ihre Dankbarkeit ausdrücken.

Der Obst- und Gartenbauverein Langenprozelten in dem rund zweitausend Einwohner zählenden Stadtteil von Gemünden war besonders aktiv und half bei der Dorfsanierung und der Gestaltung des Langenprozeltener Mainufers durch Bepflanzungsmaßnahmen mit. Die Langenprozeltener, die schon immer ein aktives Völkchen waren, wollten ihre Eigenart auch in der größeren Stadt Gemünden bewahren und so schlossen sich alle Ortsvereine im Jahr 1989 zu einer Gemeinschaft zusammen, um die örtlichen Feste und Aktivitäten besser zu koordinieren. Herr Höfling hatte sich für diesen Zusammenschluss besonders eingesetzt und gerne erzählt er von diesem Schritt, der das Vereinsleben in Langenprozelten stark beeinflussen sollte: „Es war ein denkwürdiger Tag, als sich am 21. September 1989 in einer Zusammenkunft aller Vereine die Vereinsvorstände entschlossen, einen Vereinsring zu bilden und nunmehr gemeinsam alle örtlichen Aktivitäten zu organisieren. In allen Vereinen stimmten die Mitglieder für diesen Zusammenschluss und in der Gründungsversammlung des neuen Vereinsringes Langenprozelten wurde ich zum Ersten Vorsitzenden gewählt. Den Geist des Zusammenschlusses haben wir in folgender Präambel der Vereinssatzung ausgedrückt: ‚Mit Gott zum Wohle des Vereins und der Bevölkerung von Langenprozelten.' Ich finde, schöner kann man unsere Aufgabe, die wir hier auf Erden haben, gar nicht bezeichnen. Selbstverständlich habe ich den Vorsitz gern übernommen und während der zehnjährigen Tätigkeit als Vereinsringvorsitzender alle meine Kraft für unser Langenprozelten eingesetzt."

In einem Alter, in dem sich viele nur noch ausruhen, wurde Herr Höfling immer aktiver. Er wusste die Mitglieder der Vereine hinter sich. Die Vereine konnten sich stets auf ihren Julian verlassen, was ihn noch mehr angespornt habe, wie er sagt: „Es war für mich die Erfüllung meiner Tätigkeit als Erster Vorsitzender zu sehen, wie sich die Vereine bemühten, das Dorf und die Umgebung zu verschönern und neu zu gestalten. Viele freiwillige Helfer waren zur Stelle und wenn eine Maßnahme abgeschlossen war, gab es ein schönes Fest, an dem alle Vereine teilnahmen. Für mich war es eine Zeit der Liebe für den Vereinsring. Es war eine Zeit der Güte für das Wohl der Vereine und der Bürger. Es war eine Zeit des Dankes für die Zusammenarbeit aller Langenprozeltener."

Auch im Verein „Kameradschaft", dem ehemaligen Kriegerverein, wirkte Herr Höfling. Einige Jahre war er Zweiter Vorsitzender und hat sich dabei besonders um die traditionelle

Schiffswallfahrt auf dem Main von Langenprozelten nach Steinbach und Maria Buchen bemüht. Herr Höfling betont dazu: „Es ist für mich ein ganz besonderes Glücksgefühl, wenn wir diese Wallfahrt mainabwärts auf dem geruhsam dahingleitenden Schiff unternehmen mit Gebeten, Gesang und Musikkapelle. Ich denke dabei an die Geschichten im Neuen Testament, die von Bootsfahrten über den See mit Jesus erzählen. Es ist ein ganz erhebender Eindruck, mit vielen Gläubigen auf dem Wasser zu sein. Zu den schmerzvolleren Aufgaben gehörte es, am Grab von einem lieben Kameraden Abschied zu nehmen. Ich glaube, es ist ein Werk der Barmherzigkeit, an die Verstorbenen zu denken und für sie zu beten. Denn Jesus sagt: ‚Du wirst Barmherzigkeit erlangen und zwar schon jetzt hier auf Erden und nicht erst in der Ewigkeit (Matthäus 5, 7).' Im Verein Kameradschaft bin ich heute noch tätig, allerdings nicht mehr als Vorsitzender." Bei so viel Aktivität im Vereinsleben bleibt es nicht aus, dass auch der Ruf laut wird, sich in der Politik, insbesondere im kommunalen Bereich, zu betätigen. Herr Höfling hatte sich bereits im Jahr 1984 entschieden, eine politische Partei zu unterstützen, weil er davon überzeugt war, dass ein demokratischer Staat nur mit starken Parteien überlebensfähig ist. Aufgrund seiner christlichen Prinzipien kam für ihn nur die Christliche Soziale Union in Frage und so trat er in diese Partei ein. Über sein Engagement auf der politischen Bühne meint er: „Ich war überzeugt, mich für das Wohl meiner Mitmenschen auch im politischen Bereich einsetzen zu müssen. Da ich in den Versammlungen des CSU-Ortsverbandes wohl ganz gute Diskussionsbeiträge leistete, wählten mich die Mitglieder schließlich im Jahr 1989 zu ihrem Vorsitzenden. Den Vorsitz hatte ich bis zum 17. März 1991 inne. Mein Engagement in der Politik war immer auf den Dienst am Nächsten und am Wohl der Allgemeinheit ausgerichtet. Bei der Kommunalwahl im Jahr 1990 kandidierte ich für den Gemündener Stadtrat und wurde auch in dieses Gremium gewählt. Von 1990 bis 1996 gehörte ich dem Stadtrat an und versuchte, Entscheidungen zum Wohl der Bürger zu treffen. Meine Vorstellungen strapazierten oftmals die Finanzen der Stadt. Auch war ich nicht immer einer Meinung mit Herrn Bürgermeister Hans Michelbach und eckte manchmal in der CSU-Fraktion an. Jedoch blieb ich immer meinem Grundsatz treu und setzte mich für die Bürger und für eine lebenswerte Stadt ein. Ich war der Auffassung, dass eine Stadt ihren Bürgern auch kulturelle Leistungen anbieten müsse und die Einwohner sich in ihrer Stadt wohl fühlen sollten. Ein Leitsatz für meine Arbeit im Stadtrat war: ‚Wer nicht vorwärts geht, bleibt nicht stehen, sondern er bleibt zurück.' Darin war ich mir mit dem damaligen Bürgermeister Hans Michelbach immer einig."

Ein Mann mit tiefen Glaubenswurzeln ist natürlich auch in der Kirche verankert. Der gläubige Katholik Julian Höfling, der es für selbstverständlich ansieht, sonntags oder am Samstagabend an der heiligen Messe teilzunehmen, wurde auch von der katholischen Kirchengemeinde Langenprozelten entdeckt. „Bei der Pfarrgemeinderatswahl im Jahr 1988 wurde ich in den Pfarrgemeinderat gewählt und auch gleich zum Ersten Vorsitzenden bestimmt", berichtet Herr Höfling und führt weiter aus „Es war für mich eine schöne Zeit, mit den gewählten Frauen und Männern für den Aufbau einer lebendigen Gemeinde und die Verwirklichung des Heils- und Segensauftrages der Kirche insgesamt acht Jahre lang verantwortlich sein zu dürfen. Ich habe mich im gesamten Bereich der Kirche eingesetzt und besonders gern die bei uns beliebten Seniorennachmittage mitgestaltet, um unseren älteren Mitchristen einige besinnliche, aber auch unterhaltsame Stunden zu schenken. Die Gestaltung unserer Gottesdienste war mir besonders wichtig, denn ich wollte, dass unsere Gemeindemitglieder gern die Gottesdienste besuchen. Und so bin ich im Laufe der Jahre ganz in unsere Kirchengemeinde hineingewachsen. Auch heute bin ich

noch im Pfarrgemeinderat tätig. Ich bin sehr dankbar, dass ich als Lektor, Kommunionhelfer und Wortgottesdienstleiter weiter wirken darf. Noch eine weitere Aufgabe habe ich, nämlich als Leiter des Pfarrheimes. Dabei muss ich mich um die Organisation von Feiern und Veranstaltungen kümmern und natürlich auch manchen Ärger einstecken, denn bei einigen Gruppen gibt es Probleme, wenn nach einer Veranstaltung Schäden im Pfarrheim festgestellt werden. So musste ich kürzlich leider meinen Kopf dafür herhalten, eine Jugendveranstaltung nicht zuzulassen, was mir den Zorn und anonyme Drohungen einiger Mitbürger zuzog."
Besonders begeistert erzählt Herr Höfling von der jährlichen Wallfahrt zum heiligen Berg der Unterfranken, dem Kreuzberg in der Rhön: „Es ist für mich eine ganz besondere Freude, wenn im September die Kreuzbergwallfahrt beginnt. Wir werden vom Pfarrer der Gemündener Pfarrkirche St. Peter und Paul am Marktplatz in Gemünden verabschiedet und ziehen, begleitet von einer Musikkapelle und unter Gesängen, aus der Stadt nach Schönau und weiter durch die schon herbstliche Flur, durch Wälder und an Flüssen entlang zum 928 Meter hohen Kreuzberg. Vier Tage sind wir unterwegs, bis wir betend unser Ziel erreichen. Es ist ein erhebendes Gefühl, tagelang durch Gottes herrliche Natur zu gehen und gemeinsam Gott zu loben und zu preisen und in allen Dörfern, die wir durchwandern, gastfreundlich aufgenommen zu werden. Recht müde und abgekämpft, aber innerlich gestärkt in der Gemeinschaft treten wir in das Kloster am Kreuzberg ein.
Nach einem feierlichen Gottesdienst am nächsten Morgen machen wir uns auf den Rückweg, der uns über Schildeck, Mitgenfeld und Oberleichtersbach führt. Gemünden erreichen wir wieder über den Harras und das Josefshaus. Unter Musikbegleitung kommen wir am Abend am Gemündener Marktplatz an, wo wir vom Pfarrer, von Familienangehörigen und Freunden mit Blumen herzlich empfangen werden.

Julian Höfling (ganz rechts) als Wallfahrtsführer bei der Kreuzbergwallfahrt 1994.

Diese Wallfahrt ist für mich jedes Mal eine neue wunderbare Kraftquelle und ich werde daran teilnehmen, so lange ich das körperlich verkrafte. Mit einem dankbaren Gebet in der Peter-und-Paul-Kirche in der Altstadt von Gemünden werden müde, aber frohe Wallfahrer nach Hause entlassen."
Wir können nur staunen, wie viel Zeit und Kraft Herr Höfling für die Vereine, für seine Kirche, für seine Mitbürger einsetzt. Auf unsere Frage teilt er mit, dass er sich gesundheitlich recht wohl fühlt und über keine Krankheiten klagen muss. Er ist ein innerlich froher Mensch, der einfach für andere da sein muss. Klagen ist nicht seine Sache, vielmehr strahlt er einen Optimismus aus, der ansteckt.
Bei all seiner Aktivität vergisst er aber seine Frau, sein Haus und seine Obstbäume und Bienenvölker nicht: „Natürlich gibt es auch daheim einiges zu tun, was mir jedoch schnell von der Hand geht. Meine Frau nimmt wegen ihrer Geh-

behinderung gern meine Hilfe beim Einkaufen und im Haushalt an, so dass ich mich schon fast als Hausmann fühle. Auch die eigenen Obstbäume wollen gepflegt werden, damit sie reiche Ernte tragen. Sie danken mir diese Pflege durch üppige Erträge. Meine zwanzig Bienenvölker brauchen ihren Imker, der für sie sorgt. Hin und wieder versehen sie mich noch heute mit einigen schmerzhaften Stichen. Die vergesse ich aber schnell, wenn ich vor ihrem Flugloch sitze und ihr emsiges Treiben beobachte. Es ist wunderbar zuzusehen, wie sie sich so eifrig bemühen, Blütenstaub, Honig und Propolis zu sammeln, die wir so dringend für unsere Gesundheit brauchen. In solcher Ruhepause finde ich immer wieder neue Kraft für meinen Alltag."

Abschließend betont Herr Höfling: „Mein Wunsch ist es, die täglichen Dinge, die ich zu erledigen habe, in Einklang zu bringen mit dem Geist des Evangeliums. Somit versuche ich, mein Leben vom Glauben her zu bestimmen und mich danach zu orientieren. Mein Grundsatz heißt: Gott zu lieben, zu loben und zu preisen und in seinem Auftrag meinen Mitmenschen in Liebe zu dienen."

Kurt Jessberger, Marktheidenfeld

*Kurt Jeßberger, am 28. Juni 1921 in Rohrbrunn
im Hochspessart geboren, Gastwirt und Hotelier,
verheiratet mit Rosl Jeßberger, geb. Michel, am 8. Oktober 1920
in Unterwittbach bei Wertheim geboren,
das Ehepaar Jeßberger wohnt in Marktheidenfeld.*

Wer viel gibt, bekommt viel

An einem besonders heißen Tag im Mai besuchten wir Herrn Kurt Jeßberger in Marktheidenfeld, denn er hatte sich bereit erklärt, uns über sein abwechslungsreiches Leben zu erzählen. Vor seiner Parterrewohnung in der großzügigen Wohnanlage in der Baumhofstraße empfing er uns erwartungsvoll und führte uns in seine von ihm und seiner Frau erst kürzlich bezogene Neubauwohnung. Stolz leitete er uns vom gemütlichen Wohnzimmer direkt in sein Arbeitszimmer, in dem er sich seinem langjährigen Hobby, dem Sammeln von Briefmarken aus aller Welt, in Ruhe widmen kann. Seine ganze Leidenschaft gehört dem Spessart, der Natur und der Jagd, und diesem Thema hat Herr Jeßberger 1985 zusammen mit Rektor Manfred Schneider das Buch gewidmet „Rohrbrunn und der Hochspessart-Wald, Wild, Wirtshaus".
Durch die intensiven Recherchen für dieses Buch ist er zu einem profunden Kenner des Spessartwaldes geworden.
Voller Stolz erzählt uns Herr Jeßberger, dass er am 28. Juni 1921 im legendären „Wirtshaus im Spessart" in Rohrbrunn geboren wurde und in dieser Spessarteinöde und Naturidylle zwischen Aschaffenburg und Marktheidenfeld eine märchenhafte Kindheit verlebte.
„Mein Vater August Jeßberger, 1890 in Röttbach bei Marktheidenfeld geboren, wurde 1918 von der bayerischen Staatsforstverwaltung unter zwanzig Bewerbern als Pächter des staatseigenen Gasthofes Rohrbrunn an der damals wichtigs-

Das Ehepaar Jeßberger.

ten Straßenverbindung von Frankfurt über Aschaffenburg durch den Spessart nach Würzburg und Nürnberg ausgewählt. Von zwölf Kindern war er das älteste und wurde nach seinem Schulabschluss Kutscher beim Forstmeister Wilhelm Mantel in Bischbrunn und dessen Nachfolger Wilhelm Raumer, der von 1910 bis 1920 Vorstand des Forstamtes Bischbrunn war. Schon meine Großmutter väterlicherseits, Sophie Jeßberger, geborene Müller, stand bei den königlichen Forstbeamten als Köchin in Diensten. Jedes Forstamt verfügte über einen Pferdestall mit Kutsche, wofür ein Kutscher verantwortlich war. Auf dem Land waren nach dem Ersten Weltkrieg Autos noch unbekannt. Außerdem gehörten ein Knecht und eine Magd zum Personal. Die Magd erledigte die Hausarbeiten und musste die Schweine füttern und die Kühe melken, der Knecht kümmerte sich um die kleine Landwirtschaft, die ebenfalls zum Forstamtsbetrieb gehörte. Es gab weit und breit keinen Laden, wo man Lebensmittel einkaufen konnte. Die Forstleute und ihre Familien mussten

sich deshalb zumindest in dem abgelegenen Rohrbrunn weitestgehend selbst versorgen.
Der frühere Chef meines Vaters, Forstmeister Mantel, war inzwischen in München im Ministerium an leitender Stelle tätig, und so verwundert es nicht, dass mein Vater das Gasthaus übernehmen durfte. Wie heißt es so schön: ‚Beziehung ist das halbe Leben.' Der Gasthof war sehr heruntergekommen. Mein Vater baute ihn aus, renovierte das Anwesen und steckte viel Kraft und Geld in die Gebäude. Er war es auch, der dem ‚Gasthaus zum Hochspessart', wie der Gasthof früher hieß, den Namen ‚Wirtshaus im Spessart' gab und sich ihn behördlich genehmigen ließ. Übrigens ist das Märchen ‚Das Wirtshaus im Spessart' von Wilhelm Hauff nur der Phantasie entsprungen, gleichwohl könnte sich die Geschichte auch in dem einsamen Gasthof mitten im Spessartwald zugetragen haben, denn der Spessart galt in früheren Zeiten als gefürchtetes Räuberversteck.
Die Investitionen meines Vaters sollten sich bald lohnen, denn die Gästezahl nahm zu und die Einnahmen stiegen deutlich. Man fuhr damals noch nicht ins Ausland in den Urlaub. Die Leute aus dem Frankfurter Raum kamen zur

Rohrbrunn – Wirtshaus im Spessart, um 1938.

Erholung in den Spessart, und da war so ein romantischer Platz wie Rohrbrunn mit seinem Wirtshaus mitten im dichten sagenumwobenen Wald gerade richtig. Mein Vater war recht geschäftstüchtig und machte viel Werbung im Rhein-Main-Gebiet. So waren an manchen Sommerwochenenden alle einhundert Sitzplätze sowie die riesige Terrasse voll belegt."

Rohrbrunn war damals ein einsamer Weiler an der wichtigsten Hauptverkehrsstraße durch den Spessart und liegt fast genau in der Mitte des Naturparks. In den Jahren um 1920 herum bestand der Ort nur aus einem Forstamtsgebäude, dem so genannten Neuen Forsthaus, das 1910 errichtet wurde, dem alten Forsthaus, in dem Forstbedienstete wohnten, einem Straßenwärterhaus, einem weiteren kleinen Wohnhäuschen und dem Wirtshaus samt zugehörigen Nebengebäuden. In unmittelbarer Nähe befinden sich noch das Forsthaus „Diana" und das Jagdschlösschen „Luitpoldhöhe". Dieses harmonisch in die Landschaft eingepasste Schlösschen mit schönem Fachwerk und einem vielfältig gegliederten Dach hatte 1889 der damalige bayerische Prinzregent Luitpold erbauen lassen. Alljährlich im Spätherbst hielt er sich hier auf, um große Saujagden im Hochspessart zu veranstalten.

Der Weiler war eine von Laubwald umgebene Rodungsinsel und zum Schutz vor Wildschäden vollkommen eingezäunt. Reisende mussten auf der Durchfahrt anhalten und die Tore des Wildgatters öffnen. Noch heute kann man auf der inzwischen gut ausgebauten Bundesstraße zwischen Rohrbrunn und Bischbrunn Reste des ehemaligen Wildgatters erkennen. Die Einöde Rohrbrunn gibt es allerdings heute nicht mehr. Seit 1959 führt hier die Autobahn A3 vorbei und anstelle des „Wirtshauses im Spessart" stehen hier die modernen Autobahnraststätten „Rasthaus im Spessart" – Nord und Süd – und bieten den zahllosen Reisenden Gastlichkeit nach alter Rohrbrunner Tradition. Mit dem Autobahnbau ging die einsame Siedlung unter, Wirtshaus und Forstamt wurden im Jahr 1959 abgerissen.

Nach diesem Hinweis auf die geografische Lage wollen wir wieder zur Familie Jeßberger zurückkehren. Die rührigen Wirtsleute August und Maria Jeßberger, geborene Eckert, sorgten dafür, dass das „Wirtshaus im Spessart" bald weit und breit bekannt wurde. „Mein Vater war der geborene Wirt, dominierte schon durch seine kräftige Gestalt, sorgte für Ordnung und war aufmerksam zu seinen Gästen. Meine Mutter galt als ausgezeichnete Köchin. Sie entstammte einer Wirtsfamilie aus Wessental bei Wertheim, wo ihre Eltern das Gasthaus ‚Zum Hirschen' bewirtschafteten. Sie beherrschte die Küche und trug viel zum guten Ruf unseres Gasthofes bei. Gerühmt wurden die vielseitigen Wildgerichte, die es bei uns in großer Auswahl gab. Mit dem zunehmenden Autoverkehr in den zwanziger Jahren lohnte es sich für meinen Vater sogar, eine Tankstelle zu errichten, so dass Rohrbrunn für die Reisenden noch interessanter wurde.

Ich denke gern an die Rohrbrunner Zeit zurück, denn meine Kindheit und die meiner vier Jahre jüngeren Schwester Anita war wie im Märchen. In dem kleinen Ort lebten nur drei oder vier Kinder im Vorschulalter. Da waren der Sohn des Holzarbeiters und der Sohn des Forstrates, der im Schlösschen wohnte. Wir Kinder haben uns oft zum Spielen getroffen, da wir fast gleichaltrig waren. Meine Eltern besaßen Hühner, Schweine, Kühe und Pferde, und wir Kinder beschäftigten uns viel mit diesen Tieren. Auch das Füttern der Tiere gehörte dazu. Das Wirtshaus verfügte über zwanzig Fremdenzimmer, die alle Einzelöfen hatten und mit Holz beheizt wurden. Damit sich die Gäste auch in der kalten Jahreszeit bei uns wohl fühlen konnten, verfeuerten wir im Jahr etwa dreihundert Ster Holz. Wir Kinder halfen mit, das ofenfertig geschnittene Holz aufzuschichten. Fließendes Wasser gab es nicht, das Wasser musste aus einem Brunnen geholt werden. In jedem Zimmer standen eine Kanne mit

Wasser und eine Waschschüssel für die morgendliche Toilette. Was war das für eine harte Arbeit, um damals einen so großen Gasthausbetrieb aufrecht erhalten zu können! Viele fleißige Hände waren erforderlich, um den Gästen den Aufenthalt mitten im Spessart so angenehm wie möglich zu machen. Dennoch herrschte eine gemütliche Atmosphäre, und die Gäste waren zufrieden und kamen immer wieder gern nach Rohrbrunn. Zum Gasthof gehörte noch eine kleine Landwirtschaft von zehn Hektar mit Wiesen, Kartoffel- und Kornacker, und auch wir Kinder wurden angehalten, in der Landwirtschaft mitzuarbeiten. Ich empfand unsere Mitarbeit aber nicht als Belastung, sondern eher als Spiel. Schließlich war es für uns selbstverständlich, dass wir schon von früher Kindheit an unsere Eltern unterstützten.
Regelmäßig beschäftigt waren bei uns eine Frau für die Schweinehaltung, ein Knecht für die Pferde, zwei Zimmermädchen für die Übernachtungs- und Feriengäste sowie Bedienungen. An großen Feiertagen wie Ostern oder Pfingsten brauchte mein Vater bis zu zwölf Kellner und Kellnerinnen, um den Ansturm der Gäste bewältigen zu können. Als sich allmählich der Autoverkehr durchsetzte, kamen die Gäste auch von weiter entfernten Orten, übernachteten einmal, wenn sie auf der Durchreise waren, oder verbrachten das Wochenende bei uns in Rohrbrunn. Der Spessart hatte in den Jahren vor dem Zweiten Weltkrieg einen guten Namen als Erholungsgebiet vor allem für die Großstädter. Man verband mit dem Spessart romantische Vorstellungen über den Wald und das Wild. Bereits 1924 kaufte sich mein Vater sein erstes Auto, einen sechssitzigen Opel, und holte Feriengäste am Bahnhof Heimbuchenthal oder in Aschaffenburg ab.
Als Kind konnte ich den herrlichen Wildbestand um unseren Weiler bewundern. Nachts standen auf einer großen Wiese am Waldrand bis zu einhundert Stück Rotwild. Das war eine richtige Touristenattraktion und es gehörte zum Programm, mit den Gästen das äsende Rotwild zu bestaunen.

Abends wurde die Wildschweinfütterung vom Vater, vom Knecht und manchmal auch von uns Buben durchgeführt, wobei wir ganze Rudel zählen konnten. Die Gäste waren immer wieder überrascht, wie eilig die Wildschweine zur Futterstelle kamen, wie verabredet immer zur gleichen Zeit. Später hat mein Vater einen Teil des Gartengrundstückes besonders eingezäunt und drei bis vier Wildsäue dort frei herumlaufen lassen zur Freude unserer Gäste."
Da es keine Schule im Ort oder in erreichbarer Nähe gab, wurden die Forstbeamten versetzt, sobald ihre Kinder schulreif wurden. Der Bub vom Holzarbeiter musste ebenso wie der kleine Kurt Jeßberger und seine jüngere Schwester Anita von daheim fort, um die Schule zu besuchen. Mit sechs Jahren kam der Gastwirtssohn zu Onkel Franz und Tante Hermine nach Wertheim am Main. Es waren zwar nur etwa zwanzig Kilometer von Rohrbrunn bis Wertheim, aber da es keinerlei Verkehrsverbindung gab, konnten die Kinder nur in den Ferien nach Hause zu den Eltern und in das geliebte Rohrbrunn fahren. In der Schulzeit lebte der Junge in der Familie seines Onkels, der Angestellter beim Fürstlichen Forstamt zu Löwenstein war und besuchte in Wertheim die Volksschule. Die kleine Anita kam während ihres Schulbesuchs nach Wessenthal zu den Großeltern Eckert, die das Gasthaus „Zum Hirschen" betrieben.
„Nach vier Jahren brachten mich meine Eltern nach Aschaffenburg ins Studienseminar in der Pfaffengasse, wo ich im angeschlossenen Pensionat wohnte und das Gymnasium besuchte.
An die Schulzeit in Aschaffenburg habe ich eine gute Erinnerung. Mein Schulweg war angenehm kurz, ich musste nur über den Hof und schon war ich im Gymnasium. Mit den Klassenkameraden kam ich gut zurecht. Ich war ein erfolgreicher Sportler und gewann auch dadurch die Sympathie meiner Mitschüler. Noch heute habe ich Kontakt zu einigen von ihnen und erhalte regelmäßig Einladungen zu

Kurt Jeßberger im Alter von 18 Jahren.

Jahrgangstreffen. Natürlich gab es auch Probleme, denn ich war nicht mit allem einverstanden, was an der Schule geschah.

So störte mich, dass manche Präfekten besondere Günstlinge hatten und einige Schüler nicht so gut angesehen waren. Außerdem ging es bei der Erziehung oft sehr streng zu. Jeden Freitag mussten wir in die Kapuzinerkirche zum Beichten gehen. Wenn einer mal nicht zur Kommunion ging, wurden die Präfekten schon hellhörig. Schlimm war für uns Schüler auch, wenn einer ganz allein in dem winzigen Klavierzimmer stundenlang eingesperrt wurde, nachdem er etwas angestellt hatte.

In den Ferien kehrte ich immer wieder gerne in mein Rohrbrunn zurück und konnte den Aufschwung des Gasthofbetriebes ab 1930 miterleben. Das ‚Wirtshaus im Spessart' hatte sich zu einem bedeutenden Ausflugslokal entwickelt. Meine Eltern arbeiteten hart, Urlaub oder auch nur mal einen Ruhetag kannten sie nicht. Sie verdienten ordentlich und freuten sich über die stetige Zunahme der Gäste und den guten Ruf, den sich der Gasthof inzwischen erworben hatte. Der Wunsch meines Vaters war es, irgendwann etwas Eigenes aufzubauen. Denn auf die Dauer wollte er nicht immer als Pächter abhängig von dem Wohlwollen der bayerischen Forstverwaltung sein. Er schaute sich nach einem geeigneten Objekt um, und so bot sich ihm im Jahr 1938 die Gelegenheit, das Obstgut ‚Baumhof' auf der östlichen Anhöhe weit außerhalb der Stadt Marktheidenfeld zu kaufen. Der Baumhof war in den Jahren 1900 und 1901 von dem Besitzer des Bürgerbräu in Marktheidenfeld, Karl Lermann, erbaut worden. Herr Lermann hatte in den Gemarkungen Karbach und Marktheidenfeld etwa achtundvierzig Hektar Grund und Boden erworben und einen Hopfenacker angelegt sowie zahlreiche Obstbäume gepflanzt. 1939 gaben meine Eltern das ‚Wirtshaus im Spessart' auf und die ganze Familie zog nach Marktheidenfeld in den Baumhof, der inzwischen über zweitausend Obstbäume verfügte. Mein Vater beabsichtigte, eine Großkelterei einzurichten, um in großen Mengen Apfelsaft und Apfelwein herzustellen. Doch im strengen Winter 1939/1940 erfroren zu unserem Entsetzen die meisten Apfelbäume und das Obstgut Baumhof war damit am Ende. Nun galt es umzudenken, und meine Eltern entschlossen sich, auf dem großen Gelände Landwirtschaft zu betreiben. Der Baumhof hatte allerdings ein großes Manko: Auf dem Hof gab es keinen Brunnen, der Wasser förderte. Auch ein Anschluss an das städtische Wasserleitungsnetz war wegen der großen Entfernung nicht möglich.

Bis zum Jahr 1965, als wir endlich einen Wasseranschluss erhielten, mussten wir Tag für Tag in einem Fass, das siebenhundert Liter aufnehmen konnte, Wasser aus dem nahe gelegenen Heubrunnenbach holen, etwa dort, wo heute das Schwimmbad Maradies steht. Wasser war für uns besonders kostbar und so hatten wir an jeder Ecke der Gebäude ein Wasserfass mit etwa drei Hektoliter Inhalt stehen, aus denen wir in Eimern das wertvolle Nass herausschöpften, wenn es geregnet hatte. Das ersparte uns dann an diesen Tagen den weiten Weg zum Bach.

Ich wollte schon immer gern Landwirt werden, und so gefiel mir die Arbeit auf unserem Hof zusammen mit meinen Eltern. Im Frühjahr 1940 beendete ich die Schule in Aschaffenburg und richtete mich auf ein Leben auf unserem Hof ein. Zunächst galt es, die Landwirtschaft aufzubauen, denn der Hof war vor unserer Übernahme nicht mehr gepflegt worden und daher etwas heruntergekommen. Meine Mithilfe zu Hause währte aber nur kurze Zeit. Deutschland befand sich inzwischen im Zweiten Weltkrieg und die jungen Männer wurden zur Wehrmacht eingezogen. Auch ich erhielt die Einberufung. Da ich bereits einen Führerschein besaß – was damals selbst bei jungen Männern noch nicht üblich war – wurde ich am 6. Februar 1941 zur Kraftfahrerersatzabteilung nach Bamberg beordert. Bald darauf wurde ich von dort nach Berlin abkommandiert und im Einschießen von schweren Geschützen ausgebildet."

Der zwanzigjährige Kurt Jeßberger sollte bald die vollen Schrecken des Krieges kennen lernen. Im Frühjahr 1941 stellte die Wehrmacht das deutsche Afrikakorps auf, nachdem der italienische Verbündete in Nordafrika eine Niederlage erlitten hatte. Herr Jeßberger wurde dieser neuen Truppe zugeteilt und kam über Neapel nach Tarent in Süditalien, wo die Soldaten mit ihrem Gerät mit dem Ziel Tripolis in Nordafrika eingeschifft wurden. Unter dem Kommandeur des Afrikakorps, Generalfeldmarschall Erwin Rommel, marschierte der junge Soldat Jeßberger mit seiner Einheit nach Tobruk und bis El Alamain an der ägyptischen Mittelmeerküste. Bis zum 30. Juni 1942 dauerte der Vormarsch der deutschen Truppen. Dann mussten sie den Briten unter Generalfeldmarschall Montgomery weichen. Bei einem Gefecht in der Nähe von El Alamain am 3. Juli 1942, also kurz nach seinem einundzwanzigsten Geburtstag, wurde Kurt Jeßberger schwer verwundet.

„Die Deutschen befanden sich in einer verzweifelten Lage", berichtet Herr Jeßberger: „Wir wehrten uns gegen die Übermacht der Engländer, und bei einem Angriff der Briten geriet ich in den Geschützhagel. Mein rechter Arm wurde mir weggerissen, und im Rücken in der Nähe der Wirbelsäule steckten acht Splitter. Eine schlimme Zeit begann für mich. Zunächst kam ich in ein Feldlazarett in Nordafrika, danach flog man mich in ein Krankenhaus nach Athen. Nach einiger Zeit wurde ich mit einem Lazarettzug nach Plauen im Vogtland verlegt und kam schließlich auf meinen Wunsch in ein Lazarett nach Würzburg, denn ich wollte unbedingt in die Heimat zurück. Über ein Jahr lag ich in verschiedenen Lazaretten, bis ich endlich am 8. Juli 1943 nach Hause entlassen worden bin. Für mich war nun der Kriegseinsatz natürlich beendet, und ich musste mich jetzt erst einmal an ein Leben auf dem Bauernhof mit nur einem Arm einstellen. Rückblickend zu meinen Erlebnissen als Soldat muss ich gestehen, dass wir jungen Männer damals sicher waren, dass Deutschland den Krieg gewinnt. Den Kriegsverlauf in Afrika empfand ich wie auch meine Kameraden als regelrecht fair. Ein Beispiel soll das zeigen: Eine deutsche Sanitätskolonne hatte sich in einem Wadi, einem ausgetrockneten Fluss, verfahren und drohte, im Sand zu versinken. Da kam ein Parlamentär von den Engländern mit einer weißen Fahne und holte mit seinen Leuten während einer zweistündigen Waffenruhe die Fahrzeuge seiner Gegner heraus. Nach der Feuerpause und der Rettung der Gegner ging der Krieg weiter.

Von den Judenverfolgungen erfuhren wir damals nichts, weder während meiner Zeit als Schüler im Studienseminar noch später bei der Ausbildung in der Wehrmacht und erst recht nicht bei der kämpfenden Truppe in Nordafrika. Erst als ich nach dem Krieg einmal nach Dachau gefahren bin, wurde mir das schreckliche Geschehen deutlich. Ich war erschüttert über das, was ich dort über die Konzentrationslager erfahren habe. Ich kann darüber gar nichts weiter sagen in meiner Sprachlosigkeit.

Ich war nun also im Sommer 1943 wieder zu Hause und musste mich völlig umstellen. Heute kann ich im wahrsten Sinne des Wortes sagen: ‚Ich führe mein Leben mit links.' Bereits in den Lazaretten bin ich trainiert worden, alles nur noch mit dem linken Arm zu machen. Schon in Athen lernte

ich links schreiben und schrieb meine erste Karte an meine Eltern mit der linken Hand. Bald war ich mit der linken Hand so schnell wie zuvor mit der rechten. Auch alle körperlichen Arbeiten in der Landwirtschaft bewältigte ich von nun an links. Für mein Buch habe ich noch dreihundert Seiten mit der Hand geschrieben. Jetzt macht mir das Schreiben allerdings Schwierigkeiten, weil die Nerven in der Hand durch eine wohl ererbte Zuckerkrankheit beeinträchtigt sind. Meine geliebten Briefmarken lange ich nur mit der Pinzette an, was ich zum Glück noch gut schaffe.
Ich habe auch nach dem Verlust meines rechten Armes nie aufgegeben, und so widmete ich mich ab dem Sommer 1943 wieder auf dem elterlichen Bauernhof mit voller Kraft der Landwirtschaft. Hin und wieder nahm ich an Lehrgängen an der Landwirtschaftsschule teil, um weitere praktische und theoretische Kenntnisse in der Führung eines landwirtschaftlichen Betriebes zu erwerben. Ich merkte, dass ich auch mit nur einem Arm mit anderen mithalten konnte und ließ mich durch meine schwere Verwundung nicht entmutigen. Ich bin dankbar, dass ich nicht verbittert wurde, sondern eher eine neue Lebenseinstellung gewinnen konnte und habe um meinen verlorenen Arm eigentlich nie getrauert. Glücklicherweise konnte ich mich gleich zurechtfinden. Die Mistgabel habe ich zum Beispiel zwischen die Beine genommen und auf diese Art Mist aufgeladen. Ebenso lernte ich Heu auf den Wagen laden mit einem Arm. Vom hoch beladenen Wagen bin ich heruntergesprungen ohne Hilfestellung. Auf diese Weise konnte ich mit Vater und Mutter unseren großen Hof gemeinsam gut bewirtschaften. Ich wollte beweisen, dass man auch mit einem körperlichen Handikap etwas leisten kann. Deshalb habe ich mich im Turnverein engagiert und bin heute Ehrenmitglied des Vereins. Bis 1950 habe ich sogar in der ersten Mannschaft des TV Marktheidenfeld Fußball gespielt und so manchen Sieg errungen."

Herr Jeßberger erlebte zusammen mit seinen Eltern und seiner Schwester Anita das Kriegsende auf dem Bauernhof in Marktheidenfeld. „Während des Krieges und auch gegen Kriegsende gab es keine Kämpfe in der Stadt", erklärt er, weiß aber von einer „Gruppe Helm", die gegen Ende des Krieges im Spessart nach Deserteuren fahndete und diese vors Kriegsgericht zerrte. „Wir haben Kartoffeln, Getreide und Gemüse angebaut und mussten die meisten Ernteerzeugnisse abführen. Ungefähr eintausend Zentner Kartoffeln habe ich den Leuten in der Umgebung in die Keller getragen. Nach dem Krieg erschienen fast jeden Abend so an die zwanzig Flüchtlingsfrauen mit Handwägelchen, um Gemüse, Äpfel und Getreide abzuholen für ihren nötigsten Lebensunterhalt. Als Dank für meine Hilfe, so glaube ich, habe ich später bei der Wahl in den Stadtrat sehr viele Stimmen von ihnen erhalten.

Im Jahr 1950 hat mein Vater mit sechzig Jahren nochmals einen Neubeginn gestartet. Er war durch seine langjährige Tätigkeit als Wirt des ‚Wirtshauses im Spessart' bekannt dafür, dass er in der Gaststube für Ordnung sorgen konnte und unangenehme Burschen kurzerhand vor die Tür setzte. Da er ein Hüne von Gestalt war, wurde er auch als Respektsperson angesehen. Mit den Besatzern, den amerikanischen Soldaten, gab es öfter Ärger in Aschaffenburger Gaststätten, und da waren tüchtige Wirte wie der starke August Jeßberger gefragt. So bat der Besitzer der Bavaria-Brauerei meinen Vater, die Brauereiwirtschaft zu übernehmen. Er kannte meinen Vater, weil die Brauerei jahrelang das Bier ins ‚Wirtshaus im Spessart' geliefert hatte und sagte zu seinen Mitarbeitern: ‚Den August Jeßberger müssen wir holen, der sorgt für Ruhe im Gasthaus.' Mein Vater, der gerne Gastwirt in Rohrbrunn war und dem dieses Geschäft lag, sagte zu und 1950 zogen er, meine Mutter und meine Schwester nach Aschaffenburg und übernahmen die Bavaria-Gaststätte. Meine Schwester hatte inzwischen geheiratet und mein

Schwager half nun im Gaststättenbetrieb mit. Mein Vater war in der Gaststätte noch bis 1957 tätig, dann ist er im Alter von siebenundsechzig Jahren gestorben. Meine Mutter verstarb bereits im Jahr 1954."
Nach dem Wegzug seiner Eltern führte Kurt Jeßberger den Baumhof zunächst allein weiter. Mit den schweren Arbeiten auf dem Hof kam der bald Neunundzwanzigjährige gut zurecht, aber es fehlte eine tüchtige Hausherrin, die den Haushalt bewältigte und sich nicht zu schade war, auch mal auf den Misthaufen zu steigen. Da wusste eine Tante von Herrn Jeßberger Rat. Sie machte ihn mit Rosl Michel aus Unterwittbach bei Wertheim bekannt. Herr Jeßberger erinnert sich an die Begegnung: „Im März 1950 haben wir uns zum ersten Mal getroffen. Schnell fanden wir Gefallen aneinander und haben am 28. Juni, meinem Geburtstag, geheiratet. Wir können also in diesem Jahr unsere Goldene Hochzeit feiern. Meine Rosl stammte aus einem großen Bauernhof und wuchs dort zusammen mit ihrem Bruder auf. Leider verstarb ihr Vater schon im Alter von fünfundvierzig Jahren. Er hatte neben seiner Landwirtschaft auch noch einen Fuhrbetrieb und fuhr mit seinen Pferden Langholz für Sägewerke und die Forstverwaltung. Bei einem Transport fiel er so unglücklich auf einen Stamm, dass er sich dabei die Wirbelsäule brach. Die Frau musste nun den Bauernhof allein mit ihren beiden Kindern bewältigen und alle mussten hart zulangen. Und so war meine Tante sicher, dass die Rosl die Richtige für mich ist. Wie man sieht, hat sich diese Wahl auch als gut und dauerhaft erwiesen. Meine Frau wollte eigentlich Hebamme werden. Sie hatte den Beruf der Krankenschwester erlernt und bereits eine Anstellung in einem Krankenhaus. Doch dann bin ich dazwischen gekommen und sie hat sich für ein gemeinsames Leben an meiner Seite und auf dem Bauernhof entschieden.
Zusammen mit meiner Frau bewirtschaftete ich nun den Baumhof und baute ihn zu einem ansehnlichen Bauernhof

aus. Wir hatten neben den rund fünfzig Hektar landwirtschaftliche Fläche ungefähr dreißig Stück Großvieh, einige Jungtiere, dreißig Schweine und drei Pferde sowie fünfhundert Hühner auf dem Hof. Im Laufe der Jahre erzielten wir gute Erträge und fühlten uns glücklich und zufrieden auf unserem Hof. Unser Glück wurde vollkommen, als im Jahr 1951 unser ältester Sohn Kurt und 1954 unser zweiter Sohn August geboren wurden. Beide Söhne sind inzwischen verheiratet, und mittlerweile gehören noch vier Enkelkinder zu unserer Familie. Als mein Vater 1957 starb, habe ich offiziell den Baumhof übernommen. Der Hof lag zu dieser Zeit noch weit außerhalb der Stadt, weit und breit war kein anderes Anwesen. Auf unserem täglichen Weg zur Molkerei, wohin wir die Milch ablieferten, haben wir unsere Buben mit dem Auto in den Kindergarten und in die Schule gefahren, denn es gab keinerlei Verkehrsverbindung in die Stadt."

Das Brautpaar Kurt und Rosl Jeßberger, 1950.

Die extreme Randlage sollte sich jedoch bald ändern. Im Jahr 1958 hatte man bereits mit dem Bau der Autobahn durch den Spessart begonnen. 1963 war die Autobahnstrecke von Frankfurt bis Würzburg fertig und Marktheidenfeld an das immer wichtiger werdende Autobahnnetz angeschlossen. Die Stadt erlebte einen unvergleichbaren wirtschaftlichen Aufschwung. So nahm ihre Einwohnerzahl zwischen 1961 und 1970 um etwa zweiundzwanzig Prozent zu, während

im gleichen Zeitraum Lohr und Gemünden nur um etwa fünf Prozent wuchsen. Die Stadt Karlstadt vergrößerte sich in diesen Jahren gar nur um etwa eineinhalb Prozent. Für dieses enorme Wachstum, das durch Betriebsansiedlungen verstärkt wurde, musste die Stadt Marktheidenfeld neue Flächen für Gewerbe und Wohnhäuser ausweisen und erschließen. Gleichzeitig wuchs auch der Bedarf an Flächen für öffentliche Einrichtungen. Zunächst suchte der Landkreis Marktheidenfeld ein großes Baugrundstück für den Neubau des Kreiskrankenhauses. Herr Jeßberger bot dem Kreis aus seinem Baumhofgelände eine geeignete Fläche an und wurde schnell mit Herrn Landrat Baunach einig. Für fünfzig Pfennig pro Quadratmeter erwarb der Landkreis im Jahr 1963 insgesamt vier Hektar Ackerfläche von der Familie Jeßberger und konnte das Kreiskrankenhaus an der Baumhofstraße errichten. Das Gelände reichte sogar noch für einen Hubschrauberlandeplatz. Herr Jeßberger handelte außerdem mit dem Landkreis aus, dass der Baumhof im Zuge der Erschließungsarbeiten für das Krankenhaus endlich einen Anschluss an das Wasserleitungsnetz erhielt. „Mir war das Wasser wichtiger als das Geld", erzählt Herr Jeßberger und fügt an: „Wenn man fünfundzwanzig Jahre lang Abend für Abend mit einem Fass Wasser herbeischaffen muss, weiß man, welch Reichtum Wasser ist."
Beim Verkauf der Grundstücksfläche für das Krankenhaus blieb es nicht, wie Herr Jeßberger weiter berichtet: „Die neuen Wohnbaugebiete hatten sich nun schon in Richtung Baumhof entwickelt, und eines Tages kam Stadtrat Fischer, Außendienstleiter der Bayerischen Landessiedlung, auf mich zu und fragte: ‚Kurt, hast du kein Gelände für unsere Wohnungsbaugesellschaft? Wir sollen Wohnungen für die vielen Flüchtlinge bauen und haben keine Grundstücke.' ‚Freilich habe ich Gelände für euch', war meine Antwort. ‚Ich habe im Istelgrund vier Hektar, die ihr für fünfzig Pfennig pro Quadratmeter bekommen könnt.' Später verkaufte

ich auch noch an die Stadt zwei Hektar für den Bau von Straßen.
Nach Fertigstellung des Krankenhauses bauten wir im Jahr 1965 das Café ‚Spessartblick' gegenüber des Krankenhauses und meine Frau übernahm den Betrieb des Cafés mit insgesamt einhundert Plätzen. Ich kümmerte mich weiterhin um die Landwirtschaft zusammen mit unserem Knecht Raimund Schmelz aus Karbach. Meine Frau legte nebenbei die Kaufmannsgehilfenprüfung ab und richtete noch ein Lebensmittelgeschäft ein. Wir hatten nämlich erkannt, wie wichtig es war, dass die Bevölkerung in der inzwischen sehr großen Siedlung auch in gut erreichbarer Nähe Lebensmittel einkaufen konnte. Die Zeit der Supermärkte war noch nicht gekommen, zumindest nicht auf dem Land, und Autos hatten längst nicht alle Leute. So konnten wir neben allgemeinen Lebensmitteln auch noch unsere eigenen Produkte vom Bauernhof verkaufen, die guten Absatz fanden. Meine Frau, die hartes Arbeiten gewohnt war, leistete in dieser Zeit schier Unmögliches. Sie betrieb nicht nur das Café, sondern alle Kuchen und Torten, die dort verzehrt oder verkauft wurden, hat sie selber gebacken. Wenn der Cafébetrieb am späten Abend zu Ende ging, kümmerte sie sich noch um unseren eigenen Haushalt. Sehr dankbar bin ich meiner Frau für alles, was sie für mich und die Kinder geleistet hat.
Inzwischen war ich natürlich in Marktheidenfeld schon recht bekannt und wohl auch angesehen, vor allem bei den Flüchtlingen, die nicht vergaßen, dass ich ihnen nach dem Krieg mit Waren von unserem Hof ausgeholfen habe. Vor der Stadtratswahl im Jahr 1966 kam ein Bekannter, der bei der Stadt beschäftigt war, auf mich zu und fragte mich: ‚Kurt, kannst du das noch mit ansehen im Stadtrat? Da sitzen doch nur noch Leute vom Landratsamt und von der Sparkasse. Meinst du nicht, dass sich auch mal Gewerbetreibende, Leute aus der Industrie und Unabhängige um ein Stadtratsmandat bewerben sollten?' Daraufhin habe ich etwa zwan-

zig Personen zusammen gerufen, die von dieser Idee genau so begeistert waren wie ich. Und so gründeten wir in einer Marktheidenfelder Gaststätte unter meiner Leitung die ‚Freien Bürger Marktheidenfeld'. Unsere Initiative wurde ein voller Erfolg. Bei der Stadtratswahl erhielten die Freien Bürger die Hälfte der zwanzig Sitze. Ich bekam die zweitmeisten Stimmen aller Stadträte. Vom Jahr 1966 an war ich dann vierundzwanzig Jahre lang ununterbrochen bis 1990 Mitglied des Stadtrates von Marktheidenfeld.

Da unsere landwirtschaftliche Betriebsfläche durch den Verkauf von inzwischen weit über zehn Hektar Grund und Boden immer kleiner wurde, kam ich bald auf die Idee, den Baumhof in ein Hotel mit Restaurant umzuwandeln. Meine beiden Söhne gaben unumwunden zu, kein Interesse an der Landwirtschaft zu haben, sondern lieber in ihrem erlernten Beruf zu arbeiten. Kurt, unser Ältester, hatte das Metzgerhandwerk erlernt und später eine Banklehre gemacht. August wurde Steuerberater und war mit seiner Arbeit zufrieden. So erleichterte mir der Wunsch unserer Söhne die Entscheidung, den Bauernhof aufzugeben und den Schritt zum eigenen Hotel zu wagen. Ich plante ein Hotel mit dreißig Betten und einer großen Gaststätte. Nach vielen Überlegungen und Planungen begannen wir schließlich im Jahr 1969 mit den Umbauarbeiten. Es war eine sehr schwere Arbeit, bei der die ganze Familie fleißig mitgeholfen hat. Wir legten Wert darauf, das äußere Bild der harmonischen Hofgruppe zu erhalten und versuchten, möglichst wenige Wände herauszureißen. Das schöne Fachwerk konnte bestehen bleiben und so behielt die Gebäudegruppe den rustikalen Eindruck bei. Bereits im Jahr 1971 waren die Umbauarbeiten in der ehemaligen großen Scheune abgeschlossen und wir konnten unsere ‚Baumhoftenne' in Betrieb nehmen. Als Chef des Hauses habe ich die Gäste betreut und stand hinter der Theke, um die Getränke auszuschenken. Meine Frau leitete unterdessen mit großer Umsicht den Küchenbetrieb. Nun

Der Baumhof nach dem Umbau zum Hotel.

hatten wir doppelte Arbeit, denn der Gaststättenbetrieb musste durchgeführt und organisiert werden, außerdem liefen in den anderen Gebäuden die Renovierungsarbeiten weiter. Endlich im Jahr 1976 waren alle Bauarbeiten abgeschlossen und auch das 30-Betten-Hotel war fertig. Die ‚Baumhoftenne' erfreute sich bald eines guten Rufes und wir konnten uns über Gästemangel nicht beklagen. Gern wurden unsere Gaststättenräume für Familienfeste und besonders für Hochzeitsfeiern genutzt. In der Nähe des Baumhofes steht nämlich auf dem Kreuzberg eine Kapelle, in der viele Trauungen stattfinden und der Weg zu unserem Gasthof war für die Hochzeiter nicht weit. Außerdem verfügte die Gaststätte über mehrere Nebenzimmer unterschiedlicher Größe, so dass die Hochzeitsgesellschaft ungestört von anderen Gästen separat feiern konnte.

Ich hatte inzwischen neben meinem Amt als Stadtrat noch viele andere Ehrenämter übernommen und engagierte mich insbesondere bei den Freien Bürgern. Deshalb übergab ich am 1. Januar 1977 die Führung der ‚Baumhoftenne' meinem

Sohn August und seiner Frau Gudrun. Bis 1984 blieb ich aber noch Eigentümer und half weiterhin in dem Hotelbetrieb mit."
Im Jahr 1978 wurde Herr Jeßberger von den Wählern in den Kreistag des Landkreises Main-Spessart gewählt und konnte nun mit seinen reichen Erfahrungen und Kenntnissen die Geschicke des neuen großen Landkreises mitbestimmen, der im Rahmen der Gebietsreform 1972 aus den Landkreisen Gemünden, Karlstadt, Lohr und Marktheidenfeld entstanden war. Bis 1990 war Herr Jeßberger sowohl Mitglied des Stadtrates von Marktheidenfeld als auch des Kreistages Main-Spessart. Dann zog er sich mit neunundsechzig Jahren aus der aktiven Kommunalpolitik zurück, um Platz für Jüngere zu machen und mehr Zeit für seine Hobbys zu haben.
Fast unzählbar ist die Fülle der Ehrenämter, die Herr Jeßberger in den verschiedensten Organisationen und Vereinen zum Teil jahrzehntelang ausgeübt hat. Eine besondere Vorliebe galt der Jagd, und so erzählt er gern darüber: „Schon immer habe ich mich für Jagd, den Wald und das Wild interessiert, wahrscheinlich hängt das mit meiner Kindheit in der Waldidylle Rohrbrunn zusammen. Schon früh habe ich die Jägerprüfung abgelegt und ein Jagdrevier gepachtet und mich im Jägerverband engagiert. Ich gewann das Vertrauen der örtlichen Jäger und war einunddreißig Jahre Erster Vorsitzender des Kreisverbandes Marktheidenfeld des Bayerischen Jagdschutz- und Jägerverbandes. Meine besondere Aufgabe habe ich in der Erhaltung der freilebenden Tierwelt und des jagdlichen Brauchtums gesehen. Unter meiner Führung wurde eine Bläsergruppe gegründet, die inzwischen bei Wettbewerben Preise und Anerkennungen erringen konnte. Zahlreichen revierlosen Jungjägern habe ich die Möglichkeit geboten, in meinem Jagdrevier Würrleinsberg das Waidwerk auszuüben. Schließlich habe ich die Brauchbarkeitsprüfungen für Jagdhunde eingeführt. Aufgrund meines Engagements für die Jagd wurde ich zum ehrenamt-

lichen Jagdberater beim Landratsamt Marktheidenfeld und später beim Landratsamt Main-Spessart bestellt und durfte dieses Amt vierundzwanzig Jahre lang ausüben. Während meiner Tätigkeit wurde niemand wegen Wilderei oder ähnlicher Delikte verurteilt. Stets habe ich versucht, bei Problemen alles in ausgleichenden Gesprächen zu regeln, was mir hoch angerechnet wurde.

Die Jagd machte mir immer besonders große Freude, und so habe ich es sehr bedauert, aus gesundheitlichen Gründen im vergangenen Jahr mein Jagdrevier abgeben zu müssen. Die Karbacher Jagd und das angrenzende Marktheidenfelder Revier besaß ich annähernd fünfzig Jahre lang und konnte dabei so viele begeisterte Jäger erleben, die überall mithalfen und glücklich waren, dass ich ihnen Freiheit beim Jagen ließ. Mindestens zwanzig Jäger können heute sagen: ‚Ich habe beim Kurt meinen ersten Rehbock geschossen.'

Ich glaube, schon immer ein großzügiger Mensch gewesen zu sein, und diese Großzügigkeit ist auch stets anerkannt worden und kommt wieder zu einem zurück.

Als vor etwa fünfzehn Jahren die Forstbetriebsgemeinschaften gebildet wurden, habe ich mich sofort für einen solchen Zusammenschluss der Waldbesitzer im Raum Marktheidenfeld stark gemacht und unsere Forstbetriebsgemeinschaft gegründet. Auch habe ich mich auf Bitten trotz meiner vielen Ehrenämter und Verpflichtungen sofort bereit erklärt, den Ersten Vorsitz zu übernehmen. Abends und bis in die Nacht war ich unterwegs, um in Versammlungen für diese meiner Auffassung nach hervorragende Selbsthilfeorganisation der Waldbesitzer zu werben. Am Anfang hatten wir neunundzwanzig Mitglieder mit 727 Hektar Waldfläche, am Schluss konnte ich einhundertdreizehn Mitglieder mit insgesamt 5425 Hektar vereinigen.

Nach dem Krieg habe ich den Kleinkaliberschützenverein Karbach wieder ins Leben gerufen, war lange Zeit Vorsitzender und konnte mithelfen, ein Schützenhaus und die

Festhalle zu errichten. Aus Dankbarkeit ernannte mich der Verein zum Ehrenschützenmeister. Bei der Königlich Privilegierten Schützengesellschaft Marktheidenfeld bin ich seit 1960 Mitglied und war jahrelang im Vorstand.
Ich konnte noch nie jemandem eine Bitte abschlagen und habe mich immer für die Anliegen anderer eingesetzt. So sprach sich meine Hilfsbereitschaft im Umkreis herum, so dass oft Bittsteller zu mir kamen. Manchmal hieß es: ‚Der Kurt wird es schon richten.' Man bat mich immer wieder, dieses oder jenes Ehrenamt anzunehmen. So wurde ich auch zum Schöffen berufen und war zunächst mehrere Jahre Schöffe beim Amtsgericht in Gemünden und später beim Landgericht in Würzburg. Insgesamt achtzehn Jahre lang versah ich den Schöffendienst.
Seit siebzig Jahren gehöre ich dem Turnverein Marktheidenfeld an und war lange Zeit aktiver Turner und Leichtathlet. Heute bin ich Ehrenmitglied dieses Vereins. Bereits im Gymnasium war ich als guter Sportler angesehen, denn ich beherrschte unter anderem die ‚Riesenwelle'. Bei einem Dreitausend-Meter-Lauf in Aschaffenburg, der von der Hitlerjugend organisiert wurde, war ich unter siebenhundert Teilnehmern Sieger. Beim TV Marktheidenfeld habe ich viele Jahre in der ersten Mannschaft Fußball gespielt.
Auch im Versehrtensportverein bin ich weiterhin, ebenso im Männerchor. Ich bin Gründungsmitglied des Maschinenrings Mittelmain und Ehrensenator bei den ‚Lorbsern', der Faschingsgesellschaft in Marktheidenfeld. Übrigens ist die amtierende Faschingsprinzessin der ‚Lorbser' meine Enkelin Nicole, die zweiundzwanzigjährige Tochter meines Sohnes August, der die ‚Baumhoftenne' betreibt. August ist mittlerweile Zweiter Vorsitzender und gleichzeitig Sitzungspräsident."
Bei all dieser Aktivität, den Ehrenämtern und Verdiensten um Vereine und Organisationen blieben öffentliche Ehrungen nicht aus, und so konnte Landrat Erwin Ammann im

Jahr 1981 Herrn Jeßberger im Auftrag des Bundespräsidenten die Verdienstmedaille des Verdienstordens der Bundesrepublik Deutschland für sein Engagement in der Kommunalpolitik und im Vereins- und Verbandsleben verleihen. 1986 erhielt er vom Innenminister die Bayerische Verdienstmedaille für ehrenamtliche kommunale Tätigkeiten, 1988 den Ehrenteller des Bayerischen Staatsministeriums für Ernährung, Landwirtschaft und Forsten für Verdienste um Wild, Jagd und Natur und im Jahr 1990 die Silbermedaille der Stadt Marktheidenfeld für die ehrenamtliche Arbeit im Stadtrat von 1966 bis 1990. Außerdem verlieh ihm der Bürgermeister noch den Ehrenring der Stadt Marktheidenfeld für sein jahrzehntelang herausragendes Wirken zum Wohl der Stadt und ihrer Bürger.

Der so mit Ehrungen überhäufte Kurt Jeßberger sieht die vierundzwanzig Jahre Stadtratstätigkeit in dem ihm zur Heimat gewordenen Marktheidenfeld als besonders fruchtbare Zeit und vergleicht sie mit der heutigen Situation: „Ich habe eine schöne Zeit erlebt als Stadtrat unter Bürgermeister Ullrich Willer, der uns zu bestimmten Anliegen um unsere Meinung bat. Erst danach wurde abgestimmt. Wir brachten damals viel voran, so dass sich Marktheidenfeld gut entwickeln konnte. Wir Stadträte hatten unabhängig von der Fraktionszugehörigkeit ein gutes Verhältnis untereinander und besprachen uns manchmal sogar, wenn wir uns zufällig auf der Straße begegneten. Viele Probleme wurden so schon vor der Sitzung abgehandelt. Nach der Sitzung ging es gemeinsam in ein Lokal, wo man zusammen diskutierte und ein oder auch zwei Bier miteinander tranken. Heute wird endlos diskutiert, ohne dass man zu einer Einigung kommt."

Auf unsere Frage nach seinem jetzigen Befinden antwortet Herr Jeßberger: „Einsam fühle ich mich nicht, denn ich erhalte häufig Besuch von Freunden. Ich selbst nehme an keinen Veranstaltungen mehr teil. Früher bin ich sonntags mit meiner Frau nach Bad Orb gefahren, um dort im Thermal-

bad zu baden. Jetzt bleiben wir in Marktheidenfeld und essen in einer Wirtschaft gut zu Mittag. So muss meine Frau nicht immer kochen und freut sich über diese freie Zeit.
Alle Unterlagen über meine sämtlichen Tätigkeiten habe ich sorgfältig aufgehoben und möchte über das, was ich dabei erlebt habe, noch ein Buch schreiben. An dem Buch ‚Rohrbrunn und der Hochspessart – Wald, Wild, Wirtshaus' habe ich einen Winter lang jeden Abend von acht Uhr bis Mitternacht geschrieben, insgesamt dreihundert Seiten. Am Wochenende bin ich oft mit dem Mitautor Manfred Schneider in die beschriebenen Ortschaften im Spessart gefahren, um Anekdoten zu erkunden. Meine Schwiegertochter Gerlinde hat meine Aufzeichnungen mit der Schreibmaschine geschrieben und danach wurde das Buch zusammengestellt. Trotz der vielen Arbeit hat es enormen Spaß gemacht.
Ich kann mich als gläubigen Christ bezeichnen. Auch weiß ich, mein Glaube hat mir in vielen schweren Situationen im Leben geholfen und mir immer den rechten Weg gezeigt. In die Kirche gehe ich zusammen mit meiner Frau an den großen Feiertagen, bin also kein regelmäßiger Kirchgänger. In Aschaffenburg im Studienseminar gehörte es dazu, dreimal am Tag in die Kirche zu gehen. Da habe ich mir als junger Bursche ausgerechnet, dass dies für viele Jahre reicht und ich erst wieder mit achtzig Jahren jeden Sonntag in die Kirche gehen müsse. Zu unserem früheren Pfarrer Franz Hegmann, der leider verstorben ist, hatte ich ein besonders gutes Verhältnis. Bei seinen Besuchen führten wir intensive Gespräche über Gott und die Welt.
Ich bin mir sicher, dass es eine höhere Macht gibt, die uns umfängt. Ich lebe mein Leben, erfülle meine Aufgaben so gut es geht und glaube, keine Angst vor Tod und Sterben haben zu müssen. Dankbar bin ich für all die Chancen, die sich in meinem Leben boten und für den Mut, diese Chancen auch zu nutzen. Das schwere Schicksal im Krieg hat mich geprägt, mir aber auch die Kraft gegeben, nicht zu verzwei-

feln, sondern das Leben nun tatkräftig in nur noch eine Hand zu nehmen.

Ich habe viel erlebt und durfte viel bewegen in meinem Leben. Bei meiner Arbeit im Stadtrat und auch im Kreistag ging es immer um die Sache und nicht um persönliche Profilierung. Ich bin etwas stolz, dass ich die enorme Entwicklung, die Marktheidenfeld seit den sechziger Jahren gemacht hat, teilweise mitgestalten konnte. Trotz meiner Behinderung hat es bei mir nichts gegeben, was ich nicht bewältigt habe, denn auf fremde Hilfe war ich nicht gern angewiesen. Wenn Not am Mann war, stellten sich immer gute Freunde zur Verfügung, um mir beizustehen.

Zum Geld habe ich eine sehr nüchterne Beziehung. Ich habe viel mit Geld, auch mit großen Summen gearbeitet, war aber nie versessen darauf. Persönlich habe ich niemals viel Geld in der Tasche einstecken gehabt. Auch mein Vater machte damals in Rohrbrunn gute Geschäfte und verdiente viel Geld. Seine Großzügigkeit und Freigebigkeit habe ich wohl von ihm geerbt. Ich muss zugeben, mir ist es von Kind auf schon immer gut gegangen, wofür ich dankbar bin. So habe ich mich immer bemüht, meine Dankbarkeit weiterzugeben, war immer freundlich zu anderen Menschen, auch zu den Angestellten und bin daraufhin ebenfalls von allen gut behandelt worden. Ein Leitspruch über mein Leben könnte lauten: ‚Wer viel gibt, bekommt viel.'

Ich fühle mich als Marktheidenfelder auch heute noch sehr wohl und habe viele Freunde im Laufe der Zeit gewonnen. Leider sind die besten von ihnen mittlerweile gestorben. Meine Frau geht mit den Witwen meiner Freunde allwöchentlich zum Wandern, und sie sind auch bei sämtlichen Familienfeiern unsere Gäste. Man ist einen Teil des Lebens miteinander gegangen, und so wird keiner allein gelassen. Hier in unserer neuen kleineren Wohnung haben meine Frau und ich uns gut eingelebt und freuen uns, dass es nun nicht mehr so viel Arbeit gibt. Wir beide haben immer hart, manchmal fast über unsere Kräfte arbeiten müssen und wollen unseren Lebensabend in Ruhe hier zubringen."

„Wir haben nun auch gelernt, loszulassen und uns mit unserer kleiner gewordenen Welt zu begnügen", fügt Frau Jeßberger als weiteren Gedanken hinzu und lehnt sich entspannt in ihren Sessel zurück.

Das Gespräch im Hause Jeßberger hat in uns die Neugier geweckt, die „Baumhoftenne" zu besuchen. Bei der Einkehr in diesem idyllisch gelegenen Hotel-Restaurant spürten wir die gemütliche Atmosphäre, die Frau und Herr Jeßberger hier für ihre Gäste geschaffen haben. Es muss für die Eheleute Jeßberger eine Beruhigung sein, dass die „Baumhoftenne" in ihrem Sinn durch den Sohn August als Familienbetrieb weitergeführt wird.

Edith Kiessner, Karlstadt

*Edith Kießner, geborene Porstendörfer, am 23. Mai 1925
in Falkenau (Sokolov) in Nordböhmen geboren, Hausfrau,
verheiratet mit Willi Kießner, am 31. Mai 1930
in Bastheim/Rhön geboren, Elektromeister,
das Ehepaar Kießner wohnt in Karlstadt.*

Sich geborgen wissen

Die Eheleute Kießner lernten wir auf einer Fahrt nach Prag im August 1999 kennen. Auf der Rückreise von Prag über Karlsbad und Marienbad machten wir auch einen Abstecher nach Eger, der tschechischen Stadt an der Grenze zu Bayern. Hier bot sich Frau Kießner an, uns die alte böhmische Stadt zu zeigen. Eger war nämlich vor dem Krieg ihre Heimatstadt. So tätigten wir nicht wie sonst bei vielen Besuchern üblich, Einkäufe, sondern bewunderten den malerischen und großzügig angelegten Marktplatz mit den hübschen Fachwerkhäusern, die historischen Gebäude „Egerer Stöckel", das Haus, in dem der bekannte kaiserliche Feldherr Wallenstein 1634 ermordet wurde, das Rathaus und die aus dem 13. Jahrhundert stammende Dominikaner- und Franziskanerkirche sowie die alte Burg. Beim Mittagessen in einem kleinen Restaurant mit böhmischer Küche erzählte Frau Kießner so interessant und bewegend aus ihrer Jugend, dass wir sie baten, uns ihre ganze Lebensgeschichte zu erzählen.
An einem schönen Herbstnachmittag im Jahr 1999 besuchten wir die Eheleute Kießner in ihrem netten Haus in einer ruhigen Wohnsiedlung in Karlstadt und hörten gespannt von ihrem Lebensweg.
Die kleine Edith ist am 23. Mai 1925 in Nordböhmen in einem Dorf bei Falkenau (Sokolov) geboren. In dem nordböhmischen Gebiet zwischen Eger und Karlsbad nahe der deut-

Das Ehepaar Kießner, 1999.

schen Grenze wohnten damals viele Deutsche. Nach dem Untergang des Doppelreiches Österreich–Ungarn am Ende des Ersten Weltkrieges war mit der Proklamation der Tschechoslowakischen Republik vom 28. Oktober 1918 ein neuer Staat mit 13 Millionen Einwohnern entstanden. Mehr als 3 Millionen, etwa 23,3 %, waren Deutsche. Die deutsche Bevölkerung konzentrierte sich im nord- und westböhmischen Bereich an der Grenze zu Deutschland. Das Zusammenleben der Deutschen und der Tschechen verlief noch ohne größere Probleme, erinnert sich Frau Kießner: „Die Deutschen gingen ihrer Arbeit nach und fühlten sich wohl. Der Lebensstandard war teilweise höher als im deutschen Reichsgebiet, wo sich die Folgen der Reparationskosten nach dem verlorenen Krieg drastisch auswirkten. Der erste tschechoslowakische Staatspräsident Masaryk suchte den Ausgleich mit dem deutschen Bevölkerungsanteil und nahm 1926 deutsche Politiker in die Regierung auf. In dieser zunächst noch friedvollen Zeit wuchs ich als Einzelkind auf und wurde liebevoll behütet und umsorgt von meinen Eltern Ferdinand Porstendörfer und Anna, geborene Schwalb. Aber wie das damals üblich war, wurde ich nach strengen moralischen

Grundsätzen erzogen. Als Kind kränkelte ich sehr und bekam fast alle Kinderkrankheiten, die man sich denken kann, Scharlach, Diphtherie, Rachitis, häufig auch Bindehautentzündungen. Meine Eltern waren deshalb besorgt um meine Gesundheit. Doch wie ein Wunder, kaum war ich in der Schule, hörten alle diese Krankheiten und Beschwerden auf und ich blieb bis ins hohe Alter gesund. Im Laufe meiner Berufstätigkeit war ich nie krank geschrieben, und ich kann mich noch heute über meine robuste Gesundheit freuen.
Als ich sechs Jahre alt war, zogen meine Eltern mit mir nach Eger. Mein Vater hatte dort in einem großen Kaufhaus eine Stelle als Dekorateur und Verkäufer bekommen. Dieses Warenhaus war im Besitz recht wohlhabender Juden, die sich gegenüber ihren Angestellten sozial verhielten, aber sehr zurückgezogen lebten. Obwohl noch keine Ressentiments gegen die Juden zu spüren waren, hatte diese Familie doch eine gewisse Hemmschwelle im Umgang mit anderen Bevölkerungsgruppen. Die Tochter traute sich kaum, sich mit anderen Kindern zu treffen, und so wurde ich häufig zum Spielen zu ihr nach Hause eingeladen, was uns beiden

Im Kindergarten in Falkenau, 1930.
Die kleine Edith mit Bubikopf sitzt in der dritten Bank rechts.

Einzelkindern gut gefiel. Später, als Hitler an die Macht gekommen war, wurde dieses jüdische Mädchen nach England geschickt, wenige Jahre danach sind die Eltern nachgereist, was wohl eine gute Entscheidung für diese Familie war."

Die Eltern von Edith stammten beide aus Saaz (Zatec) an der Eger. Saaz war Mittelpunkt des böhmischen Hopfenanbaugebietes. Es war eine geschäftige Stadt, in der es neben der Hopfenverarbeitung Nahrungsmittelindustrie und Metallverarbeitung gab. Die Mutter hatte den Beruf der Modistin erlernt, ihn aber nach der Heirat nicht weiter ausgeübt. Die Eltern mütterlicherseits betrieben eine große Schmiede, was in der Hopfenstadt Saaz ein anerkanntes und einträgliches Handwerk war. Der Großvater beschäftigte neben seinen zwei Söhnen noch sechs Gesellen. Oft war die kleine Edith in den Ferien zu Besuch bei den Großeltern, und sie denkt noch gern an die schöne und interessante, aber auch harte Zeit in dem Schmiedebetrieb: „Früh um sechs Uhr begann der Großvater mit den Söhnen und den Gesellen das Tagewerk in der Schmiede. Mich weckte das laute und rhythmische, oft an Musik erinnernde Klopfen und Hämmern, so dass ich schnell munter wurde. Als ich älter war, wurde ich in die Arbeit mit einbezogen. Ich schmierte für die hart arbeitenden Männer die Brote, kochte den Kaffee und servierte die Brotzeit. Mittags hat die Großmutter für alle das Essen zubereitet. Es war damals selbstverständlich, dass auch die Gesellen und alle Mitarbeiter gemeinsam mit der Familie des Meisters das Mittagessen einnahmen. Neben all ihren Hausarbeiten erledigte Großmutter auch noch die Buchhaltung. Ich bewundere heute noch ihre Leistungskraft. Einmal im Monat kamen vier Waschfrauen ins Haus und nahmen sich der vielen Schmutzwäsche an. In einem großen Kessel wurde die Arbeitskleidung, auch die der Gesellen, gekocht, anschließend auf Waschbrettern durchgerubbelt und dann zum Trocknen aufgehängt. Der Waschtag war nicht beliebt, da ging es immer sehr hektisch zu, Kinder waren da eigentlich fehl am Platz. Ruhiger waren die Tage, wenn einmal im Vierteljahr eine Schneiderin kam und die Kleidung durchsah. Sie flickte und besserte die Kleidungsstücke aus und nähte neue Kleider."

Das Enkelkind Edith hat so fast alle Ferien bei den Großeltern verbracht und wurde vor allem von der Großmutter sehr verwöhnt. „Wenn ich sagte, ich habe heute Appetit auf ein Spiegelei, wurden mir gleich fünf davon auf den Teller gelegt. Auch wenn ich Lust auf Obst hatte, bekam ich einen ganzen Korb voll. Meine Großmutter, die sonst hungrige, hart arbeitende Männer zu versorgen hatte, dachte halt immer in größeren Dimensionen und war richtig enttäuscht, wenn ich nicht alles aufessen konnte, was sie mir auf den Teller legte. In Saaz hatten wir noch mehr Verwandte, auch von denen bin ich sehr verwöhnt worden. Aber gewohnt habe ich immer bei den Großeltern, und ich habe diese schöne Zeit noch heute in guter Erinnerung. Meine Eltern und auch die anderen vielen Deutschen, die im Sudetenland zu Hause waren, fühlten sich zum damaligen Zeitpunkt um 1930 herum keineswegs von den Tschechen bedroht. In der Gegend, in der wir und unsere Verwandten schon seit langer Zeit wohnten, lebten überwiegend Deutsche. Das Gebiet war industriell gut entwickelt, Handel und Gewerbe blühten. Die Deutschen galten als tüchtig und haben in ordentlichen Verhältnissen leben können. Auch wir Kinder fühlten uns in dieser Umgebung wohl, wir merkten ohnehin nichts von den politischen Veränderungen. Gesprochen wurde hauptsächlich deutsch, auf den Ämtern jedoch vorwiegend tschechisch oder zweisprachig. Die höheren Posten beim Staat und bei staatlichen Stellen waren von Tschechen besetzt. Deutsche und Tschechen gingen gut miteinander um, auch deutsche und tschechische Kinder haben ohne Vorurteile miteinander gespielt. Es bestanden teilweise freundschaftliche Beziehungen zwischen den beiden Volksgrup-

Edith Kießner im Alter von 8 Jahren.

pen. Diese Beziehungen haben sich in späteren Jahren, als sich die politischen Randbedingungen geändert hatten, immer noch bewährt."
Nach dem Kindergarten besuchte die kleine Edith in Eger die Volksschule. Bis zur achten Klasse war sie in der Bürgerschule. Ihre Schulausbildung schloss sie mit einer zweijährigen Handelsschule ab. „Der Unterricht fand sowohl am Vormittag als auch am Nachmittag statt. In der Mittagspause konnten wir Schüler nach Hause gehen. Schulfrei war am Mittwoch- und am Samstagnachmittag. In der Schule wurde Deutsch gesprochen, ab der dritten Klasse kam Tschechisch hinzu und Englisch ab der fünften Klasse. Es gab viel Sportunterricht und oft waren große Sportfeste vorzubereiten. Nach den Sportstunden konnten sich die Schüler duschen und für den nächsten Unterricht frisch machen, was wir alle sehr zu schätzen wussten. Ich glaube, dass damals in den Schulen im Sudetenland viel mehr gelernt wurde als in heutiger Zeit. Ich konnte das bei meinen eigenen Kindern, die beide die Realschule besuchten, später beobachten und so Vergleiche ziehen."
Nach 1935, Edith Porstendörfer war inzwischen zehn Jahre alt, kam es immer wieder zu Spannungen zwischen den Deutschen und den Tschechen. Die deutsche Minderheit fühlte sich öfter diskriminiert. Radikale Strömungen auf beiden Seiten verstärkten das gegenseitige Misstrauen. Und so nahm die schlimme Entwicklung, deren Ende im Jahr 1945 alle zu spüren bekommen sollten, ihren Anfang. Frau Kieß-

ner fährt fort: „Im Jahr 1935 wurde Eduard Benes tschechoslowakischer Staatspräsident. Er war ein entschiedener Gegner Deutschlands. Die Sudetendeutsche Partei geriet unter den Einfluss des Naziregimes und forderte auf Drängen Hitlers die Abtrennung der sudetendeutschen Gebiete. Es wurde gegenseitiger Hass aufgebaut. (Anm.: Im Münchner Abkommen vom 29. September 1938 wurde der Anschluss der überwiegend von Deutschen bewohnten Randgebiete, des Sudetengaues, an das Deutsche Reich beschlossen und ab 1. Oktober 1938 auch durchgeführt.) Kurz vor Hitlers Einmarsch in das Sudetenland kam es zu einem Aufstand. Niemand durfte auf die Straße, deutsche Parteiangehörige mit Armbinden führten sogar die Schulkinder unter ihrem Schutz heim.
Die tschechischen Soldaten marschierten mit Gewehren durch die Straßen. Wehe, ein Vorhang wurde zur Seite gezogen, gleich wurde geschossen. So herrschte eine unheimliche Spannung in der Bevölkerung. Im Radio hörten wir deutsche Propagandarufe wie ‚Haltet aus!' Anfangs waren wir froh, dass die Deutschen einmarschiert sind und nun die unruhige Zeit ein Ende fand, denn wir Deutschen fühlten uns am Schluss durch die Tschechen regelrecht in unserer Existenz bedroht. Bald waren wir aber nicht mehr so begeistert. Bei uns hat es zu dieser Zeit in den Geschäften noch alles im Überfluss gegeben, im Deutschen Reich herrschte aber bereits der Mangel der Vorkriegszeit. So kamen unsere sächsischen Nachbarn ins Land und kauften zu unserem Ärger innerhalb weniger Tage die Geschäfte regelrecht leer. Dadurch bekamen wir selbst keinen Kaffee mehr, keine Schokolade, kein Obst, geschweige denn etwas Kleiderstoff. Auch die höheren Posten erhielten nun die Reichsdeutschen. Was war das Ende vom Lied? Früher hatten die Tschechen die besten Posten und jetzt die Deutschen aus dem Reich. Wir waren wieder die Blöden und gingen leer aus, wir wurden halt geduldet."

Als Edith sechzehn Jahre alt war, machten sich die Eltern mit ihrer Tochter Gedanken über den weiteren Lebensweg des Mädchens. Deutschland befand sich seit zwei Jahren bereits im Krieg. Die Tschechoslowakische Republik gab es nicht mehr, das Restgebiet von Böhmen und Mähren war von deutschen Truppen besetzt und zum deutschen Protektorat erklärt worden. Im Süden hatte sich, von den Deutschen geduldet, ein unabhängiger slowakischer Staat gebildet. Edith wollte noch bei den Eltern bleiben und hätte gern in der ortsansässigen Fahrradfabrik im Büro als zweite Sekretärin gearbeitet. Aber von dort wurden die jungen Mädchen oft zu den Funkern abkommandiert und das wollte sie nicht. So bewarb sie sich um eine Anstellung im Büro des nahen Flugzeugwerks der Heinkelwerke, die damals bekannt geworden sind durch den Bau der He 111 und 177. Sie wurde auch eingestellt und war sehr froh darüber, denn die Arbeit in der Rüstungsindustrie schützte sie zugleich davor, im Verlauf des Krieges eingezogen zu werden.
„Jetzt war ich hart gefordert und musste zweiundsiebzig Stunden in der Woche arbeiten, von morgens sieben bis abends sieben Uhr, auch am Samstag. Hinzu kam der Fußweg, denn ein Fahrrad besaß ich noch nicht. Jeden vierten Sonntag musste ich noch Dienst am Fernschreiber leisten. Dieses Arbeitspensum kann man sich heute gar nicht mehr vorstellen. Niemand fragte danach, ob man diese Belastung körperlich oder seelisch aushalten könne. Zugute halten muss man, dass der Betrieb sehr sozial eingestellt war. Er besaß eine eigene Schusterei und Schneiderei, so dass man seine Schuhe besohlen und auch ein Kleidungsstück ausbessern lassen konnte. Nur zum Friseur musste man das Fabrikgelände verlassen und brauchte dazu einen Passierschein. Ich habe nicht oft einen Passierschein beantragt, aber manche der Beschäftigten nutzten diese Möglichkeit der Freistellung wohl aus. Als ich einmal einen Passierschein beantragte, fragte mich der Abteilungsleiter: ‚Na, ist Ihre Großmutter

auch gestorben?' Als ich ganz ehrlich antwortete: ‚Nein, ich möchte nur einmal zum Friseur', meinte der Abteilungsleiter freundlich: ‚Weil Sie so ehrlich sind, sollen Sie den Schein gleich erhalten.' Sonst musste man nämlich warten, bis der Schein erst von mehreren Stellen abgezeichnet war und das konnte dauern."
Große Gedanken, wie man die Freizeit verbringen könnte, mussten sich damals die jungen Leute nicht machen, denn Freizeit gab es kaum. „Gelegentlich gingen wir sonntags ins Kino oder ins Café. Die Sitten waren bei uns damals noch sehr streng. Ich erinnere mich an meinen Tanzkurs zur Schulzeit. Ein Elternteil musste bei jeder Tanzstunde anwesend sein. Bis zur Volljährigkeit durften wir ohne Begleitung nirgendwohin gehen. Ich war völlig eingeschüchtert und überhaupt nicht selbstständig. Es hieß immer: ‚Das macht man nicht, das schickt sich nicht!' Nur, was man in manchen Fällen tun sollte, sagte einem auch keiner. Ein gewisser Anstand, moralische Werte sind im mitmenschlichen Verhalten unbedingt nötig, doch eine derartige Einengung in der Entwicklung eines jungen Menschen ist auch nicht gut. Da wird den jungen Leuten heute doch mehr Freiheit zugebilligt, auch wenn dies in manchen Fällen etwas ausgenutzt und übertrieben wird. Erst in meiner Ehe bin ich etwas freier und selbstbewusster geworden. Ich weiß, meine Eltern wollten mich vor allen möglichen Gefahren im Leben schützen, doch sie machten mich eher verschüchtert und unsicher. Ich war ein sehr zurückhaltendes und schweigsames junges Mädchen und ging eigentlich nur im Freundeskreis aus mir heraus. Eine Freundin gestand mir später: ‚Du redest wie ein Buch, ich kenne dich ja kaum wieder."
Frau Kießner konnte bis 1945 im Flugzeugwerk arbeiten. Acht Wochen vor Kriegsende wurde das Flugzeugwerk bei einem Bombenangriff völlig zerstört und sie verlor die Arbeitsstelle. Der Vater war für kurze Zeit als Soldat eingezogen worden, kam jedoch aus gesundheitlichen Gründen

bald wieder heim. Das Warenhaus war aufgelöst worden, so dass er sich eine neue Beschäftigung suchen musste. Er eignete sich radiotechnische Kenntnisse an und betrieb eine kleine Radioreparaturwerkstatt. Kurz vor dem Zusammenbruch und der Übernahme der Macht durch die Tschechen hatte er seine Gerätschaften in ein kleines Nachbardorf geschafft und dorthin siedelte die Familie über. Bei Kriegsende kamen die Amerikaner ins Land, und in dieser Zeit herrschte zunächst Ruhe vor dem auf die Deutschen zukommenden Sturm.
Vor dem Ende des Krieges zogen lange Flüchtlingstrecks auf der Flucht vor den herannahenden Russen aus Schlesien durch das damals noch sichere Sudetenland. Je näher aber das Kriegsende kam, umso unsicherer wurde für die Trecks auch dieser Fluchtweg. Tschechische Partisanen beschossen die Flüchtlinge und führten manche von ihnen in Gefangenschaft. Frau Kießner erinnert sich an die Massen von Flüchtlingen, die durch Eger kamen: „Während des großen Angriffs auf Eger stand im Bahnhof gerade ein Zug voll mit Flüchtlingen, viele dieser Flüchtlinge kamen bei diesem Angriff um. Schreckliches Leid ging damals auch über unser Land, das bis zum Schluss immer noch von deutschen Soldaten gehalten wurde. Viele Familien mussten vorübergehend Flüchtlinge aufnehmen, wir allerdings nicht, da unser Wohnraum gerade für uns selbst ausreichte. Über heimlich abgehörte ausländische Rundfunksender haben wir uns informiert und schon mit einem baldigen Zusammenbruch des Deutschen Reiches gerechnet."
Am 8. Mai 1945 war es soweit. Das Deutsche Reich war untergegangen und damit auch die deutsche Besetzung des Sudetenlandes. Wieder wechselten für die Bewohner die Machtverhältnisse. Nun übernahmen erneut, wie bereits 1918, die Tschechen die Oberhoheit, allerdings war jetzt von Kooperation mit den Deutschen überhaupt nicht mehr die Rede. Für die Deutschen begann eine schlimme Zeit. Auch für die Familie Porstendörfer und die knapp zwanzigjährige

Edith fing eine lange Leidenszeit an, über die sie nun berichtet: „Wir Deutsche mussten nun für die Taten des Naziregimes herhalten. Die Tschechen verübten aus Rache Gräueltaten an vielen Deutschstämmigen. Die deutsche Intelligenz, Ärzte, Lehrer, alle Akademiker wurden eingesperrt und böse behandelt. Die Frauen wurden zum Ziegelsteinklopfen gezwungen. Alles wurde staatlich gelenkt. Wer nicht arbeitete, bekam keine Lebensmittelkarten. Die Ziegel wurden vom Mörtel abgeklopft und aufgestapelt, und so beschäftigten wir uns von früh bis spät abends mit dieser eintönigen und körperlich anstrengenden Arbeit. Ich wurde noch acht Wochen zum Erntedienst zwangsverpflichtet. Eines Tages wurden wir jungen Frauen auf einen Lastwagen geschoben mit unseren wenigen Habseligkeiten, und ab ging es ins Ungewisse. Hinter Pilsen wurden wir auf verschiedene Bauernhöfe verteilt. Ich kam mit einem anderen jungen Mädchen auf einen Hof, von dem der deutsche Besitzer vertrieben worden war. Nun herrschte ein junges tschechisches Ehepaar dort, das vorher als Knecht und Magd gedient hatte. Als Schlafplatz wurde uns der enge Hausgang zugewiesen. Die Betten mussten wir uns selbst mit Stroh füllen. Wer in die Küche oder in einen anderen Raum ging, musste an unserer Schlafecke vorbei, so dass wir keinen eigenen Bereich hatten. Nach vier Wochen sollten wir eigentlich ausgetauscht werden, doch der Bauer hat uns nicht weggelassen. Meine Leidensgenossin bekam eine Blinddarmentzündung und musste ins Krankenhaus. Sie durfte später heimfahren. ‚Du gehst nicht heim', sagte der junge Bauer zu mir, ‚unsere Angehörigen sind auch zum Arbeiten verschleppt worden, und ihr sollt nun ebenfalls am eigenen Leib erfahren, wie das ist.' Schwere Magddienste habe ich dort leisten müssen, Erntearbeiten auf dem Feld, Stall ausmisten, Hof und Haus kehren, Säcke flicken und schließlich auch noch das kleine Kind hüten. Alles Dinge, die mir völlig fremd waren.

Meine Eltern erzählten mein Leid einem tschechischen Bekannten, der sich dafür einsetzte, dass ich wieder nach Hause durfte. Als ein Argument führte er an, dass die Eltern ausgesiedelt würden und die Familie zusammenbleiben müsse. So machte er es möglich, dass ich wieder zu meinen Eltern heimkehren konnte. Der Bekannte war uns vor unserer Ausreise sehr behilflich, und unsere frühere Freundschaft hat sich dadurch sehr bewährt. Man darf eben nicht alle Menschen über einen Kamm scheren."

Die Familie Porstendörfer durfte noch eine kurze Zeit in der Wohnung bleiben, doch einige Monate nach Kriegsende begann der neugegründete tschechoslowakische Staat mit der Vertreibung der rund 2,5 Millionen Deutschen. Auch die Porstendörfers mussten nun ihre Heimat verlassen. Frau Kießner denkt an diese Zeit mit Wehmut zurück: „Nach Kriegsende wurden wir wie so viele unserer Landsleute aus der Wohnung geworfen. Unser tschechischer Bekannter hat uns zunächst in einem Büroraum eines Genossenschaftsgebäudes untergebracht und sich immer wieder nach uns erkundigt und gefragt, ob er uns helfen könne. Für diese Hilfe waren wir damals unendlich dankbar, erleichterte sie doch unser schweres Los. An einem Tag im Frühjahr 1946 kam ein Tscheche zu uns nach Hause und befahl: ‚Alle Deutschen werden ausgewiesen, in einer halben Stunde müsst ihr raus!' Jeder durfte nur fünfundzwanzig Kilogramm Gepäck mitnehmen. Meine Mutter, die gerade krank im Bett lag, wollte nun das Nötigste einpacken. Wenn sie zum Beispiel Wäsche aus dem Schrank herausnehmen wollte, hielt der Tscheche die Hand zwischen den Stapel und ordnete an: ‚Das Obere kannst du mitnehmen, das Untere bleibt da!' Dadurch fanden wir in unserem Gepäck ein ziemliches Sammelsurium vor, nichts passte zueinander. Wir wurden mit anderen deutschen Familien in einer Kaserne zusammengepfercht und wie Strafgefangene gehalten. Die Tschechen verpflichteten uns zur Zwangsarbeit, ließen uns Steine klop-

fen oder Trümmer aufräumen, und verpflegten uns aus einer Art Gulaschkanone. Nach einigen Tagen mussten wir die Kaserne verlassen, und die ganze Kolonne marschierte zum Bahnhof, bewacht von Soldaten. Die Deutschen wurden in Viehwaggons verfrachtet, und ab ging der Zug nach Mellrichstadt in Bayern. Einerseits waren wir froh, nun in Bayern zu sein und damit nicht mehr den Schikanen der Tschechen ausgeliefert zu sein, andererseits waren wir besorgt über unsere Zukunft. Was würden wir noch alles durchstehen müssen?
In Mellrichstadt wurden die vertriebenen Familien verteilt. Wir kamen nach Rödles bei Bad Neustadt a. d. Saale, einem kleinen Dorf mit 240 Einwohnern. Als wir so auf einem von Kühen gezogenen Leiterwagen in das Dorf kamen, ging es mir durch den Kopf: ‚Wo kommst du jetzt wohl hin, wo wird deine neue Heimat sein, hier in diesem abgelegenen Dorf?' In Rödles angekommen, blieb der Wagen vor der Schule stehen, einer zweiklassigen Volksschule, in der wohl zur Zeit kein Unterricht stattfand. Wir drei, dazu ein Vater mit zwei Töchtern und noch zwei Schwestern wurden abgeladen mit unseren wenigen Habseligkeiten und ins Gebäude geführt. Ich kann mich noch genau erinnern, es war nämlich zufällig am Geburtstag meines Vaters. Wir acht Personen mussten jetzt in zwei völlig leeren Räumen ohne Heizung irgendwie zurechtkommen. Der Bauer, der uns hergebracht hatte, machte uns noch darauf aufmerksam, dass auf dem Speicher alte Schulmöbel herumstehen, die wir uns holen könnten. Dann verabschiedete er sich und überließ uns unserem Schicksal.
Wir hatten an dem Tag noch nichts gegessen, deshalb einen riesigen Hunger, aber keinerlei Lebensmittel und auch keinen Herd zum Kochen. Ich wurde zum Hamstern zu den Bauern geschickt und machte mich auf den Weg zum größten Bauernhof, wie mir schien. Schüchtern erzählte ich dem Bauern, dass wir gerade als Flüchtlinge in dieses Dorf einge-

wiesen wurden, aber noch keine Lebensmittelkarten bekommen hatten und ob er uns ein paar Kartoffeln überlassen könnte. Er musterte mich und fragte: ‚Na, was habt ihr denn als Tausch anzubieten, einen Wintermantel oder so etwas? Dann könnte ich dir was geben.' Ich war wie vor den Kopf geschlagen, wir hatten doch nichts. So hatte ich mir den Empfang in Bayern auch nicht vorgestellt. Entrüstet kehrte ich um. Ich war verzweifelt. Nun stand ich wie ein Häufchen Elend da, als mich die Krämersfrau ansprach: ‚Gell, ihr habt Hunger und nichts zu essen?' Meine Antwort kann man sich vorstellen. Diese gutmütige Frau gab mir tatsächlich ohne Geld und ohne Karten einige Lebensmittel, die uns über die nächsten Tage hinweghalfen. Später bin ich selbstverständlich immer dort zum Einkaufen gegangen. Es gibt halt doch immer wieder Engel in der Not. Das konnte ich schon oft in meinem Leben erfahren, besonders wenn ich an einem Tiefpunkt angelangt war. Irgendwo her kam immer Hilfe, wenn ich nicht mehr weiter wusste", bemerkt Frau Kießner dankbar.

Ein gutes Jahr musste die Familie Porstendörfer in dieser Notunterkunft ausharren, bis eines Tages eine gut situierte Bäuerin ihr leerstehendes Einfamilienwohnhaus mit Garten als Wohnung anbot. Frau Kießner kommt direkt ins Schwärmen, wenn sie an diese plötzliche Wandlung ihrer widrigen Lebensumstände denkt: „Wir kamen uns vor, wie Gott in Frankreich, denn das Haus war völlig möbliert, sogar in Federbetten konnten wir schlafen. In dem angrenzenden Garten durften wir Gemüse anbauen, so dass es uns nach harten Zeiten nun wirklich gut ging. Im ganzen Dorf gab es noch keine Wasserleitung. Aus einem Dorfbrunnen mussten wir Wasser schöpfen in einer Art Butte, die ich auf dem Rücken nach Hause tragen musste. Keine leichte Aufgabe, die man erst lernen musste. Man durfte ja nicht zu viel von dem kostbaren Nass verschütten. Schlimm war es, wenn meine Mutti Wäsche waschen wollte. Dann mussten sämtliche verfügba-

ren Behälter mit Wasser gefüllt werden. Nach getaner Arbeit war man ganz schön fertig."
Nach einiger Zeit fand die junge Edith Arbeit in Bad Neustadt bei der Firma Siemens, anfangs in der Wickelei, nach einem Vierteljahr konnte sie im Lohnbüro arbeiten. Auch der Vater fand eine Stelle in einem Warenhaus. Das Leben verlief nun wieder in geordneten Bahnen, und eine gewisse finanzielle Sicherheit war durch die Beschäftigung von Vater und Tochter auch gegeben. Langsam konnten die schlimmen Wunden, die der Krieg und die Vertreibung geschlagen hatten, verheilen.

Edith und Willi Kießner an ihrem Hochzeitstag, 1949.

Edith war inzwischen zweiundzwanzig Jahre alt und sah die Zukunft auch wieder rosiger. Sie fuhr täglich mit dem Bus zur Arbeitsstelle nach Bad Neustadt. In diesem Bus fuhr auch ein junger Mann, Willi Kießner, aus dem nahegelegenen Dorf Bastheim ebenfalls zur Arbeit in die Firma Siemens. Edith und Willi lernten sich näher kennen, verliebten sich und heirateten 1949. Ein Jahr blieb das junge Paar noch in Rödles wohnen, dann zog das Ehepaar Kießner nach Schweinfurt.

Nun wollen wir einen kurzen Rückblick auf das Leben des Ehemannes werfen, der auch eine harte Zeit hinter sich hatte, aber nicht das Schicksal der Vertreibung mitmachen musste. So erzählt Herr Kießner über seinen Lebensweg:

Das Ehepaar Kießner 1960 mit Tochter Inge und Sohn Uwe.

„Meine Eltern wohnten in Bastheim, das ist eine Ortschaft zwischen Mellrichstadt und Bad Neustadt a.d.Saale. Wir waren daheim sieben Kinder und ich der älteste Sohn. Ich musste sozusagen den Mann im Haus vertreten, als im Jahr 1939 mein Vater eingezogen wurde. Mit elf Jahren zog ich in die Familie der Schwester meiner Mutter, die in Bastheim einen Bauernhof besaß. Ihr Mann war inzwischen ebenfalls eingezogen worden und sie und ihre einzige Tochter bewältigten all die anfallenden Arbeiten nicht mehr. Sie wohnte zwar nur einige Häuser von meiner eigenen Familie entfernt, doch ich wohnte nun dort und war wie ein Sohn auf diesem Bauernhof. Auf dem Hof meiner Tante habe ich in meinen jungen Jahren sehr schwer arbeiten müssen. Ich musste Mist fahren, Garben aufstellen, die riesige Mähmaschine betätigen, die zu meiner geringen Körpergröße als elfjähriger Bub gewaltige Ausmaße hatte. Die erste Zeit haben nur meine Tante, ihre Tochter und ich die ganze Arbeit bewältigen müssen, wobei ich im wahrsten Sinne des Wortes meinen Mann stehen musste. Dabei sollte man berücksichtigen, dass es vor dem Krieg auf dem Bauernhof nicht so viele technische Geräte gab, die heute die körperliche Arbeit erleichtern. Später wurde uns ein belgischer Kriegsgefangener zur Hilfe zugeteilt. Als mein Vater zu einem Heimaturlaub nach Hause kam, sagte er mir, dass ich in die Oberschule gehen solle. Ich bestand in Bad Neustadt die Aufnahmeprüfung und musste nun täglich zehn Kilometer mit dem Fahrrad zur Schule nach Neustadt fahren. Nach dem Unterricht wartete noch meine Arbeit als ‚Jungbauer' auf mich. Am Abend waren dann die Schulaufgaben zu machen, wenn ich dazu noch in der Lage war. Die Heimfahrt mit dem Rad von der Schule war gegen Ende des Krieges oft ein reines Abenteuer. Plötzlich nahten Tiefflieger, die auf alles was sich am Boden bewegte, schossen, ob das ein Schüler war oder ein Soldat, spielte dabei keine Rolle. Ich musste dann zusehen, dass ich schnell einen Unterstand fand, wo ich mich in Sicherheit bringen konnte. Nach einem Angriff radelte ich heim so schnell ich konnte. In Bad Neustadt war der Bahnhof das Ziel der Bomber. Außer dem Bahnhof, in dem hauptsächlich Loks beschossen wurden, ist in Neustadt aber nichts zerstört worden.

Gegen Ende des Krieges fiel die Schule für eine Zeit lang aus. Ich stand nun vor der Frage: Was tun? Guter Rat war teuer. Sollte ich warten, bis die Schule wieder beginnt oder mir lieber eine Lehrstelle suchen? Ich entschied mich für eine Lehre und nutzte die Chance, bei der Firma Siemens in Neustadt eine Ausbildung als Elektriker zu beginnen. Die Arbeit gefiel mir. Als nach einem halben Jahr der Schulbetrieb wieder aufgenommen wurde und ich die Wahl zwischen Schule und Ausbildung hatte, entschied ich mich für die Fortsetzung der Lehre und schloss mit der Gesellenprüfung ab. Nach der Heirat im Jahr 1949 bewarb ich mich beim regionalen Stromversorgungsunternehmen Überlandwerk Unterfranken. Damals suchte man Elektriker zum dringend notwendigen Ausbau der Stromversorgung, und ich erhielt beim Überlandwerk in Schweinfurt eine Stelle als Elektromonteur und blieb dem Unternehmen bis zu meiner Pensionierung im Jahr 1993 treu."

Die Wohnungsnot war 1949 in Deutschland noch groß, besonders in der teilweise zerstörten Stadt Schweinfurt. Herr Kießner fand deshalb zunächst nur ein kleines Zimmerchen

für sich allein. Am Wochenende fuhr er heim zur Familie, denn inzwischen war Tochter Inge geboren. Endlich bekam die Familie eine Zuzugsgenehmigung nach Schweinfurt und fand eine kleine Wohnung im Souterrain eines Wohnhauses. „Bei Eis und Schnee," so erinnert sich Frau Kießner an diesen Tag, „fuhren wir mit einem Lastwagen, auf dem unsere wenigen Möbel und die damals kostbaren Kohlen und etwas Holz zum Heizen aufgeladen waren, zur neuen Wohnung. Nun standen wir vor dem Haus und wollten einziehen. Da teilte man uns unverhofft mit, dass wir die Wohnung nicht bekommen könnten. Das war ein großer Schock für mich. Ich sehe mich noch heute mit meinem kleinen Kind auf dem Arm in der Eiseskälte stehen. Wo sollten wir hin? Unsere alte Wohnung in Rödles war bereits wieder belegt. Zurück konnten wir also nicht mehr. Wir flehten den Vermieter an, denn wir hatten auch die geforderte Kaution bezahlt. Schließlich hatte der Vermieter Erbarmen mit uns und ließ uns die Wohnung beziehen. Ich konnte aber ein ungutes Gefühl nicht loswerden. Nach einigen Tagen sagte mir mein Mann, dass wir nun doch wieder ausziehen müssten. Ich arbeitete noch bei Siemens in Bad Neustadt, unsere Tochter wurde tagsüber von der Schwiegermutter betreut, mein Mann war tagsüber auf seiner Arbeitsstelle. Eines Abends standen alle unsere Möbel auf dem Hof und wir waren obdachlos. Nun ging der Kampf um die Wohnung wieder los. Unsere Miete hatten wir bezahlt, aber offensichtlich war die Wohnung einer anderen Familie versprochen gewesen, die nun von ihrem Recht Gebrauch machte. Mein Mann klagte daraufhin seinem Chef unser Leid und wie es das Glück so wollte, bot der ihm in Zahlbach bei Bad Kissingen eine Stelle an mit einer dazugehörenden Betriebswohnung. So zogen wir 1953 nach Zahlbach. Wir blieben elf Jahre dort, wo auch unser Sohn Uwe 1960 geboren wurde."
„Ich erinnere mich noch gut an die interessante Tätigkeit an dieser Außenstelle in der unwirtlichen Rhön", fährt Herr

Kießner fort: „Als ich in Zahlbach mit meiner Tätigkeit begann, gab es im Bereich dieser Bezirksstelle nur wenige ausgebaute Straßen. Bei unseren Fahrten über Land bei Schnee und Eis auf den schlechten Wegen rutschten wir manchmal in den Straßengraben. In den oft stürmischen Wintern auf den Höhen der Rhön gab es viele Schäden an den Überlandleitungen, und ich musste in so mancher Winternacht hinaus, um Störungen zu beheben."
Im Jahr 1964 wurde dem Elektromonteur Kießner eine neue Stelle bei den Bezirksstellen in Marktheidenfeld, Hammelburg und Karlstadt angeboten. Herr Kießner hatte die Auswahl und erzählt weiter: „Auch mit diesen Stellen war wegen des Bereitschaftsdienstes eine Betriebswohnung verbunden. Am besten gefiel mir die Wohnung in Karlstadt, die mit neunzig Quadratmeter schön geräumig war und nur sechzig Mark im Monat kostete. So entschloss ich mich, die Stelle in Karlstadt anzunehmen. Im Jahr 1980 zog die Bezirksstelle Karlstadt des Überlandwerks in einen Neubau um. Der Bezirksleiter wurde zur Zentrale nach Würzburg versetzt. Inzwischen hatte ich die Meisterprüfung abgelegt und erhielt die Meisterstelle in Karlstadt und auch eine neue Wohnung. Ich war ein freier Mensch und sah den Betrieb wie meinen eigenen an, für den ich die Verantwortung übernommen hatte. Meine Zeit konnte ich mir einteilen, musste allerdings bei Störungen auch nachts oder bei Unwetter hinaus. Aber das gehörte zu meinem Job."
Im Jahr 1971 konnten die Kießners in Karlstadt ein Eigenheim bauen. Da Herr Kießner als Betriebsleiter in der Wohnung auf dem Gelände der Bezirksstelle wohnen bleiben musste, vermieteten sie ihr neues Haus erst einmal. Mit den Mietern, zuletzt einem Arzt, hatten sie Glück. Als Herr Kießner Ende Mai 1993 mit 63 Jahren in den wohlverdienten Ruhestand versetzt wurde, war der Arzt gerade mit dem Bau seines eigenen Wohnhauses fertig. So konnten nun die Eheleute Kießner nach einigen Renovierungsarbeiten in das

jetzt schon zwanzig Jahre alte Eigenheim einziehen. Die Kinder waren mittlerweile erwachsen und wohnten nicht mehr daheim. In dieser ruhigen Wohngegend fühlen sich die Eheleute Kießner rundum wohl und genießen jeden Tag ihres Ruhestandes.

Rückblickend stellt Frau Kießner fest: „Von dem Tag an, als wir in den Neubau des Überlandwerks in Karlstadt eingezogen sind, ging es im Leben aufwärts. Wir konnten uns nun wieder etwas leisten. Mein Mann hatte eine gute Stellung, die Wohnung war unmittelbar beim Betrieb, so dass wir immer gemeinsam essen konnten, was doch recht angenehm für das Familienleben war." An ihre frühe Kindheit erinnert sie sich gern, doch merkt man ihr noch heute beim Gespräch an, dass die Jugendzeit und die frühen Erwachsenenjahre sehr hart und schwer waren.

Voller Freude und Anerkennung berichten die Kießners über ihre Kinder und Enkelkinder. Tochter Inge ist in Amorbach verheiratet. Sie hat zwei Kinder, die beide studieren. Die Tochter arbeitet im Sekretariat des dortigen Karl-Ernst-Gymnasiums. Sohn Uwe der ebenfalls zwei Kinder hat, wohnt mit seiner Familie in Lohr. Er führt dort mit viel Engagement ein Naturkostgeschäft. Stolz sind die Großeltern über ihre vier Enkelkinder, die nun auch schon ihre eigenen Weg beschreiten.

Frau Kießner betont während unseres Gesprächs immer wieder, dass sie trotz mancher Widrigkeiten auch viel Glück im Leben hatte. „In Karlstadt fühlten wir uns von Anfang an wohl. Wir haben uns in dieser Stadt gut eingelebt. Mir und meinem Mann bereitete vor allem das Eisstockschießen viel Spaß. Dabei konnten wir bei Wettbewerben schon zahlreiche Preise gewinnen. Am Mittwochnachmittag wird mit einigen Freunden gekartelt, ab und zu feiern wir mit Bekannten Geburtstag und genießen diese Geselligkeit sehr."

Herr Kießner gehörte jahrelang dem Elferrat der Karlstadter Karnevalsgesellschaft an, was uns gar nicht wundert, denn

Herr Kießner (links) bei einer Rallye des ADAC in Zahlbach, 1947. Ganz links steht Tochter Inge.

schon auf unserer Reise war er immer zu kleinen Späßen aufgelegt und brachte gern die Gesellschaft zum Lachen. Frau Kießner fügt ein: „Es ist doch seltsam, sowie wir in einen Verein eintreten, übergibt man uns nach kurzer Zeit die Kassenführung. So war das damals schon bei mir im Kegelverein und später beim Eisstockschießen. Mein Mann war acht Jahre lang Kassier in der Karnevalsgesellschaft. Man setzt doch wohl großes Vertrauen in uns."
Seit 1953 ist Herr Kießner Mitglied des ADAC und hat jahrelang aktiv Motorsport betrieben. Bei ADAC-Geschicklichkeitstouren und Rallyes konnte er viele Preise gewinnen mit seiner Horex 250, einer wie er sagt, wunderschönen stahlblauen Maschine. Einmal wurde er Bayerischer, zweimal Nordbayerischer Meister. Noch heute ist er im Vorstand des ADAC tätig. Bereits seit fünfundzwanzig Jahren ist Herr Kießner Sportleiter im Eisstockclub Karlstadt.
Frau Kießner besitzt tief verwurzelt in sich einen treuen Glauben, gesteht aber, dass sie nicht oft in die Kirche geht. „Ich spüre, dass eine höhere Macht die Hand über mich hält

und mich beschützt. Ich weiß mich geborgen", erklärt sie ganz überzeugt. „In höchster Not fühlte ich meinen Schutzengel, der mir zu Hilfe kam. Und so habe ich keine Angst vor dem Tod. Meine Mutter ist ganz ruhig in meinen Armen gestorben und seitdem wurde mir die Angst vor diesem letzten Schritt genommen. Die letzten vier Jahre wohnte meine Mutter bei uns im Haus, nachdem sie sich im Alter von vierundachtzig Jahren einer Magenoperation unterziehen musste. Diese sehr selbstständige und agile Frau meinte dann im hohen Alter: ‚Ich glaube, jetzt wird es Zeit, dass ich meine Selbstständigkeit aufgebe.' So war es auch abgemacht nach dem Tod meines Vaters, dass sie zu mir zieht, wenn sie es für richtig hält."

Wir fragen Frau Kießner nach ihren Gefühlen zu ihrer alten sudetendeutschen Heimat und wollen auch wissen, ob sie bereits vor der letzten Reise im Sommer 1999 die Stätten ihrer Kindheit wiedergesehen habe. „Ja", sagt sie, „vor fünf Jahren war ich mit meiner Familie das erste Mal seit der Vertreibung wieder in Eger. Als ich im Jahr 1994 zurückgekehrt bin in meine alte Heimat, hätte ich am liebsten die Erde geküsst vor Freude, so ein wunderbares Gefühl habe ich gespürt. Ich bin durch die Straßen gelaufen, meine Familie ist kaum nachgekommen. Ich war wie in einer Euphorie. Als wir dann durch das böhmische Land gefahren sind, war ich erschüttert, ganz schlimm sah es da aus! Viele Häuser und Felder waren verwahrlost. Heute sehe ich die Stadt Eger mit anderen Augen, denn das alte Städtchen meiner Kindheit ist es ja nicht mehr. Auch leben möchte ich selbstverständlich nicht mehr dort, doch die Erinnerungen sind mir heilig, und ich möchte sie nicht missen. Ich habe keine Sehnsucht mehr nach Böhmen. Wenn ich heute Tschechien und Deutschland vergleiche, denke ich nur: ‚Es hätte mir nichts Besseres passieren können.' Uns ist viel Unrecht getan worden und den Tschechen auch. Ich hege keinen Groll, denn mir ist bewusst, dass auf beiden Seiten auf Befehl gehandelt wurde."

Die Familie Kießner 1995.

Als Abschluss unseres Gesprächs mit den Eheleuten Kießner zeigt uns ein Wort von Frau Kießner, die in ihrer Jugendzeit so viel Schlimmes hat ertragen müssen, dass Glaube, Menschlichkeit, Hoffnung und Zuversicht stärker sind als

Hass und Zerstörung. „Unseren Kindern wollen wir die Schattenseiten der Vergangenheit nicht vorenthalten, doch sie haben gute Chancen, in Europa friedlich mit anderen Völkern zusammenzuleben. Hass darf doch nicht von Generation zu Generation weitergepflanzt werden. Ich bin ein harmoniebedürftiger Mensch, der keinen Streit sucht, sondern den Frieden in unserer Familie, in unserer Stadt und in aller Welt erbittet."

Edmund Kirsch, Frammersbach

> *Edmund Kirsch, geboren am 26. Februar 1926 in Frammersbach, Unternehmer (Firma Kirsch und Sohn), verheiratet mit Erika Kirsch, geb. Amrhein, am 15. Mai 1926 in Frammersbach geboren,*
> *das Ehepaar Kirsch wohnt in Frammersbach.*

„Geht nicht" gibt's nicht

In einem komfortablen Konferenzraum der Firma Kirsch und Sohn in Gemünden setzten wir uns mit dem Seniorchef Herrn Edmund Kirsch zusammen, um uns über sein arbeitsreiches Leben erzählen zu lassen. Herr Kirsch ist mit seinen vierundsiebzig Jahren noch täglich für die Firma tätig und viel unterwegs, so dass es gar nicht so einfach war, einen Termin für das Interview zu vereinbaren. Emsig geht es in den Büros der Firma Kirsch zu, und diese Atmosphäre eines betriebsamen Geschäftslebens, das wir durch den verglasten Innenhof beobachten konnten, passte gut zu dem Gespräch. Repräsentiert sie doch das Lebenswerk von Herrn Edmund Kirsch – oder Herrn Kirsch senior, wie er allgemein im Betrieb genannt wird – auf das er mit Recht stolz sein darf.
In dem mitten im Spessart zwischen Lohr und Aschaffenburg gelegenen Ort Frammersbach wurde Edmund Kirsch am 26. Februar 1926 als jüngstes von vier Kindern geboren. Nicht nur von den Eltern wurde der kleine Nachkömmling verwöhnt, sondern auch vom acht Jahre älteren Bruder Karl, von der Schwester Erna, die 1919 geboren war, und vor allem von seiner 1922 geborenen Schwester Rosa, zu der ein besonders enges Verhältnis bestand. „Bei Tisch versammelten sich immer sieben Personen, denn auch meine Großmutter lebte noch bei uns im Haus. Sie ist im Jahr 1945 im hohen Alter von sechsundachtzig Jahren verstorben, kurz nachdem ich aus dem Krieg zurückkehrte, so als ob sie auf

Goldene Hochzeit 1999.

mich gewartet hätte. Ich wurde mit viel Liebe und Aufmerksamkeit erzogen und erhielt aus Fürsorge von dem einen oder anderen oft einen extra Leckerbissen zugesteckt", erklärt Herr Kirsch dankbar und fügt an: „Vor allem meine vier Jahre ältere Schwester Rosa hat mir jeden Wunsch erfüllt. Wenn ich um etwas bat und es nicht gleich bekommen konnte, ermutigte sie mich mit den Worten: Keine Sorge, das kriegen wir schon irgendwie hin."
Die Familie Kirsch hat eine uralte Tradition in Frammersbach. Zwischen 1400 und 1500 begründeten zwei Brüder den Namen Kirsch in dieser Spessartgemeinde. Inzwischen gibt es zahlreiche Familien mit diesem Namen im Ort, allein das Telefonbuch enthält unter ‚Kirsch' neununddreißig Einträge. Auch die Mutter von Herrn Kirsch, eine geborene Büdel, hat ihre Familienwurzel im Spessart. Der Name Büdel ist in Frammersbach ebenfalls sehr geläufig und taucht dort neunundvierzigmal auf. „Meine Mutter stammte aus einer

kinderreichen Familie in Frammersbach und musste als Kind miterleben, wie ihr Vater im Alter von nur sechsunddreißig Jahren starb und die Mutter mit den sechs Kindern allein ließ." Mit diesen Worten weist Herr Kirsch auf die damaligen schwierigen Verhältnisse hin: „Damit die siebenköpfige Familie wenigstens in bescheidensten Verhältnissen weiterleben konnte, arbeitete meine Mutter, die Zweitälteste der Geschwister, als Hausmädchen bei einer Familie in Frankfurt. Mit ihrem geringen Lohn unterstützte sie ihre Mutter und die übrigen Geschwister. Im Jahr 1980 ist sie im Alter von neunundachtzig Jahren gestorben. Auch mein Vater lebte in einfachen Verhältnissen. Er hatte von seiner Schwiegermutter eine kleine Landwirtschaft übernommen, die gerade ausreichte, um das Überleben zu sichern."
Die Frammersbacher waren schon seit dem späten Mittelalter bekannt für ihren Geschäftssinn. Einst eine bedeutende Glasmachersiedlung, stieg der Ort durch seine Fuhrleute zu großer Bedeutung auf. Die Zunft der Frammersbacher Fuhrleute bestimmte lange Zeit das Geschehen. Frammersbacher Fuhrmannswagen rollten, von schweren Gespannen gezogen, über die Wege und Straßen Mittel- und Westeuropas. So fuhren sie auch für das im Mittelalter größte Handelshaus der Welt, die Fugger aus Augsburg, Transporte nach Antwerpen und später nach Amsterdam. Dieser Gewerbesinn steckte auch im Vater von Herrn Kirsch, der ein Frammersbacher Original von altem Schrot und Korn war, und übertrug sich später auf seinen Sohn Edmund. Nach dem Ersten Weltkrieg gründete sein Vater Michael zusammen mit dessen jüngerem Bruder Karl eine Rohprodukten- und Kohlenhandlung, die er neben seiner Landwirtschaft betrieb. Mit dem Fahrrad fuhren sie in die umliegenden Spessartdörfer und vereinbarten mit den Gemeinden die Termine für die Sammlung von Alteisen und Lumpen. Daraufhin liefen die Gemeindediener mit der Ortsschelle herum, um die Einwohner auf diese Termine aufmerksam zu machen. An den

festgelegten Tagen fuhren die beiden Brüder mit dem Pferdefuhrwerk von Haus zu Haus und sammelten Alteisen für die Eisenschmelze der Firma Rexroth in Lohr sowie Lumpen, Stoffabfälle und eigentlich alles, was noch irgendwie verwertbar war, für die so genannte Lumpenmühle, ebenfalls in der Stadt Lohr. Trotz harter Arbeit blieben die Erträge karg, doch im Jahr 1937 wurden die Pferde durch einen kleinen LKW ersetzt. Aber mit der Gründung der Firma legten die beiden Brüder den Grundstock für das heutige florierende Unternehmen Kirsch und Sohn.

„Meine Eltern besaßen zwei Kühe, zahlreiche Hühner, einige Gänse und Schweine", berichtet Herr Kirsch. „Im Frühjahr und Herbst wurde geschlachtet. Für meinen Vater hatte die Landwirtschaft stets einen hohen Wert, weil sich die Familie auf diese Weise selbst versorgen konnte. So kannten wir in unserer Jugend im Gegensatz zu vielen anderen Familien keinen Hunger und konnten uns durch die eigene Landwirtschaft ausreichend ernähren. Für uns Kinder bedeutete dies aber auch, dass wir auf dem Hof und auf den Feldern fleißig mithelfen mussten und deshalb die Freizeit recht spärlich ausfiel. Der Vater erzog uns sehr streng und hatte wenig Verständnis für meine sportlichen Ambitionen. Gerne bin ich in den schneereichen Wintern auf den Hängen um Frammersbach mit meinen Freunden Ski gelaufen. Die Bretter haben wir uns selbst zugeschnitten, haben uns Eisen biegen lassen und von den Kühen die Lederriemen des Geschirrs für die Bindungen benutzt. Als mein Vater uns nach einiger Zeit auf die Schliche kam, hat er kurzerhand die Ski auf Ofenlänge klein gehackt und als Brennholz verwendet. Aus war der Traum vom Skifahren! Auch Fußball durfte ich nicht spielen. Das war besonders schlimm, denn Fußballspielen war gerade in Mode gekommen. Wenn mein Vater sah, dass die Schuhe vorne wieder einmal abgestoßen waren, gab es Krach. So habe ich mir als Notbehelf aus unserer Lumpensammlung alte Schuhe herausgesucht. Allerdings haben die nicht im-

mer genau gepasst, der linke Schuh war manchmal ein paar Nummern größer als der rechte, was mich aber beim Ballspielen nicht gestört hat. Wie man sieht, hatte mein Vater für Spiele und Freizeitvergnügen wenig übrig. Ich sollte immer in der Landwirtschaft helfen, Kühe hüten, Rüben oder Kartoffeln ernten oder sonstige Arbeiten verrichten. Ich gewöhnte mich an diese Art der Erziehung und fügte mich, um den Familienfrieden nicht zu stören. Meine Mutter war eine gutherzige Frau und nahm mich immer in Schutz, wenn ich mal etwas später nach Hause kam. Sie beruhigte meinen Vater mit der Versicherung, dass Edmund alle ihm aufgetragenen Arbeiten bereits erledigt hätte."
Ja, der Ernst des Lebens begann für den kleinen Edmund schon sehr früh. Er und natürlich auch die anderen Geschwister mussten beim Ausladen der Kohlen helfen und die kleinen Stücke, die daneben fielen, fein säuberlich aufsammeln. „Die Kohlen haben mein Vater oder mein Onkel mit Pferdefuhrwerken vom Bahnhof im benachbarten Partenstein abgeholt und zum Kohlenlager nach Frammersbach gebracht", erinnert sich Herr Kirsch.
In Schwartel, einem Ortsteil von Frammersbach, wurde der sechsjährige Edmund eingeschult. Nach der dritten Klasse kam er in die Frammersbacher Volksschule, wo er mit sechsundfünfzig Buben und Mädchen in einer Klasse unterrichtet wurde. Inzwischen herrschte in Deutschland das Hitlerregime und auch Edmund konnte sich der neuen Jugendorganisation nicht entziehen. „Etwa ab dem Jahr 1937/1938 machte auch ich beim Jungvolk mit und erinnere mich an abenteuerliche Wochenend-Freizeiten im Zeltlager bei Lohr-Sendelbach, die mir immer großen Spaß machten", bekennt Herr Kirsch: „Wir Jungen fanden das toll, denn wir konnten uns unter Gleichaltrigen richtig austoben. Dass dahinter eine bestimmte Ideologie stand, wussten wir zehn- oder zwölfjährigen Buben natürlich nicht. Mein Vater konnte sich gegen diese Freizeiten nicht wehren, denn der Jungvolk-

führer war ein Frammersbacher, mit dem er es sich als Geschäftsmann nicht verderben wollte. Man geriet ja auch schnell auf die schwarze Liste und das wollte Vater uns doch nicht antun."
Nach der Volksschule besuchte Edmund Kirsch bis 1943 die kaufmännische Berufschule in Lohr. Wie alle seines Jahrgangs bekam der Siebzehnjährige nun die Auswirkungen des Krieges zu spüren: „Im April 1943 bin ich mit anderen Schulkameraden zur Hitlerjugend-Division nach Fladungen in der Rhön zunächst zu einer vierwöchigen Ausbildung eingezogen, Anfang Mai jedoch bereits wieder entlassen worden. Am 23. Juli 1943 begann meine Einberufung beim Reichsarbeitsdienst (RAD) in Würzburg-Zell. Kurze Zeit später wurde ich an die NSKK-Motorsportschule (Anm.: Nationalsozialistisches Kraftfahrkorps) Rheindahlen bei Mönchengladbach abgeordnet und erhielt dort eine technische Grundausbildung an Motorfahrzeugen. Insbesondere wurde ich am Holzvergaser gründlich ausgebildet. Die Holzvergasermotoren bei Lastwagen wurden damals entwickelt, um nicht von ausländischen Öllieferungen abhängig zu sein. Die Lastwagen hatten auf der Ladefläche einen großen Kessel, den Holzvergaser, und wurden mit Brennholz statt mit Benzin oder Diesel betrieben. Meine dort erworbenen Kenntnisse der Holzvergaser sollten mir später in unserem eigenen Betrieb noch gute Dienste leisten."
Bald wurde es Ernst für den jungen Edmund. Er und die anderen jungen Männer, die eigentlich noch Jugendliche waren, wurden im September 1943 zur RAD-Kraftfahrabteilung eingezogen und kamen zur Unterstützung der deutschen Besatzung nach Südfrankreich, wo sie den Jahrgang 1925 ablösen sollten, der zur regulären Wehrmacht eingezogen wurde. Die Deutschen befanden sich schon in einer höchst schwierigen Lage. Der frühere Bündnispartner Italien war bereits abgefallen und hatte Deutschland den Krieg erklärt. Der Widerstand in Frankreich gegen die deutsche

Besatzung steigerte sich und so wurden die siebzehnjährigen Soldaten bald zu anderen Brennpunkten befohlen. Herr Kirsch schildert die Ereignisse, die er als Jugendlicher erlebte: „Wir wurden von Südfrankreich nach Rouen in Nordfrankreich verlegt und von dort weiter Richtung Atlantik. Eine sehr unruhige Zeit begann, denn wir erlebten den Rückzug der deutschen Armee aus der Normandie. Unsere Einheit zog sich über Roermond in Südholland und dann nach Süden links des Rheins nach Landau in der Pfalz zurück. Wegen der ständigen amerikanischen und britischen Tiefflieger durften wir uns nur nachts bewegen, weshalb sich unser Rückzug natürlich lange hinzog. Ich war bis Ende des Krieges als Fahrer einer der wenigen Holzvergaserlastwagen eingesetzt. Von Landau ging es weiter nach Karlsruhe, wo ich mich an ein schönes, aber auch für mich beinahe tödliches Ereignis erinnere:
Ich war ein junger Bursche von neunzehn Jahren und nutzte bei einer längeren Pause in Karlsruhe die Gelegenheit, um mit einem Mädchen auszugehen. Als ich zu unserem Lager zurückkam, war meine Truppe bereits weg, nur mein Holzvergaser stand noch da, weil den sonst keiner fahren konnte. Da fuhr mir natürlich der Schreck in die Glieder, denn das nicht rechtzeitige Zurückkehren zur Truppe konnte einem als unerlaubtes Entfernen und als Versuch zu desertieren ausgelegt werden. Dafür wurde man damals ohne viel Federlesen standrechtlich erschossen. Ich hatte aber Glück. Ich kannte das nächste Etappenziel unserer Truppe und konnte meine Kameraden in der Nähe von Kirchheim unter Teck einholen. Als ich den Anschluss an die Truppe wieder gefunden hatte, fiel mir doch ein großer Stein vom Herzen."
Der Rückzug ging weiter über Kempten im Allgäu, den Fernpass und Reutte bis nach Sankt Anton am Arlberg in Österreich. Inzwischen war der Monat Mai des Jahres 1945 angebrochen. Herr Kirsch erzählt über die weiteren Ereignisse: „Bei Kriegsende am 8. Mai 1945 ließen wir einfach

unsere Fahrzeuge an Ort und Stelle stehen und machten uns zu Fuß auf ins amerikanische Internierungslager nach Landeck in Tirol. Den näherrückenden Franzosen wollten wir nicht in die Hände fallen. Ungefähr 70 000 bis 80 000 Landser hatten sich dort eingefunden, die Tag und Nacht auf freiem Feld lagerten, ohne Dach über dem Kopf. Es war eine harte Zeit und – obwohl wir ja schon viele Entbehrungen mitgemacht hatten – litt ich wie all die anderen unter großem Hunger. Im Juli und August sind die ersten Kriegsgefangenen entlassen worden, zunächst die, die daheim ein Geschäft besaßen oder im Kohlebergbau oder bei der Eisenbahn beschäftigt waren. Auch kamen zuerst die heraus, die ihren Wohnort im amerikanischen Sektor hatten. Die armen Kameraden aus dem russischen Sektor mussten sich noch gedulden. Ich konnte also nach Hause zurückkehren und bin mit einem Militärbus bis nach Heilbronn gefahren worden. In Heilbronn konnte ich ein altes Fahrrad leihen und damit ein Stück Richtung Heimat fahren. Aber bald ist dieses Vehikel regelrecht unter mir zusammengebrochen, und so musste ich die Reststrecke zu Fuß bewältigen. Nach drei Tagen kam ich endlich daheim in Frammersbach an, erschöpft aber glücklich, unversehrt geblieben zu sein. Große Erleichterung herrschte natürlich bei meinen Eltern, die allerdings getrübt war durch die Nachricht, dass mein Bruder Karl vermisst sei. Wir haben zu unserem Kummer auch nie mehr etwas von ihm erfahren."

Der Vater von Herrn Kirsch, Jahrgang 1891, wurde glücklicherweise nicht mehr eingezogen. So konnte er die Landwirtschaft und auch unter Einschränkungen seinen Betrieb weiterführen. „Während des Krieges mussten die Kinder Blechdosen, Papier, Lumpen und andere Rohstoffe sammeln und in der Schule abliefern", berichtet Herr Kirsch: „Mein Vater hat dieses Material alle vier Wochen abgeholt und es der Wiederverwertung zugeführt. Mein Onkel Karl, der jünger als mein Vater war, wurde gleich zu Beginn des Krieges zur Wehrmacht eingezogen und zwar zusammen mit unserem einzigen Fahrzeug, das zu einem Sanitätsfahrzeug umgerüstet wurde." Stolz zeigt uns Herr Kirsch ein vergrößertes, gerahmtes Foto des Wagens. Man sieht gerade, wie emsige Männer, darunter auch der Onkel Karl, das Fahrzeug umbauen. „Für den eingezogenen Lastwagen wurde meinem Vater ein Holzvergaser zugeteilt. Nachdem mein Onkel an der Front eingezogen war, führte mein Vater den Betrieb mit meiner vier Jahre älteren Schwester Rosa und dem Cousin Kaspar Kirsch weiter, und sicherte so den Fortbestand der Firma", lobt Herr Kirsch das umsichtige Verhalten seines Vaters.

„Als ich 1945 heimkam, besaßen wir kein Motorfahrzeug mehr, sondern nur noch den alten, allerdings nicht mehr fahrbereiten Holzvergaser, übrigens ein Fabrikat der Firma Krupp. Nun kam mir meine Ausbildung im Krieg an Holzvergaserfahrzeugen zugute. Ich konnte tatsächlich das Fahrzeug reparieren und wieder fahrtüchtig machen. Von nun an beförderte ich mit diesem Holzvergaser Milch von den vier Milchsammelstellen in Frammersbach in die Molkerei nach Lohr. Von dort nahm ich die fertige Milch und Milchprodukte wie Butter, Käse und Quark zurück zu den Verkaufsstellen in Frammersbach. Da unser Fahrzeug einer der ganz wenigen Lastwagen weit und breit war, musste ich zwischendurch auch Vieh von den Bauern für die Metzger in den Schlachthof transportieren. Man kann sich vorstellen, wie verdreckt unser Fahrzeug nach einem Transport von Schweinen oder Rindvieh war, und am nächsten Tag sollten darin wieder Milchkannen, Butter und Quark befördert werden. Also bin ich nach dem Abladen der Tiere in Lohr an den Main gefahren und habe mit Eimer und Besen die Ladefläche vom gröbsten Schmutz befreit. Heute wäre dies undenkbar, dass in so einem Fahrzeug Lebensmittel transportiert werden. Mich schüttelt es immer noch, wenn ich an den furchtbaren Gestank und die vielen Fliegenschwärme im

Sommer denke, aber damals hat sich keiner beschwert. Es hätte auch nichts genützt, denn unser Fahrzeug wurde dringend benötigt als Transportmöglichkeit in Frammersbach, das abseits der Eisenbahn liegt." Mit diesen überzeugenden Worten schließt Herr Kirsch diese Episode ab und man spürt schon jetzt, dass ein tüchtiger Geschäftsmann bereits im Jahr des totalen Zusammenbruchs 1945 seine Chance erkannt und auch genutzt hat.

Frammersbach wurde von Kriegszerstörungen verschont, sagt Herr Kirsch, der die letzten Kriegsjahre nicht in seinem Heimatort war. „Die Amerikaner haben bei ihrem Einmarsch einige Schüsse auf unsere katholische Pfarrkirche abgegeben, wohl weil sie selbst von Übereifrigen beschossen wurden, aber sonst passierte hier nichts", weiß er von Erzählungen anderer: „Nach dem Krieg mussten aber auch wir Frammersbacher Flüchtlinge aufnehmen, die meistens aus dem Sudetenland kamen. Ich selbst habe weniger mit ihnen zu tun gehabt, da ich den ganzen Tag über unterwegs war. Von Zeit zu Zeit habe ich mit unserem Lastwagen für diese Familien und auch für während des Krieges evakuierte Personen Umzüge durchgeführt und bin so bis Offenbach und Frankfurt gekommen."

„Mein Wunsch war es", so erzählt Herr Kirsch weiter über die Zeit des Mangels nach dem Krieg, „einen normalen Lastwagen zu fahren. Ich hatte mir auch ein altes Wehrmachtsfahrzeug hergerichtet, hatte aber kein Geld, um Benzin zu kaufen. Also musste ich weiter mit dem Holzvergaser fahren. Der Holzvergaser hatte nur einen begrenzten Wirkungskreis und fuhr recht langsam. An Brennstoff mangelte es uns hier mitten im Spessart nicht. Das gut getrocknete Holz haben wir mit einer Bandsäge in zehn Zentimeter lange Stücke geschnitten und säckeweise auf unserem Lastwagen mitgeführt. Der Holzvergaser und die Säcke nahmen schon einen Teil der wichtigen Ladefläche in Anspruch. Alle dreißig bis vierzig Kilometer musste man anhalten und wieder einen

Sack Holz nachfüllen. Es hieß genau aufpassen, dass der Kessel immer genug Brennstoff hatte, damit er für den Motor ausreichend Gas produzierte. Ich war inzwischen ein Experte für Holzvergaser und konnte bis 1949 mit diesem besonderen Vehikel ohne größere Pannen meine Touren machen."

„Nach der Währungsreform im Jahr 1948, bei der jeder von unserer Familie wie alle anderen auch nur vierzig Mark Kopfgeld bekam, habe ich meinen Vater gedrängt, unser Geschäft weiter auszubauen. Ich war damals zweiundzwanzig Jahre alt und ging völlig in dem Betrieb mit der sehr abwechslungsreichen Tätigkeit auf. Nie habe ich bereut, in das Geschäft meines Vaters eingestiegen zu sein. Onkel Karl, der vor dem Krieg die Firma zusammen mit meinem Vater leitete, hatte sich zwischenzeitlich selbstständig gemacht und gemeinsam mit seinen zwei Söhnen mit Rohprodukten und Baustoffen gehandelt und später in den fünfziger Jahren für die Post Telefonleitungen verlegt. Wie einfach und sparsam es damals zuging, zeigt folgendes Beispiel: Als mein Onkel im Jahr 1948/1949 aus dem gemeinsamen Betrieb ausschied, besaß die Firma eine Schreibmaschine. Weil kein Geld da war, eine zweite Schreibmaschine zu kaufen, wurde die Maschine nun abwechselnd in beiden Betrieben benutzt. Die schriftlichen Arbeiten wurden immer sonntags erledigt. Mein Vater benutzte die Maschine vormittags, mein Onkel bekam sie nachmittags überlassen. So etwas kann man sich heute gar nicht mehr vorstellen."

Der zweiundzwanzigjährige Edmund interessierte sich verständlicherweise auch für das andere Geschlecht und besuchte ab und zu die damals üblichen öffentlichen Tanzveranstaltungen. Bei einem dieser Vergnügen in Frammersbach lernte er eine hübsche und temperamentvolle junge Frau, Erika Amrhein, kennen. Begeistert erzählt Herr Kirsch: „Der Funke sprang sofort über, wir fanden, dass wir gut zueinander passten und heirateten am 22. Oktober 1949. Im vergangenen Jahr konnten wir unsere Goldene Hochzeit feiern.

Hochzeit am 22. Oktober 1949.

Meine Frau, die am 13. Mai 1926 in Frammersbach geboren wurde, hatte bei den Franziskanerinnen in Lohr die Mittelschule abgeschlossen und wurde anschließend zum Reichsarbeitsdienst eingezogen. Zuerst wurde sie als landwirtschaftliche Helferin eingesetzt und später in München-Freimann zur Funkerin ausgebildet und war im Krieg auch als Funkerin herangezogen worden. Sie wollte schon immer gern Zahntechnikerin werden und begann nach dem Krieg zur Vorbereitung auf diesen Beruf bei einem Zahnarzt eine Ausbildung als Zahnarzthelferin. Als wir dann heirateten, gab sie die Stelle auf und übernahm in unserer damals noch kleinen Firma die Buchführung. Kaufmännische Kenntnisse hatte sie ja bereits in der Mittelschule erworben. Noch heute arbeitet sie gern ab und zu im Betrieb mit und gibt ihre Erfahrungen an die Mitarbeiter weiter."

Der Vater Michael Kirsch und sein Sohn Edmund erkannten nach der Währungsreform schnell die Zeichen der Zeit und glaubten an den baldigen Wirtschaftsaufschwung in der Bundesrepublik. Deshalb bauten sie nun den Geschäftsbetrieb aus. Mit leuchtenden Augen spricht Herr Kirsch über die Betriebsentwicklung und man spürt, dass hier ein Mann mit Mut und Pioniergeist am Werke war: „Zusätzlich zum Kohlehandel begannen wir einen Handel mit Brennholz, so genanntem Bündelholz, sowie von Schichtholz aufzubauen. Damals, so um 1950 herum, gab es ja noch nicht viele Wohnungen mit Zentralheizungen. Es wurde überwiegend mit Kohle geheizt, und zum Anbrennen brauchte man so genanntes Anmachholz, das wir in fertigen Bündeln anboten. Die Kohlengroßhändler in Frankfurt und Offenbach haben von uns einen Wagen voll Holz abgekauft, wir kauften die Kohlen und haben in Frammersbach und Umgebung die Kohlen wieder verkauft. Es gab kaum eine Fahrt ohne Ladung. Der eine brauchte dringend Kies, der andere Zement, so dass wir auch stets als Transportunternehmen voll ausgelastet waren. Mit der Zeit wurde unser Kundenkreis immer größer. Nun brauchte ich aber dringend einen größeren Lastwagen. Doch das war schwierig. Ich selbst hatte kein Geld und musste irgendwie zusehen, dass ich ein paar Tausend Mark, die ich benötigte, auftrieb. Mein Vater konnte mir auch nicht unter die Arme greifen, mit unserem Betrieb kamen wir über die Runden, aber finanzielle Rücklagen hatten wir nicht. ‚Junge', sagte mein Vater zu mir: ‚Du musst selbst

Edmund Kirsch in seinem neuen Lkw, 1951.

zusehen, wie du zurechtkommst. Ein Monat ist schnell rum und die Raten müssen bezahlt werden!' Aber ich war schon immer recht risikofreudig, und so schaffte ich es schließlich, einen Lastkraftwagen, ein sehr zuverlässiges Fahrzeug der Marke Magirus-Deutz, zu kaufen. Der alte Holzvergaser tat noch einige Jahre bei meinem Schwager, der einen Obst- und Gemüsehandel betrieb, seinen Dienst."

Der junge Edmund Kirsch war nun schon ein gewiefter Händler, er handelte eigentlich mit allem, was sich ihm anbot. Er dachte sich immer, irgendwie werde ich das schon noch brauchen können. So hatte er vor der Währungsreform losen Zement bekommen und sofort begann er mit Plänen für den Bau eines eigenen Hauses. Herr Kirsch fährt in seiner Erzählung fort: „Mit dem Zement und aus Schlacke habe ich mir die Steine selbst geformt. Ich lieh mir beim ‚Zement-Bauer' in Lohr die Formen, und er bekam von mir im Tausch von meinem überschüssigen Zement. Auf dieser Grundlage begann ich mein Haus zu bauen. Bei unserer Bank bat ich um einen Kredit und bekam nach einigen mühseligen Verhandlungen Ende 1948 gerade mal dreitausend Deutsche Mark. Die Bank hatte selber wenig Geld und zog gleich die Zinsen in Höhe von dreihundert Mark ab, so dass mir nur 2700 Mark ausgezahlt wurden. Das Haus konnte ich noch 1949 fertig stellen und so zogen meine Frau und ich gleich nach unserer Hochzeit in das neue Heim. Noch heute fühlen wir uns dort wohl, was sicher für die gute Bausubstanz spricht. Im Haus hatten wir nun auch ein Büro, außerdem bauten wir noch Lagerräume im Hof."

Am 1. Januar 1953 übernahm der siebenundzwanzigjährige Edmund den Betrieb von seinem Vater. Der Name des Betriebes blieb aber bestehen und so heißt heute noch die Firma „Kirsch und Sohn", obwohl sie sich wesentlich geändert hat und jetzt mit seinen Söhnen Harald und Michael bereits die dritte Generation die Firma führt. Am 15. August 1953 erlitt der Vater von Edmund Kirsch plötzlich in einem Gasthaus in

Frammersbach einen Herzinfarkt. Der herbeigeeilte Arzt setzte ihn nach Feststellung des Todes kurzerhand in sein Auto und fuhr ihn heim. Dort wurde er feierlich aufgebahrt, damit alle Familienangehörigen in aller Andacht von ihm Abschied nehmen konnten. Der Firmengründer und Seniorchef ist nun abgetreten, aber im gleichen Jahr 1953 erblickt der Enkel Harald, der heute Geschäftsführer der Firma ist, das Licht der Welt.

„Im Jahr 1953 erweiterte ich den Geschäftsbereich noch um eine interessante Sparte", berichtet Herr Kirsch weiter: „Ich hatte erfahren, dass in bestimmten Industriebereichen eine Nachfrage nach Sägemehl bestand. Sofort schaltete ich mich in dieses Geschäft ein, zumal ich gute Kontakte zu den Sägewerken im Spessart hatte. Die Kugellagerindustrie in Schweinfurt benötigte qualitativ hochwertiges Buchensägemehl und für die Steinholzfußböden war Weichholzsägemehl gefragt. Die Sägewerke waren froh, dass ich ihnen diese Abfallprodukte abnahm. Ich belieferte die Industrie in Schweinfurt, im Raum Würzburg und bis nach Frankfurt. Das Hauptgeschäft blieb allerdings der Rohprodukten- und Kohlenhandel. Kurze Zeit handelte ich auch mit Futtermittel und Kunstdünger, gab dies jedoch durch Rückgang in der Landwirtschaft wieder auf. Als in den fünfziger Jahren in immer mehr Häusern die Ölheizung Einzug hielt, spürte ich sofort, dass sich für den Handel mit Heizöl eine wachsende Nachfrage entwickeln werde und stieg in dieses Geschäft ein. Ich war im Frammersbacher Raum der erste, der mit einem eigenen Tankwagen die Haushalte mit Heizöl belieferte. In der Anfangszeit waren es zunächst Kleinkunden, denen ich manchmal nur zweihundert Liter für einen Öleinzelofen verkaufte. Zentralheizungen gab es damals in Frammersbach noch nicht sehr viele. Der Preis betrug in jenen Jahren übrigens nur etwa acht bis zehn Pfennige pro Liter.

Bei einer Fahrt in den Raum Marktheidenfeld sah ich ein Grubenentleerungsfahrzeug einer auswärtigen Firma, das

Betriebsgelände 1959. Vor dem Grubenfahrzeug steht der 5-jährige Sohn Harald.

gerade eine Hausklärgrube entleerte. Da merkte ich, dass bei uns eine Marktlücke dafür bestand und schon kaufte ich mein erstes Spezialfahrzeug und begann im Jahr 1959 mit der Grubenentleerung. Die Nachfrage nach dieser Dienstleistung war groß, denn schon 1961 musste ich ein zweites und 1962 das dritte Grubenentleerungsfahrzeug einsetzen. Ich hatte mir mit diesen Spezialleistungen jetzt bereits im Landkreis Lohr und in den angrenzenden Bereichen einen Namen gemacht und war mit der Entwicklung der Firma zufrieden."

Doch die Firma Kirsch und Sohn blieb nicht stehen, ihr emsiger Chef sah sich immer nach weiteren Geschäftsfeldern um, er beobachtete den Markt genau und war auch bereit, ein Risiko einzugehen, wenn ihm eine neue Entwicklung zukunftsträchtig erschien. Der neue Wirtschaftszweig hieß: „Geordnete und staubfreie Müllabfuhr auf dem Land." Im ländlichen Raum kannte man bis Anfang der 1960er Jahre herum keine regelmäßige Müllabfuhr wie sie heute üblich ist. Die Gemeinden hatten außerhalb der Ortschaft einen Müllplatz, oft war es ein versteckter Hohlweg, zu dem die Einwohner selbst ihren Müll brachten. Die Gemeinde Langenprozelten am Main, heute ein Stadtteil von Gemünden, war sehr fortschrittlich und der Bürgermeister Hans Kraft machte sich Gedanken, wie er die Müllabfuhr in den Griff bekommen könne. Er nahm Kontakt mit Herrn Kirsch auf, der auch in Langenprozelten schon Klärgruben entleert hatte. Bald wurden sich der Bürgermeister und Herr Kirsch einig, und die Gemeinde schloss mit der Firma Kirsch und Sohn einen Vertrag über die Übernahme der so genannten staubfreien Müllabfuhr ab. Damit war ein weiterer Grundstein für die erfolgreiche, zeitweise geradezu stürmische Entwicklung der Firma gelegt.

Während Herr Kirsch in den Gemeinden unterwegs war, um Kunden zu gewinnen und seinem Betrieb immer neue Geschäftszweige zu erschließen, sorgte Frau Erika Kirsch zu Hause für die Familie und auch für einen geordneten Bürobetrieb. Die Familie hatte sich inzwischen vergrößert, da nach dem 1953 geborenen Sohn Harald 1959 Sohn Michael auf die Welt kam. Haushalt, Kindererziehung und Büro blieben Frau Kirsch vorbehalten. Voller Anerkennung gibt Herr Kirsch zu: „Ohne die ordnende Hand meiner Frau hätte sich das Geschäft nicht so entwickeln können. Ich selbst war von morgens früh bis abends spät mit dem Lkw unterwegs. Meine Kinder habe ich fast nur schlafend gesehen, mit Ausnahme der Sonntage. Die gesamten Büroarbeiten, wie Buchführung, Terminvereinbarungen und Einsatzorganisation wurden von meiner Frau erledigt. Anfangs machte sie das neben dem Haushalt ganz allein, später hatten wir einen Bürolehrling. Bis in die achtziger Jahre hinein war meine Frau die Bürochefin und ohne ihre organisatorischen Fähigkeiten hätte unser Betrieb nicht so wachsen können. Noch in den späten Nachtstunden, wenn ich von Geschäftsverhandlungen nach Hause kam, saß sie im Büro bei ihrer Arbeit. Ich bin meiner Frau sehr zu Dank verpflichtet für ihre Aufbauleistung in unserem Betrieb. Weil wir zeitweilig nicht genügend Mitarbeiter finden konnten, hat sie übrigens auch bei der Müllabfuhr mit Hand angelegt und sogar beim Kohleausladen und -ausfahren tatkräftig mitgeholfen. Überhaupt fasste sie bei allen anfallenden körperlichen Arbeiten zu, wenn Not am Mann war."

Die Abfallbeseitigung entwickelte sich in kleinen Schritten. Sie begann zunächst mit der Aufstellung von Großraumcontainern, so genannten Abrollbehältern mit Seilzug für Industrie- und Gewerbemüll. Der erste dieser Container überhaupt im Landkreis wurde von der Firma Kirsch bei der Elektrogerätefirma Braun in Marktheidenfeld aufgestellt.

Und so schildert Herr Kirsch die Entwicklung weiter: „Zuerst begegnete man uns mit Skepsis. ‚Das kann gar nicht funktionieren', hieß es. Aber es hat funktioniert. Wir bauten gleichzeitig unseren Schrott- und Metallhandel aus und sortierten die Materialien. Nach einer Zwischenlagerung lieferten wir die Stoffe zur Weiterverwertung an verschiedene Firmen, wie Gießereien oder Metallverarbeitungsbetriebe ab. Der Großeinstieg in die Müllbeseitigung begann aber erst mit der Gemeinde Langenprozelten. Voraussetzung für den Vertragsabschluss mit der Gemeinde war, dass wir die Mülltonnen stellten, denn die Bürger kannten ja bisher keine Mülleimer. Wir erhielten dafür eine monatliche Gebühr von dreißig Pfennig pro Haushalt. Es gab keinerlei Probleme mit den Langenprozeltenern, die Müllabfuhr funktionierte. Dabei muss man berücksichtigen, dass es noch keine gesetzliche Grundlage gab, wir waren auf das Mitmachen der Einwohner angewiesen. Abfallbeseitigung war noch kein Thema, mit dem man sich gern beschäftigte. Wir sind am Anfang auch ausgelacht worden, weil wir uns nun auch noch um den stinkenden Dreck anderer Leute kümmerten. Viele bezweifelten auch, dass sich auf dem Land die geregelte

Müllabfuhr bewähren würde. Ich war aber überzeugt vom Erfolg unseres Systems und von der Notwendigkeit einer geordneten Abfallbeseitigung und erwiderte den Spöttern: ‚Geld stinkt nicht!' Natürlich beschaffte ich mir gleich ein richtiges Müllfahrzeug und machte mit diesem geschlossenen Spezialfahrzeug bei den umliegenden Gemeinden und den Bürgern einen guten Eindruck. Mit Ausnahme der Stadt Lohr verfügten selbst die umliegenden Städte wie Gemünden und Hammelburg über kein Müllfahrzeug, sondern fuhren teils mit Traktor und offenem Anhänger den eingesammelten Müll auf eine Deponie."

Noch bevor die geordnete Abfallverwertung gesetzlich vorgeschrieben wurde, sicherte sich die Firma Kirsch und Sohn durch die vorbildliche und zuverlässige Müllabfuhr in der Gemeinde Langenprozelten rechtzeitig den Einstieg in diesen wachsenden Wirtschaftsbetrieb. Denn schnell erkannten nun auch andere Städte den Vorteil einer geregelten Müllbeseitigung. Herr Kirsch sagt mit berechtigtem Stolz: „Wir waren wieder die ersten, die diese Marktlücke nutzten. Ich war überzeugt vom Gelingen dieses neuen Betriebszweiges, denn Abfall gab es immer, und er nahm stetig zu, und die Beseitigung wurde auch auf dem Land bald zu einem Problem. Auch mit Bürgermeister Dr. Mayer von der Stadt Hammelburg nahm ich Kontakt auf, und im Jahr 1963 kam es zum Vertragsabschluss, wobei ich eine Kaution in Höhe von dreitausend Mark zur Gewährleistung einer ordnungsgemäßen Müllabfuhr stellen musste. Das war für uns damals viel Geld. Somit übernahm ich die Abfallbeseitigung in der Saalestadt, bis 1977 der Landkreis Bad Kissingen für die Müllabfuhr dort zuständig wurde. Unsere gute Arbeitsleistung sprach sich herum und rasch übertrugen uns weitere Städte und Gemeinden die Müllabfuhr. Vor allem die Städte Gemünden, Karlstadt und Lohr erkannten, dass ihre eigene Müllabfuhr viel zu teuer und umständlich war. Was wir mit zwei Fahrzeugen an einem Tag schafften, dafür brauchten die Städte mehrere Tage. Wir boten den Gemeinden nun auch noch die Straßenreinigung und Kanalreinigung an und setzten eine Großraumkehrmaschine ein, die auch oft vom Straßenbauamt oder von großen Firmen angemietet wurde. So wuchs unser Betrieb und wir mussten immer mehr Leute einstellen. Doch es war gar nicht einfach, gute Mitarbeiter zu finden. Viele wollten in den Jahren um 1970 herum nicht zur Müllabfuhr, weil ihnen diese Arbeit nicht sauber genug war und in den Augen der Einheimischen kein Image nach außen besaß. Auch wir mussten uns gefallen lassen, oft als ‚Müllkutscher' bezeichnet zu werden. Es meldeten sich aber Gastarbeiter, die sich für diesen übrigens damals schon gut bezahlten Job nicht zu schade waren. Wir stellten dann vor allem Türken und Jugoslawen als Fahrer und Müllmänner ein, und ich kann sagen, wir waren bestens zufrieden mit diesen Leuten. Später bewarben sich auch wieder Deutsche und wir konnten so doch gute Fachkräfte gewinnen." Durch die ständige Expansion der Firma wurde das Betriebsgelände in Frammersbach zu klein. Es gab kaum noch Platz für die vielen Fahrzeuge, es musste umständlich rangiert werden, die dringend notwendige Erweiterung von Betriebsgebäuden war aus Platzgründen überhaupt nicht möglich. In der Gemeinde Frammersbach war kein passendes Grundstück für die Aussiedlung des Betriebes zu finden. Herr und Frau Kirsch machten sich deshalb Anfang 1975 auf die Suche nach einem geeigneten größeren Grundstück. Bei einer geschäftlichen Fahrt vom Sinngrund zurück nach Frammersbach fuhr Herr Kirsch mit seiner Frau gerade die Sinntalstraße vom Zollberg hinunter ins Maintal, von wo aus man einen herrlichen Blick auf die Stadt Gemünden hatte, die sich zwischen Main, Eisenbahn und bewaldetem Berghang entlang streckte. ‚Ich könnte mir Gemünden gut als neuen Standort für unseren Betrieb vorstellen, es liegt landschaftlich schön mit günstiger Lage für uns', meinte Frau Kirsch plötzlich ganz intuitiv. Dieser Gedanke sollte sich als

Glücksfall für die Stadt Gemünden erweisen. Die Drei-Flüsse-Stadt, die schwer unter dem Abbau von Arbeitsplätzen bei der Bahn zu leiden hatte, war gerade dabei, im Norden des Stadtteils Kleingemünden ein größeres Gewerbegebiet auszuweisen. Der rührige Bürgermeister Kurt Völker hatte wegen der Ausweisung dieses Geländes und dem damit verbundenen Bau eines Hochwasserdammes gerade einen Kampf mit den Landwirten und dem Bauernverband beendet, da traten Herr und Frau Kirsch auf den Plan. Herr Kirsch erinnert sich an die Verhandlungen mit der Stadt Gemünden: „Bürgermeister Völker und die leitenden Mitarbeiter der Stadt waren sehr aufgeschlossen und konnten uns ein großes Gelände am Hofweg und an der Weißensteinstraße anbieten. Die Ironie des Schicksals war es wohl, dass sich auf einem Teil dieses Geländes früher einmal die Mülldeponie der Stadt befand. Durch Zukauf von Privatgrundstücken verfügten wir bald über eine Grundstücksfläche von insgesamt etwa 30 000 Quadratmeter. Im Jahr 1976 konnten wir mit dem Bau der ersten Halle auf diesem Gelände beginnen. Das Gelände war teilweise sumpfig und wies einen sehr hohen Grundwasserstand auf, so dass wir die Halle auf Pfählen gründen mussten, die bis zu zehn Meter tief im Boden stecken. Alle fünf Meter ist so ein Pfahl gesetzt worden. Am 12. Dezember 1976 konnten wir schließlich die Einweihung unseres Gemündener Betriebes feiern."
Zum Jahresbeginn 1977 übernahm die Firma Kirsch und Sohn die Müllabfuhr für das gesamte 1322 Quadratkilometer große Gebiet des Landkreises Main-Spessart aufgrund einer vorausgegangenen öffentlichen Ausschreibung, und am 1. Januar 1977 konnte auch der neue Betrieb in Gemünden eröffnet werden. Nach einer Betriebserweiterung wurde 1983 auch das Büro von Frammersbach nach Gemünden verlegt. „In Gemünden", so erzählt Herr Kirsch, „haben wir den Betrieb mit zwanzig Spezialfahrzeugen, davon elf Müllautos, begonnen mit den Sparten Müllentsorgung, Kanal-

Edmund Kirsch vor seinem Betriebsgebäude in Gemünden.

reinigung, Fernsehuntersuchung von Kanalleitungen, Grubenentleerung und Straßenreinigung. Der Konkurrenzkampf auf dem Gebiet der Müllentsorgung war inzwischen groß. So mussten wir uns bei der vom Landkreis durchgeführten Ausschreibung mit großen Firmen wie Sulo und Otto, die beide bekannte Mülltonnenhersteller sind, messen. Schließlich gewannen wir die Ausschreibung als günstigster Anbieter und konnten unser Tätigkeitsfeld noch über das Landkreisgebiet ausweiten."

Von der Müllabfuhr im Jahr 1977 bis zur heutigen Abfallverwertung war ein langer Weg und Herr Kirsch ist stolz, zumindest im mainfränkischen Bereich immer die Nase vorn gehabt zu haben und einer der Wegbereiter der modernen Abfallbeseitigung zu sein. „Wir fahren heute nicht nur den Müll von der Haustür in die Deponie, sondern bieten Bürgern, Industrie und Gewerbe sowie den Gemeinden komplette Entsorgungskonzepte an", betont Herr Kirsch: „Wir sind Mitglied im Umweltpakt Bayern 2000 und bemühen uns, immer auf dem neuesten technischen Stand zu bleiben.

Parade der Müllfahrzeuge vor dem Betriebsgebäude.

Heute fahren bei uns Müllfahrzeuge nur noch mit einem Mann, dem Fahrer, der in einer klimatisierten Fahrerkabine sitzt und über eine Kamera mit vier Monitoren das Entleeren der Mülltonnen steuert und beobachtet." Nebenbei erzählt uns Herr Kirsch, dass so ein Spezialfahrzeug rund 500 000 Mark kostet und etwa nach fünf Jahren durch die äußerst starke Beanspruchung entweder ausgesondert werden muss oder nach einer aufwändigen Generalüberholung nochmals für eine kleine Zeitspanne eingesetzt werden kann. Die Firma Kirsch und Sohn hat zur Zeit fünfundsechzig Fahrzeuge im Einsatz und beschäftigt einhundertdreißig Mitarbeiter.

Herr Edmund Kirsch ist mit seinen vierundsiebzig Jahren einer der beiden Geschäftsführer der Firma. Er ist mit diesem Betrieb aufgewachsen; der Betrieb ist sein Leben und zugleich sein Hobby. So geht er noch heute mehr aus Freude denn aus Pflicht manchen Tag in der Woche für einige Stunden in seine Firma oder ist für sie im Einsatz. Dabei sieht man ihn meistens im Betriebshof. Im Büro trifft man ihn seltener an. Der andere Geschäftsführer ist der älteste inzwischen siebenundvierzigjährige Sohn Harald. Auch der zweite Sohn Michael, der am Heiligen Abend 1959 geboren ist, trat in die Fußstapfen seines Vaters und ist in der Firma tätig. Sehr zufrieden über seine beiden Söhne äußert sich Herr Kirsch: „Ich verstehe mich mit meinen Söhnen gut und bin sehr dankbar, dass sie in den Betrieb eingestiegen sind. Sie sind seit einigen Jahren Mitinhaber der Firma. Harald ist Neuentwicklungen gegenüber sehr aufgeschlossen und wie ich investitionsfreudig. Er hat sich vor allem bei der Einführung des Dualen Systems Deutschland (DSD), also der Aktion mit dem Grünen Punkt, im Landkreis Main-Spessart und im Landkreis Würzburg sehr hervorgetan und bei uns eine moderne Sortieranlage errichtet."

Harald Kirsch machte nach Abschluss der Realschule in Marktbreit eine Ausbildung als Industriekaufmann bei der Firma Rexroth in Lohr und wollte nach seinem Wehrdienst eigentlich Betriebswirtschaft studieren. Da es seinem Vater einige Zeit gesundheitlich nicht gut ging, entschloss er sich jedoch, in den väterlichen Betrieb einzusteigen. Er ist verheiratet mit Heidi, einer geborenen Kirsch aus Frammersbach, hat zwei Kinder und ist heute der hauptverantwortliche Geschäftsführer. Michael ist verheiratet mit Ellen, geborene Wenisch aus Partenstein und hat ebenfalls zwei Kinder. Er absolvierte bei der Firma Mercedes eine Ausbildung als Kfz-Mechaniker und schloss mit dem Meistertitel ab. Heute ist er für den technischen Betrieb, also für den gesamten Fuhrpark der Firma verantwortlich. Auch beide Ehefrauen sind im Betrieb tätig.

„Es ist ein beruhigendes Gefühl, die Leitung dieses so gewachsenen Betriebes in die Hände der Söhne legen zu können, die wie ich mit Leib und Seele für die Firma einstehen", sagt Herr Kirsch und man spürt ihm eine gewisse Erleichterung an: „Meine Frau und ich sind froh, dass die Familie einen so guten Zusammenhalt hat und sind stolz auf unsere vier Enkelkinder. Haralds Tochter Tina geht noch zur Schule und der Sohn lernt bei Mercedes Kfz-Schlosser. Auch die bei-

Familie Kirsch am 50. Hochzeitstag von Erika und Edmund Kirsch 1999.

den Kinder von Michael sind noch Schüler und haben wohl noch keine konkreten Berufsziele."
Bei all der Geschäftigkeit verblieb den Eheleuten Kirsch nicht viel Zeit für sich selbst. Aber ein bisschen Vergnügen leisten sie sich dennoch: „Tennisspielen und alpines Skifahren sind unsere besonderen Hobbys", gibt Herr Kirsch freimütig zu: „Erst vor wenigen Tagen war ich mit meiner Frau im Hochgebirge zum Skifahren. So halten wir uns beide jung und fit." Befragt nach seinem Befinden im Alter sagt er: „Ich bereue nichts in meinem Leben und fühle mich zufrieden. Viel Glück habe ich gehabt und eigentlich immer den richtigen Riecher. Glück hat aber, so glaube ich, auf Dauer nur der Tüchtige, denn anstrengen musste ich mich schon von klein auf.
Mein Weg lag stets deutlich vor mir und ich habe immer Vertrauen in die Zukunft gehabt. Wenn es mal schwieriger wurde, habe ich mir immer wieder klar gesagt: ‚Aufgegeben wird nicht, da musst du durch!' Ich wurde auch oft von mei-

ner Frau bestärkt und bin ihr unendlich dankbar für das Verständnis, das sie mir auch bei problematischen Entscheidungen entgegen gebracht hat."
Nur einmal, so bekennt er, und seine Frau nickt zustimmend, habe er geglaubt, es sei alles aus und er müsse den Betrieb aufgeben. Das war im Jahr 1972. Am 24. Oktober in jenem Jahr waren der Schwager Edgar Goßmann und dessen Frau auf der Lohrer Mainbrücke mit Kanalreinigungsarbeiten beschäftigt. „Mein damals vierundvierzig Jahre alter Schwager hatte 1963 im Betrieb angefangen und sich auf die Müllabfuhr und die Kanalreinigung konzentriert. Er war ein Fachmann auf diesem Gebiet geworden, dazu stets ausgleichend, und hatte sich im Laufe der Jahre zur beruhigend wirkenden Seele unseres Unternehmens entwickelt. Er war der verlässliche Partner von mir und meiner Frau im Geschäft. Gerade als der Schwager Kanalreinigungsarbeiten auf der Lohrer Mainbrücke durchführte, kam ein Personenwagen angefahren, erfasste ihn vor den Augen seiner Frau und quetschte ihn zwischen Pkw und Kanalreinigungsfahrzeug ein. Alle ärztliche Hilfe war vergebens, der Schwager verblutete kurze Zeit später im Krankenhaus. Ich war völlig erschüttert über diesen Schicksalsschlag", schildert Herr Kirsch bewegt: „Ich litt furchtbar unter diesem Verlust. Nun stand ich allein da und dachte, das schaffe ich nie und nimmer mehr mit dem Betrieb. Ich gebe auf. Es war für mich, als wenn das eigene Kind gestorben wäre. Aus dieser schwierigen Situation hat mir vor allem die Stärke meiner Frau herausgeholfen. Sie gab mir Kraft und sagte: ‚Wir müssen weitermachen, wir haben Kinder und dürfen jetzt nicht alles aufgeben.' Das hat mir schließlich den inneren Halt zurückgegeben, so dass ich mich wieder um den Betrieb kümmern konnte. Von diesem Zeitpunkt an habe ich das Leben anders betrachtet. Ich merkte, dass wir nicht selbst über die Länge unseres Lebens bestimmen können." Frau Kirsch ergänzt: „Mein Schwager war ein herzensguter Mann, der

sich immer um die Zukunft des Betriebes gesorgt hat und einmal sogar zu mir sagte: ‚Wenn Edmund etwas passiert, stehe ich dir bei und helfe dir bei der Weiterführung des Betriebs, bis die Kinder groß genug sind und selbst die Firma leiten können."

Auch zu seiner Einstellung zu Gott und zur Religion fragen wir Herrn Kirsch. „Selbstverständlich glaube ich an unseren Herrgott und bin, so meine ich, ein überzeugter Christ. Ich habe stets ein gutes Verhältnis zu unseren Pfarrern gesucht und versuche, meine christliche Überzeugung auch im geschäftlichen Bereich spüren zu lassen, was nicht immer einfach ist. Ich bin aber nicht derjenige, der jeden Sonntag in die Kirche geht. Oft nehme ich mir einfach nicht die Zeit dafür. Zu unserer goldenen Hochzeit gehörte selbstverständlich ein feierlicher Dankgottesdienst in der Frammersbacher Kirche dazu. Meine Frau und ich verzichteten auf alle Geschenke und konnten so eine schöne Summe zur anstehenden Renovierung unserer Pfarrkirche spenden."

„Also, ich fühle mich nicht so alt wie ich bin", antwortet Herr Kirsch auf unsere Frage nach seinem Befinden im Alter und fügt an: „Vielleicht sogar zehn Jahre jünger als mein Geburtsdatum anzeigt. Ende der fünfziger und Anfang der sechziger Jahre hatte ich Herzprobleme durch den rasanten und anstrengenden Betriebsaufbau, doch heute fühle ich mich gesundheitlich soweit wohl. Früher bin ich oft morgens schon um vier Uhr von zu Hause weggefahren und kam erst spät am Abend zurück. Da hatte ich leider keine Zeit für ehrenamtliche Tätigkeiten oder für ein Amt zum Beispiel im Gemeinderat. Heute bedauere ich das, denn ich bin der Meinung, dass in der Politik, sei es in der kleinen Gemeinde, im Landkreis oder im Bundestag, praktisch denkende Menschen, Unternehmer und besonders Mittelständler einen wichtigen Platz einnehmen könnten. Aber wie mir geht es auch anderen kleinen Unternehmern, sie müssen sich um ihren Betrieb kümmern und haben so keine Zeit für die Politik. In der Aufbauphase in Deutschland in den sechziger Jahren war großer Nachholbedarf da, es konnte viel Geld verdient werden. Wer viel leistete, konnte es auch zu etwas bringen. Heute ist der Markt zumindest in unserer Branche gesättigt.

Neue Visionen sind gefragt. Früher wurde ich oft telefonisch gebeten, ein Angebot abzugeben. In den kleinen Dörfern, wo der Bürgermeister noch ehrenamtlich tätig war, wurde ich oft abends um acht Uhr von ihm in seine Wohnung gebeten, weil er ja tagsüber in seiner Landwirtschaft beschäftigt war. Da hieß es dann: ‚Komm, mach mir mal ein Angebot, ich habe morgen Gemeinderatssitzung, da muss ich etwas vorlegen.' So sind damals die Geschäfte abgewickelt worden. Man musste flexibel sein und sich auf damals geltende Sitten einstellen können. Ein Wort galt viel, manchmal wurden nur mit einem Handschlag Geschäfte besiegelt. Heute werden bei einem Angebot mehrere Leute mit komplizierten Berechnungen beauftragt. Die Zeit ist eben anders." Mit diesen Worten beendet Herr Kirsch seinen Rückblick in die Vergangenheit.

Es ist fast so, als hätte Sohn Harald auf dieses Stichwort gewartet, denn er betritt nun den Konferenzraum, so dass wir uns kurz über seinen persönlichen Werdegang und über die betriebliche Situation unterhalten. Er, der heute der hauptverantwortliche Geschäftsführer der Firma ist, betont: „Wir bezeichnen uns als umfassender Entsorgungsbetrieb und nennen uns gern ‚Kirsch und Sohn – Kreislaufwirtschaft und Entsorgungskonzept Gemünden.' Wir sind der Überzeugung, dass nur durch eine gesicherte Entsorgung und Wiederverwertung von Abfall und Restprodukten der Bestand unserer Mainfränkischen Natur garantiert werden kann." Mit einem Blick auf seinen Vater sagt er schmunzelnd: „Wir brauchen heute in der schnell gewachsenen Firma zwei Geschäftsführer, nämlich einen, der es sagt, und einen, der es macht." Und dann fügt er noch hinzu: „Ich habe von meinem Vater viel gelernt und ganz besonders einen Leitspruch, der für ihn aber auch für mich gilt: ‚Geht nicht', gibt's nicht!" In diesen Aussagen erkennt man das gute Verhältnis zwischen Vater und Sohn.

„Übrigens, die Firmenbezeichnung Kirsch und Sohn meint nicht mich und meinen Sohn", erklärt der Seniorchef zum Abschluss: „Sondern am 1. Januar 1953 haben mein Vater Michael und ich den Firmennamen in ‚Kirsch und Sohn' umgewandelt. Also, ich bin der Sohn in der Firma, was viele, die dies zum ersten Mal hören, belächeln."

Wir haben alle Achtung vor diesem Mann, der mit seinen vierundsiebzig Jahren noch oft im Betrieb anzutreffen ist, wenn er nicht für die Firma unterwegs ist. „Mittagsschläfchen habe ich mein Leben lang nicht gekannt und brauche es ebenso wie meine Frau auch heute nicht", erklärt er ganz überzeugend. Wir sehen nach diesem mehrstündigen Gespräch, dass der Senior-Chef wieder einmal dringend am Telefon verlangt wird. Zur Ruhe wird er sich so bald wohl nicht setzen können. Sicher würde ihm dann auch etwas fehlen in seinem Alltag.

Dieter Klingenberg, Lohr a.M.

Dieter Klingenberg, am 10. Mai 1928 in Wolfenbüttel/Niedersachsen geboren, Diplom-Volkswirt, in leitenden Stellungen in der Industrie tätig, zuletzt von 1971 bis 1993 Geschäftsführer bei der Firma Mannesmann-Rexroth GmbH in Lohr, Vorsitzender des Freundeskreises Pater Eckart e.V., seit 1954 verheiratet mit Ingrid, geborene Sommerey, am 7. Oktober 1929 in Insterburg, Ostpreußen geboren. Das Ehepaar Klingenberg wohnt in Lohr.

Unser Leben – herausfordernd und schön

Das Ehepaar Klingenberg empfing uns mit gut duftendem Kaffee und Gebäck in seinem geschmackvoll eingerichteten Heim. Das wunderschön gelegene Haus steht an einem Hang oberhalb der Stadt Lohr am Main. Vom Wohnzimmer und vom Balkon genießt man einen freien Blick über die Stadt und den Lohrer Talkessel und sieht in der Ferne den sich sanft dahin schlängelnden Main. Im Vordergrund der Stadt breitet sich das weitläufige Gelände der Firma Mannesmann-Rexroth aus, und so hat Herr Klingenberg täglich die Firma vor Augen, deren Geschäftsführer er lange Zeit war.

Herr Klingenberg hat sich gut vorbereitet auf unseren Besuch und erzählt flüssig und gefühlvoll seine Lebensgeschichte, die er nun schon seit fast einem halben Jahrhundert mit seiner Ehefrau Ingrid teilt. Er überrascht uns auch gleich mit der Bemerkung: „Schon längere Zeit trage ich mich mit dem Gedanken, meine Lebensgeschichte aufzuschreiben und bin froh, dass Sie mir nun diese Arbeit abnehmen."

Hans Dieter Herrmann Karl Klingenberg wurde am 10. Mai 1928 in Wolfenbüttel, einer Stadt südlich von Braunschweig geboren. Herrmann und Karl sind die Vornamen der Großväter, Hans und Dieter waren damals beliebte Namen, klärt uns Herr Klingenberg über seine zahlreichen Vornamen auf.

Dieter und Ingrid Klingenberg, 1998.

„Meine Mutter kommt von einem Bauernhof im Kreis Holzminden und wuchs dort als jüngstes Kind mit sechs Geschwistern auf. Ihr Vater fuhr zunächst für Sägewerke Langholz aus dem Solling, einem bewaldeten Teil des Weserberglandes, pachtete nebenbei etwas Land und baute so eine eigene Landwirtschaft auf. Ich erinnere mich genau an diese Holzfuhren, die nachts um zwei Uhr begannen, weil ich ihn und später meinen Onkel Karl in den Ferien öfter begleiten durfte. Das waren für mich immer aufregende Abenteuer. Aus kleinen Anfängen entwickelte sich der Bauernhof bald zu einem ansehnlichen Gehöft, das später meine Kusine erbte. Schade, dass meine Mutter dort nicht sesshaft wurde, denn allzu gern wäre ich Bauer geworden."

Der Großvater väterlicherseits von Herrn Klingenberg stammte ebenfalls aus einem kleinen Bauerndorf in der Nähe von Wolfenbüttel. „Er erlernte den Maurerberuf und betrieb nebenbei als so genannter ‚Häusler' eine kleine Landwirtschaft für den Eigenbedarf. Leider fiel er im Ersten Weltkrieg, als mein Vater erst fünfzehn Jahre alt war. So musste meine Großmutter allein und mit nur geringen finanziellen Mitteln drei Kinder großziehen. Sie verdingte sich bei einem Großbauern als Haus- und Landarbeiterin, um die Familie ernähren zu können. Mein Vater war sehr begabt, wie seine Zeugnisse aussagen, konnte aber aus finanziellen Gründen nicht die Oberschule besuchen und wurde Kaufmann in einer Papiergroßhandlung in Braunschweig. Dadurch konnte er als Ältester der Geschwister bald zur Verbesserung des Familieneinkommens beitragen und die Mutter ein wenig entlasten. Die Situation verbesserte sich, als sich in den zwanziger Jahren des vorigen Jahrhunderts im Braunschweiger Land auf genossenschaftlicher Basis die so genannten Buchstellen bildeten. Diese Buchführungsstellen übernahmen die Führung und die Auswertung der Geschäftsbücher der Bauern. Mutig wie mein Vater war, bewarb er sich bei der Buchstelle in Wolfenbüttel, die ihm gern eine Anstellung bot. Nach einiger Zeit wurde er nach Holzminden versetzt, wo er meine Mutter kennen lernte, die hier die Haushaltungsschule besuchte. Später übertrug man ihm die Leitung der Buchstelle in Wolfenbüttel, wo ich dann 1928 zur Welt kam."

Mit dem Fahrrad besuchte mein Vater die Bauern im Kreis Wolfenbüttel bei Wind und Wetter und kam erst spät abends völlig erschöpft heim. In dem kleinen Ort Halchter, heute ein Ortsteil von Wolfenbüttel, gab es ein Rittergut, dessen Besitzer Herr Wätjen, auch Kunde meines Vaters war. Der Gutshof hatte einen herrlichen Park mit einem schönen Gästehaus. In diesem von Bäumen umgebenen Haus erhielten meine Eltern im Jahr 1929 eine Wohnung für eine Monatsmiete von neunundzwanzig Mark. Schon 1935 mussten wir diese schöne Umgebung verlassen, in der wir uns sehr wohl gefühlt hatten. In Osterlinde bei Salzgitter, etwa zwanzig Kilometer westlich von Halchter, war eine Zuckerfabrik angesiedelt und man suchte einen Leiter des Rechnungswesens. Kurz entschlossen nahm mein Vater diese Stelle an, weil er sich finanziell verbessern konnte und nicht mehr die anstrengenden Besuche über Land machen musste. In Osterlinde, unserem neuen Wohnort, besuchte ich die Volksschule und erinnere mich noch gut an den zwei Kilometer weiten und schönen Schulweg. Neben dem Weg floss ein Bach, auf dem wir Buben Schiffchen schwimmen ließen. Im Winter war das Flüsschen oft zugefroren und manchmal gab es hohe  Schneeverwehungen und wir Kinder sprangen voller Vergnügen in diesen tiefen Schnee. Oft kehrten wir mittags zu spät und ziemlich zerzaust heim, doch meine Mutter, die mich als Ältesten sehr liebte und tolerant und verständnisvoll war, verzieh mir schnell."

Ein Jahr nach dem Umzug nach Osterlinde bekam der inzwischen achtjährige Dieter 1936 ein Schwesterchen. „Anfangs leugnete ich in der Nachbarschaft die Ankunft meiner Schwester Gisela", erzählt Herr Klingenberg: „Wenn man mich begrüßte: ‚Ach, Dieter, du hast ja ein Schwesterchen bekommen', dementierte ich heftig: ‚Davon weiß ich nichts!' Erst am nächsten Tag erzählte ich allen: ‚Heute habe ich ein Schwesterchen bekommen.' Des Rätsels Lösung war einfach: Wir feierten in der Familie immer gerne Geburtstag, alle Kinder wurden eingeladen und es gab regelrechte Kuchenschlachten. Gisela war am 29. Februar geboren und ich hatte mir ausgerechnet, dass sie nur alle vier Jahre Geburtstag hat. Also verlegte ich ihr Geburtsdatum auf den 1. März, um somit jedes Jahr feiern zu können. Noch heute weiß ich nicht, wann ich ihr außer in Schaltjahren gratulieren soll.

Zu unserer neuen Wohnung gehörte auch ein großer Obst- und Gemüsegarten mit Stallungen, und wir hatten Schweine, Hühner, Enten und Gänse zu versorgen. Diese landwirtschaftlichen Arbeiten übernahm meine Mutter und auch ich wurde zum Helfen herangezogen. Ich musste den Garten umgraben und vor allem die Spargelbeete lockern und düngen sowie zusammen mit meinem Vater die frischen Spargel stechen. Wir waren im wahrsten Sinne des Wortes Selbstversorger. Nur alle vierzehn Tage gab es zur Abwechslung unseres Speiseplanes Fisch, den mein Vater nach Erledigung der Bankgeschäfte aus Braunschweig mitbrachte. Einmal erstickte ich beim Essen beinahe an einer Gräte. Auf dem Dorf gab es keinen Doktor, sondern in diesem Notfall rückte die Feuerwehr an und der Sanitäter operierte den Fremdkörper heraus und erlöste mich aus meiner Not. Verständlicherweise aß ich über längere Zeit hinweg keinen Fisch mehr."

Gerne erinnert sich Herr Klingenberg an die Schulzeit in Osterlinde: „Unsere Dorfschule war einklassig, alle acht Jahrgänge wurden in einem Raum und nur von einem Lehrer unterrichtet. Vor unserem damaligen Lehrer Alfred König habe ich heute noch alle Hochachtung. Er konnte jeden Schüler individuell beschäftigen. Alle meine Kenntnisse in Tier- und Pflanzenkunde verdanke ich ihm. Allerdings besaß er recht eigenwillige Erziehungsmethoden, indem er abschreckende Beispiele statuierte. So wurde einmal ein Mitschüler, der als Schlägertyp bekannt war, dabei beobachtet, wie er eine Kuh auf der Weide mit einem Strick anband und mit einem Knüppel schlug. In der Nähe arbeitende Bauern teilten dies dem Lehrer mit. Am nächsten Tag ließ er den Missetäter vortreten, band ihn mit einem Strick am Ofenrohr

fest und verprügelte ihn vor unseren Augen kräftig mit dem Stock. Am Schluss fragte Herr König den heulenden Jungen: ‚Nun, weißt du, wofür diese Schläge waren?' Der schüttelte schluchzend mit dem Kopf. Da sagte der Lehrer: ‚Du hast gestern mit einem dicken Knüppel eine Kuh geschlagen, und die hat vor Schmerzen gebrüllt. Nun hast du am eigenen Leib erfahren, wie das ist, wenn man zuschlägt.' Dieses Beispiel hat auf uns alle einen nachhaltigen Eindruck gemacht, übrigens auch auf den vorher von uns gefürchteten schlagenden Mitschüler."
Seine Hausaufgaben erledigte der aufgeweckte Dieter besonders flink, so dass ihm viel Freizeit blieb. „Oft bat mich meine Mutter, beim Spielen auch noch auf die kleine Gisela aufzupassen", erzählt Herr Klingenberg: „Dann haben meine Freunde und ich mit dem Kinderwagen Rennen veranstaltet immer ums Haus herum oder von Nachbarhaus zu Nachbarhaus. Wir spielten die damals bei uns Jungen sehr beliebten Autorennen nach, ich fühlte mich wie der berühmte Rennfahrer Caracciola, der von 1923 bis 1939 auf Mercedes-Rennwagen zahlreiche Siege errungen hatte. Meine Schwester saß im Wagen und jauchzte vor Freude. Einmal war es besonders schlammig draußen, und der Kinderwagen und auch meine Schwester waren über und über mit Schmutz bekleckert. Da habe ich sie und den Wagen in die Waschküche geschleppt und mit dem Schlauch abgespritzt. Daraufhin stellte ich den tropfenden Kinderwagen vor unser Haus, klingelte und rief: ‚Mama, Gisela ist da' und verschwand so schnell ich konnte."
Das flache Land mit nur sanften Hügeln, kleinen Bächen und Bewässerungsgräben war ein Dorado für die Kinder: „Auf den oft überschwemmten Wiesen sind wir im Winter Schlittschuh gelaufen und haben wie junge Eiskunstläufer unsere Pirouetten gedreht. Beim Rodeln wurden Wettrennen veranstaltet, die viel Mut forderten. Richtige Fußballspiele waren noch nicht üblich, wir haben eher herumgebolzt.

Leichtathletik war bei uns Jungen sehr beliebt, besonders Speerwerfen mit Bohnenstangen, Kugelstoßen mit Steinen, Schlagball, Weitsprung und vor allem Wettläufe. Durch dieses frühe Training bin ich später ein guter Leichtathlet geworden und gewann viele Wettbewerbe. Mein Freund und ich sind von Sportfest zu Sportfest geradelt und haben dort die Siegerkränze abgeholt. Im Kreis Weimar wurde ich Meister im Kugelstoßen, bei Wettkämpfen im Rahmen der Kinderlandverschickung im Dritten Reich errang ich in der Slowakei den Meistertitel im Dreikampf. Ein Professor schlug mir während meines Studiums sogar vor, Sport zu studieren, was ich aber dann doch ablehnte."

Die Eltern wollten, dass es ihrem Sohn einmal besser geht als ihnen selbst und suchten für den begabten Jungen einen Platz an einer Oberschule. Nur wenige Kilometer von Osterlinde entfernt gab es in dem etwas größeren Dorf Lesse, das heute ebenso wie Osterlinde zur 224 Quadratkilometer großen Stadt Salzgitter gehört, eine dreiklassige private Oberschule. Dorthin schickten die Eltern ihren inzwischen zehnjährigen Sohn, da der Weg zur nächsten staatlichen Oberschule in Braunschweig zu weit und zu umständlich war.

„Der Schulleiter war ein pensionierter Pastor, bei dem wir ebenso wie bei den anderen Lehrern viel lernten", lobt Herr Klingenberg diese Einrichtung.

Im Jahr 1940 geschah etwas, das das Leben des Zwölfjährigen schlagartig veränderte und noch heute tief nachwirkt: „Wie die meisten von uns Jungen gehörte ich zum Jungvolk. Da ich einen durchtrainierten Körper hatte und bei den damals üblichen Wettkämpfen immer gut abschnitt, wurde ich zu drei Lehrgängen einberufen. Zunächst trieben wir viel Sport, was mir sehr zusagte. Eines Tages jedoch ließ man uns Aufsätze schreiben, Rechenaufgaben lösen und über bestimmte Themen diskutieren, was uns junge Burschen doch etwas verwunderte. Auch Mutproben mussten wir bestehen und alles wurde bewertet. Sogar zum Boxen wurde ich auf-

gefordert, was ich überhaupt nicht konnte und steckte dabei natürlich Prügel ein. Aber ich habe nicht aufgegeben, was bei den Lehrern wohl Eindruck machte. Wir Schüler merkten allmählich, dass wir uns in einem so genannten Ausleseverfahren befanden. Nach kurzer Zeit erhielten meine Eltern einen Brief, in dem ihnen gratuliert wurde, dass ihr Sohn die Aufnahmeprüfung für die Adolf-Hitler-Schule bestanden hat. Diese Ausleseoberschule befand sich damals in der Ordensburg Sonthofen im Allgäu. In den höchsten Tönen wurden den Eltern die Vorzüge dieser Schule geschildert: Sie waren von der Zahlung des damals üblichen Schulgeldes befreit, die Heimfahrten für die Schüler waren frei, ebenso Unterkunft und Kleidung, ja sogar von einem kleinen Taschengeld für die Schüler war die Rede. Mein Vater erkundigte sich bei verschiedenen Familien über diese Schule. Nachdem er überall auf begeisterte Zustimmung stieß, stand für ihn fest, seinen Sohn auf diese Schule zu schicken. Meine Mutter wollte sich nicht von mir trennen und weinte, denn die neue Schule lag fast 800 Kilometer entfernt. Mein Vater sah das realistischer: ‚Anna', sagte er, ‚denk mal, das kostet uns nichts und so kann unsere Gisela auch noch auf die Oberschule.' Ich freute mich auf die Aussichten, im Allgäu Bergtouren machen zu können und Skifahren zu lernen."
Zum Schuljahrsbeginn im September 1940 fuhr also der zwölfjährige Dieter Klingenberg nach Sonthofen in die neue Schule. Etwas Beklemmung war schon dabei, als der Junge nun ohne Eltern auskommen musste. „Ich war zum ersten Mal von zu Hause fort und gleich so weit weg, ohne liebevolle Betreuung der Mutter, auf mich allein gestellt. Hier musste ich mein Bett selbst machen, die Kleider in Ordnung halten, die Stube sauber machen und sogar Strümpfe stopfen. Es herrschte eine strenge militärische Ordnung und eine harte Erziehung mit Selbstführungsprinzip, die ich aber im Nachhinein nicht missen möchte. Immer ein Schüler war im Wechsel verantwortlich für die gesamte Klasse und die

Stube. Als ich zum ersten Mal ‚Pimpf vom Dienst' war und morgens dem Lehrer Meldung erstattete, herrschte der mich gleich an: ‚Wie siehst du denn aus, du Schlamper! Guck dir mal deine Schuhe an!' Wir bekamen dort zwar Schuhe gestellt, doch die drückten und so behielt ich meine Hausschuhe von daheim an, bis sie mir fast von den Füßen fielen. ‚Und was hängt dir aus der Tasche raus?', inspizierte er mich weiter und zog aus meiner Hosentasche Bindfäden, Nägel, und allerhand Kram, den ein Junge halt brauchte. ‚Du musst als Pimpf vom Dienst Vorbild sein für die anderen!', ermahnte er mich und machte mich vor der ganzen Klasse runter, was mir doch peinlich war. Diese Rüge blieb mir eine Lehre, denn ich erkannte, dass ich mich von jetzt ab um mich selbst kümmern musste und dazu noch Verantwortung für andere zu tragen hatte."

Nur zweimal im Jahr durften die Schüler nach Hause fahren, in den großen Ferien und zu Weihnachten. Sonst gab es Heimaturlaub nur in Ausnahmefällen. Die Jungen wurden ständig beschäftigt. Unterricht war ganztags, außer Mittwoch- und Samstagnachmittag, da war aber ‚Jungvolkdienst'. Sie mussten selbstständig Gruppennachmittage in den umliegenden Orten gestalten. Freie Zeit gab es nur sonntags. Trotz der Strenge und Härte betrachtet Herr Klingenberg diese Schule rückblickend positiv: „Wir haben dort eine Menge gelernt, vor allem für das spätere Leben. Viel Wissen erwarben wir uns in Arbeitsgemeinschaften, die man sich je nach Interessengebiet auswählen konnte und in denen man sehr gefördert wurde. Das Ziel der Schule war, uns geistig und körperlich fit zu machen. Deshalb wurde Sport groß geschrieben. Man versuchte uns außerdem gute Manieren beizubringen, denn wir sollten uns auch auf dem Parkett bewegen können. Zu Theater- und Konzertaufführungen, wo gutes Auftreten verlangt wurde, fuhren wir abends mit dem Fahrrad fünfundzwanzig Kilometer. Am nächsten Tag war bereits in aller Frühe ein Gepäckmarsch mit vierzig Kilo-

gramm schweren Ziegelsteinen angesagt. Dabei wurden Teamgeist und Gemeinsinn geschult. Machte einer schlapp, mussten ihn andere tragen."
Selbst in den Sommerferien wurden die Schüler nicht geschont. Die Hälfte der Ferien mussten sie für Hilfsdienste opfern, zum Beispiel für einen Ernteeinsatz in Polen oder gar für Arbeiten unter Tage im Bergbau. Es blieb nicht aus, dass nicht alle diese hohen Ansprüche erfüllen konnten, und so reduzierte sich allmählich die Schülerzahl.
Die Zeugnisse und Beurteilungen für Dieter Klingenberg fielen gut aus, doch der Vater war selten zufrieden. Einmal missfiel ihm die Bemerkung: ‚Dieter neigt zur Selbstzufriedenheit. Wenn er sich mehr anstrengt, könnte er noch mehr erreichen.' Der Junge strengte sich mehr an und nun stand im Zeugnis: ‚Dieter hat jetzt den Ernst des Lebens erkannt und verhält sich vorbildlich.' Daraufhin sagte der Vater: ‚Siehst du, es geht doch!' Dass sich aber die Noten nun verschlechtert hatten, schien ihm nicht so wichtig.
Herr Klingenberg zieht ein Resümee über diese Schulzeit: „Meine geistige und körperliche Kondition, die ich dort erhielt, hat mir später in schwierigen, stressigen Berufszeiten sehr genützt. Ich kann Dinge nicht aussitzen, aber durchstehen, wofür ich dankbar bin. Im Januar 1945 legten wir an der Adolf-Hitler-Schule in Sonthofen das vorzeitige Abitur ab und wurden vorher Tag und Nacht richtig getrimmt. Für ein gutes Abitur erhielt man zusätzlich ein Diplom. Diese Urkunde hat mir sehr geholfen, weil sie das einzige Dokument meiner dortigen Schulausbildung war. Das Abiturzeugnis war nämlich zur Unterschrift nach Berlin gesandt worden, kam aber leider nie zurück, weil es mit anderen Unterlagen verbrannte."
Obwohl Dieter Klingenberg noch keine siebzehn Jahre alt war, wurde er nach diesem Schulabschluss für die Wehrmacht gemustert. „Zunächst kam ich aber als Hilfsausbilder an eine Schule der Hitlerjugend nach Bad Harzburg. Eines

Tages hieß es: ‚Wir bilden jetzt eine Sondertruppe aus, die hinter den feindlichen Linien operieren soll.' Abenteuerlustig wie ich war, habe ich mich zu dieser Truppe gemeldet. Als die Amerikaner immer weiter vorrückten, zogen wir uns in die Abbe-Klippen bei Torfhaus zurück, um uns zu verschanzen und den Harz zu verteidigen. Wir hatten keine Uniform an, sondern Tarnanzüge, waren also nicht als Soldaten der Wehrmacht erkennbar. Ich befand mich in einer sehr schwierigen Situation, denn ich besaß noch kein Soldbuch, weil ich noch nicht offiziell zur Wehrmacht eingezogen war. Das war zu dieser Zeit fast lebensgefährlich, denn wenn man ohne Soldbuch bei einem kämpfenden Verband in Gefangenschaft geriet, wurde man als Partisan behandelt. Wir sollten den Harz verteidigen, hatten aber keine Waffen. Um uns diese zu besorgen, sind wir daher in Lazarette gefahren und haben alle Waffen der Verwundeten eingesammelt."
Bei dieser Exkursion erlebte Dieter Klingenberg den letzten Großangriff auf Hannover am 31. März 1945 mit und schwebte wie viele andere in ständiger Lebensgefahr. Die Rückfahrt zu seinem Einsatzort führte ihn mit seiner Gruppe in die Nähe seines Heimatortes Osterlinde und so bat er den Leutnant, die Eltern besuchen zu dürfen. Der Leutnant gab ihm vierundzwanzig Stunden Urlaub, und Dieter machte sich sofort auf die Suche nach seinen Eltern und Verwandten. „Ich wollte zuerst zu meiner Tante Frieda", erzählt Herr Klingenberg: „In ihrem Dorf erfuhr ich, dass sie sich bei meiner Großmutter aufhielt. Um unauffällig zu bleiben, habe ich mir eine Ziviljacke meines Onkels übergezogen, das Fahrrad meiner Tante aus dem Keller geholt und bin losgeradelt. Als ich an Gebhardshagen, damals ein Dorf, heute Ortsteil von Salzgitter, vorbeikam, hielt mich eine Gruppe deutscher Soldaten an, die sich im Straßengraben verschanzt hatte und den Ort beobachtete. Mit den Worten: ‚Was willst du denn hier?', hielten sie mich an. ‚Ich bin unter-

wegs zu meiner Oma', antwortete ich ruhig. ‚Bist du denn verrückt, da vorne sind die Amerikaner', riefen sie. Irgendwie musste ich aber durchkommen, und so flunkerte ich den Soldaten vor, ich hätte einen geheimen Auftrag, hinter den Linien zu erkunden. ‚Wir können dich nur warnen', entgegneten sie und ließen mich kopfschüttelnd passieren. Ich fuhr weiter und versteckte meine Pistole schnell im Strumpf. Bald traf ich auf einen amerikanischen Panzer mit Farbigen, die Schokolade an Kinder verteilten. Da ich noch recht jung und in meiner zivilen Kleidung harmlos aussah, ließen sie mich weiterradeln. Meine Oma und Tante Frieda schlugen die Hände über dem Kopf zusammen, als ich plötzlich unerwartet an der Tür stand. Als ich ihnen offenbarte, dass ich meine Eltern besuchen wollte, hielten sie mich für lebensmüde. ‚Da wird doch geschossen, da kannst du nicht hin', erwiderten sie immer wieder. Schließlich erklärte sich Tante Frieda bereit, mich zu begleiten, weil wir als Pärchen unauffälliger wirkten. Meine Pistole vergrub ich vorsichtshalber im Garten. Bei unserer Ankunft in Osterlinde mussten wir feststellen, dass unser Haus zerstört und meine Eltern ausgebombt waren. Alles war geplündert, bis auf ein Glas Himbeermarmelade, wie ich mich entsinne. Von einem mir bekannten französischen Kriegsgefangenen erfuhr ich, dass meine Eltern bei dem Bäckermeister im Nachbarort Burgdorf untergekommen waren."

Unter ständigem Artilleriebeschuss gelangte der wagemutige Junge auf abenteuerliche Weise ins Nachbardorf und traf Vater und Mutter wohlbehalten an. „Sie wollten mich natürlich bei sich behalten", berichtet Herr Klingenberg, „aber da ich dem Leutnant mein Ehrenwort gegeben hatte, machte ich mich bald wieder auf den Rückweg. Ich wollte noch zu meinem Onkel Willi, der ein Lebensmittelgeschäft hatte. Als ich bemerkte, dass sich bei ihm bereits amerikanische Offiziere eingenistet hatten, machte ich mich schnell aus dem Staub. Trotz vieler Gefahren erreichte ich wieder meine Ein-

heit in den Abbe-Klippen und meldete mich bei dem Leutnant zurück. Der sah mich ungläubig an und flüsterte mir zu: ‚Was meinst du wohl, weshalb ich dich nach Hause gelassen habe?' Er wollte mir helfen, mich abzusetzen und hatte nicht mehr mit meiner Rückkehr gerechnet. Aber ich hatte das nicht erkannt und mein Ehrenwort höher angesetzt als alle realistischen Überlegungen und Gefahrenquellen."
Wir fragen nun Herrn Klingenberg, wann ihm denn klar wurde, dass der Krieg verloren war. Überraschend erklärt er: „Als am 22. Juni 1941 Hitler den Krieg gegen Russland begann, sagte mein Vater zu mir: ‚Junge, jetzt haben wir den Krieg verloren!' Ich glaubte das natürlich damals nicht. Meine ersten Zweifel am deutschen Sieg habe ich bekommen, als im Dezember 1944 die deutsche Ardennenoffensive an der Westfront scheiterte. Sicher war ich, dass wir den Krieg verloren haben, als ich im April 1945 in Gefangenschaft geriet."
Die gefahrvolle Rückkehr zu seiner Einheit sollte sich bald als völlig nutzlos erweisen, denn bereits drei Tage danach geriet die gesamte Einheit in amerikanische Gefangenschaft. Dieter Klingenberg gelang zusammen mit dem Leutnant und einem anderen Kameraden nach wenigen Tagen die Flucht: „Von Ilsenburg am Nordostrand des Harzes bin ich die etwa siebzig Kilometer bis Osterlinde in zwei Nächten und zwei Tagen gelaufen, immer auf der Hut vor amerikanischen Soldaten. Einmal geriet ich in die Nähe einer amerikanischen Militärkolonne. Auf einem Fahrzeug erkannte ich viele junge Gefangene, mit denen ich im Gefangenencamp gewesen war. Wie ich später erfuhr, sind diese Jungen in meinem Alter, also siebzehn bis höchstens achtzehn Jahre, an Frankreich ausgeliefert worden und mussten zwei Jahre im Kohlebergbau unter Tage unter schlimmsten Bedingungen schuften. Davor war ich bewahrt worden, ebenso wie vor vielem anderen Leid, das mich hätte treffen können. Am 1. Mai 1945 kam ich daheim an, und mein Vater gab mir den Rat, sofort mit einer Arbeit zu beginnen, damit ich nicht

noch einmal abgeholt würde. Als Maschinist fand ich in der Zuckerfabrik in Osterlinde eine Tätigkeit für neununddreißig Pfennige die Stunde. Mit dieser Arbeit war ich zunächst in Sicherheit und musste nicht befürchten, nochmals zur Zwangsarbeit gerufen zu werden, denn der Krieg war ja erst am 8. Mai beendet. In der Kampagne, der jährlichen Saisonarbeit in der Zuckerfabrik, arbeiteten wir in zwei Schichten zu je zwölf Stunden. Einmal kam meine Ablösung nicht, und so blieb mir nichts anderes übrig, als sechsunddreißig Stunden an einem Stück zu arbeiten. Da ich alle Arbeiten ausführte, auch doppelzentnerschwere Säcke schleppte, fand ich rasch zu den Arbeitern ein gutes Verhältnis, was mir später bei meinen leitenden Tätigkeiten sehr zugute kam."

Die Eltern erzogen ihren Sohn mit dem Bewusstsein, keine Arroganz gegenüber anderen und Mitgefühl gegenüber jedermann zu üben. „Diesem Ideal blieb auch mein Vater Zeit seines Lebens treu. Er war Parteimitglied und eine Zeit lang Ortsgruppenleiter. Wegen dieser Tätigkeit wurde er im Sommer 1945 verhaftet, kam aber bereits vor Weihnachten wieder aus dem Internierungslager frei. Er hatte sich nämlich schon im Jahr 1943 mit der NSDAP überworfen, war aus der Partei ausgetreten und hatte das Amt des Ortsgruppenleiters niedergelegt. Im Dorf war damals der Malermeister Hentig bei Nacht und Nebel abgeholt worden. Mein Vater wollte den Grund für diese Verhaftung erfahren, bekam aber keine Antwort. Nach längerer Korrespondenz, in der er sich für den Malermeister einsetzte, gab er schließlich sein Amt auf. Das war sehr mutig von ihm. Ich habe das erst nach seinem Tod beim Sichten seiner Papiere erfahren und rechne ihm sein Verhalten noch nachträglich hoch an. Der Malermeister ist übrigens nie wieder aufgetaucht, aber seine Witwe hat sich nach dem Krieg für meinen Vater verwendet, was sicher zu seiner frühen Entlassung beitrug. Trotz des relativ kurzen Lageraufenthaltes erkrankte mein Vater an eitriger Mandelentzündung, die nicht richtig ausheilte und wohl eine Herzklappe zerstörte. Vermutlich war das 1956 die Ursache für seinen frühen Tod im Alter von erst sechsundfünfzig Jahren."

Der 19. Februar 1946 sollte für den nicht einmal achtzehnjährigen Dieter ein denkwürdiger Tag werden, den er nie in seinem Leben vergessen wird: „An diesem Tag klingelte es abends an unserer Wohnungstür und zwei englische Offiziere und ein Dolmetscher betraten unsere Wohnung und diskutierten heftig mit meinem Vater. Die Amerikaner hatten unser Gebiet kurz nach Kriegsende verlassen und wir wurden der britischen Besatzungszone zugeteilt. Wir dachten, nun nehmen die Engländer Vater mit. Nach einer Weile stellte sich aber heraus, dass sie nicht nach meinem Vater fahndeten, sondern nach mir. Es hieß: ‚Packen Sie sofort Ihre Sachen! Sie haben fünf Minuten Zeit!' Der Grund dafür war, dass man bei einem früheren Kameraden von mir aus der Hitlerjugend ein Adressbuch mit ungefähr fünfzig Namen beschlagnahmt hatte. Die Engländer vermuteten, dass es sich dabei um Mitglieder einer Widerstandsbewegung handelte. In Wirklichkeit wollte der Junge anhand dieser Adressen seine früheren Kameraden einfach mal besuchen und sich wohl auch in dieser Zeit des ständigen Hungerns durchfuttern. Während ich eilig meine Sachen packte, klingelte das Telefon, und mein Onkel Karl teilte mit, dass unsere Oma gestorben sei. Meine Mutter fing an zu weinen. Als der Dolmetscher den Offizieren den Grund erklärte, gaben sie mir eine Galgenfrist von einer Stunde. Dies nutzte ich zum überlegteren Packen. Von meinem Vater hatte ich nämlich erfahren, was mich im Internierungslager erwartete, und so deckte ich mich vorsorglich mit Speck, Wurst, weiteren Lebensmitteln und warmen Sachen ein und nahm außerdem noch verschiedene Schulbücher mit. Man brachte mich in das Untersuchungsgefängnis nach Wolfenbüttel, wo ich als ‚Aufrührer' eine Einzelzelle erhielt. Stundenlang wurde ich vernommen und dabei von einer grellen Lampe angestrahlt. Ich sollte Auskunft über die in der Adressenliste stehenden Personen und deren Aufenthaltsorte geben. Ich schwieg und betonte immer wieder, dass ich kein Widerstandskämpfer sei und auch den Wohnort dieser Personen gar nicht kenne. Erschwerend für mich kam hinzu, dass die Engländer unter meinem Bett einen Baseballschläger entdeckt und meine wertvolle Briefmarkensammlung mitgenommen hatten. Man unterstellte mir, dass ich die Briefmarkensammlung verkaufen wollte, um die Widerstandsgruppe zu finanzieren. Die Baseballkeule hätte ich gehabt, um damit englische Soldaten zu überfallen."

Der arme Junge konnte beteuern, was er wollte, man glaubte ihm nicht, dass der Baseballschläger eine Art Verteidigungswaffe war. Die Deutschen waren nämlich in dieser Zeit nach Kriegsende relativ schutz- und rechtlos. In den ländlichen Gebieten waren Überfälle durch die frei gelassenen ehemaligen polnischen und russischen Kriegsgefangenen an der Tagesordnung, und so hatten die Deutschen zu ihrer Selbstwehr eine Truppe gebildet. Die Männer mussten sich beim Ertönen einer Sirene in der Gastwirtschaft treffen und gingen dann unter ohrenbetäubendem Lärm mit Beilen, Hacken, Knüppeln und eben auch Baseballschlägern los, um die Eindringlinge zu verjagen.

Herr Klingenberg musste weiter im Gefängnis bleiben und ist noch heute entsetzt über die katastrophalen Verhältnisse dort. „Geplagt von zahlreichen Flöhen, die mir die Nachtruhe raubten, musste ich mehrere Tage in meiner trostlosen Zelle zubringen. Dann wurde ich in ein größeres Internierungslager bei Fallingbostel verlegt. Wir waren inzwischen schon etwa fünfzig Jugendliche, die alle wegen Gründung einer Widerstandsgruppe verhaftet worden waren. Die Engländer wollten mir zu meinem Ärger alle Bücher abnehmen. Aber Professor Brandstetter, ein Mitgefangener, hatte eine rettende Idee. Als er erfuhr, dass ich meine Zeit mit Lesen und Lernen verbringen wollte, überzeugte er die Briten, dass es sinnvoller sei, die Jugendlichen zu unterrichten, als sie müßig herumsitzen zu lassen. So entstand in dem Lager eine richtige Schule für die vielen Jugendlichen, zu deren Sprecher ich gewählt wurde. Wir wurden gesondert untergebracht und besser verpflegt als die übrigen Gefangenen, von denen manche vor Hunger umkamen. Die Tagesration für die Kriegsgefangenen betrug 183 Gramm Brot, 2 Gramm Käse, 5 Gramm Butter oder Margarine und 8 Gramm Zukker. Da man zwei oder fünf Gramm gar nicht einteilen konnte, einigten wir uns in unserer Baracke, dass man immer nur alle fünf oder zehn Tage Käse oder Margarine bekam. Nur das Brot erhielt jeder täglich. Mit der doppelten Ration, die wir Schüler nun bekamen, konnte man gerade so durchkommen. Im Lager habe ich schreckliche Dinge erlebt. Ich habe den Tod zahlreicher Mitgefangener, die einfach vor Auszehrung wegen unzureichender Nahrung starben, mitangesehen. Zu dem Schrecklichsten gehörte, mitzuerleben, dass Angehörige, die ihre gefangenen Männer, Väter oder Söhne besuchen wollten und sich dem Stacheldraht des Lagers näherten, von Bewachern, meist Exilpolen, niedergeschossen wurden. Am 21. Januar 1947 endete dieser furchtbare Alptraum, und ich wurde endlich entlassen und konnte zu meinen Eltern zurückkehren. Trotz der unwürdigen, ja menschenverachtenden Behandlung hege ich keinen Groll gegen die Alliierten. Letztendlich haben sie Deutschland von einem Gewaltregime befreit und uns die Chance gegeben, unser Land wieder aufzubauen. Dafür bin ich im Nachhinein dankbar."

Da das Notabitur zum Studium nicht anerkannt wurde, musste Dieter Klingenberg noch einmal die Schulbank drücken, um sein reguläres Abitur nachzuholen. Da er als Nachweis seiner Schulbildung nur das Diplom der Adolf-Hitler-Schule vorlegen konnte, sah er keine Chance, überhaupt angenommen zu werden. Der Direktor des Lessing-

Gymnasiums in Braunschweig, Oberstudiendirektor Langer, war von Haus aus Sozialdemokrat und hatte sogar wegen seiner demokratischen Überzeugung im Konzentrationslager gesessen. „Und dieser Mann", betont Herr Klingenberg voller Hochachtung, „hat mich aufgenommen. Er sagte zu mir neunzehnjährigem jungen Burschen: ‚Du kannst doch nichts dafür, dass dein Leben so durcheinander geraten ist.' Diese hochherzige Einstellung hat mich damals überwältigt", sagt Herr Klingenberg und man spürt ihm noch jetzt an, wie demütigend er den damaligen Neuanfang nach Krieg und Gefangenschaft empfand, obwohl er sich keine Schuld zuweisen konnte. Er war aber wie viele seiner Kameraden zutiefst enttäuscht über den totalen Niedergang Deutschlands.
„Vier Wochen vor Schuljahresende bin ich großzügigerweise in die zwölfte Klasse aufgenommen worden, obwohl ich die erforderlichen Leistungen zu diesem Zeitpunkt nicht erbracht habe", berichtet Herr Klingenberg über seinen Wiedereinstieg in das Gymnasium: „Von den zwanzig Schülern meiner Klasse waren etwa zehn, die wie ich Anfang 1945 die Schule vorzeitig verlassen mussten, um das letzte Kriegsaufgebot Deutschlands zu stellen und die nun im vorgerückten Alter ihr Abitur nachholen wollten. An dieser Schule lernte ich, was echte Toleranz bedeutet. Die Lehrer waren sehr rücksichtsvoll vor allem uns älteren Schülern gegenüber. Durch den häufigen Unterrichtsausfall während der letzten Kriegsmonate in der früheren Schule hatte ich viel Stoff nachzuholen, so dass ich bei einem pensionierten Lehrer Nachhilfeunterricht nahm. Es war ein anstrengendes Jahr für mich, denn morgens in aller Frühe musste ich daheim den Schweinestall ausmisten und Futter für die Ziegen mähen, um so meiner Mutter etwas Arbeit abzunehmen. Mein Vater war kränklich und nicht mehr allzu belastbar. Nach dieser Arbeit eilte ich zum Bahnhof, um mit dem Zug nach Braunschweig ins Gymnasium zu fahren. Nachmittags

erhielt ich Nachhilfeunterricht. Wenn ich abends müde nach Hause kam, waren noch die Hausaufgaben zu erledigen."
Auf dem Bahnhof traf der neunzehnjährige Fahrschüler Dieter die ein Jahr jüngere Ingrid Sommerey, die ebenfalls auf dem Weg ins Gymnasium war. Bald kamen die beiden ins Gespräch miteinander, woraus sich eine tiefe Freundschaft entwickelte, die schließlich zu einer lebenslangen Verbindung führen sollte.
Wie wir aus dem folgenden Lebensbericht von Frau Klingenberg erfahren, haben sich schon in jungen Jahren zwei ausgeprägte Persönlichkeiten gefunden, die sich gegenseitig ihr Leben bereicherten:
Ingrid Klingenberg, geborene Sommerey, wurde am 7. Oktober 1929 in Insterburg in Ostpreußen geboren. „Eine wunderschöne Kindheit verlebte ich mit meinen Eltern und meiner zwei Jahre jüngeren Schwester Linde in Lötzen, einer Kleinstadt an den Masurischen Seen in Ostpreußen, dem Land der dunklen Wälder." Mit diesen Worten beginnt Frau Klingenberg ihren Lebensbericht: „Mein Vater war Marine-Festungspionier bei der Reichswehr. In Lötzen wurde ich auch eingeschult und zwar in eine reine Mädchenschule, die mir in guter Erinnerung blieb, weil es dort eigentlich immer recht locker und lustig zuging. Lötzen liegt sehr idyllisch in einer leicht hügeligen Landschaft zwischen dem Mauersee und dem Löwentinsee. Hervorragend war das Freizeitangebot, denn auf den weitläufigen, stillen Seen durften wir mit dem Vater rudern und fischen und im Winter Schlittschuh laufen. Ich erinnere mich an heiße Sommer und kalte, schneereiche Winter. So verbrachte ich in meiner Kindheit viel Zeit im Freien und lernte die masurische Landschaft schätzen und lieben. In Ostpreußen herrschte ein besinnliches, ruhiges Leben, und ich erinnere mich nicht, jemals dort Polen kennen gelernt zu haben. Wir Kinder wuchsen sehr behütet auf und wurden mitunter auch von unseren Hausangestellten betreut. In Offiziersfamilien gehörte es zum gu-

Mein erstes Schuljahr.

ten Ton, von Zeit zu Zeit große Gesellschaften zu geben. Zu unserem Kummer durften wir aber daran nicht teilnehmen. Schon mit fünf Jahren lernte ich Flöte spielen, gegen den Willen meines Vaters, der das Gepiepse gar nicht leiden konnte, während meine Mutter mich sehr unterstützte. Dafür bin ich ihr dankbar, denn noch heute spiele ich einmal in der Woche zu meiner Freude in einem Flötenensemble. Gelegentlich treten wir sogar öffentlich auf."
Vor dem Zerfall der Sowjetunion und der Wiedervereinigung Deutschlands besuchte Frau Klingenberg ihre alte Heimat und berichtet wehmütig: „Im Jahr 1989 habe ich mit meiner Schwester eine Reise in die Vergangenheit gemacht,

jedoch bis auf die evangelische Kirche kaum etwas in Lötzen wiedererkannt. Vieles war zerfallen und verwahrlost, so dass wir etwas enttäuscht und traurig heimkehrten. Es war ein nostalgischer, aber auch schmerzvoller Rückblick."
Im Jahr 1938 wurde die jüngste Schwester Helga geboren, die sich aber nicht mehr in diese stimmungsvolle Landschaft im Osten eingewöhnen konnte, denn im gleichen Jahr musste die Familie von der Ostgrenze des Deutschen Reiches an die Westgrenze nach Trier umziehen. Deutschland baute von 1938 bis 1940 an der Grenze zu Frankreich und Belgien neue Befestigungsanlagen, den so genannten Westwall, und dafür wurde der Festungspionier Sommerey mit seinen Spezialkenntnissen gebraucht und von der nordöstlichen Grenze an die westliche Grenze des Deutschen Reiches versetzt. Der Umzug an die Mosel war für die Familie und vor allem für die neunjährige Ingrid ein besonders aufregendes Erlebnis, wie Frau Klingenberg eindrucksvoll schildert: „Unsere Reise erfolgte mit dem Zug. Ostpreußen, die östlichste Provinz Deutschlands, war seit dem Ende des Ersten Weltkrieges vom übrigen Deutschland getrennt. Die Verbindung war nur über den so genannten Polnischen Korridor, der etwa sechzig bis neunzig Kilometer breit war, möglich. Der Zug wurde an der ostpreußischen Grenze verdunkelt und verschlossen. Es durfte während der knapp zwei Stunden dauernden Durchfahrt durch polnisches Gebiet kein Licht gemacht werden."
In Trier hatte der Vater für die Familie ein Haus gemietet, und Frau Klingenberg erinnert sich an die neue Umgebung: „Das Haus hatte einen schönen Garten mit fruchtbaren Obstbäumen und war von einer Mauer umgeben. Ich blickte oft über die Gartenmauer und staunte über einige junge Nonnen, die in ihren langen dunklen Gewändern Ball spielten und wohl ihre Sportstunden ableisteten. Sie gehörten zu einem Kloster, das Novizinnen auf ihre spätere Aufgabe im Kloster ausbildete. In Trier kam ich in die dritte Klasse und

wurde anfangs häufig von den Mitschülerinnen geärgert. Ich war die einzige Evangelische in der Klasse und sprach zudem nicht den moselfränkischen Dialekt, so dass ich zunächst für die Klassenkameradinnen eine Außenseiterin war. Doch die Anfangsschwierigkeiten konnte ich bald überwinden und wurde eine von ihnen."
Der Vater beaufsichtigte die Bauarbeiten am Westwall und konnte jeden Abend zu seiner Familie nach Hause kommen, was die Mutter und die drei Töchter sehr genossen. Er war eigentlich gelernter Kaufmann, hatte aber als Freiwilliger am Ersten Weltkrieg teilgenommen. 1919 trat er zur Verteidigung der ostpreußischen Grenze gegen die zunehmenden polnischen Übergriffe in die ‚Schwarze Reichswehr' ein. Das war die Bezeichnung für die militärischen Verbände, die nach dem Ersten Weltkrieg auf Anregung oder mit Duldung der Reichswehrführung entgegen dem Versailler Vertrag zur Ergänzung des von den Siegermächten zugelassenen 100 000-Mann-Heeres aufgestellt wurden. Der Vater von Frau Klingenberg wurde 1933 von der Wehrmacht übernommen, wo er sich aufgrund seiner praktischen Begabung zum Festungsbauspezialisten entwickelte.
Ingrid Sommerey kam in Trier bald in die Auguste-Viktoria-Oberschule. „Noch heute treffe ich mich einmal jährlich mit meinen ehemaligen Klassenkameradinnen", erzählt sie mit einer gewissen Begeisterung und fügt an: „Das zeugt doch von einem guten Gemeinschaftssinn innerhalb der Schule. Im Jahr 1944 spürten auch wir in Trier die fürchterlichen Folgen des Krieges. Bei den heftigen Bombenangriffen auf Trier musste ich als Scharführerin der Jungmädchen Aufräumarbeiten leisten, oftmals auch nachts. Ende 1944 wurde das linksrheinische Gebiet geräumt, und meine Mutter und wir Kinder zogen zu einer Tante nach Gardelegen in der Altmark. Hier erlebten wir den Einmarsch der Russen und das Kriegsende."

Der Vater hatte mit seiner Einheit den Rückzug der deutschen Armee von Leningrad nach Ostpreußen mitgemacht und war zu Beginn des Jahres 1945 auf der Halbinsel Hela in der Danziger Bucht stationiert. Vor dem Zugriff der Roten Armee konnte er sich über die Ostsee nach Schleswig-Holstein retten und befand sich dort in einem Kriegsgefangenenlager. Als die Familie von heimkehrenden Soldaten seinen Aufenthaltsort erfuhr, machte sich die mutige noch nicht einmal sechzehnjährige Ingrid auf die Suche nach ihrem Vater: „Meine Mutter war eine sehr sanfte, aber auch ängstliche Frau, so dass ich mich als älteste Tochter in Abwesenheit meines Vaters ein wenig verantwortlich fühlte und daher diese kurz nach Kriegsende 1945 doch sehr gewagte und beschwerliche Suchfahrt auf mich nahm", erklärt Frau Klingenberg. „Abenteuerlustig wie ich damals war, schlug ich mich irgendwie nach Schleswig-Holstein durch. Planmäßige Zug- oder sonstige Verkehrsverbindungen gab es zu dieser Zeit nicht und so schloss ich mich einer Gruppe Erwachsener an, die nachts aus der russischen Besatzungszone über die Grenze in den Westen ging. Auf umständlichem Weg fand ich schließlich meinen Vater in einem Lager in Schleswig und durfte sogar mit ihm sprechen. Ihm war wichtig, dass wir die russische Zone so bald wie möglich verlassen und versuchen sollten, wieder nach Trier zu kommen. Das war jedoch nur möglich mit einer besonderen Zuzugsgenehmigung, da es wegen der Zerstörungen nur wenige Wohnungen gab. Im Jahr 1946 gelang es uns endlich, die sowjetische Besatzungszone zu verlassen, und wir fanden als Flüchtlinge eine Unterkunft in dem kleinen Dorf Berel bei Salzgitter. Dort lebten meine Mutter und wir drei Kinder in einem Bauernhaus in zwei winzigen Zimmern. Nach einiger Zeit kam mein Vater aus der Gefangenschaft zu uns und nun wurde es noch beengter."

Ingrid und ihre Schwester Linde besuchten ab 1946 das Gymnasium ‚Kleine Burg' in Braunschweig. Sie mussten bei

Wind und Wetter sechs Kilometer zum Bahnhof laufen und dann mit dem Zug in die etwa fünfundzwanzig Kilometer entfernte Stadt fahren. Auch der neunzehnjährige Dieter Klingenberg traf auf dem Weg zu seiner Oberschule morgens am Bahnhof ein, denn Berel war ein Nachbarort von Osterlinde. So fügte es sich, dass Ingrid und Dieter sich näher kennen lernten und zueinander fanden.
Bald trennten sich ihre Wege jedoch wieder. Vater Sommerey wollte unbedingt nach Trier zurückkehren, und so zog die Familie Ende 1947 an die Mosel. Ingrid und Dieter verloren sich zunächst aus den Augen, doch sollte diese Trennung nicht von langer Dauer sein.
„In einer kleinen Wohnung, die mein handwerklich geschickter Vater ausbaute, begann in Trier für unsere Familie ein Neuanfang", berichtet Frau Klingenberg. „Wir lebten sehr beengt, denn auch meine Großmutter und deren Freundin wohnten nun bei uns. Meine Großmutter, die aus einem Gutshaushalt in Ostpreußen stammte, hatte ein schweres Schicksal: Ihr Mann fiel im Ersten Weltkrieg. Infolge der Inflation in den 1920er Jahren musste das Gut verkauft werden und Großmutter zog nach Insterburg. Mein Vater sorgte dafür, dass Großmutter zusammen mit ihrer Freundin kurz vor Kriegsende noch auf dem letzten Schiff, das von Ostpreußen nach Dänemark auslief, unterkamen. Nach einem längeren Aufenthalt in einem Lager in Dänemark landeten die beiden bei uns in Trier, und nun musste in der kleinen Wohnung Vater mit sechs Frauen zurechtkommen.
Mein Vater bekam als ehemaliger Offizier zunächst keine Pension. Er war gelernter Kaufmann und leidenschaftlicher Jäger und erhielt durch einen Bekannten eine Stelle als Geschäftsführer in einer Häute- und Fellehandlung und die Betreuung einer Jagd an der Saar. Er vertrat die Auffassung, dass wir Mädchen die Schule verlassen sollten, um einen Beruf zu ergreifen. Obwohl meine Schwester sehr begabt war und beste Zeugnisse nach Hause brachte, brach sie die

Schule ab und erlernte das Schneiderhandwerk. Ich wehrte mich mit Händen und Füßen gegen die Entscheidung meines Vaters und konnte im Gymnasium bleiben. Mein Vater kaufte mir aber dennoch einen Webstuhl und ließ dieses Monstrum in der Küche aufstellen. Ich musste nun spinnen und weben lernen und fertigte Schals, Stoffe und Decken an, die wir verkauften. Mein Vater schor eigenhändig die recht kurze und minderwertige Wolle von den ihm zur Verfügung stehenden Fellen. Wir wuschen die Wolle in der Waschküche, was einen entsetzlichen Gestank verbreitete. Nebenbei erledigte ich noch meine Aufgaben für die Schule und konnte 1949 mein Abitur ablegen."
Die Heimarbeit hörte jetzt für die zwanzigjährige Ingrid auf. Sie wollte Sprachen studieren. Leider besaßen die Eltern nicht das notwendige Geld für diese Ausbildung und so wurde aus diesem Wunsch nichts. Ingrid meldete sich in der Kunstgewerbeschule in Trier an und besuchte dort die Webklasse. Obwohl ihr die Arbeit Freude machte, drängte es sie von zu Hause und von Trier fort. Sie hatte sich zu einer bestimmenden Persönlichkeit entwickelt und es gab Konflikte mit dem Vater, wie sie nachdrücklich betont: „Den autoritären Einfluss meines Vaters konnte ich auf die Dauer nicht länger ertragen. Heimlich bewarb ich mich um eine Stelle als Haushaltshilfe in Schweden und wurde tatsächlich bei einer reizenden Familie in Stockholm eingestellt. Der Hausherr war Direktor eines Buchverlages. Ich blieb von 1951 bis 1953 in Schweden und erlernte die schwedische Sprache ganz gut. Das Verhältnis zu meinem Vater renkte sich übrigens schon beim Abschied wieder ein, und er stand mir immer hilfreich zur Seite, wenn ich ihn brauchte."
Der zwanzigjährige Dieter Klingenberg hatte inzwischen im Jahr 1948 sein reguläres Abitur bestanden und freute sich auf ein Studium an einer Universität. Zunächst wollte er sich etwas ausruhen, aber sein Vater drängte ihn, sich bis zum Beginn des Studiums um eine Beschäftigung zu bemü-

hen. „Mein Vater konnte überhaupt nicht vertragen, wenn einer auf der faulen Haut lag und erlaubte sich, nach acht Tagen morgens an meine Tür zu klopfen mit der Bemerkung: ‚Es ist halb neun. Raus mit dir! Du bist doch gesund, also suche dir eine Arbeit.' Meine Ausrede war, ich hätte mich um einen Studienplatz zu bewerben. ‚Ach, das kannst du abends erledigen', war seine Antwort. Auf die Dauer wurde mir die Nörgelei zu dumm und irgendwie konnte ich meinen Vater auch verstehen; also fuhr ich mit dem Fahrrad zum Arbeitsamt nach Salzgitter-Lebenstedt und bat um eine Beschäftigung. Als der Sachbearbeiter des Arbeitsamtes erfuhr, dass ich Abitur hatte, meinte er: ‚Dann können Sie ja rechnen und schreiben, solche Leute braucht die Staatsbank. Als ich mich gemäß der Empfehlung des Arbeitsamtes bei Herrn Direktor Bertram bei der Braunschweigischen Staatsbank vorstellte, bot der mir sofort eine Volontärstelle für sechzig Mark im Monat an und wollte mich sogar zu einer Lehre überreden, doch ich hielt an meinem Plan fest zu studieren. Die Bank brauchte dringend Leute, weil am Tag zuvor die Währungsreform in den drei westlichen Besatzungszonen durchgeführt worden war. So habe ich die Währungsumstellung von der alten Reichsmark zur neuen Deutschen Mark hautnah miterlebt, begleitete die Geldtransporte von der Landesbank in Braunschweig zu den einzelnen Auszahlungsstellen, die das Kopfgeld an die Bürger verteilten. Bis zum 31. Dezember 1948 habe ich in der Bank gearbeitet. Man wollte mich gar nicht gehen lassen und brauchte mich für den Jahresabschluss. Alle Versuche, mich zu einer Banklehre zu bewegen, habe ich trotz der verlockendsten Angebote abgelehnt. Die Bank wollte mir sogar nach meiner Lehre ein Jurastudium finanzieren. Aus heutiger Sicht empfehle ich allen jungen Leuten, nach dem Schulabschluss eine Lehre zu absolvieren und erst dann mit dem Studium zu beginnen. Das hat den Vorteil, dass man das, was man später im Beruf braucht, in der Praxis schon vorher lernt und man das

Studium viel effizienter und zielstrebiger bewältigen kann. Ich wollte aber unbedingt so rasch wie möglich an die Universität. Wie die meisten meiner Mitschüler war ich nach den Erlebnissen im Krieg und in der Gefangenschaft begierig auf kontinuierliche geistige Arbeit."

Die Suche nach einem Studienplatz war für Dieter Klingenberg ein mühsames Unterfangen: „In dem Anmeldebogen war unter anderem die Frage zu beantworten: ‚Waren Sie Schüler der Napola oder der Adolf-Hitler-Schule?' Da ich dies wahrheitsgemäß bejahte, bekam ich zu meiner Enttäuschung viele Absagen. Endlich erhielt ich eine Zusage von der Universität Göttingen für das Wintersemester 1948/1949, allerdings mit der Bedingung, eine Wohnung in dieser Stadt nachzuweisen. Da war guter Rat teuer bei der Wohnungsnot zu damaliger Nachkriegszeit. Einer meiner früheren Schulkameraden aus Sonthofen, Ali Gödecke, studierte bereits in Göttingen und bot mir an, zu ihm in sein möbliertes Zimmer bei Frau von der Heide zu ziehen. Ali meinte: ‚Du musst ein Bett mitbringen und kannst hier solange wohnen, bis du eine geeignete Unterkunft findest.' Als Gegenleistung habe ich für das kalte Zimmer einen Ofen mitgebracht. Das Ofenrohr haben wir einfach aus dem Fenster geleitet. So hatte Ali ein warmes Zimmer und ich eine Wohnung in Göttingen. Die Vermieterin, die Ali offensichtlich nicht um Erlaubnis gefragt hatte, war zunächst empört, als sie ihren neuen Untermieter entdeckte, ließ sich aber schließlich von meiner Notlage überzeugen, so dass ich dort fürs Erste wohnen bleiben durfte.

Das breitgefächerte Angebot der Universtät Göttingen faszinierte mich. An der Staats- und Wirtschaftswissenschaftlichen Fakultät hatte ich Volkswirtschaft und Rechtswissenschaft belegt. In den ersten zwei Semestern ging ich jedoch nur zu den Pflichtvorlesungen und Seminaren, um die notwendigen Scheine zu erhalten. Im Rahmen eines Studium Generale habe ich bei Professor Böttcher Vorlesungen in

Musik und bei dem bekannten Philosophen Nicolai Hartmann (geboren 1882 in Riga) philosophische Grundkenntnisse gehört. Die Vorlesungen in Philosophie beeindruckten mich besonders. Dieser bedeutende Philosoph ist leider bereits am 9. Oktober 1950 in Göttingen verstorben. Als großes Erlebnis bleiben mir auch die Vorlesungen bei Professor Carl Friedrich von Weizsäcker, dem Physiker und Philosophen, der später (ab 1957) Leiter des Max-Planck-Instituts zur Erforschung der Lebensbedingungen in der wissenschaftlich-technischen Welt war. Mich interessierte stark seine Darstellung über theoretische Physik und Atomphysik.

Professor von Weizsäcker gehörte zusammen mit Professor Werner Heisenberg, der übrigens von 1945 bis 1955 ebenfalls an der Universität Göttingen lehrte, zu einer Gruppe von Wissenschaftlern, die im Auftrag von Adolf Hitler die Atombombe entwickeln sollte. So hatten wir in ihm einen Zeugen des Jahrhunderts, eine profunde Persönlichkeit und konnten aus erster Hand erfahren, wie es wirklich war mit der deutschen Atombombe. Für uns waren aber die Atomphysik und die quantenmechanische Atomtheorie kaum zu verstehen.

Selbst die Studenten der Physik und der Mathematik haben ihn in seinen Ausführungen unterbrochen und gesagt: ‚Herr Professor, das versteht ja keiner', worauf er antwortete: ‚Das ist keine Anstrengung, das ist ein ästhetischer Genuss!' Aber er zeigte sich geduldig und führte die Ableitungen der Formeln ein zweites Mal durch. Wichtig erschienen mir seine Bemerkungen zur Zeit, zur Politik und zur Lebensphilosophie. Er ist für mich mein Mentor geblieben und ich habe fast alle seine Bücher gelesen. Meine Einstellung zur Atom- und Kernenergie basiert auf den Vorlesungen von Carl von Weizsäcker und auf seinen Büchern. Seine Grundaussage war: Die Kernenergie ist nicht gefährlicher als jede neue Technik wie Dampfmaschine oder Flugzeug, sie ist absolut beherrschbar und sicher zu machen, wenn keine Schlamperei auftritt. Durch seine überzeugende Darstellung der Problematik habe ich eine positive Einstellung zur friedlichen Nutzung und zur Notwendigkeit der Atomenergie gewonnen und halte die Kernenergie gerade im Interesse des Umweltschutzes für wichtig."

Auch Jura studierte Herr Klingenberg und absolvierte sämtliche notwendigen Prüfungen im Privatrecht, im bürgerlichen Recht, im Vertragsrecht und Familienrecht, was ihm später im Beruf von großem Nutzen war. „In Göttingen", so schwelgt er, „verlebte ich eine unvergesslich herrliche Zeit mit wenig Geld, viel Spaß, guten Kameraden und hervorragenden Professoren. Göttingen war im Krieg relativ unversehrt geblieben, so dass sich hier an der altehrwürdigen Universität nach dem Krieg die Creme der deutschen Professoren einfand. Wir genossen diese Fülle der deutschen Wissenschaft von morgens bis abends. Das eigentliche Volkswirtschaftsstudium habe ich erst nach dem dritten Semester richtig begonnen, habe mich aber dennoch nach dem sechsten Semester zum Examen gemeldet und erhielt nach dem siebten Semester im Sommer 1952 mein Diplom."

Nach dem Studium ergibt sich für jeden die Frage: Was fange ich nun mit dem an, was ich über all die Jahre gelernt habe? Auch für den vierundzwanzigjährigen Dieter Klingenberg galt es, die Zukunft zu planen: „Ich prüfte drei Möglichkeiten: Erstens weiter zu studieren, zweitens zu promovieren, drittens eine wissenschaftliche Laufbahn einzuschlagen. Meine Eltern freuten sich über meine Erfolge und wären mit einer anschließenden Promotion einverstanden gewesen. Da bot sich mir eine berufliche Gelegenheit, die mir die Entscheidung erleichterte und sich als Glücksfall für mein weiteres Leben erweisen sollte: Mein Professor für Betriebswirtschaft, Herr Hasenack, hatte einen Freund in Essen, Professor Harder, der von den Alliierten als Treuhänder bei der Firma Krupp eingesetzt und nun Vorstand der Kruppwerke war. Der bat seinen Freund Haseneck,

Ein glückliches Paar.

fünf Diplomanden auszusuchen und sie der Firma Krupp zu empfehlen. Auch ich wurde zu einem Vorstellungsgespräch gebeten, wobei man mir im Oktober 1952 das Angebot machte, für 430 Mark im Monat bei der Firma Krupp anzufangen. Ich entschied mich kurzentschlossen für die Firma Krupp, wobei mir vorschwebte, mich in meiner Freizeit auf meine Promotion vorzubereiten."

Die Verbindung zur Freundin Ingrid war in der gesamten Studienzeit nicht abgerissen, man schrieb sich und sah sich gelegentlich. Schwieriger wurde es vom Jahr 1951 an, als Ingrid für längere Zeit nach Schweden ging: „Erst im Jahr 1953 konnte ich endlich Ingrid in Stockholm besuchen.

Mein erstes selbstverdientes Geld habe ich in diese Reise nach Schweden umgesetzt. Ich erinnere mich an herrliche Ferientage unter der Aufsicht einer Haushälterin der schwedischen Gastfamilie in einem Sommerhaus in den Schären vor der schwedischen Ostseeküste bei Stockholm. In dieser Zeit entschlossen wir uns, für immer beieinander zu bleiben, was wir bis heute nicht bereut haben. Wir verlobten uns, und sowohl meine Frau als auch ich haben Schweden, dieses wunderschöne weite Land, in unser Herz geschlossen. Mit der Heirat mussten wir noch warten, denn nach dem Aufenthalt in Schweden zog es Ingrid nach England, um die englische Sprache zu erlernen. Erst am 13. März 1954 haben wir unsere Hochzeit gefeiert, nachdem mir mein Arbeitgeber eine Wohnung zugesagt hatte."

Am 1. Dezember 1952 begann Herr Klingenberg seine Tätigkeit bei der Firma Krupp in Essen als Nachwuchskraft in der Konzernrevision. Krupp war der erste Konzern in Deutschland, der bereits 1870 eine interne Konzernrevision eingeführt hatte, eine Abteilung, die die gesamten Geld- und Warenbewegungen innerhalb des Konzerns bis zur Bilanzprüfung zu überwachen hatte. Bei der Größe dieser Gesellschaft hatte außerdem ein öffentlich bestellter Wirtschaftsprüfer die Jahresabschlüsse zu prüfen. „Meine Vorstellung war es nie, Revisor zu werden, doch die Chance habe ich dennoch gern genutzt und bereue es nicht, auf diese Weise in die Industrie gekommen zu sein", erzählt Herr Klingenberg von seinem Einstieg in das Berufsleben und fährt fort: „Ich hatte gleich von Anfang an viel zu tun, so dass ich meine wissenschaftlichen Ambitionen und meine Promotion zurückstellen musste, denn Freizeit besaß ich nie. Ich habe es aber immer bereut, nicht promoviert zu haben. Nach meiner Pensionierung habe ich mit dem Gedanken gespielt, wieder zur Uni zu gehen und Wirtschaftswissenschaft zu studieren, weil es für mich noch so viele Fragen gibt, die ich mit mehr wissenschaftlichem Rüstzeug beantworten möchte. Umgesetzt habe ich die Idee dann doch nicht.

Die Konzernrevision, die Herrn Alfried Krupp direkt unterstand, war sehr angesehen, aber natürlich nicht überall im Konzern beliebt. Wir hatten das Recht, in allen Geschäftsbereichen nachzufragen und dadurch den besten Überblick über den gesamten Konzern, der aus unendlich vielen Betrieben bestand von der Erz- und Kohlenförderung über die Stahlerzeugung und Stahlverarbeitung zum Maschinenbau, einem riesigen Handelsgeschäft und einer Konsumanstalt, die Ausdruck des Sozialempfindens der Firma Krupp war. Friedrich Alfred Krupp, der von 1854 bis 1902 lebte, hatte bereits Ende des neunzehnten Jahrhunderts für seine damals 43 000 Beschäftigten Wohlfahrtseinrichtungen geschaffen, wie Arbeitersiedlungen und Läden, wo die Familien der Mitarbeiter billiger einkaufen konnten.

Kurze Zeit nachdem ich bei der Firma Krupp angefangen hatte, übernahm im Jahr 1953 wieder Alfried Krupp die Firma. Er war seit 1943 Alleininhaber der Firma Friedrich Krupp gewesen, 1948 bei den Nürnberger Prozessen von einem amerikanischen Militärgericht anstelle seines Vaters zu zwölf Jahren Gefängnis und Vermögensbeschlagnahme verurteilt worden, wurde aber 1951 begnadigt. Obwohl erst sechsundvierzig Jahre alt, war er doch bei seiner Rückkehr in die Firma ein gebrochener Mann. Er war sehr sozial eingestellt und hatte interessanterweise im Gefängnis die Entscheidung getroffen, lieber Unternehmensanteile zu verkaufen als seiner Belegschaft die Zusatzpension zu kürzen. Der Firma ging es nach dem Krieg nicht gut, sie wurde immer illiquider und sollte sogar verkauft werden, da keiner mehr investierte. So hat sie eigentlich vornehmlich von den Konsumanstalten, also Lebensmittelgeschäften, gelebt und wurde dadurch vor der Pleite bewahrt. Stahl und Maschinen brauchte kurz nach dem Krieg niemand in Deutschland. Aber Grundnahrungsmittel waren gefragt bei den Hunderttausenden von Arbeitern und anderen Kunden. Die Einnahmen davon haben meines Wissens die Firma vor der Pleite gerettet.

Am Anfang meiner Tätigkeit bei der Firma Krupp hatte ich einen ruhigen Job. Doch eines Tages kam der Prüfungsleiter auf mich zu, legte mir einen Stapel Papier vor mit Handelsbilanzen aller Kruppgesellschaften und gab mir den Auftrag, eine konsolidierte Steuerbilanz für den Krupp-Konzern zu erstellen. Er sagte: ‚Herr Klingenberg, Sie haben ja studiert, ich brauche Ihnen dazu eigentlich überhaupt nichts zu sagen, nehmen Sie das Zeug und machen Sie sich an die Arbeit! Sollten Sie wider Erwarten an einen Punkt stoßen,

an dem Sie nicht weiterkommen, können Sie sich an mich wenden', fügte er noch voll Zynismus hinzu. Er hatte nicht studiert und mochte die Studierten nicht so besonders gern. Mit der Zeit entwickelte sich aber zu ihm wie zu allen anderen älteren Angestellten ein ausgezeichneter Kontakt, und er hat mir tatkräftig geholfen, wofür ich ihm dankbar war. Meine konsolidierte Steuerbilanz wurde dann dem Vorstand für Finanzen und Steuern vorgelegt, Herrn Johannes Schröder, der so zufrieden war, dass ich drei Jahre lang zuständig für diese Steuerbilanz blieb. Kräftig unter die Arme griff mir dabei mein späterer Freund Gerhard Prange, der Mitarbeiter in der Steuerabteilung war und mir für meine Arbeit das nötige Rüstzeug beibrachte. Die umfangreichen Steuerkenntnisse, die ich mir aneignen musste, habe ich später bei der Firma Rexroth gut verwenden können.
Bei Krupp gab es ein Ereignis, das Schuld daran ist, dass ich bei der Firma Rexroth gelandet bin. Als mein Chef Dr. Heinz Brill, Leiter der Revisionsabteilung, zu Mannesmann wechselte, wurde Herr Direktor Günter Vogelsang sein Nachfolger. Das war ein ehemaliger Offizier mit militärischem Führungsstil. Ich kam gut mit ihm zurecht, war angesehen, so dass er mich überall einsetzte, wo es schwierig wurde. Eines Tages im Jahr 1954 war ich in einer Kohlenzeche in Bochum zur Revision. Da erhielt ich einen aufgeregten Anruf meiner Mutter, dass mein Vater sterbenskrank zu Hause darniederliege. Ich wollte meinen Chef um Urlaub bitten. Da er nicht zu erreichen war, bewilligte mir der Bürovorsteher, Herr Dorfmeister, die Heimreise. Die Situation meines Vaters blieb weiterhin kritisch, so dass ich noch einen Tag länger als geplant in seiner Nähe bleiben wollte. Herr Dorfmeister bewilligte mir einen weiteren unbezahlten Urlaubstag. Als ich nach meiner Rückkehr wieder über der Revisionsarbeit saß, erhielt ich einen Anruf von Herrn Direktor Vogelsang mit der Aufforderung, mich sofort bei ihm zu melden. Er machte mir heftige Vorwürfe wegen des Urlaubs, zeigte keinerlei

Verständnis für meine Situation, ihn interessierte auch nicht, dass Herr Dorfmeister den Urlaub bewilligt hatte. Wenn so etwas noch einmal vorkomme, so versicherte er mir, würde das für mich Folgen haben. Ich fühlte mich nun wirklich gekränkt, und bei diesem unerfreulichen Gespräch reifte in mir der Entschluss, die Firma zu verlassen. Meine Kollegen standen hinter mir und zeigten sich entsetzt. Mein Freund Alfred Junkermann meinte sogar: ‚Das kann mir auch passieren. Ich kündige auch.' Kurz entschlossen riefen wir unseren ehemaligen Chef Dr. Brill bei Mannesmann an und fragten, ob er für uns beide eine Verwendung habe. Er war begeistert und bot uns ohne Vorbehalte eine lukrative Stelle bei Mannesmann an. Mit dieser Rückenstärkung reichte ich nun bei Herrn Vogelsang meine Kündigung zum 30. Juni 1955 ein. Entsetzt beteuerte er, er hätte die Angelegenheit nicht so ernst genommen, wollte mich nicht weglassen und bot mir eine bessere Position an. Doch ich dachte: Wer einmal so unfair und ungerecht handelt, wird das auch ein anderes Mal tun und blieb bei meiner Kündigung, was mir Herr Vogelsang übel nahm. Meine Frau unterstützte den beruflichen Wechsel, und so fing ich am 1. Juli 1955 bei Mannesmann in der frisch gegründeten Konzernrevision in Düsseldorf an. Dort wurde ich die rechte Hand von meinem alten Chef Dr. Brill, zu dem ich auch menschlich ein gutes Verhältnis besaß. Zwei Jahre später wechselte Herr Vogelsang von Krupp in den Vorstand von Mannesmann, was mir doch an die Nieren ging nach dem damaligen Vorgang. Mir wurde deshalb von Krupp angeboten, wieder in die Firma zurückzukehren, doch bei Mannesmann gefiel es mir inzwischen so gut, dass ich ablehnte, zumal mir der damalige Generaldirektor von Mannesmann Wilhelm Zangen versichert hatte, dass mir durch Herrn Vogelsang kein Leid geschähe.
Die Revisionsabteilung bei Mannesmann war eine GmbH, absolut selbstständig und unterstand direkt Herrn Zangen. Nach einiger Zeit erkrankte Herr Dr. Brill schwer und ich

wurde praktisch verantwortlich für die Konzernrevision. Da der Chef über die Revisionsergebnisse zu berichten hatte, kam ich nun mit den höchsten Spitzen von Mannesmann zusammen. Meine Arbeit wurde anerkannt, und dadurch hatte ich immer Fürsprecher an der Konzernspitze. Am 1. Januar 1962 wurde ich Handlungsbevollmächtigter der zum Konzern gehörenden Maschinenfabrik Mannesmann-Meer in Mönchengladbach, die Maschinen und Anlagen zur Herstellung von nahtlosen Rohren fertigte. Mir wurde zugesichert, in spätestens zwei Jahren Prokurist zu werden. Ich wurde dann bereits nach einem Jahr Prokurist und Leiter des Rechnungswesens bei dem einzigen Maschinenbau-Unternehmen des Konzerns.

Nun begann für mich beruflich eine recht turbulente Zeit. Mannesmann-Meer hatte eine neue Firma zu fünfzig Prozent erworben, die sich mit Rohr-Kalibrierung beschäftigte, d. h. Rohre auf ein genaues Maß brachte. Die andere Hälfte der Anteile blieb im Besitz der bisherigen Eigentümer-Familie. Mannesmann setzte mich als Geschäftsführer dieser Firma ein. Ich war also jetzt Prokurist bei Mannesmann-Meer in Mönchengladbach und gleichzeitig Geschäftsführer dieser neu zum Konzern gehörenden Firma in Düsseldorf-Heerdt. Diese kleine Firma bestand eigentlich nur aus Konstrukteuren, Erfindern und Zeichnern. Zu Hause wartete meine Frau mit zwei kleinen Kindern, 1964 kam noch unser drittes Kind hinzu, oft vergeblich auf mich. Die ganze Sorge um die Kinder blieb an ihr hängen. Denn abends bin ich von meinem Büro in Mönchengladbach nach Düsseldorf gefahren, um dort meinen Job als Geschäftsführer auszuüben. Die Eigentümer waren recht geizig und leisteten sich nicht einmal einen eigenen Buchhalter, so dass ich auch diese Aufgabe mit übernehmen musste. Damit ich das immense Arbeitspensum bewältigen konnte, war es unumgänglich, auch am Wochenende und spät abends in der Firma zu arbeiten. Man händigte mir aber keinen Schlüssel aus, so dass ich als Ge-

schäftsführer einige Male heimlich über den Zaun klettern musste, um in mein Büro zu kommen. Zum Ärgernis des Eigentümers habe ich bei dieser Firma eingeführt, den Mitarbeitern einen Zuschuss zum Mittagessen zu gewähren. Das Verhältnis zum Eigentümer war schwierig. Er beschwerte sich über mich bei Mannesmann und verlangte, mich aus der Firma zurückzuholen. Mannesmann wollte die Firma wegen des ständigen Ärgers wieder abstoßen, wovon ich abriet, da sie einen guten Gewinn machte. Ich erklärte, dass man auf mich keine Rücksicht nehmen müsse. Die Erfahrungen, die ich mit dieser Firmenkonstellation, fünfzig Prozent Familienanteile, fünfzig Prozent Mannesmann-Beteiligung, gemacht habe und das Firmen-Know-how, das ich dabei gewinnen konnte, halfen mir später bei meiner Tätigkeit bei Rexroth.
Ich lernte, große Kontrakte über viele Millionen Mark abzuschließen. Auch erkannte ich, wie wichtig es bei großen Abschlüssen ist, nicht nur die Techniker, sondern auch die Kaufleute ins Ausland reisen zu lassen, um die Verträge für Großprojekte vor Ort wasserdicht abzuschließen.
Ein besonders wichtiges Projekt ist mir bei meiner Tätigkeit bei Mannesmann-Meer gelungen:
Die DDR wollte in der sächsischen Industriestadt Riesa ein Rohrwerk errichten und suchte einen Partner für die komplette Lieferung eines solchen Werkes. Eines Tages im Jahr 1963, als alle Vorstandmitglieder sich in Urlaub befanden, kam eine Delegation aus der DDR in unsere Maschinenfabrik und wollte über die Bedingungen zur Lieferung des Rohrwerkes verhandeln. Ich leitete auf unserer Seite die Verhandlungen, die sich sehr kompliziert gestalteten, weil die DDR den Auftrag nur erteilen wollte, wenn ein fünfjähriger Kredit gewährt würde. Schließlich war alles unterschriftsreif ausgehandelt, und ich fuhr zu dem am Tegernsee Urlaub machenden Vorstand und holte mir die Genehmigung zum Vertragsabschluss.

1965 konnte das komplette Rohrwerk in die DDR geliefert werden. Es war übrigens die erste vollständige Werkanlage mit einem Fünf-Jahres-Kredit, die von Westdeutschland in den Osten geliefert wurde. Selbstverständlich bin ich stolz darauf, dass mir dieser Vertragsabschluss gelang, denn schließlich hatten wir gegen starke ausländische Konkurrenz anzukämpfen gehabt."

Die unüblichen Begleitumstände beim Bau des Rohrwerkes in der Zeit des Kalten Krieges sind Herrn Klingenberg noch deutlich in Erinnerung: „Für das Werk in Riesa wurde eine Kommission gebildet mit je zwei Leuten aus der DDR und aus Westdeutschland. Ich gehörte mit dem Chefingenieur von Mannesmann-Meer dazu. Vom Innenministerium in Ostberlin erhielt ich einen besonderen Passierschein mit der Erlaubnis, jederzeit mit dem Pkw in die DDR reisen zu dürfen. Mit den ostdeutschen Kollegen entwickelte sich im Lauf der Zeit eine richtige Freundschaft. Wir haben sie bei uns gern bewirtet und ihnen großzügig Medikamente, Nahrungsmittel und Kleidung zur Verfügung gestellt. Unangenehm waren für mich die scharfen Grenzkontrollen durch die DDR-Posten. Einige Male musste ich trotz Passierschein stundenlang warten und wurde auf unangenehme Weise gefilzt. Anfangs sollte ich auch den Zwangsumtausch von zwanzig Mark pro Tag tätigen, was ich aber ablehnte. Was hätten wir dort schon kaufen können?

In Mönchengladbach existierte noch eine weitere Fabrik, die Mannesmann gehörte, die Pulver-Metall-GmbH, die Eisenpulver nach einer Erfindung von Mannesmann herstellte. Da wurde zum 1. Januar 1966 die Stelle des Geschäftsführers frei, die man mir anbot. Auch hier traf ich wieder auf einen fabelhaften Kollegen, Herrn Silbereisen, den Papst der Pulvermetallurgie. Das Unternehmen machte zwar nur vierzig Millionen Mark Umsatz, hatte aber als zweitgrößtes Pulvermetallwerk der Welt einen hervorragenden Ruf. Hier betrieb ich neben all den anderen Aufgaben als Geschäftsführer das Anlagengeschäft in aller Welt. Mit Japan machten wir viele Geschäfte, und auf einer meiner Reisen in den Fernen Osten habe ich zufällig bei einer Fahrt im Zug zwischen Kioto und Tokio Herrn Werner Dieter getroffen, der später bei Rexroth mein Chef werden sollte. Ich war in der ganzen Welt unterwegs, um unser Metallpulver an den Mann zu bringen, in den USA, den Ostblockstaaten und natürlich in Westeuropa. Es war eine harte, aber auch spannende Zeit, immer gegen die Konkurrenz anzukämpfen.

Eines Tages, es war Anfang 1971, klingelte nach Dienstschluss das Telefon. Wir feierten bei Pulvermetall gerade ein Fest zur Errichtung eines neuen Labors. Der Vorsitzende des Aufsichtrats von Pulvermetall, Dr. Werner Kroll, war am Apparat. Er bat mich dringend zu einem Gespräch nach Düsseldorf, und zwar am Sonntagmorgen. Dabei eröffnete er mir, dass bei der Firma Rexroth in Lohr am Main, an der Mannesmann und die Familie Rexroth zu je fünfzig Prozent beteiligt seien, Not am Mann wäre. Immer wieder betonte er, wie gut diese Firma finanziell dastehe und wie schön das Städtchen Lohr sei. Weiter erläuterte er mir, dass der Firmeninhaber Ludwig Rexroth Pech mit seinen Kaufleuten habe, die alle nicht länger als zwei Jahre blieben. Mannesmann habe doch sicher tüchtige Leute, und deshalb habe er Dr. Kroll gebeten, einen guten Kaufmann für die Firma Rexroth zu finden. Dr. Kroll erklärte mir, ich sei der geeignete Mann für die Firma Rexroth, hätte gute Erfahrungen mit Betrieben mit gemischten Eigentumsverhältnissen, und so habe er halt an mich gedacht. Ich war zunächst überhaupt nicht erfreut, erst 1969 hatten wir uns ein Haus in Viersen bei Mönchengladbach gebaut, unsere Kinder gingen noch zur Schule, und ein Wechsel von Nordrhein-Westfalen in bayerische Schulen galt allgemein als äußerst schwierig. Karin, unsere älteste Tochter, war siebzehn Jahre alt und stand kurz vor dem Abitur. Meine Frau hatte ein Pädagogikstudium begonnen. Zu damaliger Zeit herrschte akuter Lehrermangel, und der nordrhein-westfälische Kultusminister Miekath warb mit besonderen Studienangeboten für den Lehrberuf. Meine Frau wäre gern Lehrerin geworden, da ihr die Arbeit mit Kindern gefiel.

Nach einigen Überlegungen und Diskussionen innerhalb der Familie beschlossen wir, uns zunächst einmal Lohr anzusehen und Verhandlungen mit Herrn Ludwig Rexroth aufzunehmen. Anfangs haben meine Frau und ich in Lohr die uns so gepriesene Schönheit der Stadt gesucht. Allerdings befand sich zu dieser Zeit die Altstadtsanierung erst in den Anfängen, die Fachwerkhäuser waren noch nicht restauriert, es war zudem Februar und entsprechend grau und düster. Inzwischen wissen wir jedoch die Vorzüge der Stadt und des reizvollen Umlandes zu schätzen. Nach Gesprächen mit Herrn Ludwig Rexroth und dem Rexroth-Geschäftsführer und späteren Vorsitzenden des Vorstands der Mannesmann AG Werner Dieter wurde ein Vertrag für meine neue Position abgeschlossen. Ich wurde zum für den kaufmännischen Betrieb verantwortlichen Geschäftsführer der Firma Mannesmann-Rexroth bestellt. Meine Frau und unsere drei Kinder stimmten, wenn auch mit Bedauern, dem beruflichen Wechsel zu, und am 1. Oktober 1971 trat ich meinen neuen Posten bei Rexroth in Lohr an. Meine Familie blieb noch bis zum Frühjahr 1972 in Viersen wohnen und kam erst am 20. April nach Lohr. Im Februar 1972 musste sich meine Frau sich einer schweren Bandscheibenoperation unterziehen.

Etwa ein Vierteljahrhundert habe ich bei Mannesmann-Rexroth gearbeitet. Ich war Geschäftsführer bis zum 65. Lebensjahr und schied am 30. Juni 1993 aus, weil man bei Mannesmann mit 65 Jahren in den Ruhestand verabschiedet wird. Für weitere drei Jahre bis 1996 hatte ich noch einen Beratervertrag mit der Firma, aber nicht nur pro forma, denn ich war mindestens noch halbtags tätig und in aller Welt unterwegs. Insbesondere verhandelte ich in den Jahren

1994 bis 1996 erfolgreich mit dem japanischen Hydraulikhersteller Uchida über den Erwerb einer Mehrheit an dieser Firma. Im Jahr 1996 war für mich eine vierundvierzig Jahre dauernde verantwortliche Tätigkeit in der Privatwirtschaft mit überdurchschnittlichem Arbeitseinsatz beendet, angefangen 1952 bei Krupp und beendet 1996 bei Mannesmann-Rexroth.

Je älter ich wurde, umso mehr habe ich gearbeitet. Beeindruckend ist das Wachstum bei der Firma Rexroth. Als ich hier anfing, hatten wir etwa 100 Millionen DM Jahresumsatz, als ich wegging waren es vier Milliarden! Früher hatten wir weltweit 2000 Mitarbeiter, 1993 waren es 20 000 Beschäftigte. Wenn man diese Entwicklung von 1971 bis 1993 betrachtet, kann man ermessen, was die Leute, die bei Rexroth in leitender Stellung tätig waren, geleistet haben. Wenn ich in Australien zu verhandeln hatte, bin ich alleine dorthin gefahren ohne Mitarbeiterstab. Oder bei Problemen in Brasilien fuhr ich nur in Begleitung von Herrn Dieter. Er konnte als Techniker bestens technische Zeichnungen lesen, und ich war perfekt im Erstellen von Bilanzen. Wir besaßen später in über dreißig Ländern fast siebzig Gesellschaften, die alle von Lohr aus kontrolliert wurden, vornehmlich durch Herrn Dieter und mich. Die Zusammenarbeit mit Herrn Dieter, der für die Technik verantwortlich war, war deshalb so gut, weil wir in Grundsatz- und strategischen Fragen völlig übereinstimmten. An die Stelle von Herrn Dieter trat nach dessen Weggang nach Düsseldorf sein Nachfolger, mein Freund Hans Frodl.

Niemand hatte einen besseren Blick für die Zukunft der Firma als Herr Dieter. Er war mit der Firma Rexroth bereits in Ostasien präsent, bevor Mannesmann überhaupt daran dachte, dort eine Filiale zu gründen. Wir haben schon Mitte der siebziger Jahre dort Gesellschaften gegründet, die anfangs zwei Millionen Mark Umsatz machten, was man bei Mannesmann für Peanuts hielt. Heute sind das blühende,

ertragreiche Unternehmen. Das Vorbild für viele Gründungen von Mannesmann war Rexroth. Die Firma Rexroth, die am Anfang von den Medien als Familienklitsche abgetan wurde, hat sich zu einem Weltmarktführer entwickelt. So konnten wir in der Geschäftsführung ein wenig stolz sein, dass sich alles so positiv entwickelte und Herr Ludwig Rexroth sich mit dem Wachstums seines Eisenwerks hochzufrieden zeigte. Ich hatte ein sehr gutes Verhältnis zu ihm, denn wir beide hatten im sozialen Bereich ähnliche Ideale. 1973 zog sich Ludwig Rexroth aus der Geschäftsführung zurück, weil er wusste, dass wir die Firma in seinem Sinne weiterführen würden. Herr Dieter wurde der Vorsitzende der Geschäftsführung. Ludwig Rexroth hat Herrn Dieter und mich als einzige nicht zur Familie gehörende Personen als Gesellschafter in die Rexroth-Stiftung aufgenommen. Diese Stiftung unterstützt unter anderem die Sozialarbeit des aus dem Gemündener Stadtteil Langenprozelten stammenden Paters Eckart Höfling in Brasilien. Von 1979 an habe ich auf meinen regelmäßigen Reisen Kontakt zu Pater Eckart aufgenommen, und so entwickelte sich im Laufe der Zeit eine enge Freundschaft zu ihm.
Als Geschäftsführer hatte ich das absolute Vertrauen von Herrn Dieter, auch als er Vorstandsvorsitzender der Mannesmann AG in Düsseldorf wurde. Herr Dieter blieb noch weiterhin in Lohr wohnen, und viele Gespräche zwischen ihm, Herrn Frodl und mir fanden nun vornehmlich am Wochenende in seinem Wohnhaus im Stadtteil Sackenbach statt. Hierbei wurde ganz offen sachlich diskutiert und kritisiert, doch es fiel nie ein böses Wort. Diese Unterredungen waren immer ein Gewinn und brachten uns in der Strategie jedes Mal ein Stück weiter. Ich war zum Schluss sehr glücklich mit meiner Aufgabenstellung als kaufmännischer Geschäftsführer bei Rexroth, die anspruchsvoll und letztlich befriedigend in der Sache und vom Erfolg her war und auch harmonisch in Bezug zu den Personen, mit denen ich zu tun

hatte. Von 1976 an war ich auch Arbeitsdirektor im Sinne des Mitbestimmungs-Gesetzes. Ich wurde mit allen Stimmen der Arbeitnehmervertreter gewählt. Man lobte einerseits von den Gewerkschaften jedes Jahr meine Leistungen und die Arbeit im Wirtschaftsausschuss, doch andererseits moserte man herum, dass ich eher die Interessen der Firma in den Vordergrund stellen würde und weniger die der Arbeitnehmerschaft. Aber darin besteht wohl kein Widerspruch, denn den Arbeitern geht es gut, wenn die Firma floriert.

Nach meinem Ausscheiden als Geschäftsführer konnte ich im Rahmen der Beratertätigkeit die Position der Firma in Ostasien neu ordnen und eine Firma in Kanada kaufen, die nur mit mir verhandeln wollte, weil ich sie einmal vor der Pleite bewahrt habe. Dann habe ich hier noch das Projekt Lohrbach-Verlegung samt Finanzierung betrieben. Wir wollten möglichst viele Zuschüsse vom Freistaat Bayern erhalten, um diese wichtige Maßnahme durchführen zu können. Die Verkehrssituation um die Werkseinfahrt war inzwischen sehr kritisch geworden und musste auch im Interesse der vielen Schulkinder dringend entschärft werden. Es wurde oft gesagt, die Verlegung der Lohr diente nur dazu, die Produktionsfläche der Firma Rexroth zu vergrößern. Tatsache ist vielmehr, dass das Hauptanliegen die Verkehrsberuhigung und die Entschärfung des Verkehrs sowie die Abschirmung der Gießerei von der Wohnbebauung war.

Bei meiner offiziellen Verabschiedung am 2. Juli 1993 in der Lohrer Stadthalle spürte ich, welch exzellentes Verhältnis zu den Mitarbeitern bestand. Vergessen waren die Schwierigkeiten, die ich bei meinem Dienstantritt bei Rexroth hatte. Zunächst haftete mir in Lohr der Ruf des vorgeschobenen Postens von Mannesmann an. Frau Stenger, die fünfundzwanzig Jahre meine Sekretärin, meine Stütze und Vertrauensperson war, hatte bei meiner Einstellung von einem Mitarbeiter erfahren: ‚Der frisst hier auch keinen Sack Salz.' Zum Abschied bekam ich dann tatsächlich zum Scherz einen Sack Salz geschenkt. Der Konzernchef von Mannesmann, Dr. Egon Overbeck, hatte mir bei meinem Wechsel zu Rexroth im Jahr 1971 gesagt, dass ich es dort nicht leicht haben werde. Mir war zugesichert worden, dass ich jederzeit im Konzernbereich eine vergleichbare Position erhalten könne, wenn die Arbeit in Lohr für mich nicht mehr zumutbar sei. Das war ein Ausdruck einer geschickten Personalführung. Denn damit hat er genau das erreicht, was er wollte. Für mich gab es jetzt nämlich nur noch eins: ‚Das schaffst du!' Einerseits war die Zusicherung von Herrn Overbeck eine Lebensversicherung, auf der anderen Seite eine ganz starke Motivation. So sah das auch meine Frau. Auch auf diese Weise kann man Personal führen, will ich damit sagen. Ein glänzender Konzern! Ich bin dankbar für alles, was ich für ihn leisten konnte.

Wenn ich meinen beruflichen Werdegang Revue passieren lasse, kann ich feststellen, dass ich niemals zu Kreuze gekrochen bin. Bereits in jungen Jahren habe ich, wie übrigens auch viele meiner Studienfreunde, sozusagen Mut vor Königsthronen gezeigt, obwohl wir alle unsere Familien zu ernähren hatten. Wenn ich mich unfair und ungerecht behandelt fühlte, habe ich mich gewehrt. In der Sache habe ich meinen Standpunkt vertreten und musste nie meinen Charakter verbiegen, was mir vor allem meine Frau hoch anrechnet. Es ist nicht einfach, eigene Eigenschaften hervorzukehren, doch ich denke, dass ich ein fleißiger Mensch bin, was sich aus meinen Tagesabläufen in den letzten Jahrzehnten ergibt. Die Wurzeln meines Engagements sehe ich in vier Dingen begründet: Ich habe mich immer für die Sache interessiert. Ich besitze einen gezielten Ehrgeiz und habe lieber Überstunden angehängt, um ordentliche Arbeit zu leisten. Drittens wollte ich nicht als Verlierer dastehen. Viertens war mir die Verantwortung und Sorge für meine Familie wichtig. Den jungen Leuten bei Rexroth habe ich als Lebenserfahrung mitgegeben: ‚Tut immer euer Bestes auf dem Platz, auf

Frau Klingenberg umgeben von ihren Kindern, Schwiegerkindern und Enkeln, 1996.

den man euch gestellt hat! Holt das Bestmögliche aus einer Sache heraus, denn das macht sich für euer Gewissen bezahlt und dient auch der Karriere!"
Nach diesem Resümee seiner Berufstätigkeit kommt Herr Klingenberg auf familiäre Ereignisse zu sprechen: „Kurz vor unserem Umzug nach Lohr stand unsere älteste Tochter Karin, die 1955 geboren wurde, vor dem großen Latinum, das sie unbedingt noch an ihrer Schule in Viersen abschließen sollte, so dass wir sie noch ein halbes Jahr dort bei Nachbarn wohnen ließen. Sie hat dann hier in Lohr ihr Abitur abgelegt. Britta hatte es schwerer, hier einzusteigen. Sie war erst zwölf Jahre alt, als wir von Nordrhein-Westfalen nach Bayern wechselten und machte am Mozartgymnasium in Würz-

burg ihr Abitur. Unser Sohn Dieter war eher ein Sunnyboy mit sportlichen Ambitionen. Beim Umzug war er erst acht Jahre alt und kam zunächst in die Lohrer Grundschule. Er hat schließlich am Landschulgymnasium Wiesentheid sein Abitur abgelegt. Alle unsere Kinder konnten ein Studium mit Abschluss absolvieren und sind verheiratet. Wir können uns inzwischen über drei Enkelkinder freuen, die besonders an meiner Frau hängen, die liebevoll auf sie eingehen kann. Doch bei manchen Aktivitäten wie Angeln und Skifahren ist halt der Opa gefragt.

Entscheidend für eine veränderte Einstellung zum Leben ist eine schwere Erkrankung noch in der Zeit als Geschäftsführer bei Mannesmann-Pulver-Metall. Genau an meinem vierzigsten Geburtstag am 10. Mai 1968 bin ich plötzlich erkrankt. Auf der Fahrt vom Büro nach Hause zu meiner Geburtstagsfeier überfiel mich von einer Sekunde auf die andere eine Genickstarre mit unerträglichen Schmerzen. Zufällig erblickte ich aus meinen Augenwinkeln das Praxisschild eines Internisten, zu dem ich fast auf allen Vieren reingetaumelt bin. Er ließ mich nach einigen Untersuchungen in das von mir gewünschte Krankenhaus überweisen. Der Arzt der Notaufnahme war zufällig mein Tennisfreund Dr. Beginen aus Süchteln bei Viersen, bei dem ich mich in den richtigen Händen wusste. Es stellte sich eine Gehirnblutung heraus, die sich ins Rückgrat fortsetzte. Der herbeigerufene Firmenarzt benachrichtigte umgehend meine Frau, die sich schon wunderte, dass ich zu dem Fest mir zu Ehren nicht daheim auftauchte. Meine bereits eingetroffenen Freunde beschlossen, dennoch auf meinen Geburtstag und auf mein Wohl anzustoßen, während ich im Krankenhaus auf Leben und Tod daniederlag. Denn tatsächlich hing mein Leben an einem seidenen Faden, wie ich später erfuhr. Ich durfte mich überhaupt nicht bewegen und hoffte unter großen Schmerzen auf Heilung. Der katholischen Ordensschwester Josefa habe ich viel zu verdanken. Sie bemühte sich besonders um

mein körperliches Wohlergehen und half mir, mich abzulenken. Jeden Tag besuchte mich meine Frau, umsorgte mich und stand mir in meiner verzweifelten Lage wunderbar bei. Sie hat an meiner Genesung den größten Anteil. Mit Dankbarkeit denke ich an all die Menschen zurück, die mir in dieser schweren Zeit damals zur Seite standen und meine Gesundung beschleunigten.
Zu dieser Zeit machte ich mir verständlicherweise viele Gedanken über die Zukunft. Ich hatte meine Frau und drei Kinder daheim, Karin, die älteste, war gerade dreizehn Jahre. Erst kurz vorher hatten wir ein Haus gebaut, das gerade fertiggestellt war. Richtige Existenzangst plagte mich, da ich mir natürlich auch Sorgen machte wegen meiner Pensionsberechtigung und der finanziellen Absicherung der Familie. Nach einiger Zeit wurde ich in die Neurochirurgie der Bonner Universitätsklinik verlegt, wo man mich nochmals sorgsam durchcheckte. Dabei stellte sich heraus, dass eine Ader im Kopf geplatzt war, die aber zu meinem großen Glück mittlerweile total zugeheilt war. Der Chefarzt Professor Röttgen meinte: ‚Das Beste, was Sie machen können ist, nach Hause zu gehen, nachdem Sie nun fünf Wochen im Krankenhaus waren. Durch einen Geburtsfehler war dieser Aderriss vorprogrammiert, und die Zeit war nun einfach gekommen. Sie sind geheilt und können alle Ihre Gewohnheiten wieder aufnehmen. Sie gehören zu den fünf Prozent, bei denen solch eine Erkrankung von alleine heilt und die keine körperlichen Beeinträchtigungen haben.' Ich konnte diese Erklärung kaum glauben und konsultierte noch andere Neurologen.
Schließlich glaubte ich einem alten Schulfreund, Professor Düngemann, der mir alles aufs Genaueste erklärte und mich von meiner totalen Gesundung überzeugte, aber die Angst vor einem Rückfall konnte ich nicht so schnell überwinden. Mit tiefer Dankbarkeit habe ich dieses zweite Leben angenommen.

Wegen der erschlafften Muskeln musste ich mit viel Mühe das Laufen lernen. Bald betätigte ich mich sogar wieder sportlich und wurde zwei Jahre später Tennismeister der Senioren von Süchteln. Dies war die Zeit, als meine Ängste verschwanden. Das Rauchen habe ich aufgegeben, habe überhaupt mein Leben bewusster in die Hand genommen und mich bald wieder voller Energie meinem Beruf gewidmet. Bereits ein halbes Jahr nach meiner Genesung hat mich Mannesmann zu den Baden-Badener Unternehmergesprächen entsandt, einer hochrangigen dreiwöchigen Managerschulung, an der auch unsere Frauen teilnahmen. Meine berufliche Fitness kehrte allmählich zurück.

Meine Frau und ich sind aktive Menschen, die sich nicht auf die Pensionierung gefreut haben in dem Sinne, dass wir nun zu Hause bleiben, um lange zu schlafen und in der Sonne zu sitzen. Wir wollten uns Aufgaben widmen, für die vor allem ich früher wenig Zeit hatte und die lagen im sozialen Bereich. Meine Frau hatte sich schon früher im ‚Goldenen Herz' in Lohr engagiert, bedingt durch die Schirmherrschaft von Ludwig Rexroth, der ein äußerst sozial eingestellter Mann war und diese Initiative zur Unterstützung Bedürftiger von Beginn an sehr förderte. Meine Frau gehört auch zu den Pionieren bei der Welthungerhilfe, gemeinsam mit den ‚Lohrer Hausfrauen'. Diese Aktionsgruppe, zu der inzwischen zwanzig Frauen aus Lohr gehören, hat in den fünfzehn Jahren ihres Bestehens rund 325 000 Mark an Spenden gesammelt. Die Gruppe unterstützt gezielt ein Brunnenbauprogramm in Senegal. Meine Frau übernahm Patenschaften im Kinderheim Riedenberg bei Bad Brückenau. Mit Frau Pfarrerin Opp richtete sie die erste Betreuungsgruppe am Bezirkskrankenhaus in Lohr für Langzeitpatienten ein. Mit ihrem Engagement hat meine Frau auch mir im Beruf weitergeholfen. Sie bewies, dass die Klingenbergs nicht nur wirtschaftlich denken, sondern Menschen sind, die anderen helfen und an die man sich vertrauensvoll wenden kann.

Endlich im wohlverdienten Ruhestand?

Anlässlich unserer Silberhochzeit 1979 begleitete mich meine Frau auf einer Dienstreise nach Brasilien. Bei meiner Frau ist eine solche Reise, die sie abwertend ‚Kombi-Reise' nennt, höchst unbeliebt. Auf dieser Reise lernten wir aber den Franziskanerpater Eckart Höfling kennen. Er sollte uns Rio de Janeiro zeigen. Wir landeten spät abends in der Favela ‚Vila Ideal', einem Elendsquartier. Die Rexroth-Stiftung hatte hier gerade mitten in Dreck und Elend ein Gemeindezentrum errichtet, das Pater Eckart führte. Es diente universellen Zwecken: Kindergarten, Berufsausbildung, medizinische Betreuung, Nahrungsmittelausgabe, Versammlungsort, Gottesdienst. Ziel dieser Einrichtung war es, hungernden und verelendeten Menschen, vor allem Kindern und Jugendlichen zu helfen und letztlich eine Sanierung der Favela zu erreichen. Pater Eckart konnte uns so von der Nützlich- und

Richtigkeit dieses Projektes überzeugen, so dass wir seither seine treuen Helfer sind. Das Zauberwort Ludwig Rexroths hieß: ‚Kinder eine heile Welt erfahren lassen.'
Meinem Vorschlag, ein zweites Projekt dieser Art, Favela ‚Prainha', zu starten, folgte Ludwig Rexroth. Er meinte, ich könne mich für die Stiftung vor Ort um die Projekte in Rio kümmern, das koste nichts, denn ich führe ja mehrmals pro Jahr geschäftlich dort hin. Vielleicht war dies ein Grund dafür, dass er mich später zum Gesellschafter der Rexroth-Stiftung berief. Noch heute bekleide ich diese Position. Im Auftrag Ludwig Rexroths übernahm ich fortan die Betreuung der Projekte in Brasilien.
Im Jahr 1996 gründete ich mit einigen anderen unserer Bürger den ‚Freundeskreis Pater Eckart e.V.' Unser Ziel war, die finanziellen Mittel für den Unterhalt eines Gemeindezentrums in einer dritten Favela ‚Vidigal' aufzubringen. Die Rexroth-Stiftung war wegen ihrer weltweiten Verpflichtungen dazu nicht mehr in der Lage. Die Gründung dieses Freundeskreises wurde ein voller Erfolg. Bis jetzt konnten wir schon 468 000 Mark an das von Pater Eckart geleitete Sozialwerk überweisen. Es macht Spaß, mit den inzwischen fast zweihundert Mitgliedern für diesen guten Zweck zu arbeiten, und ich bin gerne Vorsitzender des Vereins.
Seit 1978 bin ich auch Mitglied im Rotary-Club. Während meiner Berufstätigkeit konnte ich mich dort nur im beschränkten Rahmen einbringen, aber gleich nach meiner Pensionierung löste ich mein Versprechen ein und wurde 1993/94 Präsident des Rotary-Clubs Lohr-Marktheidenfeld. Damit war ich wieder enorm eingebunden mit Verantwortung für alle Aktivitäten. Kaum war mein Beratervertrag mit Rexroth beendet, trat man 1996 mit der Bitte an mich heran, für 1997/98 Governor des Distrikts 1950 (Nordbayern/Thüringen) zu werden.
Die vorbereitende Ausbildung in Los Angeles mit Ehefrau war intensiv und hart. Bei dieser Schulung habe ich viel über

Frieden und Völkerverständigung diskutiert und erfahren, dass Rotary es als seine Hauptaufgabe betrachtet, sich für diese Ziele einzusetzen. Wenn niemand mehr extrem arm ist, nicht mehr hungert und jeder gut ausgebildet ist, kann man davon ausgehen, dass Feindschaften entschieden reduziert werden können. Der damalige Weltpräsident von Rotary, ein Australier, hat einen Glaubenssatz verkündet, der mir sehr imponierte: ‚Striking at the roots', – also: Bemüht euch um die Wurzeln der Missstände! Vermindert Armut und Hunger, kümmert euch um die Verbesserung der Bildung, um die Straßenkinder in aller Welt!' Das passte haargenau zu meinem Weltbild, und so konnte ich in idealer Weise die sozialen Vorstellungen als Gesellschafter der Rexroth-Stiftung mit den ethischen Grundsätzen von Rotary verbinden. Unmittelbar nach meinem Governorjahr 1998 begann ich, mit meinen rotarischen Freunden, Pater Eckarts großes Projekt zu unterstützen, eine private Volksschule im Hafenviertel von Rio de Janeiro von vier auf acht Klassen zu erweitern und zu einer Ganztagsschule auszubauen. Am 15. März 2000 hatten wir Rotarier die benötigten 1,2 Millionen Mark zusammen. Die Bundesregierung half uns mit einem erheblichen Zuschuss. Etwa achthundert Kinder aus den Favelas erhalten hier das Rüstzeug für eine bessere Zukunft. Wir sind stolz und glücklich über diesen Erfolg und hoffen, dass dieses Beispiel Schule macht."

Herr Klingenberg hat neben diesem großen sozialen Engagement ehrenamtlich noch andere Aufgaben übernommen. Er war viele Jahre lang im Vorstand des Tennisclubs Lohr, für den er auch aktiv in der bayerischen Gruppenliga spielte. Fast zehn Jahre saß er im Präsidium der Industrie- und Handelskammer Würzburg-Schweinfurt und leitete acht Jahre den Weiterbildungsausschuss der Kammer. Im Augenblick bringt er als Sprecher des Standortes Würzburg das Forschungsprojekt der Bayerischen Staatsregierung ‚Neue Materialien' auf eine, wie er hofft, erfolgreiche Reise.

Welche Erwartungen haben die Eheleute Klingenberg für ihr weiteres Leben? „Wir möchten bei ausreichender Gesundheit noch möglichst viele Jahre aktiv an diesem Leben teilnehmen, das für uns herausfordernd und schön war. Wir wünschen Glück und Erfolg für unsere Kinder und Enkel", erklären Frau und Herr Klingenberg.

Für uns bleibt als Resümee dieses sehr ausführlichen Gesprächs mit den Eheleuten Klingenberg nur bewundernd festzustellen, mit welch großartigem Engagement Herr und Frau Klingenberg alle Anforderungen, die ihnen das Leben stellte, anpackten und bewältigten, sei es im beruflichen, im familiären, im gesellschaftlichen und sozialen Bereich. Höhen und Tiefen sind in diesem Lebensbericht deutlich erkennbar. Wie man damit umgeht und daran reift, das zeigen uns die Eheleute Klingenberg beispielhaft.

Olga Knoblach, geb. Wolff, Gemünden

Olga Knoblach, geborene Wolff, am 9. Juni 1923 in Ansbach geboren, 1946 Heirat mit Toni Knoblach, seit 1977 verwitwet, Künstlerin, wohnt seit 1933 in Gemünden

Dein Weg findet dich

Die in Franken bekannte Künstlerin Olga Knoblach kennen wir seit vielen Jahren. Wir durften schon häufiger tief gehende Gespräche mit ihr führen und waren dankbar und erfreut, als sie uns einlud, ihren bewegten Lebenslauf zu erfahren.
Am Buß- und Bettag des Jahres 1999 machten wir uns bei grau verhangenem Himmel und nasskaltem Wetter auf den Weg zu dieser weithin geschätzten Künstlerin. In dem Haus, das sie zusammen mit ihrem Mann vor mehr als dreißig Jahren in harter Arbeit gebaut hat und in dem sie seitdem wohnt, begrüßte uns Frau Knoblach herzlich und führte uns, gestützt auf zwei Krücken, in ihr Wohnzimmer. In allen Räumen hängen viele ihrer in verschiedenen Techniken hergestellten Werke, die einen guten Überblick über das weit gespannte Spektrum der Arbeiten dieser so erfolgreichen Künstlerin geben.
Mit strahlenden Augen, die kaum etwas von ihren körperlichen Beschwerden ahnen lassen, beginnt Frau Knoblach ihren Lebensbericht: „Ich bin am 9. Juni 1923 im evangelischen Ansbach geboren, in einem Haus mit einem riesengroßen Garten hoch oben auf einem Bergrücken. Es war eine einsame Zeit, denn dieses Haus meiner Großmutter lag außerhalb der Stadt, umgeben von Obstbäumen und ehemaligen Weinbergen. Mein Vater war Eisenbahner, sein Arbeitsplatz, der Bahnhof Ansbach, lag sehr weit weg. So musste er jeden Tag

Die Künstlerin Olga Knoblach, 1999.

stundenlang von der Wohnung zu seiner Dienststelle und wieder zurück laufen. Meine Mutter brachte ihm jeden Tag das Essen zum Bahnhof und war dadurch tagsüber längere Zeit nicht daheim. Ich blieb dann bei meiner Großmutter, deren Liebling ich war. Großmutter war die Tochter eines Müllers und kam aus wohlhabendem Haus. Wegen ihres guten Aussehens hieß sie ‚die schöne Müllerin'. Sie war von Beruf Näherin und Putzmacherin und künstlerisch sehr begabt und geschickt. Mein Großvater war früh verstorben. So musste meine Großmutter in fremde Häuser gehen, um dort zu nähen und Hüte anzufertigen. Durch die Inflation nach dem Ersten Weltkrieg ging das Ersparte zum größten Teil verloren, so dass meine Großmutter schweren Herzens gezwungen war, durch die Arbeit außer Haus den Lebensun-

terhalt für sich und ihre fünf Kinder zu verdienen. Meiner Mutter als Ältester fiel während ihrer Abwesenheit die Aufgabe zu, für ihre jüngeren Brüder zu sorgen und sie praktisch großzuziehen.
Die künstlerische Begabung habe ich wohl von meiner Großmutter geerbt, die immer viel Verständnis für mich zeigte und vielleicht schon ahnte, was in mir schlummerte. Denn schon als kleines Kind habe ich viel gemalt, mir phantasiereiche Spiele ausgedacht und meinen Träumen nachgehangen."
Im Jahr 1926 wurde die Schwester Charlotte geboren; die Familie wohnte immer noch in der beschaulichen mittelfränkischen Bezirkshauptstadt Ansbach. Als die kleine Olga sechs Jahre alt wurde und eingeschult werden sollte, bekam der Vater bei der Reichsbahn eine Stelle in Buchloe, und die Wolffs zogen 1929 von Ansbach ins Allgäu. Davon war Olga gar nicht begeistert: „Das war für uns Kinder schlimm. Das Klima da unten war so hart, der viele Schnee – das waren wir nicht gewohnt. Ich habe das Klima nicht vertragen und bin oft krank geworden. Schwimmen lernte ich dort auf sehr einfache Weise: Es gab hier viele Kiesgruben, die mit Wasser gefüllt waren. Mein Vater lötete eine große Bonbonbüchse zu, schnallte sie mir auf den Rücken und schubste mich ins Wasser. Ich bin überhaupt sehr hart erzogen worden. Wenn ich mal vom Fahrrad fiel und mich aufschürfte und weinen wollte, hieß es: ‚Wein nicht! Aufstehen, aufs Rad!' Weinen war verboten, Gefühle durfte man nicht zeigen. Mein Vater war schließlich als junger Mann im Ersten Weltkrieg auch so erzogen worden. Seine Gefühle wurden damals durch grausame Kriegserlebnisse abgetötet. Wir wurden ebenfalls militärisch erzogen und mussten auch strammstehen! Meine Schwester und ich haben einen Plan für die Woche bekommen, da stand genau drin, was jede zu tun hatte, und das musste eingehalten werden. Die Mutter hatte ein Haushaltsbuch zu führen, in das alle Ausgaben exakt einzutragen

Olga mit jüngerer Schwester Charlotte, 1929.

waren. Wenn sie vergessen hatte, für zehn Pfennig Petersilie einzutragen, wurde sie gerügt, denn die Bilanz musste auf den Pfennig genau stimmen. Wie oft hat meine Mutter wegen dieser Strenge Tränen vergossen.

In Buchloe bin ich auch in die Schule gekommen und hatte dort eine sehr liebe Lehrerin. Ich habe oft gemalt, wofür meine Lehrerin viel Verständnis zeigte. Denn auch sie war künstlerisch veranlagt. Ich habe sie sehr gemocht.

Als mein Vater nach vier Jahren wieder nach Ansbach zurückversetzt wurde, habe ich der Schule und der Lehrerin lange Zeit nachgetrauert.

Mein Vater war Lokheizer und konnte in Ansbach zum Lokführer ausgebildet werden. Befördert werden konnte man damals bei der Eisenbahn nur, wenn man eine andere Stelle antrat und so blieb ihm nichts anderes übrig, als 1931 wieder nach Ansbach zurückzugehen. In Ansbach hatten wir eine schöne Zeit, dennoch hatte ich Sehnsucht nach meiner Lehrerin und habe ihr geschrieben. Sie hat mir doch tatsächlich geantwortet, und diese schöne Weihnachtskarte mit Engelchen habe ich heute noch.

Nach zwei Jahren hieß es wieder umziehen, denn mein Vater bekam 1933 in Gemünden eine Stelle als Lokführer. Ich war gerade zehn Jahre alt. Meine Mutter war sehr unglücklich, dass sie ihr geliebtes Ansbach verlassen musste. In Gemünden sind wir in einen Ziegelbau in der Friedenstraße gleich oberhalb des Bahnhofs eingezogen. Es bestand dort ein gutes nachbarschaftliches Verhältnis mit den anderen Eisenbahnerfamilien. Die Türen standen für jeden offen. Ich erinnere mich, wenn es aus einer Wohnung heraus köstlich nach gerösteten Kartoffeln roch, sind wir gesprungen und gleich zum Mitessen eingeladen worden. Das hat uns dann besser geschmeckt als zu Hause. Wir fühlten uns wie in einer Großfamilie. Hinter dem Haus war ein Hof, da haben wir Eisenbahnerkinder Ball gespielt. Meiner Mutter hat es in Gemünden überhaupt nicht gefallen. In ihrer Heimatstadt Ansbach in der mittelfränkischen Gegend an der Rezat war ein weiter Horizont mit schönen Wolkenbildungen, es gab nur leichte Hügel, man konnte weit sehen. Hier in Gemünden bedrückten sie die nahen dunklen Berge. Wenn sie aus dem Fenster sah, sagte sie manchmal: ‚Was, schon wieder ein Gewitter?' Ich antwortete dann: ‚Mama, das sind doch die Berge!"

In Gemünden besuchte Olga mit ihrer jüngeren Schwester Charlotte weiterhin die Volksschule. Wir schreiben nun das Jahr 1933, und ein neuer Geist formt sich auch in der Schule. „Ich hatte eine Lehrerin, die war eine fanatische Vertreterin der ‚Arier-Ideologie' der Nazis. Mit meinen langen blonden Zöpfen und blauen Augen kam ich bei ihr gut an. Ich habe viel gelesen, auch die Siegfried-Sage und oft Drachen gemalt, die mich faszinierten. Gewissermaßen als Gegensatz dazu malte ich auch Engel. Meine Klassenkameradinnen haben mich öfter gebeten: ‚Ach, Olga, mal mir doch bitte einen Engel!' Unter meiner Schulbank hatte ich immer einen Wachsklumpen versteckt, aus dem ich kleine Engel modellierte. Manchmal hing ich verträumt meinen Gedanken nach. Dann rief die Lehrerin: ‚Wolff – wir wurden immer mit Nachnamen angeredet – träumst du schon wieder?' Aber böse war mir die Lehrerin deswegen nicht. Meine Schwester hatte es schwerer in der Schule. Sie hatte eine Lehrerin, die fast täglich furchtbar geschlagen hat, und zwar auf die Hän-

de! Charlotte hat auch gern gemalt, hatte sensible Hände und ist unbarmherzig auf die Finger geschlagen worden.
Mein Vater schickte mich nach der siebten Klasse der Volksschule Gemünden auf die Höhere-Töchter-Schule nach Würzburg, um mir eine bessere Schulbildung zu bieten. Dort gefiel es mir gleich sehr gut, und ich brachte gute Noten nach Hause. Uns Schülerinnen wurde in dieser Schule eine hervorragende humanistische Bildung beigebracht. Ein einschneidendes Ereignis sollte diese Etappe meiner Schulzeit beenden: Eines Tages geht während des Unterrichts die Tür unseres Klassenzimmers auf und es kommen in dunklen Ledermänteln zwei Beamte der Geheimen Staatspolizei (Gestapo) herein. Sie haben unsere Direktorin nach einer bestimmten Lehrerin gefragt und diese Lehrerin mitgenommen. Das habe ich daheim meinem Vater erzählt. Er hat die Ohren gespitzt und gesagt: ‚Dann wird die Schule nicht mehr lange bestehen!' Zu meinem Leidwesen nahm mich mein Vater sofort mitten im Schuljahr von dieser Schule. So war ich nur eineinhalb Jahre in dieser Schule. Der Abschied ist mir sehr schwer gefallen.
Ich kam nun nach Lohr in die Realschule der Franziskanerinnen. Was war das aber für ein Unterschied zu der Würzburger Schule! Von einer freien humanistischen Bildung konnte überhaupt keine Rede sein. Mir ist es dort sehr schlecht ergangen. Da ich evangelisch war, bin ich bei jeder Gelegenheit gerügt worden. Ich bin unter dem Sternzeichen Zwilling geboren, und die Direktorin hat zu mir immer gesagt: ‚Zwillinge sind leichtsinnig, oberflächlich und faul!' Einmal bin ich im Winter auf dem Weg vom Bahnhof zur Schule auf einer Eisfläche gestürzt und habe mir den Arm aufgeschlagen. Ich hatte solche Schmerzen, dass ich den Arm kaum heben konnte. An diesem Tag hatten wir eine Schulaufgabe zu schreiben. Ich ging also zur Direktorin, um ihr zu sagen, dass ich wegen der großen Schmerzen nicht schreiben könne. Doch sie antwortete nur: ‚Du bist nur

zu faul, los, setz dich und schreibe!' Die Behandlung in dieser Schule war so schlimm, dass ich Magenbluten bekommen habe und krank wurde. Die Schulschwestern wollten, dass ich zum katholischen Glauben konvertiere. Da ich auch in Lohr gerne gezeichnet habe, wollte man mich ködern mit dem Versprechen: ‚Wolff, wenn du zu uns kommst und Nonne wirst, kannst du immer diese herrlichen Sachen zeichnen' und zeigten mir dabei die

Konfirmation 1935 in der Christuskirche in Gemünden.

Monstranzen, die goldenen Kelche und die übrigen sakralen Gegenstände. Da ich mich jedoch nicht bekehren ließ, wurde ich weiter gedemütigt. In Lohr war ich eineinhalb Jahre in der Schule und habe meine Schulzeit mit der mittleren Reife nach insgesamt zehn Schuljahren abgeschlossen. Trotz aller Bekehrungsversuche bin ich während meiner Schulzeit in der Christuskirche in Gemünden konfirmiert worden.

Meine Zeichenlehrerin hatte meinem Vater gesagt, dass ich im Zeichnen und Malen sehr begabt sei und er mich unbedingt in dieser Sparte weiter ausbilden lassen solle. Mein Vater war jedoch der Meinung, dass künstlerisches Zeichnen allein kein ausreichender Broterwerb sei und ich noch technisches Zeichnen erlernen müsse. Also bin ich in die Kunst- und Handwerkerschule nach Würzburg gefahren, habe dort Freihandzeichnen und technisches Zeichnen gelernt mit guten Erfolgen. Die Kosten für die Schule musste ich übrigens selbst tragen. Dazu habe ich im Naturkundemuseum in der Würzburger Residenz nachmittags eine Stelle angenommen. Unter der Leitung von Herrn Direktor Wiedemann musste ich helfen, Abteilungen einzurichten, Ausstellungen vorzubereiten, Federzeichnungen von Insekten und besonderen Falterflügeln zu machen und Beschriftungen vorzunehmen. Diese Arbeit hat mir großen Spaß gemacht, obwohl es natürlich anstrengend war, vormittags die Schule zu besuchen und nachmittags zu arbeiten. Ich musste ja für die Schule auch noch Zeichenarbeiten als tägliche Hausaufgaben erledigen. Eines Tages sagte der Direktor der Kunstschule, Herr Dickreiter, zu meinem Vater: ‚Ich kann Ihrer Tochter nichts mehr beibringen. Ich garantiere Ihnen Herr Wolff, Ihre Tochter wird sich noch einen Namen machen!' Er hat ihm empfohlen, mich auf die Kunstakademie nach München zu schicken. Mein Vater war aber gegen diesen Vorschlag, und leider kam alles ganz anders.

Nach einem Jahr Unterricht in der Kunst- und Handwerkerschule bekam ich 1940 – es herrschte bereits Krieg – eine Einberufung zum Reichsarbeitsdienst (RAD). Da ist mir erst einmal der Schreck in alle Glieder gefahren, denn ich wollte dort nicht hin. Nichts war mir verhasster als Kasernierung! Ich wollte nicht in ein Lager mit riesigem Schlafsaal. So habe ich mich bereit erklärt, Ersatzlanddienst zu leisten. Man schickte mich zum Bürgermeister nach Remlingen bei Würzburg, der einen Bauernhof und einen Landhandel, zu dem ein Lagerhaus gehörte, betrieb. Ich musste im Haushalt helfen, in dem noch drei Kinder waren, und war von früh bis abends beschäftigt. Wenn der Haushalt erledigt war, hat mich der Bürgermeister in sein Lagerhaus geholt, wo ich zentnerschwere Säcke schleppen musste. Da es kaum landwirtschaftliche Maschinen gab und die meisten Männer im Krieg waren, mussten die Frauen Schwerstarbeit leisten. Auch ich war dabei voll eingebunden und wir hackten, jäteten und ernteten in langen Reihen auf den Feldern. Das ständige Arbeiten im Freien bei jedem Wetter war für die Bauernfamilien ein selbstverständlicher Bestandteil ihres Lebens. Auch die Kinder wurden ja schon aufs Feld geschickt. Meine Schwierigkeiten als ‚Stadtpflanze' waren für sie höchstens ein Anlass zur Belustigung und wurden mit derben Späßen garniert. Anlass dafür waren die gemein stechenden Disteln beim Garbenbinden, das Schlachten der Hühner und Schweine. Beim Heueinfahren wurde ich unter Gejohle auf die hohe Fuhre befördert.

Einmal war ich mutterseelenallein mit Kühen aufs Feld hinausgeschickt worden, musste dort Kartoffelsäcke aufladen und dann mit dem Kuhgespann wieder zurückfahren. Natürlich kannte ich mich mit Kühen nicht aus, und sie wollten mir einfach nicht folgen. Sie sind mitten im Dorf stehen geblieben. Dazu hatte es angefangen zu regnen. Da stand ich nun mit meiner Peitsche, war pitschnass und habe geweint, weil ich nicht mehr weiterwusste. Endlich erbarmte sich ein Bauer und fuhr das Gespann zum Hof des Bürgermeisters. Zum Schluss habe ich noch tropfnass wie ich war die Kartoffeln in großen Körben eine lange Kellertreppe hinunter in den Kartoffelkeller getragen. Sechs Wochen lang musste ich bei der Kartoffelernte helfen mit meinen Händen, die immer nur gezeichnet hatten! Auch bei der Getreideernte wurde ich zum Helfen eingeteilt. Beim Dreschen haben sie mich oben auf die Dreschmaschine gestellt, wo das Getreide eingefüllt wurde. Der Staub war so schlimm, dass ich eine Lungenentzündung bekam und schwer krank wurde. Der Arzt hat bei der Untersuchung gesagt: ‚Das Mädchen ist ja total erschöpft!' Ich konnte mich dann wenigstens etwas ausruhen", schildert Frau Knoblach ihre Erlebnisse während des Ersatzlanddienstes.

In dem Dorf Remlingen erlebte das siebzehnjährige Mädchen aber auch die erste große Liebe. Im Winter, wenn die Feldarbeit ruhte, verabredeten sich die jungen Mädchen reihum in den Höfen. Auch Olga wurde dazu immer mitge-

nommen. Man nannte das „Räh-Stuben". Da wurde beim Sticken und Nähen gesungen, geratscht und man knabberte Nüsse. Die jungen Burschen aus dem Dorf sahen sich dabei nach Mädchen um.
Und so lernte Olga einen jungen Mann kennen, Jakob Wiesmann. Die beiden mochten sich sehr, und als Olga achtzehn Jahre alt war, im Jahr 1941, verlobten sie sich. Den gravierten Ring, den der Verlobte ihr schenkte, hat sie heute noch. Die harte Zeit des Ersatzlanddienstes in Remlingen hatte 1941 ein Ende, und nun bemühte sich der Vater, für seine Tochter einen Arbeitsplatz zu suchen. „Er fand für mich eine Stelle beim Tiefbau-Ingenieurbüro Benedikt + Ziegler in Bad Kissingen. Allerdings musste ich zunächst dort meine Ausbildung als technische Zeichnerin abschließen. Danach habe ich in diesem technischen Büro gearbeitet. Ich bin jeden Tag schon um fünf Uhr früh aufgestanden und mit dem Zug von Gemünden nach Bad Kissingen gefahren. Vom Kissinger Bahnhof hatte ich fast noch eine Stunde nach Garitz zum Ingenieurbüro zu laufen. Meine Hauptaufgabe bestand darin, Abwasserberechnungen durchzuführen. Vermessungsergebnisse und Niederschlags- und Abwassermengen musste ich umrechnen und aus diesen Daten die Rohrdurchmesser der Abwasserleitungen ermitteln. Als Anfängerin bin ich, wie das so üblich ist, von den Kollegen eines Tages schwer reingelegt worden. Sie haben mich in ein Büro im Obergeschoss geschickt mit dem Auftrag, einen ‚Böschungshobel' zu holen. Ich habe da oben also ahnungslos nach dem Böschungshobel gefragt und natürlich schallendes Gelächter geerntet. Das war sozusagen meine Feuertaufe im Ingenieurbüro.
Nach einiger Zeit wurde mir das Abwasserprojekt Gemünden übertragen. Als der leitende Ingenieur mir die Daten übergab, sagte er: ‚Mein Gott, ist dieses Gemünden ein Rattennest, da müsste mal eine Bombe reinfallen!' Da war ich schon schockiert; aber eigenartig, wenn man weiß, dass am

Ende des Krieges die Altstadt von Gemünden durch Bomben total zerstört wurde! Ich habe dann das Projekt Gemünden gezeichnet, alles mit der Hand fein säuberlich. Es war wohl eine gute Arbeit, denn als ich sie dem Chef, Herrn Benedikt, übergab, hat er mich vor allen Mitarbeitern gelobt."
Zweieinhalb Jahre arbeitete Frau Knoblach in dem Ingenieurbüro, dann musste sie wegen einer schweren Erkrankung diese Stelle aufgeben. Sie konnte körperlich nicht mehr täglich den weiten Weg vom Bahnhof zum Büro bewältigen. Inzwischen hatte der Krieg auch Deutschland erreicht, vereinzelt wurden bereits Züge von alliierten Flugzeugen beschossen und dem Vater war nicht wohl bei dem Gedanken, dass seine Tochter bei den Zugfahrten dieser Gefahr ausgesetzt war. Der Vater, der immer verantwortungsbewusst für seine Familie sorgte, brachte seine Tochter Olga bei der Bahn in Gemünden unter. Die Wolffs wohnten nicht mehr in dem Ziegelbau in der Friedenstraße. Die Eltern hatten ein Anwesen am Baumgartenweg neben der evangelischen Kirche gekauft, eine ehemalige Polierscheibenfabrik, die die Familie erst zu einem Wohnhaus hatte umbauen müssen. „Meine Schwester und ich mussten neben unserem Beruf beim Umbau mithelfen, Ziegelsteine schleppen und Mörteleimer tragen. Wir arbeiteten alle bis zur Erschöpfung", erinnert sich Frau Knoblach. „In Eigenarbeit hat unsere Familie die Wohnungen ausgebaut, die wir dann auch vermietet haben. Meine Mutter war eine sehr mitfühlende Frau, und so wohnten auch Flüchtlinge bei uns. Nach dem Angriff auf Würzburg hat sie unsere ausgebombten Verwandten ins Haus aufgenommen, bis sie wieder zurückkehren konnten."
Ihren Verlobten sah die junge Frau kaum. Er war zur Wehrmacht eingezogen worden und Bordfunker bei der Luftwaffe. Nur selten erhielt er Heimaturlaub. Die Frauen waren in der Heimat aber ebenso stark gefordert, sie mussten auch bei der Reichsbahn mehr und mehr die im Kriegseinsatz kämpfenden Männer ersetzen. Der Vater leistete bei der Bahn

kriegswichtigen Dienst als Lokführer und musste deshalb nicht an die Front.

Olga Knoblach wurde im Bahnhof Gemünden an allen möglichen Stellen ausgebildet und eingesetzt. „Ich war zunächst als Telegrafistin und Telefonistin eingesetzt, in der sogenannten ‚BASA', der Bahnamtlichen Selbstanschlussstelle, wie das Fernsprechsystem der Bahn, das von Bahnhof zu Bahnhof reichte, genannt wurde. Die Telegrafen arbeiteten noch mit Morsezeichen, ich musste das erst lernen. Wir haben die Züge an den nächsten Bahnhof weitergemeldet, mussten der Zugleitung den Lauf der Züge melden und durften auch bei Fliegerwarnung unseren Platz nicht verlassen. Nur bei größter Gefahr durften wir in den Luftschutzraum. Später musste ich beim Fahrdienstleiter Zugmelderin machen. Übrigens wurden damals sämtliche Signale und Weichen in den verschiedenen Stellwerken des Bahnhofs noch mit Hebeln per Hand gestellt. Dazu brauchte man große Kraft.

Eines Tages hatte ich ein ganz besonderes Erlebnis: Ich saß gerade mit einer anderen Kollegin am Fernschreiber. Plötzlich überfiel mich eine starke innere Unruhe. Ich bat die Kollegin, meinen Dienst mit zu übernehmen und sagte zu ihr: ‚Ich muss sofort heim, da ist etwas passiert!' Ich laufe heim, gehe zur Türe rein und meine Mutter ruft mir zu: ‚Gell, du weißt es schon?' Sie gibt mir einen Brief der Heeresleitung, in dem stand, dass mein Verlobter abgeschossen wurde und als vermisst gilt. Ich habe das eigenartigerweise vorher gespürt! Für mich brach eine Welt zusammen, es war furchtbar! Aber ich habe auch immer noch eine Hoffnung gehabt. Vermisst! Da denkt man, nun, er kommt zurück. Ich habe so lange Jahre auf ihn gewartet. Wenn Soldaten zurückgekommen sind, habe ich von weitem oft gedacht, das ist er, das könnte er sein! Aber das Warten war vergeblich. In dieser Verfassung, zwischen Hoffen und Bangen, mussten wir junge Frauen unseren Dienst leisten.

Etwa nach einem Jahr, es war schon Ende 1944, sagte der Bahnhofsvorstand zu mir, ich müsse ab jetzt mit anderen jungen Frauen Aufsichtsbeamtin am Bahnsteig machen. Der Krieg beherrschte inzwischen alle Lebensbereiche. Es waren unheimlich viele Vorschriften zu lernen, Befehle für die Lok- und Zugführer zu schreiben und alle Ein- und Ausfahrten und Durchfahrten der Züge minutengenau in ein Buch einzutragen. Alles musste genau dokumentiert werden, eine automatische Datenerfassung gab es noch nicht. Auch die Abfahrtsaufträge für die Züge mussten wir erteilen und den damals noch umfangreichen Rangierbetrieb beaufsichtigen. Hierzu war es notwendig, eine Prüfung abzulegen und anschließend bei einem älteren, erfahrenen Aufsichtsbeamten zu hospitieren. Das war mein späterer Schwiegervater, Herr Knoblach. Von da an gehörte ich zu denen, die eine rote Mütze trugen."
Der Aufsichtsdienst war die schlimmste Zeit, die Frau Knoblach bei der Bahn erlebte. Stockend berichtet sie weiter: „Es gab damals bei der Bahn viele Unfälle. Rangierer gerieten zwischen die Puffer der Waggons und erlitten Quetschwunden. Eines Tages wurde auch ein junger Pole, der bei der Bahn zwangsverpflichtet war, schwer verletzt. Ich tröstete und betreute ihn, bis Rettung kam. Das hat er mir nie vergessen, wie sich noch herausstellen sollte, denn eigentlich war es verboten, sich um Zwangsarbeiter zu kümmern. Da die Züge völlig überfüllt waren, saßen die Reisenden sogar auf den Wagendächern. In Gemünden gab es eine niedrige Fußgängerbrücke, die zum Bahnbetriebswerk führte.
Es kam vor, dass Reisende, die auf den Wagendächern saßen, von der Brücke erfasst und zerschmettert wurden und ich, als einundzwanzigjährige Aufsichtsbeamtin, musste diese schrecklichen Unfälle schriftlich dokumentieren und manchmal Erste Hilfe leisten. In Rieneck waren zwei Kinder von einer Lok erfasst worden, und ich musste die Lok untersuchen. Einmal wurde uns gemeldet, dass ein Zug mit Toten

und Verwundeten einläuft und wir von der Nervenheilanstalt Lohr Ärzte anfordern sollen. Dieser Zug war in der Gambacher Kurve von Tiefffliegern beschossen worden. Als der Zug einlief, sahen wir, dass Blut aus einzelnen Wagen tropfte. Die Zugführerin, es war ein junges Mädchen, war bei diesem Anblick wahnsinnig geworden. Sie musste in eine Zwangsjacke gesteckt und in die Nervenheilanstalt eingeliefert werden. Es waren zu dieser Zeit – Ende 1944 Anfang 1945 – fast nur noch junge Frauen im Dienst. Männer waren noch als Lokführer und Lokheizer eingesetzt. Ganz zuletzt mussten wir sogar Polizeiaufgaben, so genannte ‚Bahnhofsoffiziersdienste' übernehmen. Wir mussten den Soldaten Genehmigungen zum Fahren mit Schnellzügen ausstellen, damit sie rascher zum Einsatz an die Front oder zum kurzen Heimaturlaub kamen. In den Zügen wurden Kontrollen durchgeführt und wenn jemand ohne Genehmigung mit einem D-Zug fuhr, wurde er sofort aus dem Zug gewiesen! Wir Frauen handhabten diese Genehmigungen recht großzügig und bekamen deshalb Schwierigkeiten, weil wir zu weichherzig waren.

Kurze Zeit vor dem Angriff auf Gemünden Ende März 1945 ist mir Folgendes passiert", erzählt Frau Knoblach noch ganz ergriffen: „Ich hatte Nachtdienst, und es gab Fliegeralarm. Sämtliche Gleise des Bahnhofs waren mit Zügen belegt, da alle hier angehalten worden waren. Es war stockdunkel, keine Lampe durfte brennen. Als die Sirenen ertönten, haben die Leute in den Zügen Angst bekommen, sind aus den Wagen gesprungen und manche haben sich in die Bahnsteigtunnels gekauert. Die Soldaten sind über alles, was sich ihnen in den Weg stellte, hinüber gestürmt. Ich hatte vom Bahnhofsvorstand den Auftrag bekommen, in der Bahnsteigunterführung nach dem Rechten zu sehen und aufzupassen, dass niemand ein Licht anzündet. Die Unterführung war voller Menschen, Soldaten und viele Frauen mit Kindern. Ich stehe also mit meiner roten Mütze auf der

dritten Stufe von unten und blicke in den Fußgängertunnel. Plötzlich höre ich eine Stimme neben mir: ‚Olga, geh weg da!' Ich drehe mich um, sehe aber niemanden neben mir. Als folgsames Kind, das ich schon immer war, gehe ich aber doch einige Schritte nach rechts und plötzlich macht es einen Schlag und irgend etwas trifft mich. Ich bin umgefallen und war kurz bewusstlos. Wie sich später herausstellte, war ein Soldat über das Geländer der Unterführung gesprungen und mitsamt seinem schweren Tornister und Stahlhelm genau dahin gestürzt, wo ich stand, als die Stimme mir zurief. Wahrscheinlich wäre ich erschlagen worden, wenn der Soldat mich voll getroffen hätte. Durch das Beiseitetreten wurde ich aber nur vom Stahlhelm getroffen, erlitt allerdings eine Gehirnerschütterung und war zwei Wochen dienstunfähig. Der Soldat hatte mehrere Knochenbrüche und musste auf einer Bahre weggetragen werden. Da merkte ich, dass ich von meinem Schutzengel beschützt worden war.
In der Nacht vom 25. auf den 26. März 1945, vor dem großen Angriff auf Gemünden, hatte ich einen schrecklichen Traum. Ich habe Gemünden in Trümmern gesehen. Deutlich erkannte ich, wie die Straßen mit Bombentrichtern übersät waren, die elektrischen Leitungen am Boden lagen und ich in diesem Trümmerhaufen voller Angst umhergeirrt bin. Von diesem furchtbaren Traum bin ich wie betäubt aufgewacht und fühlte mich elend. Dann habe ich zu meinen Eltern gesagt: ‚Es wird etwas Schreckliches passieren, und gerade heute muss ich wieder mit dem Dienst anfangen!' In der Frühe bin ich zum Bahnhofsvorstand gegangen, um ihn zu bitten, daheim bleiben zu können. Es sind ja Ende März 1945 nur noch wenige Züge gefahren. Doch der Vorstand hat mich ausgelacht und gesagt: ‚Sie bleiben hier! Sie beaufsichtigen die gefangenen Franzosen!' Die waren damit beschäftigt, kleinere Löcher von Splitterbomben in den Gleisanlagen mit Schotter zuzufüllen. Ich war keine zehn Minuten bei den Gefangenen, als schon die ersten Flugzeuge am Himmel

erschienen. Sofort sind wir losgerannt und haben uns hinter dem Roten Bau versteckt, die Gefangenen haben die Gelegenheit genutzt und sind auf und davon! Nach den Aufklärungsflugzeugen kamen die Bomber, und da wusste ich: Jetzt geht es los! An Bahnbetrieb war nicht mehr zu denken. Also bin ich nach Hause gerannt und habe meinen Eltern zugerufen: ‚Ihr müsst hier raus! Die werden das Bahnhofsgebiet bombardieren!' Die Eltern wollten in unseren Keller gehen, aber ich bestand darauf, woanders Schutz zu suchen. Wir wollten nun in den als sicher geltenden Bunker hinter dem Amtsgericht laufen. Aber soweit sind wir nicht gekommen. Wir eilten den Baumgartenweg hinunter, an der Druckerei Hofmann vorbei in das Anwesen Büchner in der Bahnhofstraße, wo ein Stollen in den Berg getrieben war, der als provisorischer Unterstand für Reisende gedacht war. Wir konnten uns gerade noch in diesen Unterstand retten. Kaum waren wir darin, ging es auch schon los! Die Erde hat gebebt! Wir haben gezittert und gebetet und dachten nicht, dass wir da lebend herauskommen. Die Bombardierung erschien uns wie eine Ewigkeit. Als der Angriff vorüber war, sind wir zu unserem Haus gelaufen. In unseren Hof ist eine zwanzig Zentner schwere Bombe gefallen und hat einen ganz tiefen Trichter geschaffen. Die Druckwelle hatte alle Fenster und Türen zerschmettert. Hätten wir uns in unserem Keller versteckt, hätte uns der Luftdruck die Lungen zerrissen. Und so bin ich ein zweites Mal beschützt worden. Eigentlich hatte ich immer Vorahnungen vor Gefahren. Es muss wohl mein Schutzengel auf mich besonders aufgepasst haben und mich durch den Traum gewarnt haben", ist sich Frau Knoblach sicher. „Ich könnte ein Buch schreiben, so oft hat sich das in meinem Leben ereignet. Vielleicht mache ich es auch", fügt sie begeistert hinzu.

Das Haus war nun nicht mehr bewohnbar, und die Familie Wolff lud ihre letzten Habseligkeiten, die sie aus dem zerstörten Haus retten konnte, auf einen Leiterwagen und zog in das oberhalb von Gemünden gelegene Dorf Adelsberg. „Der junge Pole hat sich aus Dankbarkeit, weil ich ihm bei seinem Unfall geholfen habe, rührend um uns bemüht und uns beschützt."

Doch die Familie kam vom Regen in die Traufe! In Adelsberg lag in den Hängen oberhalb des Maintales ein Regiment deutscher Soldaten mit dem Oberkommando. Das wussten natürlich auch die Amerikaner. Und so wurden die Hänge von Adelsberg beschossen, zumal von den deutschen Soldaten noch ein unsinniger Widerstand geleistet wurde. Frau Knoblach berichtet über diese Zeit wenige Wochen vor Ende des Krieges: „Es herrschte herrliches Frühlingswetter, sehr warm war es, und man konnte sich auf die warme Erde legen. Der Südhang in Adelsberg blühte. Es gab viele Obstbäume, Hecken, tiefe Gräben, ein sehr schönes Landschaftsbild umgab uns. Die heutigen großen Baugebiete gab es damals noch nicht. So haben wir mit vielen anderen Gemündenern an dem Struthgraben oberhalb des Dorfes gelebt. Bei Fliegerangriffen versteckten wir uns im Graben oder in den zahlreichen Hecken, manchmal mussten wir von Böschung zu Böschung springen und Schutz suchen. Wir hatten Angst, dass uns die Amerikaner mit Wehrmachtssoldaten verwechseln, die im Wald versteckt lagen und die Flugzeuge beschossen, und suchten woanders Schutz.

Eine Zeit lang fanden wir Unterschlupf in der Scheune eines Bauern in Gössenheim. Mein Vater setzte sich für einige Tage ab, weil er befürchtete, noch zum Volkssturm herangezogen zu werden. Er fuhr nach Würzburg, um nach seinen Verwandten zu sehen und erfuhr, dass alle Geschwister ausgebombt waren. Damals erlebte er auch etwas Außergewöhnliches, das er später immer als Wunder bezeichnete, obwohl er Zeit seines Lebens sehr skeptisch war: Es gab kein Lebenszeichen von seinen Verwandten, und so fuhr er recht ziellos mit seinem Rad in der Nähe des Dorfes Reichenberg einen Waldweg entlang und sieht doch tatsächlich plötzlich die

Familie seiner Schwester vor sich. Als ob ihn jemand deutlich gelenkt hätte."
Nachdem es wieder ruhiger geworden war, kehrte die Familie nach Gemünden zurück. Da das Haus noch immer unbewohnbar war, fand Olga mit ihrer Mutter und Schwester Unterschlupf im „Kusterer-Keller". Das war ein zum zivilen Luftschutzraum umfunktionierter alter Brauereikeller am Südhang des Burgbergs. Dieses alte Gewölbe war der weit und breit größte Luftschutzraum. Er bot vielen hundert Menschen Zuflucht und erwies sich bei den wiederholten Angriffen für viele Gemündener als Rettung. Zahlreiche Ausgebombte lebten nun in diesem alten Keller, erinnert sich Frau Knoblach: „In einen großen Waschkorb packten wir Gläser mit Eingemachtem und darüber Decken und Kissen. Meine Schwester hatte ganz vorne am Eingang einen Platz gefunden, aber für meine Mutter und mich reichte der Platz nicht aus. Ich bekam genau unter einem Luftloch eine Liegefläche zugewiesen und konnte so den Himmel beobachten. Gemünden wurde in der Zeit von Ende März bis Mitte April 1945 hart umkämpft. Immer wieder gab es Angriffe und flogen Flugzeuge über die Stadt. Tag und Nacht wurde geschossen. Jeden dieser Schüsse hörte ich verstärkt durch das mehrfache Echo. Von meinem Luftloch sah ich auch nachts das Aufblitzen von Granaten und Bomben und zitterte oft vor Angst, dass eine der Granaten durch die Öffnung hereinfallen könnte. Die Menschen lebten unter schrecklichen Verhältnissen mehrere Wochen in diesem Keller. Gestopft voller Menschen war dieser höchstens vier bis fünf Meter breite Bunker. Das Kondenswasser, das von oben heruntertropfte, sammelte sich in der Mitte zu einem kleinen Bach, so dass die Menschen sich immer mehr zusammendrängen mussten. Ein Matsch war das und ein fürchterlicher Gestank!
Besonders schlimm war es bei den Angriffen vom 3. bis 5. April. Wir dachten, die Welt geht unter. Pausenlos hörte man das Prasseln der Einschüsse und die Detonationen der

Kustererkeller 1945. (Zeichnung: O. Knoblach-Wolff, 1985.)

Bomben. Als die nahe gelegene Schule, in der verwundete Soldaten untergebracht waren, von Bomben getroffen einstürzte, retteten sich die Überlebenden in unseren Keller. Verzweifelt begannen sie auch von unserem Felsenstollengang aus, eine unterirdische Verbindung zum verschütteten Schulhaus zu graben, um ihre Kameraden zu retten. Man hörte das verzweifelte Klopfen, Pochen und Rufen der Verschütteten, aber es gelang nicht, zu ihnen eine Verbindung zu schaffen. Das Klopfen wurde leiser, irgendwann hörte es ganz auf und die völlig erschöpften Männer, die Tag und Nacht gegraben hatten, gaben schließlich auf. Ich hatte zwar schon viel Leid miterlebt, aber dieses hilflose Zuhörenmüssen, wie andere qualvoll zugrunde gehen, war für mich Zweiundzwanzigjährige schrecklich. Später habe ich in dem Gedicht ‚Passion 1945' und in einer Federzeichnung

‚Kusterer-Keller 1945' dieses Kriegserlebnis zum Ausdruck gebracht.

Die Lebensverhältnisse in dem völlig überfüllten Keller wurden für die Menschen immer unerträglicher. Es gab kaum etwas zu essen und kein Wasser. Anfangs hat das Rote Kreuz noch für uns gekocht. Aber später lebten wir nur noch von unserem Eingemachten. Auch das Herbeischaffen des lebensnotwendigen Trinkwassers war ein Problem. Einige Männer haben sich aufgeopfert und jeden Tag frisches Wasser geholt und die Toilettenkübel ausgeleert. Die hygienischen Verhältnisse in dem Stollen waren dermaßen katastrophal, dass viele Leute krank wurden, besonders die Kinder. Schließlich brach die Ruhr aus. Die Kinder waren so geschwächt und in einem elenden Zustand, dass sie von der NS-Frauenschaft nach Gräfendorf in das Kinderheim ‚Seewiese' transportiert wurden. Aber wie durch ein Wunder überlebten alle in diesem Keller die schweren Angriffe, während im benachbarten Amtsgerichts-Stollen einundvierzig Menschen verschüttet wurden und nicht mehr gerettet werden konnten.

Dann kam die amerikanische Besatzungstruppe. Wir durften den Keller nicht verlassen, denn in Gemünden wurde immer noch gekämpft. Außerdem ging bei den Amerikanern das Gerücht um, dass sich deutsche Soldaten in dem Stollen verschanzt hätten. So blieben wir zunächst amerikanische Gefangene und mussten weiter in unserem Verlies ausharren. Erst einige Tage nach Beendigung der Kämpfe trauten sich die Amerikaner unter Begleitung von zwei Zwangsarbeitern in den Keller. Als sie dieses Elend sahen, waren sie gerührt und ganz erschüttert."

Die Amerikaner benötigten nun Leute, die den Bahnbetrieb wieder notdürftig in Gang setzen konnten und suchten Eisenbahner. Olga Wolff in ihrem dicken, wollenen, dunkelblauen Eisenbahnermantel war schnell als Eisenbahnerin zu erkennen, und man holte sie zu ihrer großen Erleichterung aus diesem Elendsquartier heraus. Nach einiger Zeit, nachdem die gröbsten Aufräumarbeiten von den Männern durchgeführt waren, durfte sie wieder bei der Eisenbahn Dienst tun.

„Ich war froh, dass ich aus dem dunklen Keller heraus konnte. Da wir ganz wenig zu essen hatten, war ich furchtbar abgemagert. Mir retteten eigentlich nur meine Cola-Vitamin- Tabletten das Leben, die mir mein Verlobter bei seinem letzten Heimaturlaub in weiser Voraussicht geschenkt hatte", berichtet Frau Knoblach über diese schreckliche Zeit: „Meine Mutter erkrankte schwer. Meine Schwester überstand diese fürchterlichen vier Wochen im Keller besser, da sie weit vorne ein Plätzchen gefunden hatte, wo auch mal frische Luft hingelangte."

Zu essen gab es auch nach Übernahme durch die Amerikaner kaum etwas. Die völlig mittellosen, ausgehungerten und verstörten Menschen suchten im Wald Pilze und Beeren. Das war für viele, so auch für die Familie Wolff, die einzige Nahrung. „Schätze, die wir bei den Bauern gegen Kartoffeln, Eier, Fleisch oder Getreide eintauschen konnten, besaßen wir nicht", schildert Frau Knoblach die damalige Notlage. „So haben wir mager gelebt und regelrecht Mangel gelitten. Wasser mussten wir von der Marienquelle holen, oben im Wald Richtung Reichenbuch. Es war ein weiter, beschwerlicher Weg. Aber alle, die Wasser aus dem nahen Main benutzten, erkrankten bald schwer.

Die allgemeine Stimmung in der Bevölkerung war sehr niedergedrückt. Der Krieg hatte zahlreiche Wunden geschlagen, für viele war eine Welt zusammengebrochen, und auch mich machte das ungeklärte Schicksal meines Verlobten depressiv. In dieser Zeit unmittelbar nach Kriegsende lernte ich meinen Mann kennen. Mein späterer Ehemann Toni Knoblach war gelernter Schlosser und hatte sich mit achtzehn Jahren zur Marine gemeldet. Kurz nach Ende des Krieges kam er zurück in seine Heimatstadt Gemünden. Weil er Mitglied der SS gewesen war, musste er für kurze Zeit in das Gemündener Gefängnis, das sich hinter dem Amtsgericht in der Bahnhofstraße befand. Zusammen mit anderen Gefangenen erhielt er den Befehl, den großen Garten bei der evangelischen Kirche neben unserem Wohnhaus umzugraben. Ich sah ihn öfter, und so haben wir uns kennen und lieben gelernt. Im Krieg hatte er ein sonderbares Erlebnis: Sein Boot wurde bei einem Angriff beschossen und sank. Er musste mit seinen Kameraden das Boot aufgeben und trieb stundenlang im Atlantik im eiskalten Meer inmitten eines Ölfilmes, bis er plötzlich neben sich eine Rettungsboje sah. Und welche Überraschung, auf dieser Rettungsboje traf er einen Kameraden aus Gemünden, den Willi Burkhäuser! Auch er war mit seinem Schiff zu gleicher Zeit in Seenot geraten. Glücklicherweises konnten beide später gefunden und gerettet werden.

Mein Mann hat nach dem Krieg eine Stelle bei der Bahn gefunden. Zunächst half er bei den Aufräumungsarbeiten. Es galt ja zuerst einmal, den Bahnbetrieb wieder in Gang zu setzen. Ich war im Bahnhof erst wieder als Telefonistin und als Morserin eingesetzt, später wurde ich Sekretärin bei einem der Herren des Betriebsamtes."

Im Jahr 1946 haben Olga Wolff und Toni Knoblach geheiratet. Die jungen Eheleute wohnten zunächst bei den Eltern von Frau Knoblach. Als aber im Jahr 1947 der Sohn Rainer geboren wurde, war das Haus doch zu klein für die Familien. Vom Schwiegervater erhielt das Ehepaar einen Bauplatz im Gemündener Ostring und errichtete in mühsamer Handarbeit mit nur geringer maschineller Hilfe ein Eigenheim. Frau Knoblach arbeitete zu dieser Zeit nicht mehr bei der Bahn. Sie hatte die Arbeit wegen der Geburt des Sohnes aufgegeben. Es war damals noch nicht möglich, Erziehungsurlaub zu nehmen.

Bald reichte das Einkommen des Mannes für die Familie und den Hausbau nicht mehr aus. Frau Knoblach suchte sich eine Arbeitsstelle ohne Schichtdienst, bei der sie Haushalt und Beschäftigung miteinander vereinbaren konnte. Sie wurde als Näherin in der Kleiderfabrik Mathis und Vostal eingestellt und erwies sich als sehr geschickt. Ihr zeichnerisches Talent blieb dort nicht unbemerkt, sollte ihr aber zum Verhängnis werden. Frau Knoblach erinnert sich: „Ich arbeitete mit anderen Frauen an einem Fließband; ab und zu wurden die Arbeitszeiten mit einer Stoppuhr überprüft. Die Firma wollte rationalisieren. Eines Tages kam nun wieder mal ein Zeitstopper, der hatte ein interessantes Gesicht, das

Hochzeit mit Toni Knoblach 1946.

mich zu einer Karikatur reizte. Ich dummes Luder habe während der Pause das Gesicht dieses Mannes auf ein Blatt Papier gezeichnet. Die jungen Frauen waren ganz begeistert, haben mir das Blatt aus der Hand gerissen und an die Wand geheftet. Als der Mann daran vorbeiging und sich auf der Zeichnung wiedererkannte, ist er gleich zur Direktion gerannt. Es hat keine Viertelstunde gedauert, da bin ich zum Chef gerufen worden. Der sagte zu mir: ‚Es tut mir leid, aber ich muss Sie entlassen. Ich verstehe nicht, warum Sie bei uns arbeiten, wenn Sie so gut zeichnen können!' Da entgegnete ich ihm: ‚Wir bauen und ich brauche Geld. Mit dem Zeichnen kann ich nichts verdienen.' Es half nichts, ich war meine

Stelle los und musste mir etwas Neues suchen. Durch meine Schwägerin bekam ich eine Arbeit bei einer Hosennäherei für die Bahn in der Friedenstraße. Die Näherei schloss aber bald, und ich stand wieder auf der Straße. Nach kurzer Arbeitslosigkeit fand ich eine neue Stelle als Verkäuferin im Kaufhaus Kretschmar in der Obertorstraße. Später wechselte ich zur Firma Betten-Hofmann. Ich war als Verkäuferin sehr erfolgreich und konnte mit meinen kreativen Ideen in beiden Häusern wesentlich zur Umsatzsteigerung beitragen. Überall war viel Neues hinzuzulernen und sich auf neue Gegebenheiten umzustellen. Aber alle Anforderungen meisterte ich gerne."

Im Jahr 1968 erkrankte Frau Knoblach so schwer, dass sie ihre Tätigkeit nicht weiter ausüben konnte. Sie musste sich einer langwierigen Behandlung im Krankenhaus und mehreren Operationen unterziehen. Frau Knoblach denkt mit Schrecken an diese Zeit zurück: „Wir hatten gerade unser neues Haus bezogen und gönnten uns in diesem Sommer das erste Mal einen gemeinsamen Urlaub. Da wurde ich krank. Ich kam in die Uniklinik Würzburg und nach einer umfassenden Untersuchung wurde mir eröffnet, dass ich nicht mehr geheilt werden könne. Ich sei zu spät gekommen. Die Ärzte hatten die Hoffnung schon aufgegeben und wollten mich nicht mehr operieren. Ich litt unter wahnsinnigen Schmerzen und bestand gegen den Rat der Ärzte auf einer Operation. Ich wollte einen runden Tisch mit allen behandelnden Ärzten und konnte mich schließlich durchsetzen. Am Abend vor der Operation ließ der Chefarzt meine Familie kommen: Sie sollte Abschied von mir nehmen. Die Operation dauerte von acht Uhr früh bis vierzehn Uhr! Über ein Dreivierteljahr war ich in der Klinik. Ich habe Kobaltbestrahlungen erhalten und ein furchtbares chemisches Gift, Senfgas mit der Bezeichnung ‚Lost', das man heute glücklicherweise nicht mehr verwendet! Aber ich habe das alles überstanden und glaube, dass ich das dem Rote-Beete-Most

zu verdanken habe. Jeden Tag habe ich einen Liter von diesem Saft getrunken, auch wenn der Professor mich deswegen ausgelacht hat.
1969 konnte ich endlich wieder nach Hause. Bis 1975 bekam ich alle halbe Jahre eine Nierenkur in Bad Wildungen verschrieben. Nachdem ich trotz aller negativen ärztlichen Prognosen meine schwere Krankheit überlebt hatte, wuchs in mir immer mehr die Überzeugung, dass mir eine höhere Macht noch eine wichtige Lebensaufgabe zugedacht hatte." Diese Ahnung sollte bald Wirklichkeit werden, denn der Mann von Frau Knoblach wurde schwer krank. Frau Knoblach berichtet über eine weitere schwierige Phase ihres Lebens: „Mein Mann musste nach Münnerstadt in ein Sanatorium. Als es ihm immer schlechter ging, habe ich bei ihm im Zimmer gewohnt und ihn Tag und Nacht betreut. An einem schönen Sommertag im Juni 1977, ich erinnere mich noch genau, haben wir zusammen vom Fenster aus den blauen Sommerhimmel mit weißen Wolken beobachtet, und ich habe zu meinem Mann gesagt: ‚Toni, glaubst du nicht, dass es noch mehr gibt als diese Wolken am Himmel? Ob wir uns wieder sehen?' Er antwortete: ‚Ja, ich glaube das jetzt auch, Olga, und ich bereue jeden Tag, den ich nicht gut zu dir war!' Dann ist er ganz blau im Gesicht geworden, seine Arme und Beine haben gezittert. Ich habe Ärzte und Schwestern gerufen, und wir wussten, es geht zu Ende mit ihm. Ich habe dann eine Kerze auf dem Tisch angezündet und den Kopf von meinem Mann in den Arm genommen und saß so von fünf Uhr nachmittags bis gegen neun Uhr abends da und habe mit ihm gesprochen. Ich wusste, er hört mich. Ich sagte zu ihm: ‚Toni, du bist nicht allein, hier ist ein Licht, das begleitet dich auf deinem Weg, und ich bleibe bei dir.' Um neun Uhr hat er seinen letzten Atemzug getan. Ich habe ihn noch selbst gewaschen und angekleidet, bis er aus dem Zimmer gebracht wurde. Die Nacht habe ich in seinem Sterbezimmer zugebracht. Da ist etwas Seltsames geschehen. Es

war eine wundervolle warme Juninacht. Das Fenster stand offen. Ich liege im Bett und plötzlich knarrt das leere Bett neben mir ganz laut. Da habe ich gesagt: ‚Toni, gell, jetzt hast du dich wieder mal gelegt?' Er konnte nämlich die letzte Zeit nicht mehr liegen, sondern hat die Tage und Nächte sitzend zugebracht. Es war immer sein größter Wunsch gewesen, endlich wieder richtig liegen zu können! Da war plötzlich ein Friede in dem Zimmer, eine Stimmung von Ruhe, von Liebe und von Versöhnung. So sagte ich: ‚Jetzt hast du deinen Frieden', und ich war voller Trost und dankbar, dass ich ihn bis zum Schluss begleiten konnte."

Diese innere Stärke konnte Frau Knoblach aufgrund ihrer vorausgegangenen schweren Erkrankung erreichen. Sie berichtet, dass sie bei der Behandlung damals in der Klinik einen totalen Herz-Kreislauf-Zusammenbruch erlitten hatte und sich während der Reanimierung wie außerhalb ihres eigenen Körpers gefühlt habe. Auch da habe sie einen tiefen Frieden gespürt. „Seit diesem Erlebnis habe ich keine Angst mehr vor dem Tod. Und weil ich selbst diesen tiefen Frieden erfahren habe, konnte ich meinen Mann auch noch bis zu seinem letzten Atemzug begleiten und ihn auch nach seinem Tod loslassen." Auf unsere Frage nach dem Weiterleben nach dem Tod sagt Frau Knoblach: „Ich glaube fest an ein Weiterleben. Ich habe gespürt, dass mein Mann tot ist und dass er sich immer weiter entfernt. Ich glaube, dass sich die Seelen nach dem irdischen Tod weiter vollenden wollen."

Nach dem Tod ihres Mannes begann für Frau Knoblach eine weitere schwere Zeit. Sie verfiel in tiefe Depressionen und berichtet: „Ich fühlte mich völlig bedrückt und wie in einem Schraubstock eingeengt. Ich habe nach dem Tod meines Mannes ein Jahr lang überhaupt nicht malen können, zwei Jahre lang malte ich nur in schwarzer Farbe. Erst danach habe ich angefangen, in Farbe zu malen."

Drei Jahre nach dem Tod ihres Mannes, mit dem sie dreißig Jahre verheiratet war, beginnt sich die künstlerische Ader in

Frau Knoblach voll zu entfalten. Zunächst malt sie ihre Probleme. „Ich habe ein Bild in Schwarzweiß gemalt, ‚Der Schlag': Da kommt eine Faust herunter, und die Faust trifft meinen Mann!" erläutert Frau Knoblach diese erste bedeutende Phase ihres künstlerischen Schaffens im fortgeschrittenen Alter. „Erst als ich meine Probleme aus mir herausgemalt hatte, natürlich immer in Schwarzweiß, konnte ich in Farbe malen. Das erste farbige Bild war ein Auftrag für eine Bekannte, ein Herbstwald in leuchtenden Farben. Da spürte ich plötzlich wieder Lebensfreude und konnte nun nach Herzenslust meine Ideen und Vorstellungen in vielen Arbeiten und verschiedenen Techniken zu Papier bringen. Die ersten Ausstellungen mit meinen Arbeiten machten mich nun zunächst im Gemündener Raum bekannt. Im Jahr 1977 habe ich meine Arbeiten in Nürnberg von einer Künstler-Jury beurteilen und prüfen lassen. Dazu musste ich eine Mappe mit zwanzig Zeichnungen und Gemälden vorlegen. Ich war damals bereits vierundfünfzig Jahre alt und hatte große Sorge, ob ich wohl die Prüfung bestehen würde. Als die Dame im Sekretariat zwei Frauen vor mir mitteilte, dass sie leider die Prüfung nicht bestanden hätten, war ich schon betrübt. Denn ich sagte mir, wenn diese jungen Frauen nicht bestehen, wie soll ich in meinem Alter die Prüfungskommission überzeugen können? Aber zu meiner Freude erklärte man mir, dass ich bestanden habe, und mir wurde die Urkunde als ‚Freischaffende Kunstmalerin, die fähig ist zu gestalten in allen Techniken' überreicht. Ich war so glücklich, ich hatte endlich das erreicht, was ich ein Leben lang ersehnt hatte. Ich war anerkannt als Künstlerin und durfte mich nun entwickeln, wie ich es wollte."

In den nachfolgenden Jahren begeisterte die nun bekannt gewordene fränkische Künstlerin durch ihre vielfältigen Arbeiten, Zeichnungen, Gemälde, Drucktechniken bis hin zur Metallbearbeitung die Menschen nicht nur im Bereich Gemünden, sondern im gesamten fränkischen Raum. Zahlreiche Ausstellungen, Illustrationen von Büchern und auch Bühnengestaltungen bei Festspielen und Theateraufführungen zeugen von ihrem reichhaltigen Schaffen. Frau Knoblach wurde in den Berufsverband Bildender Künstler aufgenommen. Ein unterfränkischer männlicher Kollege war jedoch nicht so angetan von ihr. Er wollte ihr die Aufnahme mit den Worten verweigern: ‚Wir brauchen keine alten Frauen, sondern jungen Nachwuchs.' Dieser Künstlerkollege, der das gesagt hat, soll übrigens im gleichen Alter wie Frau Knoblach gewesen sein.

Frau Knoblach betrachtet die künstlerische Gabe als Geschenk, das ihr überreicht worden ist zur Freude für andere Menschen. Sie empfindet die Anerkennung als freischaffende Künstlerin und für ihr künstlerisches Werk als ausgleichende Gerechtigkeit für die schweren Schicksalsschläge, die sie in ihrem so außergewöhnlichen Leben hinnehmen musste. Einmal, so erinnert sie sich, wurde sie im Würzburger Regionalfernsehen TV-Touring in einer Live- Sendung interviewt und unter anderem gefragt, was ihrer Meinung nach eine positive Frau sei. „Ich antwortete: ‚Eine positive Frau ist ein Mensch, der aus schwierigen Situationen heraus einen guten Ausweg findet.' Anschließend hat mich in der Domstraße eine Gruppe Frauen getroffen, die mich erkannt und offensichtlich auch die TV-Sendung mitverfolgt hatte. Eine dieser Frauen sagte zu mir: ‚Gell, Sie waren das doch in der Sendung. Das was Sie über die positive Frau gesagt haben, war genau richtig. Das war das Beste der ganzen Sendung.' Darüber habe ich mich natürlich sehr gefreut. Solche aufmunternden Zusprüche, die ich öfter erfahren konnte, haben mir immer wieder neuen Auftrieb gegeben."

Zum Glauben hat Frau Knoblach eine ganz feste Einstellung: „Ich sehe den lieben Gott nicht als alten Mann mit Bart. Für mich ist Gott Geist, ein kosmischer Geist mit einer ungeheuren, unfasslichen Energie, und wenn wir darum bitten, bekommen wir von dieser Energie ab als Gnade. Dieses

Glück, das mir nach so vielen Jahren voller Leid geschenkt worden ist, ist mir von Ihm gegeben worden. Es war doch Gnade über meinem Leben. Die schrecklichen Ereignisse, die ich auszuhalten hatte, mündeten in einen Gnadenerweis. Es ist erstaunlich, wenn ich mich mit anderen Künstlern unterhalte und nach deren Lebensweg frage, erfahre ich oft von ganz bitteren Schicksalsschlägen, die durchaus meinem Leidensweg ebenbürtig sind. Aufgrund meiner Leidenserfahrung durfte ich mehreren Frauen mit einer Maltherapie weiterhelfen und sie beraten, wie sie mit einer schweren Krankheit umgehen können."
Ganz überzeugt sagt Frau Knoblach: „Ich habe ein erfülltes Leben und fühle mich glücklich, auch wenn ich inzwischen hundert Prozent behindert bin. Ich bezwinge meine Schmerzen, das habe ich gelernt. Ich führe meinen Haushalt noch ganz alleine, fahre mit dem Auto zum Einkaufen, besuche Veranstaltungen und erfreue mich eines großen Freundes- und Bekanntenkreises. Mich besuchen sehr viele junge Paare, Frauen und Männer, die sich mit mir über Lebensfragen unterhalten und denen ich vielleicht Mut und Trost zusprechen kann. Eine Frau habe ich sechs Jahre lang betreut. Dieser Frau geht es heute gut, sie hat ihr Leben im Griff, und die ganze Familie hat einen guten Weg zueinander gefunden. Bei der Maltherapie ließ ich die Träume und Vorstellungen, die in der Seele liegen, malen. Unsere eigene Seele sagt uns, was in uns vorgeht. Nicht andere können uns das sagen, so allwissend wie Gott ist, so ein Stück Allwissenheit ist auch in unserer Seele verborgen. Denn sie weiß Dinge, die unser Bewusstsein nicht wahrnimmt."
Frau Knoblach erklärt uns, dass sie an Engel glaubt. Sie weiß, dass sie einen ganz fleißigen Schutzengel hat: „Mein Schutzengel hat mich nie im Stich gelassen. Der Spruch: ‚Wenn die Not am größten, ist Gott am nächsten' gilt für mich ganz besonders. Diese Erfahrung zieht sich wie ein roter Faden durch mein ganzes Leben. Angst vor dem Tod

habe ich nicht. Ich bin der Meinung, Angst bringt mehr Menschen um als Krankheit. Die Angst ist Gift, weil sie das Immunsystem schwächt. Der Tod ist für mich nicht furchtbar, sondern ein ungeheurer Friede, es tut nichts mehr weh, es kommt ein Licht auf einen zu, es ist wunderbar."
Wunderbar war auch für uns das Gespräch mit einer so erfüllten, geistig regen Frau. Voll jugendlichem Temperament hat sie uns die Reise durch ihre Vergangenheit besonders anschaulich und ergreifend erleben und uns voll Vertrauen in ihre innersten Gefühle hineinschauen lassen. Hier wirkt Vergangenheit spürbar hinein in die Gegenwart bis zur Vollendung. Dies wird uns des Weiteren deutlich bei einem kleinen Rundgang durch die mit eigenen Werken ausgeschmückte Wohnung, die die ganze Fülle der unterschiedlichen Schaffensperioden dieser bemerkenswerten Frau widerspiegeln.

Tausend Jahre sind wie ein Tag (Olga Knoblach).

Friedrich Kohl, Zellingen

Friedrich Kohl, geboren am 19. März 1927 in Würzburg, Holzkaufmann und selbstständiger Unternehmer (Fa. Fritz Kohl GmbH u. Co. KG), verheiratet mit Marga, geborene Müller, am 2. Mai 1928 in Würzburg geboren, die Eheleute Kohl wohnen in Zellingen.

Das wichtigste Zeichen in unserem Leben ist das Fragezeichen

In Zellingen, einer aufstrebenden Marktgemeinde am Main an der südlichen Grenze des Landkreises Main-Spessart, besuchten wir das Ehepaar Friedrich und Marga Kohl und durften mit ihnen ein wunderbares Gespräch führen. Gleich drei Hunde begrüßten uns am Eingang und prüften genau durch ausgiebiges Schnuppern, ob wir das Haus betreten dürfen. Herzlich wurden wir willkommen geheißen und fühlten uns gleich wohl in dieser heimeligen Atmosphäre, die die geübte Hand einer perfekten Hausfrau und eines anspruchsvollen Hausherrn erkennen lässt. Wir wurden rasch warm miteinander, obwohl wir uns vorher nie gesehen hatten, und so ließen uns Frau und Herr Kohl bald vertrauensvoll Einblick nehmen in ihr interessantes, bewegtes Leben.

„Ich bin am 19. März 1927 in Würzburg geboren", beginnt Herr Kohl spontan seinen Lebensbericht: „Würzburg war damals schon eine Großstadt mit über 100 000 Einwohnern, eine schöne, interessante Barockstadt. Ich habe mich als Kind dort sehr wohl gefühlt. Mein Vater war Mitinhaber des Furnierwerkes August Kohl in der Veitshöchheimer Straße in Würzburg. Meine Mutter, Tochter der Inhaberin des Wein- und Fischhauses Babette Nüchtern, stammt ebenfalls aus einer alten Würzburger Familie. Beide Eltern und auch die Großeltern haben großen Einfluss auf mein Leben genommen. Von Vater und Großvater erbte ich die Liebe zur

Das Ehepaar Kohl mit Hund Jockl, Frühjahr 2000.

Jagd und zum vielseitigen Baustoff Holz. Meine Vorfahren väterlicherseits hatten seit Generationen alle mit Wald und Holz zu tun. Sie waren Förster, Jäger, Holzhändler. Der Großvater August Kohl kam aus Höchberg bei Würzburg, wo er einen Holzgroßhandel betrieb, auch dessen Vater war schon Holzgroßhändler. Sie flößten noch regelmäßig Holz auf dem Main und dem Rhein nach Holland. Eichen- und Buchenstämme kauften sie im Spessart auf, schöne lange und gleichmäßig gewachsene Stämme. Dieses Langholz wurde von Pferden an den Main geschleppt nach Würzburg, aber auch an andere Orte am Main mit einer Mainlände. In Würzburg bestand noch ein Floßhafen. Dort wurden die Stämme zusammengebunden und als große Flöße mainabwärts nach Mainz und den Rhein hinunter bis nach Amsterdam getrieben. Die Flößerei war eine anstrengende und auch gefährliche Arbeit. Man hörte immer wieder von schlimmen Unfällen. Bevor sich die Eisenbahn als Verkehrsmittel für den Fernverkehr durchsetzte, mussten die Flößer von Holland nach Würzburg zu Fuß zurücklaufen. Man kann sich vorstellen, wie lange so eine Tour dauerte. Mit einem Säckchen voll Goldstücken als Erlös kehrten die Flößer nach drei bis vier Wochen – manchmal dauerte es noch länger – von dieser beschwerlichen Reise zurück. Die Flößerei auf dem Main wurde wohl bis zum Bau der Main-Staustufen um die Jahre 1932/1934 herum betrieben. Ich erinnere mich noch, als Kind beobachtet zu haben, wie Flöße in Würzburg unter der alten Mainbrücke durchgetrieben wurden. Die Geschicklichkeit der Flößer faszinierte mich."

Die Höchberger Vorfahren stammten ursprünglich aus dem Dorf Rechtenbach mitten im Spessart zwischen Lohr und Aschaffenburg. In Rechtenbach lebten früher alle Leute von den Erträgen des Waldes, der heute noch das Dorf völlig

Mutter Rösle Kohl mit Franz, Elisabeth und dem kleinen Friedrich, 1930.

umschließt. Daher rührte auch die enge Verbindung der Familie Kohl zum Handel mit Holz. Viele Rechtenbacher, so auch die Vorfahren der Familie Kohl, sind Nachkommen der als Folge der Religionskämpfe aus Frankreich geflüchteten Hugenotten. Diese Hugenotten siedelten sich Ende des 17. Jahrhunderts in Rechtenbach an. So kommt es, dass die Gemeinde Rechtenbach als einzige Gemeinde weit und breit die französische Königslilie in ihrem Wappen führt.

Herr Kohl erinnert sich noch gern an die Kindheit im alten Würzburg: „Oft war ich mit meinen Eltern im Wein- und Fischhaus meiner Großmutter mütterlicherseits direkt an der alten Mainbrücke. Man hatte von hier aus einen herrlichen Blick auf die Altstadt der unterfränkischen Metropole mit den schönen Kirchtürmen und den vielen Barock- und Renaissancehäusern und konnte das geruhsame Vorbeigleiten der Schiffe auf dem Main beobachten. Im Frühjahr 1945, am Ende des Zweiten Weltkrieges, wurde diese schöne Altstadt leider völlig zerstört. Nach dem Tod meiner Großmutter Babette ist zu meinem Leidwesen das Wein- und Fischhaus an der alten Mainbrücke von einem Neffen verkauft worden."

Der junge Friedrich ist in der Zellerau in Würzburg geboren und aufgewachsen. Die Eltern besaßen in der Frankfurter Straße ein 8000 Quadratmeter großes Grundstück, wo sie ihr Wohnhaus errichteten, das für Friedrich bis zu seinem zehnten Lebensjahr sein Zuhause war. „Meine Mutter war immer sehr kränklich und verstarb zu meinem Kummer schon mit 37 Jahren. Ich war erst zehn Jahre alt", erzählt Herr Kohl. „Mein Vater hat nicht mehr geheiratet und war im Betrieb so eingespannt und beansprucht, dass er sich entschloss, mich in das auch heute noch sehr bekannte Internat Kloster Ettal bei Garmisch-Partenkirchen zu schicken. Meine beiden älteren Geschwister Franz und Elisabeth waren schon selbstständiger und konnten daheim bleiben.

Der Übertritt ins Internat bedeutete für mich einen schweren Einschnitt in meinem Leben, denn ich wurde von Heimweh geplagt. Einziger Trost waren die anderen Jungen dort, die ebenfalls von der Familie getrennt lebten. Mit ihnen entwickelte sich so manche Freundschaft.

Einmal im Jahr fahre ich noch heute an diese Stätte meiner damaligen Schulzeit, um das herrliche Kloster wieder zu sehen und die reizvolle Landschaft auf mich wirken zu lassen.

Der kleine Friedrich mit Mutter, 1932.

Nach fünf Jahren musste ich die Schule leider verlassen, denn nun – es war das Jahr 1942 – wurde das Internat von den Nazis übernommen und zu einer Eliteschule, der damals so genannten ‚Nationalsozialistischen Politischen Lehranstalt – Napola' umfunktioniert.

Die Patres vom Kloster mussten den Schulbetrieb aufgeben und die Erziehung der jungen Männer den Nationalsozialisten überlassen. Nachdem die politische Einstellung meines Vaters eindeutig gegen die neuen Machthaber war, nahm er mich aus dem Internat heraus und quartierte mich bei einer Tante in München ein, die als sehr streng in ihrer Erziehung galt. Ich bewundere heute noch den Mut meines Vaters, denn es war damals sehr gefährlich, nach Übernahme der Schule durch die Nazis seinen Sohn dort abzumelden. Dies konnte ja geradezu als Provokation gegen das Hitler-Regime angesehen werden.

Mein Vater konnte als Argument einbringen, dass die Tante bereits zu Beginn des Zweiten Weltkrieges beide Söhne verloren hatte und ich zu ihrem Schutz in ihr Haus in München einziehen solle."

Das Leben und die Gemeinschaft in Kloster Ettal prägten Friedrich Kohl mehr, als er zunächst dachte. Der tiefe Glaube, der dort gelebt wurde, hat ihn beeindruckt. An ein Erlebnis nach Übernahme der Herrschaft durch die Nazis erinnert er sich noch besonders: „Im Kloster lebte damals auch der Pater Rupert Mayer, der später seliggesprochen wurde. Er war ein entschiedener Gegner der antichristlichen Maßnahmen der Nationalsozialisten und beugte sich nicht ihrem Terror. Diese Stimmung im Klosterhof werde ich nie vergessen, als der Pater von den Nazis verhaftet und aus dem Kloster Ettal abgeholt wurde. Alle Mönche, Patres und Schüler hatten sich dort versammelt, um Abschied zu nehmen. Pater Rupert Mayer durchschritt hoch erhobenen Hauptes, begleitet von drei Gestapo-Beamten, die Menge. Alles war ruhig, es gab kein Geschrei oder Jammern. Die Schule ist den Patres abgenommen worden, während sie das Klosterleben weiterführen durften. Ungefähr drei Viertel der Lehrer waren Patres, deren Einfluss auf uns junge Menschen bedeutend war. Es gab natürlich auch Spannungen zwischen Schülern und Lehrern. Wir hatten gegen manche Patres Abneigungen, verspürten manchmal auch Wut, vor allem bei Ungerechtigkeiten. Doch am Schluss hat das Vertrauen gesiegt, bei Konflikten wurden Gespräche geführt und dabei manches aufgearbeitet."

In München besuchte der Schüler Friedrich die Oberschule an der Müllerstraße. Diese Schule existiert heute nicht mehr. Es war nun schon 1942, und der Krieg bestimmte immer mehr das Leben, auch den Schulbetrieb. Weiter berichtet Herr Kohl: „Nach eineinhalb Jahren wurden die fünfzehn- und sechzehnjährigen Burschen bereits zu Luftwaffenhelfern ausgebildet und eingezogen. Der Schulbetrieb wurde zwar fortgesetzt in den verschiedenen Kasernen und Militärbaracken, doch an den Nachmittagen und Abenden mussten wir unseren militärischen Dienst tun. Nach meinem Notabitur wurde ich Ende 1944 als Luftwaffenhelfer entlassen und zum Arbeitsdienst in die Rhön verpflichtet, erstaunlicherweise aber nicht zur Wehrmacht einberufen. Während mein Vater froh darüber war, wartete ich ungeduldig auf meine Einberufung. Alle acht Tage lief ich zum Wehrmeldeamt, um mich nach meiner Einberufung zu erkundigen. Mir war es nämlich schon peinlich, auf die Straße zu gehen. Ich war zwar erst siebzehn Jahre alt, sah aber mindestens zwei Jahre älter aus und musste mir Bemerkungen anhören wie: ‚Was tut denn der gesunde und starke junge Mann noch daheim, während alle anderen Altersgenossen an der Front kämpfen?' Bald gab es eine Erklärung für diese Verzögerung, denn meine Papiere waren bei einem Luftangriff in München vernichtet worden. Beim Wehrmeldeamt in Würzburg saß ein guter Bekannter meines Vaters. Mein Vater bat ihn inständig: ‚Wenn Sie die Unterlagen meines Sohnes Friedrich in die Hände bekommen, legen Sie die bitte gleich wieder unter den Stapel.' Mein älterer Bruder musste nämlich seinen Kopf bereits für das Vaterland hinhalten. Er lag schwer verwundet in einem Lazarett. Die Sorge meines Vaters um seinen jüngeren Sohn war deshalb völlig verständlich. Schließlich meinte jedoch der Beamte im Wehrmeldeamt: ‚Wenn Ihr Sohn noch einmal bei uns wegen seiner Einberufung vorspricht, wird er eingezogen, denn ich kann das nicht mehr verantworten!' Prompt erhielt ich bei meinem nächsten Besuch dort den Bescheid zur Einberufung mit dem Befehl, mich in Erlangen zu melden. Das war im Februar 1945."

Nun war also der achtzehnjährige Friedrich Kohl Soldat und kämpfte den bereits längst verlorenen Kampf für sein Vaterland. Er erzählt von dieser, überall von Mangel bestimmten Zeit: „Als Rekruten genossen wir gerade mal eine Ausbildung von zwei Wochen. Als die Amerikaner schon über Aschaffenburg hinaus Richtung Osten und Süden auf dem Vormarsch waren, sind wir, bekleidet mit weißen Drillichhosen und bewaffnet mit polnischen Gewehren mit acht Schuss Munition in Züge verladen worden. Würzburg war bereits zerstört und man transportierte uns in die Nähe von Gemünden, wo wir jedoch kaum Feindkontakt hatten. Ostern bei Himmelstadt bleibt mir in Erinnerung: Unsere Einheit bestand fast nur aus siebzehn- und achtzehnjährigen jungen Soldaten – alles Idealisten wie ich – und wurde von einem Feldwebel befehligt. Wir hatten uns an der südlichen Mainseite zum Schutz gegen die Amerikaner eingegraben. Die fuhren nämlich bereits auf der anderen Mainseite nach Himmelstadt ein, so dass wir uns in äußerster Gefahr befanden. Als ich so in meinem Graben lag, wurden wir von drüben beschossen. Auch ich wollte mein Gewehr betätigen, es löste sich aber kein Schuss. Durch die Jagderlebnisse mit meinem Vater war ich ein erfahrener Schütze, untersuchte also die Waffe und entdeckte, dass der Schlagbolzen abgebrochen war. So minderwertig ausgerüstet und bewaffnet hat man die jungen Menschen damals noch in diesen letzten Tagen vor der Kapitulation an die Front geschickt.

Unsere Einheit ist wieder verlegt worden. Die Amerikaner haben immer mehr alles fest in den Griff bekommen. Unser Widerstand war sinnlos. Tagelang sind wir hin und her marschiert und bei Altbessingen in der Nähe von Schweinfurt in Gefangenschaft geraten. Ich erinnere mich genau, wie uns der erfahrene Feldwebel befahl, uns unten an einem Hang zur Sicherheit und zum Schutz einzugraben. ‚Wenn die Amerikaner kommen und uns gefährlich werden, werde ich zuerst schießen', sagte er zu uns. ‚Und wenn einer von euch vor mir schießt, bringe ich ihn um!' Als dann plötzlich die Amerikaner von oben am Hang auf uns zukamen, stand dieser Feldwebel doch tatsächlich als erster aus seinem Unterstand auf und ging mit erhobenen Händen auf die Amerikaner zu und rettete uns jungen Soldaten somit das Leben.

Er war in diesem entscheidenden Augenblick unser Schutzengel", schildert Herr Kohl sichtlich bewegt von diesen Kriegserlebnissen den glücklichen Ausgang des Krieges für ihn.
Der gerade mal achtzehn Jahre junge Friedrich, der dazu verpflichtet worden war, sein Vaterland zu schützen, geriet zunächst in amerikanische Kriegsgefangenschaft. „Als amerikanischer Gefangener wurde ich durch verschiedene deutsche Auffanglager geschleust wie so viele meiner Landsleute, bis ich nach fast zwei Jahren von den Amerikanern den Franzosen übergeben wurde. Sehr übel genommen habe ich es den Amerikanern, dass sie mich, der ich nur zwei Monate Soldat war, nach dieser langen Zeit im Gefangenenlager nicht freigelassen, sondern an eine fremde Macht ausgeliefert haben. Ich wurde nach Frankreich transportiert und dort wiederum knapp zwei lange furchtbare Jahre festgehalten. Dort habe ich in Fabriken und in der Landwirtschaft gearbeitet. Die Erfahrungen, die ich dabei gemacht habe, es waren meist entbehrungsreiche, harte Zeiten, haben mein Leben nachhaltig geprägt. Ich lernte fließend Französisch sprechen, was mir später im Beruf sehr zugute kam. Außerdem erfuhr ich viel über Menschenbehandlung, besonders wie man mit Menschen nicht umgehen sollte. Zweimal habe ich versucht zu entkommen, doch leider ohne Erfolg. Wenn man bei einem Fluchtversuch erwischt wurde, ist man ganz ans Ende der Entlassungsliste gesetzt worden. So war ich Ende Oktober 1948 einer der letzten, der nach Hause in die Freiheit zurückkehren durfte."
Der einundzwanzigjährige junge Mann kam nun in seine völlig zerstörte Heimatstadt Würzburg zu seiner Familie zurück: „Der erste Eindruck von der zerbombten Stadt war schrecklich, überall lagen noch die Trümmerberge. Nur in der Innenstadt waren die ersten Aufbauarbeiten im Gange. Unser Haus in der Frankfurter Straße war glücklicherweise unversehrt geblieben, und auch das Furnierwerk August

Kohl zeigte keine Beschädigungen. Der Grund war wohl, dass gegenüber von unserem Betrieb das Elektrizitätswerk Bayernwerk stand, und die Amerikaner sehr darauf bedacht waren, die Stromerzeugung in Gang zu halten. Mein Vater war noch kurz vor Ende des Krieges zum Volkssturm eingezogen worden, konnte aber bald wegen seines Alters und seiner angegriffenen Gesundheit zurückkehren. Da er während des Nationalsozialismus nicht in der Partei war, wurde er nach Kriegsende in den Stadtrat von Würzburg gewählt. Aber bereits nach kurzer Zeit schied er enttäuscht wegen einiger Verleumdungen wieder aus dem Stadtrat aus. Als ich Ende 1948 aus der Gefangenschaft heimkehrte, war er ein gebrochener Mann.
Meine Absicht war es eigentlich, mein Abitur zu erneuern, um danach Forstwirtschaft studieren zu können. Das war mein Wunschtraum! Das noch gegen Ende des Krieges abgelegte Notabitur wurde wegen der langen Abwesenheit als Kriegsgefangener nicht mehr für ein Studium anerkannt. Ich weiß noch, wie ich damals dachte: ‚Jetzt bist du dreieinhalb Jahre in Gefangenschaft gewesen, hast alles, auch die kleinen Freuden, entbehren müssen, nun machst du dir das Leben erst einmal schön.' Aber ich war noch nicht einmal eine Woche daheim, als mein Vater mich fragte: ‚Sag mal, wie lange willst du dich denn eigentlich daheim hinsetzen und ausruhen?' Es war klar herauszuhören: ‚Wann fängst du endlich im Betrieb an zu arbeiten?'
Mein sechs Jahre älterer Bruder Franz war leider an seiner Kriegsverletzung gestorben, so dass nur noch ich als Nachfolger meines Vaters in Frage kam. Aber ich hatte von Holz, vom Holzhandel und vom gesamten Fach überhaupt keine Ahnung. Außerdem gab es seinerzeit mit den anderen Inhabern erhebliche Differenzen, keinen eigentlichen Streit, doch immerhin sehr große Meinungsverschiedenheiten hinsichtlich der Betriebsentwicklung. Unter diesen Umständen wäre es vorteilhafter gewesen, wenn ich fachlich besser vorberei-

tet gewesen wäre. Doch nun bin ich ohne irgendwelche Fachkenntnisse in diesen Betrieb hineingeworfen worden, um gleich einen Teil der Geschäftsführung zu übernehmen. Man kann sich vorstellen, welch ungeheure Herausforderung diese Aufgabe für mich bedeutete.
In der Zwischenzeit hatte ich meine Frau kennen gelernt. Marga war die Schwester einer Freundin meiner Schwester Elisabeth. Sie verkehrte früher als Nachbarskind oft in unserer Familie, doch ich hatte damals kaum ein Wort mit ihr gewechselt. Später, während meiner Gefangenschaft entwickelte sich ein intensiver Briefkontakt, und ich war dankbar für diese treue Ansprechpartnerin und Freundin in dieser freudlosen Zeit", berichtet Herr Kohl von den ersten Begegnungen mit seiner Frau.

Jung verliebt.
Marga und Friedrich, 1949.

Nun greift Frau Kohl ins Gespräch ein und betont, dass sie ihrem Mann schon in früheren Jahren gut gefallen habe, nur habe er sich halt nicht getraut, dies ihr gegenüber zu äußern. Ihr Mann versichert: „Natürlich haben wir uns gleich nach meiner Rückkehr aus der Gefangenschaft getroffen und blieben von diesem Zeitpunkt bis heute zusammen. Im Jahr 1950 haben wir geheiratet."
Im November 1948 nahm Herr Kohl seine Tätigkeit im elterlichen Furnierwerk auf. Der Wiederaufbau der zerstörten Städte begann langsam. Nach der Währungsreform im Sommer 1948 erholte sich nun auch die Wirtschaft allmählich

von den Kriegsfolgen. Für Herrn Kohl begann eine turbulente Zeit: „Mein Vater und mein Onkel waren die beiden Hauptbeteiligten an der Firma. Auch waren zwei Cousins in der Firma angestellt, die älter und weitaus erfahrener waren als ich. So musste ich viel lernen, um mich durch die ganze umfangreiche Geschäftstätigkeit durchzubeißen und mich im Betrieb durchzusetzen. Es bedeutete für mich knochenharte Arbeit! Aber was schafft man nicht alles, wenn es sein muss! Mein Wunsch, mir das Leben erst einmal schönzumachen, wurde nicht erfüllt."

Im Oktober 1951 traf ein schwerer Schicksalsschlag Herrn Kohl. Er erkrankte an Kinderlähmung und war von den Beinen bis zur Brust total gelähmt: „Ich wurde sozusagen noch ein Opfer der letzten großen Epidemie in Deutschland vor der obligatorischen Schluckimpfung. Für meinen Vater war das ein erneuter furchtbarer Schlag, denn inzwischen war meine Schwester Elisabeth gestorben. Auch meine Frau musste eine schwere Zeit durchmachen. Wir waren erst ein gutes Jahr verheiratet und hatten kurz vorher unsere Tochter Ursula bekommen. Die zweite Tochter, das Rösle, war gerade unterwegs, als ich für ein halbes Jahr in die Klinik musste. Kinderlähmung war eine äußerst ansteckende Krankheit, und ich musste völlig isoliert liegen. Zu meiner Frau, die kurz vor der Entbindung stand, sagte der Oberarzt Dr. Horst: ‚Sie, Frau Kohl, will ich hier in der nächsten Zeit nicht mehr sehen!'"

Der Kummer dieses einschneidenden Lebensabschnittes ist Herrn Kohl beim Erzählen noch deutlich anzumerken. Beide Eheleute erinnern sich nun an die Geburt ihrer zweiten Tochter. Frau Kohl durfte nicht auf der normalen Entbindungsstation des Krankenhauses liegen, denn sie hätte ebenfalls den Virus der Kinderlähmung in sich tragen können und galt als Ansteckungsgefahr für die anderen Wöchnerinnen. So brachte man sie im Trakt der Tuberkulose-Patienten unter. Durch all die Aufregungen kam die kleine Rösle vier

Wochen zu früh auf die Welt, war aber zum Glück der Eltern gesund.

„Bis zur Entlassung meines Mannes aus dem Krankenhaus wohnte ich bei meinen Eltern", fährt Frau Kohl in der Erzählung fort. „Mein Mann konnte sich am Anfang nur ganz langsam an zwei Stöcken fortbewegen und kam bald zur Kur nach Bad Wörishofen. Seine Genesung machte gute Fortschritte. Am Ende der Rehabilitation brauchte er nur noch einen Stock. Nach einem erneuten Kuraufenthalt konnte er zu unserer Erleichterung wieder ohne Gehhilfe laufen. Die langen Trennungen waren besonders schmerzlich für mich und die Kinder."

Die Differenzen im Würzburger Betrieb waren mittlerweile so groß geworden, dass eine weitere Zusammenarbeit in der Familie nicht mehr möglich war. Man einigte sich darauf, die großväterliche Firma im Jahr 1952 zwischen den beiden Hauptbeteiligten Fritz Kohl und Karl Kohl aufzuspalten. „Daraufhin haben mein Vater und ich das Sägewerk Baermann in Karlstadt von der IRSO gekauft, einer jüdischen Vermögensverwaltung, die nach dem Krieg gegründet worden ist und sich um das jüdische Vermögen in Deutschland kümmerte", schildert Herr Kohl die damaligen Verhältnisse: „Der Besitzer des Sägewerkes Baermann ist unter der Nazi-Herrschaft gezwungen worden, seine Firma an das Furnierwerk Rothaupt in Stockheim in der Rhön zu einem Spottpreis zu verkaufen. Während des Krieges wurde dieses Sägewerk von der Firma Rothaupt betrieben, musste aber selbstverständlich nach Kriegsende an die Verwandten der Familie Baermann zurückgegeben werden. Nachdem die Tochter der Familie Baermann in Amerika lebte, ist das Vermögen von dieser jüdischen Organisation verwaltet worden. Der Kaufpreis für das Sägewerk ist von uns an die Vermögensverwaltung IRSO bezahlt und an die Erben weitergeleitet worden. Dieses von uns erworbene Werk machte einen äußerst heruntergekommenen und abgewirtschafteten Ein-

druck. Jahrzehntelang war nichts mehr erneuert worden. Ringsherum war alles verwildert. Das ganze etwa 40 000 Quadratmeter große Grundstück mit zwei Häusern, alten Hallen, einem Sägegatter und einer Lokomobile befand sich in einem jämmerlichen, verwahrlosten Zustand." Frau Kohl ergänzt: „Mein Mann konnte noch immer schlecht laufen und die Treppen in dem Haus in Würzburg kaum bewältigen. Deshalb zogen wir bald in eines der Häuser auf dem Karlstädter Firmengelände, weil da die Wohnung ebenerdig lag. Es war ganz unheimlich dort draußen. Das Firmengelände lag weit außerhalb der Stadt. In den alten Hallen hausten Obdachlose, Menschen, die wir überhaupt nicht kannten, die wir aber auch nicht verjagen wollten, da überall noch große Wohnungsnot herrschte. Mannshohes Unkraut, Sträucher und Gebüsch wuchsen überall, nachts war es natürlich stockdunkel. Ich musste viel allein bleiben mit den beiden kleinen Kindern, da mein Mann häufig geschäftlich unterwegs war. Da können Sie sich vorstellen, welch große Angst ich oft hatte."
Im Jahr 1953 begann der Ausbau des Sägewerkes zu einem Furnierwerk, und schon ein Jahr später konnte Friedrich Kohl mit seinem Anteil aus dem Würzburger Unternehmen nach Karlstadt umziehen. Den mühsamen Aufstieg zu einem erfolgreichen Betrieb schildert Herr Kohl so: „Anfangs hatten wir ziemlich zu kämpfen, um uns bekannt zu machen. Die Konkurrenz war groß und zudem noch der Meinung, dass neben einem Zementwerk kein Furnierwerk bestehen könne. Der Zementstaub überdeckte damals alles und kroch durch jede Ritze. Filter, wie sie heute eingebaut werden, kannte man noch nicht. Wenn man abends sein Auto draußen stehen ließ, konnte man am Morgen den Staub mit dem Messer abkratzen. Die Blätter von den Rosen musste man einzeln abwaschen., damit man sie einigermaßen ansehnlich in eine Vase stellen konnte. In Karlstadt wirkte alles Grau in Grau. Die Furniere wurden damals noch

luftgetrocknet und dazu in luftdurchströmten Hallen auf Rechen zum Trocknen gelagert. Das dauerte je nach Wetterlage bis zu einer Woche. Die Furniere waren natürlich auch dem feinen Zementstaub ausgesetzt, und wir hatten anfangs Bedenken, ob dies bei der weiteren Verarbeitung zur Möbelherstellung zu Problemen führen könnte. Doch es gab niemals Beschwerden. Heute werden die Furniere nicht mehr luftgetrocknet, sondern kommen in Trockenmaschinen."

Das Karlstädter Furnierwerk entwickelte sich gut. Mit etwas Stolz erzählt Herr Kohl von dem Aufschwung in seinem Betrieb: „Zu Beginn, 1953 und 1954, war unsere Produktion zu neunzig Prozent auf deutsche Hölzer aus dem nahen Spessart, wie Eiche und Buche, ausgerichtet. Ich musste keine großen Reisen unternehmen, sondern sprach zum Einkauf bei den Forstämtern vor. Das hat sich allerdings im Laufe der Zeit stark geändert. Ich erkannte schon bald, dass es für das Überleben eines Furnierwerkes unabdingbar ist, ausländische Hölzer einzukaufen. Also streckte ich meine Fühler aus nach USA und Kanada, Ostasien und Holland wegen der damals noch bestehenden Kolonien. Der Trend im Möbelbau wandelte sich nämlich; gefragt waren nun vermehrt fremde und vor allem tropische Holzarten. Unmittelbar nach dem Krieg war jeder froh, wenn er überhaupt Möbel kaufen konnte, egal welches Furnier verwendet wurde. Mit der Zeit wurden die Leute anspruchsvoller, exotische Hölzer lagen im Trend. Ich konnte frühzeitig gute Geschäftsbeziehungen ins Ausland herstellen und hatte so meine Nase gegenüber der starken Konkurrenz immer etwas vorn. So konnten wir überleben. Im Karlstädter Werk haben wir mit einer Messermaschine und fünfunddreißig Leuten angefangen. Es wurde in drei Schichten gearbeitet. Heute sind fünf Messermaschinen in Betrieb mit der dreißigfachen Holzverarbeitung. Nach dem Krieg gab es in Deutschland ungefähr fünfzig bis sechzig Furnierwerke, wovon noch vier oder fünf überlebt

haben. Alle anderen hat der Wettbewerb aufgefressen. In Karlstadt arbeiten heute einhundertundachtzig Mitarbeiter. Wir haben außerdem noch Niederlassungen in Hamburg, in Westfalen und in Amerika mit nochmals vierzig Leuten. Ohne internationale Verflechtungen hätten wir überhaupt keine Chance mehr. Wichtig ist heutzutage das genaue Beobachten des Weltmarktes, das rechtzeitige Erkennen des Möbeltrends und die schnelle Reaktion auf geänderte Bedingungen.
Für die leitenden Mitarbeiter ist heute eine gute Ausbildung notwendig, hinzu kommt in unserer Branche noch viel handwerkliches Können. Wenn wir leitende Mitarbeiter einstellen, schauen wir vor allem darauf, ob die Bewerber ein gewisses Holzverständnis mitbringen." Die Söhne von Herrn Kohl, die heute im Betrieb tätig sind, haben beide studiert. Auch er selbst hätte gern ein Studium absolviert, doch in den wirren Jahren nach dem Krieg fehlte hierzu die Möglichkeit. Der Betriebsaufbau hatte Vorrang.
Frau Kohl wirft nun ein: „Mein Mann hat in der Aufbauphase fast Tag und Nacht für den Betrieb gearbeitet. Seine perfekten Sprachkenntnisse in Englisch und Französisch haben ihm bei seinen Auslandsreisen und den Verhandlungen dort große Dienste geleistet." Und Herr Kohl führt weiter aus: „Erfolge in einem mittelständischen Betrieb sind nur möglich, wenn man flexibel ist, mit den Mitarbeitern umgehen kann und sich selbst nicht schont. Der Mann an der Spitze sollte den Betrieb im wahrsten Sinne des Wortes verkörpern. Mit ihm lebt und stirbt eine Firma. Ich bin nun dreiundsiebzig Jahre alt, habe zwei Söhne und einen Neffen im Betrieb und kümmere mich selbst noch zweimal wöchentlich um die Belange der Firma. So versuche ich, meine langjährigen Erfahrungen einzubringen und die jungen Leute vor Fehlentscheidungen zu bewahren. Das Wichtigste geht noch über meinen Schreibtisch, manches kann ich von zu Hause aus erledigen. Ich darf mich glücklich schätzen, dass

sich meine Söhne und der Neffe hundertprozentig für den Betrieb einsetzen. Heute sind viele Dinge allerdings selbstverständlich, die früher undenkbar waren.
So nimmt sich jeder mal einige Wochen Urlaub im Jahr, und dies ist auch gut so. Als ich einmal vor vielen Jahren für eine Woche mit meiner Frau ins Kleinwalsertal in Urlaub gefahren bin, hat mein Vater schon die Nase gerümpft. Er selbst hat in seinem ganzen Leben höchstens dreimal eine Urlaubsreise unternommen. Für ihn, der im Jahr 1957 gestorben ist, war es nicht vorstellbar, dass ein Unternehmer seinen Betrieb für längere Zeit allein lässt. Fast glaube ich, dass die Menschen früher mit ihrem kargen Leben nicht unglücklicher waren. Dieses Übermaß an Genuss und Freizeit kann auf Dauer nicht gut gehen."
Herr Kohl ist mit seiner Ehefrau Marga sehr glücklich und stellt ihr ein ganz großes Lob aus: „Ohne meine Frau wäre diese gute Entwicklung des Betriebes nicht möglich gewesen. Wir, das heißt meistens sie, haben sechs Kinder großgezogen. Wenn ich bedenke, dass ich im Schnitt zu sechzig bis siebzig Prozent meiner Zeit unterwegs war, kann man sich vorstellen, was sie als Hausfrau und Mutter geleistet hat. Sie war aber nicht nur für die Familie immer zur Stelle, sondern auch für die Kunden, die zum Essen oder zum Übernachten ins Haus kamen und sich wohl fühlen sollten. Wenn ein Arbeiter sich in den Finger geschnitten hatte, kam er zu meiner Frau gelaufen, um sich helfen zu lassen, auch wenn es in der Nachtschicht um Mitternacht war. Oder wenn spät abends noch Holz geliefert wurde, früher oft noch einzelne Stämme, war meine Frau die Ansprechpartnerin und wies den Fahrer ein. So ein Betrieb wie unserer steht und fällt auch mit der Frau des Firmenchefs. Der Erfolg einer Firma hängt eben nicht nur vom rein Geschäftlichen ab. Wenn die Ehepartner und auch die Kinder nicht zusammen stehen, wird sich das negativ auf den geschäftlichen Bereich auswirken. So bin ich meiner Frau dankbar für ihren unermüdlichen

Einsatz und ihr Verständnis während all dieser gemeinsamen Jahre."

Frau Kohl erzählt an dieser Stelle, dass sie in jungen Jahren Kindergärtnerin werden wollte: „Nach Beendigung der Schulzeit musste ich mit dieser Ausbildung jedoch bis zu meinem achtzehnten Lebensjahr warten. Dann kam die Zerstörung von Würzburg im März 1945 dazwischen. Auch ich wurde als junges Mädchen zu den Aufräumungsarbeiten herangezogen. Man musste arbeiten, sonst bekam man keine Lebensmittelkarten. Da ich die Handelsschule besucht hatte, erhielt ich durch die Schwester meines Mannes das Angebot, in der Firma Kohl im Büro zu arbeiten. So konnte ich den Strapazen als sogenannte Trümmerfrau entgehen. Durch meine sechs Kinder habe ich dann doch noch meinen Traumberuf, sogar mit eigenem Kindergarten, verwirklichen können."

Zu sehr verwöhnt wurden die Kinder nicht, sondern von klein auf zur Selbstständigkeit erzogen. Herr Kohl bemerkt dazu: „Als unsere beiden ältesten Töchter Ursula und Rösle in die Schule kamen, wanderten sie gleich am ersten Schultag früh um halb acht Uhr allein mit ihrer Schultüte im Arm die etwa drei Kilometer zur Schule. Wir kamen gar nicht auf den Gedanken, sie in die Schule zu fahren, wie das heute üblich ist. Einen Schulbus gab es natürlich auch noch nicht. Wir waren vorher einmal den Weg mit ihnen abgegangen und hatten ihnen mögliche Gefahrenquellen eingeprägt. Auch hatten wir sie darauf hingewiesen, mit niemandem mitzugehen oder in ein fremdes Auto einzusteigen. Einmal nun wollte der Pfarrer sie auf dem Heimweg ein Stück mitnehmen, doch die Mädchen weigerten sich strikt, ins Auto zu steigen, wie uns später der Pfarrer lobend berichtete. Nach dem Motto: ‚Der Wunsch nach einem Sohn ist der Vater vieler Töchter' wurde als drittes Kind Tochter Margit geboren, danach kam unser erster Sohn Friedrich. Später vervollständigten noch Michael und Susanne unsere große

Frau Kohl mit ihrer Kinderschar.

Familie. Unsere älteste Tochter Ursula lebt heute mit ihrer Familie in Puerto Rico. Die anderen Kinder wohnen mit ihren Familien in der näheren Umgebung, so dass wir uns häufig besuchen und an den elf Enkeln erfreuen können."
Drei wichtige Dinge füllten Herrn Kohl in seinem Leben aus: Einmal der Betrieb, der die meiste Zeit beanspruchte, zum anderen die Familie, der auch heute noch seine Liebe gehört, und nicht zuletzt die bereits von den Vorfahren ererbte Leidenschaft der Jagd. „Das Jagen und der Aufenthalt in der Natur haben mich gesund erhalten. Die Jagd liegt mir im Blut, denn schon mit sechs Jahren bin ich mit meinem Vater voll Begeisterung auf die Pirsch gegangen. Ich habe in Zellingen die Eigenjagd der Gemeinde und die Genossenschaftsjagd gepachtet und stehe in einem guten Verhältnis zu den Verpächtern. Das beweist auch die Tatsache, dass mir bereits zum vierten Mal in der Folge beide Reviere verpachtet wurden. Auch mit meinen dreiundsiebzig Jahren

gehe ich noch gern auf die Jagd. Erst gestern habe ich ein Wildschwein erlegt. Meine Frau hat übrigens auch den Jagdschein, begleitet mich allerdings nie. Sie wollte mir eben nur beweisen, dass sie auch dieses Handwerk beherrscht. Geschossen hat sie nie etwas, das würde sie wohl nicht übers Herz bringen. Leider essen die jungen Leute bei uns in der Familie kaum noch Fleisch, was für einen Jäger fast eine Katastrophe ist."

„Mein Mann hat noch ein Hobby", fügt Frau Kohl ein: „Das ist die Musik. Nachdem er nun wieder mehr Zeit hat, spielt er Orgel und Keyboard." „Meine Mutter war sehr musikalisch", ergänzt Herr Kohl: „Im Elternhaus wurde viel Hausmusik gemacht. Meine Mutter spielte sehr gut Klavier, ebenso meine Schwester Elisabeth, während mein Bruder Franz und ich Violine spielten. Vor allem wenn Besuch kam, haben wir viel musiziert. Unsere Feierlichkeiten am Heiligen Abend bestanden zum großen Teil aus Musik und Gesang. Diese wunderbaren Erinnerungen möchte ich nicht missen. Nach dem frühen Tod meiner Mutter hat mein Vater kaum noch auf meine musikalische Weiterbildung Wert gelegt. Auch im Kloster Ettal wurde nicht so sehr auf das Musische geachtet. Meine guten Grundkenntnisse gingen deshalb im Laufe der Jahre doch etwas verloren."

Die Politik hat Herrn Kohl nur am Rande interessiert, wie er zugibt: „Man hat mich immer wieder mal gefragt, warum ich mich nicht politisch betätigt habe. Doch ich war und bin der Meinung, wenn man sich für das Geschäft, die Familie und noch für das Jagen voll einsetzt, bleibt einfach keine Zeit für die Politik übrig. Und wenn ich mich so umschaue, muss ich sagen, alle Betriebsinhaber, die ich kenne und die sich noch der Politik verschrieben hatten, haben früher oder später ihren eigenen Betrieb kaputtgemacht. Politik verträgt sich schlecht mit einer sorgfältigen Betriebsführung."

Herr und Frau Kohl sind gläubige Menschen. Herr Kohl erhielt in den fünf Jahren seiner Schulzeit im Kloster Ettal umfangreiche religiöse Unterweisungen, die aber nicht unbedingt Grundlage seines Glaubens sind. „Im Kloster Ettal wurde die religiöse Erziehung stark betont", erinnert sich Herr Kohl: „Jeden Tag hieß es, um sechs Uhr aufstehen, um halb sieben zur Frühmesse, erst danach gab es Frühstück. Am Abend mussten sich die Schüler wiederum zur Abendmesse versammeln. Ein junger Mensch reagiert normalerweise allergisch auf diese religiöse Überforderung. Ich ging deshalb in den Ferien daheim nie in die Kirche. Eine Änderung in meiner Glaubenshaltung trat während meiner Kriegsgefangenschaft ein. Dort traf ich mit einem evangelischen Pfarrer zusammen, mit dem ich viele tiefgreifende Gespräche führte. Fast hätte ich mich entschlossen, zum evangelischen Glauben überzutreten. Dieser äußerst sympathische, eindrucksvolle und glaubensstarke Lagerpfarrer war wie ich einer der letzten, der entlassen wurde. Er hat mich in Zeiten tiefster Verzweiflung aufgerichtet und mich in meiner Lebenseinstellung stark beeinflusst. Diesem Pfarrer bin ich noch heute dankbar für die ausführlichen Glaubens- und Lebensgespräche und für die Hoffnung, die er mir Zwanzigjährigem damals geschenkt hat. Später in den schwierigen Aufbaujahren des Betriebes war ich äußerst eingespannt, und so blieb wenig Zeit für die Kirche. Jedoch habe ich mich nie von Gott abgewandt. Mein Grundsatz war: ‚Ein Blick zum Himmel draußen im Wald ist besser als ein falsches Gebet.' Das war meine Philosophie, bis unser Sohn Friedrich schwer erkrankte. Seit dieser Zeit sind wir treue Christen und besuchen gern die Gottesdienste.

Wir haben erkannt, dass wir uns jeden Tag mit unserem Herrgott auseinander setzen müssen, auf unser Gewissen, unsere innere Stimme hören sollen und nicht auf das, was uns aus Rom mitgeteilt wird." Frau Kohl nickt zustimmend und unterstreicht diese Aussage ihres Mannes.

Etwas Kummer machen Herrn Kohl seine Beschwerden in den Beinen: „Es fällt mir nicht leicht, anzunehmen dass ich seit ungefähr sieben Jahren nicht mehr schmerzfrei laufen kann. Nach überstandener Kinderlähmung war man früher der Meinung, dass bei entsprechender Muskelkräftigung keine Nachwirkungen auftreten. Und tatsächlich konnte ich damals wieder bergsteigen und fast normal Sport treiben, ohne dass man mir meine Behinderung anmerkte. Inzwischen weiß man, dass es ein ‚Post-Poliosyndrom' gibt, das bedeutet: die Muskelbeeinträchtigung kann wieder auftreten. Manche Menschen leiden nicht darunter, ich jedoch recht stark, was mich bekümmert."

Auch Frau Kohl hat einige Krankheiten durchleiden müssen. Wiederholte Herzbeschwerden erforderten die Erneuerung einer Herzklappe. Bei einem Unfall brach sie sich die Hüfte und war dadurch monatelang in ihrer Bewegungsfreiheit stark eingeschränkt. „Unglücklicherweise geschah dies auch noch während eines Urlaubsaufenthaltes in dem amerikanischen Bundesstaat Vermont. Das brachte natürlich noch zusätzliche Probleme mit sich", berichtet sie von ihrem Missgeschick. In Vermont, dem Land der grünen Berge im Osten der USA, hat die Firma eine Niederlassung. Inmitten dieser herrlichen Landschaft in den Green Mountains besitzt die Familie Kohl ein Anwesen mit viel Wald drum herum. Wie es zu dem Unfall kam, schildert Herr Kohl so: „Meine Frau ist nämlich eine Perfektionistin. Alles muss heute noch und am besten gleich erledigt werden. Unter dem Dach des Hauses hatten Schwalben in einer Außenlampe ein Nest gebaut, in dem Junge geschlüpft waren. Meine Frau sorgte sich, ob die kleinen Vögel noch alle lebten und bat mich nachzuschauen. Ich war gerade im Garten mit einer Arbeit beschäftigt, die ich noch zu Ende führen wollte. Danach wollte ich eine Leiter holen, um ins Vogelnest zu schauen. Doch meine Frau konnte wohl nicht abwarten. Ich hörte plötzlich einen furchtbaren Schlag, lief so schnell ich konnte zur Unglücksstelle und sah meine Frau wimmernd vor Schmerzen mitsamt der umgestürzten Leiter auf dem Boden liegen. Und nun waren wir allein in einem fremden Land, weit weg von der nächsten Stadt. Ich rief sofort den Rettungsdienst an und muss anerkennend sagen: Innerhalb einer Viertelstunde war der Rettungswagen da, meine Frau wurde versorgt und in das nächste Krankenhaus gefahren. Dort musste sie dann sechs lange Wochen liegen. An eine Rückkehr nach Deutschland war vorerst nicht zu denken. Diese für uns beide schlimme Zeit ist aber nun längst vergessen, und jedes Jahr verbringen wir weiterhin unsere Ferien in unserem Haus in der wunderschönen Landschaft Vermonts. Besonders gern fahren wir im Spätsommer, wenn das prächtige Farbenspiel des amerikanischen ‚Indian Summer' beginnt. Wir sind sehr dankbar dafür, dass wir in unserem Alter noch so beweglich sind und diese weite Reise unternehmen können.

Angst vor dem Sterben habe ich nicht", sagt Herr Kohl ganz überzeugend, „allerdings vor einem langen Siechtum. Doch unser starker Glaube müsste uns auch durch diese Zeit hindurchtragen können. Uns ist bewusst, dass unser Leben einen Sinn haben muss. Unseren Kindern habe ich oft den Satz mit auf den Weg gegeben: ‚Das wichtigste Zeichen ist das Fragezeichen.' Man sollte niemals etwas ungeprüft als richtig annehmen, was einem andere Leute vorsagen. Wenn man über alles Fragezeichen setzt, kommt man am Schluss durch eigene Entscheidung zum richtigen Ziel. Rückblickend auf die Vergangenheit erkenne ich, wie sehr die Menschen sich beeinflussen lassen und welches Leid darauf folgt."

Frau Kohl gab ihren Kindern oft die Worte mit auf den Weg: „Halte Ordnung und sei fromm." Ihr Ehemann setzt schmunzelnd hinzu: „Ordentlich sind sie alle, aber ob sie fromm sind, können wir nicht recht beurteilen." Sehr aufgeschlossen spricht Herr Kohl über Glaubensfragen. Man spürt dabei, dass er sich viel damit beschäftigt und gern darüber freimütig diskutiert. „Ich bin als Katholik geboren und erzogen", sagt er, „und sehe heute überhaupt keinen Grund mehr, zu einer anderen Religion überzuwechseln. Aber für mich steht fest, dass wir alle, gleich welcher Konfession, zu dem gleichen Herrgott beten, nur die Wege zu ihm sind verschieden.

Bereits in jungen Jahren habe ich viel Leid erfahren und mit ansehen müssen. In unserer Familie ist früher oft über das Judenproblem gesprochen worden. Es gab in Würzburg viele jüdische Geschäfte, die in der Nazi-Zeit enteignet worden sind. In der Kristallnacht am 9. November 1938 herrschte in Würzburg eine unvorstellbare Verwüstung. Ich begriff als Elfjähriger nicht, um was es da ging, ahnte aber, dass schreckliches Unrecht geschehen war. Erschüttert hat mich als sechzehnjähriger Schüler in München der Anblick von Juden mit einem gelben Stern. Glücklicherweise bin ich nie in eine Situation geraten, wo ich mich hätte eindeutig entscheiden müssen. Ich erinnere mich, dass während meiner Flak-Ausbildung im Februar 1945 russische Kriegsgefangene in unserer Nähe in primitiven Löchern unter schrecklichen Verhältnissen hausen mussten. Wenn ich dort vorbeiging, habe ich gewagt, ihnen etwas zu essen zuzustecken, sowie ich mich unbeobachtet fühlte. Es war ja strikt verboten, mit Kriegsgefangenen Kontakt aufzunehmen, geschweige denn ihnen Essen zu geben. Deshalb wagte ich auch nicht, mich mit ihnen zu unterhalten. Was nützt alle religiöse Erziehung, wenn man im entscheidenden Moment seinen Nächsten nicht erkennt.

Die Ermordung von Millionen Juden durch die Nazis war mir damals im Krieg nicht bekannt. In unserer Familie wussten wir zwar, dass es Konzentrationslager wie das in Dachau gab und dort Juden als so genannte Untermenschen schlecht behandelt wurden, aber von der Auslöschung der Juden drang nichts zu den Leuten. So war auch meine erste Reaktion nach dem Krieg, als das Ausmaß des millionenfachen Mordes bekannt wurde: „Das stimmt nicht!" Aber es entsprach halt doch der Wahrheit. Wir haben heute einige jüdische Bekannte, mit denen wir oft über diese schrecklichen Ereignisse sprechen. Sie haben Angehörige verloren und viel Leid erfahren. Es ist schwer, über diese dunkle Seite unserer Geschichte hinwegzukommen."

Mit diesen ernsten, nachdenklichen Gedanken schließt Herr Kohl seine Reise in die Vergangenheit ab. Es rührte uns an, ihm und seiner Frau zuzuhören und auf diese Weise Einblick zu erhalten in ihr bewegtes Leben.

Anneliese Lussert, Langenprozelten

Anneliese Lussert, geborene Hartner, am 1. April 1929 in Marktbreit geboren, 1949 Heirat mit Friedrich Lussert, seit 1992 verwitwet, Besitzerin des Gasthofes „Engel" (Spessartgrotte) in Langenprozelten, Schriftstellerin, wohnt seit 1968 in dem Gemündener Stadtteil Langenprozelten

Tief drinnen weiss ich, ich kann's

Bereits am Eingang des historischen Gasthauses „Engel" im Gemündener Stadtteil Langenprozelten erwartete uns Frau Lussert und führte uns in das renovierte gemütliche Gastzimmer, um uns den Lauf ihres Lebens nachvollziehen zu lassen. Der „Goldene Engel', wie er früher genannt wurde, ist das älteste Gasthaus im Raum Gemünden und bestand bereits im 12. Jahrhundert als gemeindeeigene Schenke und Gerichtsstätte mit Pranger. Seine Lage direkt an der ehemaligen Furt über den Main und am Verbindungsweg zur Birkenhainer Landstraße von Hanau nach Gemünden machten ihn zu einer zentralen Herberge dieses bis ins 18. Jahrhundert bedeutenden Handelsweges.

Etwas zögernd beginnt Frau Lussert mit ihrem Bericht, doch es dauert nicht lange und schon sprudelt es nur so aus ihr heraus. Wir erfahren, dass eine Freundin einmal zu ihr gesagt hat: „Man muss bei der Anneliese nur an der Zunge ziehen, schon fließen die Worte und man kann sie gar nicht mehr stoppen."

„Ich bin am Ostermontag des Jahres 1929 in Marktbreit geboren. Es war der 1. April, also der Narrentag, wie man bei uns sagte," fängt Frau Lussert in ihrer bekannten humorvollen Weise zu erzählen an: „Dieser besondere Geburtstag hat mich in meinem Leben oft verfolgt, so fand ich auf meinen späteren Lohnstreifen manchmal auf diesen Narrentag bezogene lustige Sprüche. Auch sonst nahm man mich wegen

Anneliese Lussert in ihrer Gaststube, Sommer 2000.

meines Geburtstages ab und zu auf den Arm. Ich wurde auf die schönen Namen Anna Margarete getauft und sollte eigentlich noch den Namen Elise erhalten, aber bei der Anmeldung im Standesamt wurde dieser dritte Namen glatt vergessen. Mein Rufname war aber Anneliese, so wurde ich zu Hause, in der Schule und überall genannt und deshalb unterschrieb ich auch immer nur mit ‚Anneliese', was manchmal bei offiziellen Dokumenten zu Schwierigkeiten führte.
In meiner Geburtsstadt Marktbreit habe ich meine ganze Kindheit und Schulzeit verbracht. Die idyllische kleine Altstadt am Main zwischen Ochsenfurt und Kitzingen war mein Zuhause. Mein Vater war gelernter Schuster, verlor jedoch durch die Inflation 1929 seine Anstellung als Geselle und wurde arbeitslos. Zwei seiner Onkel boten ihm kurz

darauf an, in ihren Steinbrüchen zu arbeiten, wo er sich bald als künstlerisch begabt erwies und wunderschöne Grabsteine herstellte. Im Frühjahr 1940 wurde er zur Wehrmacht eingezogen und kam bald an die Front. Wiedergesehen habe ich ihn nur noch an einigen kurzen Urlaubstagen im Jahr 1940, danach kam noch ab und zu mal ein Brief von der Front aus Russland, wo er eingesetzt war. Etwa ab 1942 haben wir nie mehr etwas von ihm gehört. Jahre später erfuhr meine Mutter von einem Kriegskameraden, dass mein Vater bei einem Angriff einen Kopfschuss erlitten habe, jedoch noch selbstständig zum Verbandsplatz gehen konnte, wie beobachtet worden sei. Vom Verbandsplatz sollte er in ein Lazarett abtransportiert werden. Von da an verlor sich seine Spur. Nie haben wir über sein Schicksal eine Nachricht erhalten. Auch seine Einheit konnte nicht erfahren, was mit ihm geschehen war. Die Ungewissheit über ihn, ob er umkam oder in Gefangenschaft geriet, brachte vor allem meiner Mutter großes Leid und kostete viele Tränen. Immer und immer haben wir auf ihn gewartet, doch leider vergebens.

Meine Mutter musste nun für unseren Lebensunterhalt allein sorgen, denn sie erhielt niemals eine Witwenrente. Es blieb ihr nichts anderes übrig, als in der Landwirtschaft bei einem Bauern schwere körperliche Arbeiten zu verrichten. Meinen kleinen Bruder Georg, der 1938 geboren war, musste ich gewissermaßen mit aufziehen, denn die Mutter war tagsüber bei der Arbeit. Eine besondere Zuneigung hatte ich zu meiner Großmutter Anna mütterlicherseits, die ebenfalls in Marktbreit wohnte. Sie war eine einfache bäuerliche Frau, aber sehr poetisch veranlagt. Einfühlsam wies sie mich auf alles Schöne in der Natur hin und zeigte mir ihre Bewunderung, zwar mit einfachen Worten, die mich jedoch beeindruckten. Diese Hinwendung zur Natur muss ich wohl von ihr geerbt haben und kann sie nun in Worte umsetzen.

Wenn ich an meine Schulzeit denke, so erinnere ich mich an strenge, aber auch verständnisvolle Lehrer, die während der

Die Schülerin Anneliese, 1936.

acht Jahre doch großen Einfluss auf uns ausübten. Ich war mehr eine Einzelgängerin und hatte kaum enge Freundinnen. Wie alle anderen Schülerinnen gehörte auch ich zu den ‚Jungmädchen', der Mädchengruppe der Hitlerjugend. Zweimal in der Woche versammelten wir uns, um Heilkräuter zu pflükken. Auch Knochen, Lumpen und Stanniol haben wir bei den Leuten abholen müssen und so waren wir neben der Schule noch zusätzlich recht beschäftigt."

Die kleine Anneliese spürte schon als Kind deutlich, wie unter dem Naziregime plötzlich eine Gruppe der Bevölkerung, die Juden, abgesondert und nicht mehr als Mitbürger angesehen wurde. In Marktbreit gab es etliche jüdische Familien und die Ausgrenzung dieser Mitbewohner ging der Anneliese nach: „In unserer kleinen Pförtleinsgasse, die früher zur Stadtbefestigung gehörte, wohnten in der Nähe der Synagoge die Familien Heidingsfelder, Sonn, Oppenheimer und Dachauer, alles Juden, mit denen wir uns gut verstanden. Oft wenn ich samstags in die Schule ging, klopfte Frau Sonn, eine behäbige, gutmütige Frau, ans Fenster und rief: ‚Nachbarle, komm doch mal rauf und mach mir den Brief auf und leg mir ein Brikett aufs Feuer.' Sie selbst durfte ja am Sabbat nicht schaffen und war froh, wenn ich ihr die kleine Gefälligkeit erwies. Sogar das Licht habe ich an- und ausgeknipst. Dafür bekam ich dreißig

Pfennig, für mich damals viel Geld. In der Schule nannte man mich dann einen Judenknecht, worüber ich sehr weinte. Meine Mutter tröstete mich und ging schließlich selbst zur Frau Sonn hinüber, um ihr zu helfen. Die jüdischen Kinder besuchten damals ihre eigene Schule, die in der Synagoge eingerichtet war.

Neun Jahre war ich, als ich die Kristallnacht miterlebte. In der Nacht vom 9. auf den 10. November 1938 hörte ich plötzlich einen höllischen Lärm und meinte zuerst, es sei ein Gewitter. Überall wurden in den jüdischen Häusern Türen und Fenster eingeschlagen. Das Geschirr hat man einfach aus den Fenstern geschmissen und die verstörten Juden zusammengetrieben. Angstschreie gellten durch die Nacht, die ich nie vergesse. Meine Eltern zogen sich schnell an und liefen hinaus, um eventuell Hilfe leisten zu können. Ich habe mich so gefürchtet und wusste gar nicht, was da geschah. Ganz verweint kamen Vater und Mutter wieder ins Haus, beruhigten mich und legten mich wieder ins Bett. Kalt und regnerisch war es, als ich morgens aus dem Fenster sah. Da dachte ich, es habe geschneit. Was wie Schnee aussah, waren jedoch Daunenfedern von aufgeschlitzten und aus den Fenstern geworfenen Betten, die sich im Wind leicht hin und her bewegten und unheimlich auf mich wirkten.

Auf dem Schulweg fragte ich meine Klassenkameradinnen: ‚Was war denn heute Nacht nur los?' – ‚Na, die haben den Juden doch alles zusammengeschlagen!' – ‚Aber warum?' – ‚Ja, weil's halt Juden sind.' Ich begriff das alles nicht. Frau Sonn stand mit ihrer Tochter und den Enkelkindern im Hausflur und alle schluchzten herzerweichend. Ihr ganzes Mobiliar war zerschlagen und zerstört. Ich sehe noch den roten Kirschsaft aus den zerbrochenen Einmachgläsern über den gelben Steinfußboden fließen wie Blut. Ohne wirklich zu begreifen, was hier vorging, merkte ich doch, dass großes Unrecht geschehen war und weinte mit der Familie Sonn mit.

In der Nachbarschaft wohnte auch die jüdische Familie Lauber, deren Tochter Susi, ein junges Mädchen, ich bewunderte. Sie war so besonders schön mit samtener hellbrauner Haut und blauschwarzem Haar. Ihr Bruder Ludwig war rechtzeitig nach England gebracht worden und hatte sich zur britischen Armee verpflichtet. Somit war er vor der Verfolgung in Deutschland sicher. Auch Susi brachten die Eltern in die vermeintliche Sicherheit nach Belgien. Als aber im Mai 1940 Belgien von den deutschen Truppen besetzt wurde und nun auch dort die Juden von den Nazis verfolgt wurden, holten die Eltern sie wieder zurück. Eines Tages wurden Susi und die Eltern abgeholt und keiner weiß, wo sie geblieben sind.
Später habe ich das Gedicht geschrieben: ‚Zur Erinnerung an Susi Lauber, ein jüdisches Mädchen aus Marktbreit.' Ich wollte mit diesem Gedicht deutlich machen, dass in Deutschland nicht alle Menschen die Juden hassen. Das Gedicht wurde nach der Veröffentlichung in ganz Israel verbreitet. Nach einiger Zeit erhielt ich einen Anruf von einem Mann, der in gebrochenem Deutsch mit mir sprach. Wie sich bald herausstellte, war es Ludwig Lauber, der Bruder von Susi. Ihm war das Gedicht über seine Schwester in die Hände gekommen, und nun suchte er schon ein halbes Jahr nach mir, bis er mich schließlich ausfindig machte. Er wusste natürlich nicht, dass ich inzwischen verheiratet war und einen anderen Namen trug.
Wir vereinbarten ein Treffen und bald kam er mich mit seiner jüdischen Frau besuchen. Auch sie hätte fast nicht überlebt und musste mit ansehen, wie alle Angehörigen umgebracht wurden. Sie wurde schließlich von einem russischen Offizier gerettet. In einem Kibbuz in Israel haben sich die jungen Leute kennen gelernt und geheiratet. Ludwig wollte eigentlich von Deutschland nichts mehr wissen, weil er bei einem früheren Besuch keine guten Erfahrungen gemacht hatte. Er beabsichtigte damals, nach seinem Elternhaus in

Marktbreit zu schauen und war enttäuscht, ein verfallenes Gebäude vorzufinden. Schon am Flughafen sei er seinerzeit nicht sehr freundlich empfangen worden mit der Bemerkung: ‚Was willst du hier, Jude, hau ab!' Das seiner Schwester gewidmete Gedicht hatte ihn nun wieder etwas mit Deutschland versöhnt und Ludwig und seine Frau luden mich sogar nach Tel Aviv in ihr schönes Haus ein. Da ich aber an einer Sonnenallergie leide, darf ich nicht in ein so heißes Land reisen. Als Zeichen des Friedens haben sie mir ein vergoldetes Lorbeerblatt geschenkt.

Die Konfirmandin Anneliese, 1942.

Am Palmsonntag des Jahres 1942 wurde ich bereits mit dreizehn Jahren in Marktbreit konfirmiert, denn in diesem Jahr wurden zwei Jahrgänge zusammen eingesegnet. Jener Palmsonntag bleibt mir aber nicht nur wegen meiner Konfirmation in Erinnerung. Zu meinem Entsetzen musste ich gerade an diesem Tag mit ansehen, wie die Juden abtransportiert wurden.

Dieses Bild vergesse ich nie, wie die Männer, Frauen und Kinder zusammengepfercht auf offenen Heuwagen saßen, ihre wenigen Habseligkeiten in Schachteln und Taschen verpackt eng an sich gedrückt. Ein Häufchen Elend! Es hieß, sie kämen in ein Arbeitslager, und wir mussten das glauben. Noch heute erschüttert es mich, wenn ich über diese Zeit spreche.

Selbst kann ich nur Gutes von den Juden erzählen und ihre Großzügigkeit loben. Da erinnere ich mich an den jungen Oppenheimers Tali, eigentlich Naphtali, der mit uns Kindern und ein paar Frauen immer zum Kartoffelauflesen hinaus aufs Feld fuhr. Dabei hat er uns oft mit seinen Späßen aufgeheitert und zu gern gesungen. Zum Beispiel das Lied von der Loreley von Heinrich Heine: ‚Ich weiß nicht, was soll es bedeuten', oder ‚Im grünen Wald, dort wo die Drossel singt', eben Lieder von jüdischen Dichtern, die damals eigentlich verboten waren. Mir war unbegreiflich, warum diese schönen romantischen Liedverse nicht gesungen werden durften. Zum Abschluss der Kartoffelernte wurde ein Kartoffelfeuer gemacht und die Kartoffeln geröstet. Nur das Salz mussten wir mitbringen und ein Messerle zum Schälen. Als wir so in gemütlicher Runde zusammen saßen, fragte eine Frau: ‚Na Tali, was machst du denn, wenn du mit der Schule fertig bist?', woraufhin er antwortete: ‚Ich weiß nicht, ob ich nicht später studieren soll.' In meiner Naivität rief ich: ‚Gell, Tali, du wirst doch Soldat!' Plötzlich entstand um mich herum ein peinliches Schweigen und eine Frau flüsterte mir zu: ‚Halt's Maul, der ist doch ein Jud!' Ich dachte: ‚Wieso darf ein Jude kein Soldat werden? Im Ersten Weltkrieg waren sie doch auch dabei und erhielten sogar Auszeichnungen und sind für Deutschland gefallen. Also, ich verstand die Welt nicht mehr. Ich konnte das nicht begreifen, und glaube, auch viele Erwachsene verstanden dies ebenso wenig.

In meinem Elternhaus herrschte meistens eine traurige Stimmung, da wir vom Vater nichts hörten. Meine Mutter bekam keine Unterstützung, da sie keinen Nachweis führen konnte, dass ihr Mann gefallen oder vermisst war. Finanziell ging es uns schlecht, denn die Miete und die Abgaben mussten bezahlt werden, und auch für den Lebensunterhalt brauchten wir Geld. Sozialhilfe, oder wie es früher hieß, Fürsorgeunterstützung, wollte meine Mutter nicht annehmen und hat sich deshalb lieber Arbeit gesucht in der Landwirtschaft und als Kellnerin in verschiedenen Lokalen.

Ich musste nach meinem Schulabschluss mit vierzehn Jahren das so genannte Pflichtjahr in einer Familie ableisten und kam zu einem Hauptlehrer, der zugleich der Ortsgruppenleiter von Marktbreit war. Seine Aufgabe bestand unter anderem darin, den Angehörigen die Gefallenenmeldungen zu überbringen. Da er sehr weichherzig war, lagen diese Schreiben oft tagelang auf seinem Schreibtisch, weil ihm der Gang in die Trauerhäuser zu schwer fiel. Seine Frau war ein regelrechter Putzteufel. Sie überreichte mir drei Staublappen in verschiedenen Farben. Der eine war zum Abputzen von Klavier und Schrank, der andere für die Fensterbretter, der dritte für die Fußleisten. Wehe, wenn ich diese Tücher verwechselte! Ich hatte von meiner Mutter wohl Sauberkeit gelernt, aber solche Genauigkeit war mir doch fremd. Die Hausherrin erwies sich auch als übertrieben sparsam, obwohl es an nichts gefehlt hat. In ihrem großen Gemüsegarten ernteten wir den Salat, den ich binden, schneiden und zum Schluss waschen musste. Ich wollte aber den Salat vorher waschen, um den Sand und die vielen Würmer zu entfernen. Doch nach ihrer Anleitung sollte ich erst ausputzen und schneiden, wovor ich mich aber ekelte. Da dachte ich, heute esse ich nichts von dem Salat und schneide ihn samt Würmern und Sand. Ihr Mann beschwerte sich über die Würmer und fuhr mich an: ‚Du musst die Würmer vorher herausholen, bevor du den Salat fertig machst'. Ich antwortete trotzig: ‚Ihre Frau hat mir verboten, den Salat vorher zu waschen, und ich lange nicht die ekligen Würmer an, nein, das tue ich nicht!'

Die erste Frau des Hauptlehrers, eine bildhübsche Frau, war gestorben und er hatte wieder geheiratet, was ich aber nicht wusste. Eines Tages entdeckte ich beim Saubermachen auf dem Dachboden das Gemälde einer wunderschönen Frau und fragte die jetzige Hausherrin: ‚Warum hängen Sie denn dieses schöne Bild nicht ins Wohnzimmer?' – ‚Nein, nein', sagte sie rasch, das bring mal wieder auf den Dachboden.' Ich war also völlig ahnungslos total ins Fettnäpfchen getreten. Nach vierzehn Tagen habe ich gebetet: ‚Lieber Gott, lass dieses Jahr ganz schnell vergehen, weil ich das nicht aushalte.' Zum Glück konnte ich daheim schlafen. Aber jeden Morgen musste ich bereits um sieben Uhr meinen Dienst antreten und bis abends halb neun Uhr arbeiten. Völlig müde und erschöpft fiel ich daheim ins Bett. Mein Weg führte am Altersheim vorbei, aus dem oft greisenhafte Gesichter schauten und weiter am etwas unheimlichen Weismantel-Garten mit hohen Sträuchern und dunklen Bäumen und lauten Vogelschreien, die mir durch und durch gingen. Vor allem in der Dunkelheit habe ich mich sehr gefürchtet und bin so schnell ich konnte angsterfüllt vorbei gehuscht, obwohl der Weg nicht weit war. Diesen Weg sehe ich noch heute genau vor mir, denn mir wird ein fotografisches Gedächtnis nachgesagt. Ich kann mir alles merken und speichere all diese Bilder in meinem Gedächtnis.

Gegen Kriegsende wurde auch um Marktbreit gekämpft und im März und April 1945 gab es Bombenangriffe der Amerikaner. In der Altstadt sind ungefähr fünfzig Häuser beschädigt oder zerstört worden. Eine Volkssturmgruppe war in Marktbreit einquartiert und auch eine Einheit der SS. Der Gefechtsstab residierte im Hotel ‚Löwen', dem zweitältesten Gasthaus Bayerns. Mein Onkel Hans Schneider, der aus gesundheitlichen Gründen vom Wehrdienst befreit war, musste als gelernter Koch für diese Mannschaft das Essen zubereiten. Da er allein mit seiner Frau mit der vielen Arbeit nicht mehr fertig wurde, bat er mich um Mithilfe. Und da ich immer schon sehr hilfsbereit war, sagte ich ihm zu. Eigentlich sollte ich gleich nach Ostern in Hopferstadt bei Ochsenfurt eine Stelle in dem NSV-Kindergarten antreten, doch daraus wurde in diesen Kriegswirren nichts mehr. Mit dem Erscheinen der Amerikaner hatten alle öffentlichen Einrichtungen ihren Betrieb eingestellt, und auch der Kindergarten existierte nicht mehr.

Am Ostersonntag 1945, an meinem sechzehnten Geburtstag, half ich meinem Onkel in der Küche. Als wir mit den Essensvorbereitungen fertig waren, wollte ich mit meiner Tante Gretel draußen etwas Luft schnappen. Im Hotel war auch das Kino untergebracht und wir schauten uns die alten Filmbilder in den Holzschaukästen an. Da hörten wir zufällig, was unweit entfernt stehende Offiziere beratschlagten. Uns standen die Haare zu Berge, als wir hörten, wie viele Panzer in der Nähe standen zur Verteidigung der Stadt. Im selben Augenblick nahmen wir ein uns fremdes, sonderbar rasselndes Geräusch wahr, das, wie wir später erfuhren, von amerikanischen Panzern stammte. Gleichzeitig dröhnten dumpfe Schüsse und die Kämpfe begannen. Auch das Hotel wurde beschossen und die deutschen Soldaten eilten schwer bewaffnet in die umliegenden Gebäude. Viele von ihnen wurden bei diesen Angriffen verwundet. Plötzlich packten uns zwei Soldaten und schubsten uns in einen Kartoffelkeller, der auch als provisorischer Verbandsplatz diente. Im ‚Löwen' wurde alles kurz und klein geschossen und mit einem ohrenbetäubenden Lärm zerbarst die riesige Glasvitrine mit sämtlichen Gläsern. Durch einen Spalt der Kellertür konnte ich sehen, wie ein ganz junger Soldat getroffen wurde und liegen blieb. Ich wollte ihn retten und in unseren Unterschlupf ziehen. ‚Mädle spinnst du', haben mir zwei Sanitäter zugeschrieen: ‚Der ist tot, dem kannst du nicht mehr helfen!' Als wir später den Keller verlassen durften, sah ich noch zwei weitere blutjunge deutsche Soldaten, die bei den Kämpfen gefallen waren. Auch sah ich, wie Verwundete mit blutigen Verbänden ins Hotel liefen. Den Deutschen war es gelungen, einige amerikanische Panzer zu zerstören. Die gefangenen Amerikaner wurden zunächst ins Hotel geführt. Ich habe damals diese fremden Soldaten entsetzt angeschaut, weil sie unsere Leute umgebracht haben. Schrecklich war es, als man einen jungen schwer verwundeten deutschen Leutnant ins Hotel trug. Er hatte mit der Panzerfaust einen amerikanischen Panzer abgeschossen und dabei selbst schwerste Brandwunden erlitten. Sein ganzer Rücken war aufgerissen. Nach einer notdürftigen Versorgung brachte man ihn in das Krankenhaus, wo er einige Tage danach verstarb.

Tante Gretel und ich eilten ins zerstörte Hotel. Mein Onkel wollte in der Küche noch retten, was zu retten war. Wir erschraken, als wir das Chaos dort sahen. Die Töpfe waren zerschossen und lagen teilweise auf dem Boden, das Essen quoll heraus und alles war unbrauchbar. Die im Regal aufgestapelten Kommissbrote waren gespickt mit Glassplittern. Es war nichts mehr da, was wir den Leuten hätten vorsetzen können. Mir taten die armen Soldaten leid, weil sie nun nichts mehr zu essen hatten.

In der letzten Nacht vor dem Einmarsch der Amerikaner ist auch das Haus, in dem wir mit anderen Familien wohnten, bombardiert worden. Ein großes Haus mit einem angeblich besonders sicheren Luftschutzkeller, das unmittelbar neben der Kirche stand, ist von mehreren Sprengbomben zerstört worden. Alle die in diesem Keller Schutz gesucht hatten, kamen ums Leben. Meine Mutter war mit meinem Bruder und den anderen auf den Kapellenberg außerhalb der Stadt geflüchtet und hatte das Inferno von oben mitverfolgen müssen. Sie sorgte sich natürlich um mich. Erst bei Dunkelheit durften meine Tante Gretel und ich das Hotel verlassen und liefen hinauf auf den Berg, wo meine Mutter mich erleichtert empfing. Meine Tante rief plötzlich: ‚Sag mal, ist heute nicht der 1. April? Dann hast du doch Geburtstag. Wir sollten einen Bocksbeutel aufmachen.' Eine Frau hatte zufällig ein Handwägelchen voller Kisten mit Wein gerettet. Doch wir hatten keinen Öffner und mussten den Korken in die Flasche stoßen. Auch Gläser hatten wir nicht. In dem kleinen Weinbergshäuschen fanden wir einen alten Zinnbecher, aus dem wir alle tranken. Den ganzen Tag hatte ich weder etwas gegessen noch getrunken und goss durstig wie ich war, den ganzen Becher in mich hinein. Meine Beine wurden schwach und mir wurde schwindelig. Eine schöne Erinnerung an meinen sechzehnten Geburtstag! Plötzlich gab es einen ungeheuren Schlag und neben dem Weinbergshäuschen explodierte ein Blindgänger und schuf ein tiefes Loch. Schnell suchten wir Schutz in einem tiefen Graben und haben noch einige Tage am Kapellenberg ausgeharrt. Wir lagen mitten drin zwischen den kämpfenden Truppen, von hinten schoss die deutsche Artillerie, von vorne die Amerikaner. In diesen mit Angst erfüllten Schreckenstagen habe ich mir selbst ein Versprechen gegeben: Ich habe mir vorgenommen, ein guter, ehrlicher Mensch zu sein, wenn ich hier jemals heil herauskomme.

Deutsche Soldaten rieten uns, in den Kellern in der Stadt Schutz zu suchen. Wir schlichen uns nun runter zu unserem Haus. Doch wie sah das aus! Die Türen hingen heraus, die Fenster waren kaputt und der Putz fiel herunter. Ich hatte das große Bedürfnis, mich zu waschen, denn Wasser lief noch. In eine kleine Zinkwanne ließ ich Wasser laufen, nahm Waschlappen und Seife und seifte mich tüchtig ein. Welch eine Wohltat nach dieser langen Zeit in einem Erdloch! Als ich ganz eingeseift war, kam wieder ein Bombenangriff und ich stand nackig da. Schnell griff ich mir den BDM-Rock und eine Bluse, die über dem Ofen zum Trocknen hingen, streifte beide Kleidungsstücke über meinen nassen Körper und schlüpfte in Turnschuhe, während meine Mutter mich schon drängte, und ab ging es in den Keller. Jetzt kam der Hauptangriff, bei dem viele Leute umgekommen sind. Nachdem der Angriff vorüber war, mussten wir hinaus zum Löschen. Es war kalt und nass und ich fror erbärmlich so ohne Strümpfe und Unterwäsche, die Turnschuhe waren total durchweicht. Da gab mir jemand den Rat, hinauf zum Schloss zu gehen, wo die Mädchen vom Arbeitsdienst

(RAD) untergebracht waren. Ich bekam dort tatsächlich Kleidung, die von geflohenen Mädchen zurückgelassen worden war. So erhielt ich Schuhe, wovon allerdings der rechte eine runde und der linke eine spitze Kappe hatte und die zudem noch von unterschiedlicher Größe waren. Auch eine Lodenjacke in erdbrauner Farbe gab man mir, sowie ein kornblumenblaues Arbeitskleid mit aufgesetzten großen Flicken im Hinterteil, eine rote Schürze und sogar eine bestickte Feiertagsschürze. Schließlich händigte man mir noch zwanzig Schlüpfer aus, doch hatten die keinen Gummi. Was sollte ich machen? Irgendjemand steckte mir eine Schnur zu, die ich mit einer Sicherheitsnadel durch den Bund zog und befestigte, um den rutschigen, seidigen Schlüpfer wenigstens eine Zeit lang zu bändigen. Wie sah ich nun mit diesen zusammengestoppelten Kleidungsstücken aus! Ich war ja erst sechzehn Jahre und als Mädchen doch etwas eitel.

Da hieß es plötzlich, die Amerikaner sind da! Wir wollten doch gucken, wie die aussehen und sind rausgelaufen. Was stand da für ein bildhübscher Kerl! Ich war nicht auf Männer aus, dafür war ich zu unreif, aber mir wurde plötzlich bewusst, wie unmöglich ich aussah. Mit offenem Mund kaute der Kaugummi und die schneeweißen Zähne blitzten nur so. Die Amerikaner verteilten an die Kinder Kekse und Schokolade und gewannen so Vertrauen bei der jüngeren Bevölkerung. Nach ein paar Tagen machte die Nachricht die Runde, draußen am Main stehen Neger und geben Orangen aus. Natürlich sind wir aus Neugier sofort hingelaufen. Da standen dunkelhäutige Soldaten, die uns zunächst erschreckten. Wir kannten bisher Neger nur aus Filmen als Sklaven mit Fußketten. Ich näherte mich ängstlich diesen baumlangen Männern, und ein Schwarzer kommt auf mich zu und will mir eine Orange reichen. Aber ich bin vor Schreck zurückgewichen und habe die Orange nicht angenommen.

Da unser Haus unbewohnbar war, brachte meine Mutter sich, meinen Bruder und mich in den Winzerkeller, den

Schutzraum für die Allgemeinheit. Hier lebten wir vierzehn Tage in einer schrecklichen Enge mit vielen anderen Menschen, die ebenfalls ausgebombt waren. Im Kindergarten fand man eine Wanne voll Kartoffeln, die wir uns auf einem Spirituskocher zubereiten konnten, den meine Mutter in guter Voraussicht mitgenommen hatte. Bei einem Bauern hatte am Karfreitag eine Sprengbombe eingeschlagen, wobei alle Hühner, Gänse und Enten zerfetzt wurden. Der Bauer überließ uns sein Federvieh und so kamen wir in all der Not zu Fleisch und guter Suppe. Die Kindergartenleiterin stellte uns Kinderpritschen zum Schlafen zur Verfügung. Die waren natürlich zu kurz, so dass die Beine herunterhingen. Die Weinfässer waren noch gefüllt, doch der Verwalter erklärte, der Wein sei Volksgut und gehöre der Wehrmacht. Wir hatten aber alle furchtbaren Durst. Von einem Bach holten die Leute Wasser, doch von dieser Lehmbrühe konnte ich einfach nichts trinken, obwohl ich großen Durst hatte. Mein Ekel war größer als mein Durst. Schließlich erbarmte sich der Verwalter und rief: ‚Was soll's, der Wein ist Volksgut, er gehört also dem Volk und das Volk sind wir. Her mit dem Hammer!' Und sogleich öffnete er ein Fass. Der Wein war furchtbar sauer, aber ich war so durstig, dass ich die Flüssigkeit nur so in mich hineingoss. Natürlich bekam ich einen tüchtigen Rausch und schlief bald ein. Als ich aufwachte, konnte ich keinen Tropfen Wein mehr runterkriegen, und habe mir mit dem Rest im Becher meine sandigen Hände gewaschen.

Es herrschte an allem Mangel, und sobald es etwas gab, machten sich alle Leute sofort auf die Beine, um auch etwas zu erwischen. An einem Tag hieß es: Am Bahnhof gibt es Marmelade! Ich nahm aus meinem Köfferchen, in dem ich die Konfirmationsgeschenke aufbewahrt hatte, ein grünes Glasschüsselchen, ließ mir von der Mutter Geld geben und machte mich auf den Weg. Leute kamen mir entgegen und fragten mich: ‚Was willst du denn mit deinem Schüssele?' –

‚Ich denke, es gibt Marmelade zu kaufen?' antwortete ich. ‚Ach, vergiss dein Schüsselchen, du kriegst einen ganzen Eimer und zwar ohne Geld'. Da dachte ich, da schleppe ich mich doch nicht mit dieser blöden Schüssel ab und stellte es gutgläubig wie ich war, auf einen Eckstein und legte noch das Geld hinein. Meine Mutter kam später nach, sieht dies und denkt: ‚Das ist doch der Anneliese ihr Schüssele' und nimmt Schüssel und Geld mit, bevor es in falsche Hände geraten konnte. Hinterher habe ich mich über meine Dummheit geärgert, aber ich war halt sehr vertrauensselig. Die Marmelade war in einem Güterzug, der beschossen worden war. Sie lief aus den Eimern aus und stand schon kniehoch im Waggon. Plötzlich kamen Tiefflieger und der Mann, der die Marmelade aus dem Waggon schaffte, schrie: ‚Legt euch unter den Zug!' Als dieser Schreck vorbei war, bekam ich endlich einen Eimer Vierfruchtmarmelade und lief stolz in unseren Unterschlupf.

Von einem Schiff, das an der Mainlände ankerte, ergatterten wir Persil und Ata, da aber bereits Sperrstunde war, verjagten uns die Amerikaner mit ihren Gewehren. Als ich einmal zum Friedhof ging, um nach dem Grab vom Opa zu gucken, sehe ich, wie an einem Lagerhaus die Feuerwehrleiter angelehnt steht und Leute aus dem Dachboden etwas herunterschmeißen. Ich also nichts wie hin. Da war, wie ich sah, das Heereslager für Fallschirme. So ein Fallschirm hat sicher siebzig oder achtzig Kilo gewogen, das konnte ich allein gar nicht bewältigen. Ich stieg dennoch mit einem Nachbarmädchen die Leiter hinauf und warf ungefähr zehn bis zwölf dieser Ballen hinunter, bis meine Mutter kam. Die Leute haben die Fallschirme nur so weggerissen und wir gingen fast leer aus. Schnell, schnell musste es gehen und meine Mutter zog aus Versehen die Reißleine und der Fallschirm öffnete sich. ‚Zieht, zieht!' schrie sie und wir schafften das schwere Ding ins Haus. Aus diesem kostbaren seidigen Stoff konnten wir Tischdecken und Bettwäsche nähen und sogar davon noch Freunden und Verwandten abgeben. Auf mein erstes Kleid aus reiner, heller Seide war ich besonders stolz. Die Nase geputzt haben sich plötzlich alle mit reinen Seidentüchlein.

Im ehemaligen Lehrerwohnhaus bewohnten wir nun mit sieben Personen ein Zimmer. Denn auch die Schwestern meiner Mutter hatten bei uns Unterschlupf gefunden, nachdem sie in Würzburg ausgebombt waren. Ein Teil schlief in Betten, die anderen mussten mit dem blanken Boden vorlieb nehmen. Es herrschte ein allgemeines Elend, das eigentlich nur die mitempfinden können, die Ähnliches erfahren haben.

Eines Tages bot mir eine Frau eine Stelle in einer Bauernfamilie an, wo ich genug zu essen und sogar ein eigenes Zimmer bekam. Den ganzen Sommer 1945 verbrachte ich auf diesem Bauernhof, musste allerdings schaffen wie ein Pferd. Aber ich habe viel gelernt, alles was in der Landwirtschaft so anfällt. Man hätte mich gern behalten, doch ich habe das reichhaltige Essen auf Dauer nicht vertragen. Ich bekam Ausschlag und Furunkel und wurde immer dünner, weil ich krank war vom üppigen Essen. Die Bäuerin meinte es nur gut mit mir, wenn sie in mein Essen extra noch ein Ei und Rahm untermischte. Doch der Arzt riet mir: ‚Mädle, bleib daheim und iss Kartoffeln und Salz. Dann geht es dir nach einiger Zeit wieder gut.'

Nun suchte ich mir eine Arbeitsstelle und fand im Jahr 1946 eine Anstellung im Hotel ‚Terminus' in Bonn. Die Stadt im schönen Rheinland lockte mich sehr und so fuhr ich das erste Mal ganz allein so weit weg von zu Hause. Der Besitzer war in Köln ausgebombt worden und hatte nun dieses Hotel in Bonn gekauft und wieder hochgebracht. Ich wurde zur Herstellung von Süßspeisen eingeteilt. Man stelle sich vor, nur aus Wasser, Farbstoff, Saccharin und verschiedenen Aromen. Für die Mensa der Universität hatten wir täglich fünfhundert Essen zuzubereiten. Das Hotel ‚Terminus' war damals das erste Haus am Platze und bot jeden Sonntag einen Fünf-Uhr-Tanztee. Ich fühlte mich dort sehr wohl, kam mit den Kollegen gut zurecht, und von Zeit zu Zeit unternahmen wir nach Feierabend einiges miteinander. Ich habe allerdings oft noch freiwillige Arbeiten übernommen. Wenn mir ein Tisch zu schmuddelig vorkam, habe ich ihn besonders sauber geschrubbt, um darauf arbeiten zu können. Auch wenn mir die Fenster oder Kacheln nicht sauber genug erschienen, habe ich mich an diese zusätzliche Putzarbeit gemacht, während die anderen Angestellten nach Dienstschluss sofort das Hotel verließen. Mein Sondereinsatz kam wohl auch dem Chef zu Ohren und er sagte zu mir: ‚Ihre heimliche Tätigkeit ist mir nicht verborgen geblieben. Ich biete Ihnen eine Stelle in meinem Privathaushalt an.' Die Arbeit in einem Haushalt während meines Pflichtjahres hatte mir allerdings gereicht. So lehnte ich sein Angebot ab und antwortete ihm: ‚Wenn Sie mich aus der Küche nehmen, suche ich mir etwas anderes, in einem Privathaushalt arbeite ich nie mehr.' Ich konnte in diesem Hotel bis zur Währungsreform im Jahr 1948 arbeiten und kehrte dann wieder zurück nach Unterfranken.

In Kitzingen fand ich eine Arbeit im ‚Deutschen Haus' und blieb dort bis zu meiner Heirat im Jahr 1949. In diesem Hotel begegnete ich auch meinem späteren Mann, Friedrich Lussert. Ich war im Hotel Mädchen für alles, in der Küche tätig und auch als Kellnerin bei Tanzveranstaltungen und als Garderobenfräulein. An einem Abend kam ein gutaussehender junger Mann, der als Privatchauffeur für einen Rennfahrer tätig war, und kaufte für seinen Chef Zigaretten in unserem Hotel, wobei sein Blick auch auf mich fiel. Bald kam er wieder, um Zigaretten zu holen und beobachtete mich aus der Entfernung. Wie er mir später erzählte, gefiel ich ihm auf Anhieb mit meinen leuchtend roten Haaren. Mir hat der junge Mann auch von Anfang an gefallen, vor allem weil er so zurückhaltend war. Es war wohl Liebe auf den ersten Blick

Links oben: Besuch aus Amerika und Schwiegereltern. Unten: Anneliese Lussert, Tochter Helga, Friedrich Lussert und Sohn Wolfgang, 1960.

und ein Jahr später haben wir geheiratet. Mein Mann, der am 2. November 1928 geboren wurde, war später Fahrer in der Firma ‚Flaschen-Klein' und belieferte bald ganz Unterfranken mit Wein- und Bierflaschen.
Im Jahr 1950 kam unsere Tochter Helga auf die Welt und 1953 unser Sohn Wolfgang. Ich widmete mich nun der Erziehung der Kinder und konnte somit nicht mehr berufstätig sein. Damals war es noch nicht möglich, Erziehungsurlaub zu nehmen, auch Teilzeitarbeit war unbekannt. Inzwischen hatten wir uns ein kleines Häusle in der Buchbrunner Straße in Kitzingen gekauft, auf das wir sehr stolz waren. Schon immer war es unser Wunsch, uns im Gaststätten- und Hotelgewerbe selbstständig zu machen. Mein Mann war der Ansicht: Du kannst so gut kochen, du kennst das Hotelfach,

lass uns etwas Eigenes aufbauen. Die Kinder waren mittlerweile aus dem Gröbsten heraus, so dass wir dieses Risiko eingehen konnten. Mit einer Lernwirtschaft in Kitzingen begannen wir, um erst einmal genügend Erfahrungen mit Einkauf und Buchführung zu sammeln.

In einer Zeitung entdeckten wir die Anzeige, dass der Gasthof ‚Zum Engel' zum Verkauf angeboten wurde und griffen kurzentschlossen zu. So zogen wir mit Sack und Pack 1968 nach Langenprozelten. Die Besitzer, das Ehepaar Kasimir, mussten den Betrieb aus Altersgründen aufgeben. Das Haus hat eine lange Vergangenheit und geht zurück bis ins zwölfte Jahrhundert. Im frühen Mittelalter war hier eine Bannwirtschaft, es lag also ein Schutzbann drauf. Ungefähr ab 1340 war der ‚Engel' schon bekannt als Gerichtsstätte und Pranger. Um 1790 haben die Franzosen alles zerstört und die Gerichtsakten verbrannt. 1803 hat eine Familie Hörnis das Haus übernommen und wieder notdürftig aufgebaut. Früher gab es im Dorf eine enge Verbindung zwischen der Dreiheit Kirche, Wirtshaus und Schule. Die alte Kirche von Langenprozelten und auch das Schulhaus standen ganz in der Nähe des ‚Engel' und man ging sonntags nach dem Kirchgang ins Gasthaus, um die neuesten Nachrichten auszutauschen. Daran können sich sogar noch die alten Langenprozeltener erinnern.

Als mein Mann und ich den Gasthof übernommen haben, mussten wir zunächst für Renovierung und Umbauten viel Geld in das Gebäude stecken. Die alten schweren Balken wurden damals verkleidet und so schufen wir eine zeitgerechte Atmosphäre in dem historischen Wirtshaus. Meine Tochter Helga, die den ‚Engel' später übernommen hat, und ihr Sohn Andi haben vor einigen Jahren kostspielige Umbauten vorgenommen und dabei die alten Balken wieder freigelegt und restauriert.

Die Wirtschaft lief hervorragend, wir hatten viele Mittagstischgäste, und auch abends war die Gaststube oft bis auf den letzten Platz belegt. Viele Gäste bedeuteten aber auch enorme Arbeit, so dass ich oft die Hände über dem Kopf zusammenschlug und ausrief: ‚Was soll ich denn noch alles machen?' Es war damals die Zeit der ‚Fresswelle' und große Portionen waren gefragt. Die Leute gingen auch häufig zum Essen aus. Ich war für das Kochen zuständig. Mein Mann war mir eine große Hilfe in der Küche und übernahm die schwereren Arbeiten in Haus und Hof. Für die Zubereitung der Salate hatten wir eine Frau eingestellt. Auch Fremdenzimmer haben wir vermietet, die für die Gäste gerichtet werden mussten. Es gab also eine Menge zu tun, was uns aber auch gefiel. Man müsste meinen, dadurch hätten wir viel Geld verdient. Aber im Nachhinein stellten wir fest, dass wir nicht richtig kalkuliert hatten und einfach zu preiswert waren. Es fehlte uns halt doch die grundlegende Erfahrung. Da wir viele Stammgäste hatten, haben wir uns auch nicht getraut, die Preise zu erhöhen. Ich habe damals bereits Bücher geschrieben und durch meine Bücher, die Lesungen und die Arbeit im Bayerischen Rundfunk viel verdient, aber immer alle Honorare in die Wirtschaft gesteckt, an der halt mein Herz hängt.

Schon als Kind habe ich mich schriftstellerisch betätigt und sah darin eigentlich die Erfüllung meines Berufswunsches. Bereits in der dritten Klasse wurde bemerkt, dass meine Aufsätze weit besser waren als die meiner Mitschüler. Einmal bekamen wir von unserem Lehrer als Hausaufgabe, ein Gedicht oder eine Geschichte über den Nikolaustag zu schreiben. Ich entschloss mich, eine Geschichte zu erfinden. Am anderen Tag wurden die Ergüsse, meistens Gedichte, vorgelesen. Ehrlich gesagt gefielen mir die Werke meiner Kameraden nicht und das schien der Lehrer mir anzumerken. Er sagte zu mir: ‚Meinst du, dass du das besser kannst? Dann bring uns morgen dein Gedicht mit.' Meine Mutter hatte wenig übrig für meine schriftstellerische Begabung und zerriss bei der Kontrolle meiner Hausaufgaben mein Niko-

lausgedicht, weil es ihr überhaupt nicht gefiel. Ich musste aber doch am nächsten Tag etwas abliefern, um mich nicht zu blamieren. So habe ich spät abends bei Kerzenschein ein neues Gedicht aufgesetzt.
Zufällig erschien am nächsten Morgen der Schulrat zur Inspektion, dem der Lehrer nun mein Gedicht zeigte. Der wollte daraufhin auch mein Aufsatzheft anschauen, das nur Lobenswertes enthielt. Zu meinem Entsetzen warf er noch einen Blick in mein Rechenheft, das leider nicht die besten Leistungen zeigte. Ich habe einfach keine Beziehung zu Zahlen. Telefonnummern kann ich mir zwar über Jahre hinweg merken, aber ich muss sie mir anschauen und mir einen Rhythmus hineindenken, dann klappt es. Der Schulrat meinte dann zum Lehrer mit Blick auf mich: ‚Die typische einseitige Begabung' und äußerte sich anerkennend über mein Gedicht.
Übrigens habe ich als junger Mensch alles, was mir in die Finger geriet, gelesen und auch lange Gedichte auswendig gelernt. Kaum erhielt ich ein neues Lesebuch, schon habe ich es von vorne bis hinten durchgelesen. Ich erkannte in einem Gedicht einen gewissen Rhythmus, eine Melodie, die mich ansprachen. Auch Balladen sind mir nahe gegangen mit ihren aufwühlenden Inhalten.
In Marktbreit bin ich einmal von dem Redakteur Georg Holeisen angesprochen worden: ‚Anneliese, du schreibst doch Gedichte. Kannst du nicht einmal eines für unsere Zeitung schreiben in Marktbreiter Dialekt?' So habe ich zwei Gedichte eingeschickt, wofür ich fünfzehn Mark Honorar erhielt, worauf ich sehr stolz war. Nur meiner Mutter passte das wieder gar nicht, ich weiß nicht, warum sie diese ablehnende Haltung zeigte. Als ich 1982 mein erstes Buch ‚Tannagäß und Spreißeli' herausbrachte, das ich ihr gewidmet hatte, legte sie es zur Seite und meinte nur: ‚Das brauche ich nicht.'
Zu Beginn meiner Zeit in Kitzingen im Jahr 1948 hat ein Bekannter von mir mein Gedicht ‚Strahlend geht ein Tag zu

Ende' an die ‚Neue Deutsche Zeitung' in München eingeschickt. Die Zeitung war ursprünglich eine Wirtschaftszeitung gewesen, wurde dann von den Amerikanern beschlagnahmt und zur Kulturzeitung umfunktioniert. Eines Tages kam der Postbote, brachte mir ein Exemplar dieser Zeitung mit meinem Gedicht und einen Scheck über fünfzig DM. Das war viel Geld, denn ich verdiente nur fünfunddreißig Mark im Monat. Auch ein aufmunternder Brief lag bei mit der Aufforderung: Weiter so! Später teilte man mir mit, dass die Zeitung wieder in deutsche Hände übergeben worden sei und sich wie früher Wirtschaftsfragen widme und ich mir eine andere Zeitung suchen solle. Da war ich schon etwas enttäuscht, habe aber den Mut nicht sinken lassen, sondern weiter gedichtet, aber leider ohne Erfolg. Dann gab ich auf, habe alles verbrannt und wollte nicht mehr schreiben.
Erst in Langenprozelten verspürte ich den Drang, wieder zu schreiben. Unter anderem schrieb ich ein Gedicht über den Berg ‚Einmal', das ich meinem Kollegen Engelbert Bach aus Kitzingen zeigte. Der gab folgendes Urteil ab: ‚Ja, vor hundert Jahren wärst du damit berühmt geworden, damals war Schwärmerei angesagt. Aber heute schreibt man so nicht mehr.' Ich hatte schließlich keinerlei literarische Ausbildung und habe mir selbst meinen Stil gesucht und gefunden. Entweder man kann es oder man kann es nicht. Doch Kritik gegenüber war ich immer aufgeschlossen. In den sechziger Jahren habe ich eine neue Richtung gefunden und mich der modernen Zeit angepasst. Mein Mann, ein Realist ohne poetische Ader, hat mich sehr unterstützt und war sogar stolz auf mich. Er hat mich stets ermuntert, weiterzumachen. Überallhin hat er mich begleitet, denn ich habe keinen Führerschein.
Im Jahr 1973 schrieb der Bayerische Rundfunk einen Wettbewerb aus unter dem Motto: ‚In der Sprache barfuß gehen.' Meine Tochter Helga ließ nicht locker, bis ich mich bereit erklärte, hierzu einen Beitrag zu schreiben. Insgesamt gab es

rund sechzehnhundert Einsendungen, davon kamen dreihundertfünfundsechzig in die engere Auswahl. Mein Gedicht wurde als einziges vom Rundfunk gesendet und zwar am ersten Weihnachtsfeiertag des Jahres 1973. Engelbert Bach trug es mit seiner wohltuenden Stimme vor. Von da an brachte der Bayerische Rundfunk immer wieder Beiträge von mir.

Bekannt wurde ich hier im Gemündener Raum durch die Aufführung des ‚Schlüsselfräuleins' auf der Scherenburg. Der damalige Bürgermeister Hans Michelbach zeigte mir die Vorlage zu diesem alten Stück mit der Bitte, es durchzusehen, ob man daraus etwas machen könne, zum Beispiel eine Aufführung in der Burgruine. Auf mich aufmerksam geworden war er durch Lesungen meiner Gedichte und Geschichten im Rundfunk. Ich hatte ‚Die Bannschenke am Fluss', geschrieben, also über unser Gasthaus, und auch eine Geschichte über die Burg Schönrain, die im Rundfunk gesendet wurden. Beim Studieren der Chroniken sind mir zahlreiche Namen aus der Vergangenheit begegnet, was mich sehr faszinierte. Diesen Gestalten nun Leben zu verleihen, war für mich eine große Herausforderung. So hat mich diese neue Aufgabe sehr gereizt, und ich habe dem Bürgermeister zugesagt unter der Bedingung, dass mir keiner reinreden darf. Der alte Text war um 1850 geschrieben worden in der damals üblichen schwülstigen Sprache. Von 1909 bis 1911 gab es auf der Burg Aufführungen dieses Stückes. Mir war klar, diese Ausdrucksweise passte nicht mehr in die heutige Zeit und musste umgeändert werden. Ich las und las, und ehe ich mich versah, war es sechs Uhr früh. So hat mich dieses Stück begeistert. Nun machte ich mich an die Arbeit und schrieb ‚Das Schlüsselfräulein' nach der alten Textvorlage der heutigen Zeit entsprechend um. Doch es fand sich keine Person, um die Regie zu führen. Also übernahm ich diese Aufgabe auch. Einige Leute meinten, das Stück wäre nichts. Doch ich entgegnete: ‚Man muss eben etwas daraus machen, damit es ein Erfolg wird.' Erst glaubte ich zwar, mir zuviel vorgenommen zu haben. So ging ich nach der Besprechung in die Küche und erzählte meinem Mann meine Bedenken. ‚Klar kannst du das, Mutter, das schaffst du!' So hat er mich immer bestärkt und aufgebaut. Als ich die Proben angesetzt habe, haben die Schauspieler, alles Laien, mit zuviel Pathos gesprochen, was mir nicht gefiel. Ich war zwar ebenfalls Laie, hatte aber meine festen Vorstellungen. Ich munterte die Schauspieler auf: ‚Vertraut auf mich, denn ich weiß, dass wir das schaffen'. Die Aufführungen auf der Scherenburg waren dann tatsächlich ein großer Erfolg, was mich in meiner Arbeit natürlich bestätigte. Auch für die Aufführungen des Stückes ‚Verwehte Spuren' auf der Karlsburg schrieb ich den Text, und auch dort war der Erfolg einfach überwältigend.

Inzwischen war die Schreiberei schon mehr als ein Hobby geworden. Einmal wurde ich gefragt, auf welcher Dichterschule ich gewesen war. ‚Ach', war meine Antwort, ‚diese Schulen gibt es überall'. Andere fragten gar: ‚Aus welchem Katalog schreiben Sie denn all das heraus? Gell, es gibt doch so einen Katalog?' – ‚Ja natürlich', sagte ich, ‚der ist ziemlich umfangreich.' Die Leute verstanden nicht, dass die Begabung allein wichtig ist. Entweder man kann es oder man kann es nicht. Das Schreiben gehört heute zu meinem Leben. Und wenn ich nicht mehr schreiben kann oder darf, ist das Leben für mich nicht mehr lebenswert. Zum Schreiben braucht man Phantasie und meine Phantasie war schon immer überreich. Als Kind konnte ich mich in Schmetterlinge und Käfer hineinversetzen und ihrer Lebensweise durch stundenlange Beobachtungen nachspüren. Die Erwachsenen lobten mich immer, weil ich so brav war. Ich war recht in mich gekehrt und hatte eigentlich nie eine engere Freundin, mit der ich mich so richtig verstand, da ich doch wohl etwas eigenwillig auf andere wirkte und schwer zugänglich war. Mein Mann ist ganz auf mich eingegangen und wurde für mich Mann und Freund zugleich. Er konnte sich in mich hineinversetzen und wusste genau, was ich fühle, das machte mich immer wieder glücklich. Da mein Mann recht gesellig war, gewann ich durch ihn später einen guten Freundeskreis. Er starb 1992 im Alter von dreiundsechzig Jahren ganz plötzlich und unerwartet an einem Herzinfarkt in einem Würzburger Krankenhaus.

Den Namen ‚Spessartgrotte' haben mein Mann und ich 1969 eingeführt. Ursprünglich war der Raum im Obergeschoss ein Tanzsaal, der aber nicht mehr genutzt wurde und aus dem wir eigentlich Wohnungen machen wollten. Am Muttertag 1969, kurz nach der Übernahme des ‚Engel', war unser Lokal so gut besucht, dass Platzmangel herrschte. Zu dritt eilten die Bedienungen durch das Lokal und den Garten, in dem auch jeder Platz besetzt war. So sagte ich zur Bedienung Resi Weiß: ‚Ich habe oben im Saal einen Tisch vorbereitet, falls noch eine Familie kommt und einen Platz sucht. Damit wir sie nicht fortschicken müssen, können sie dort solange warten, bis unten ein Tisch frei wird.'

Da ich in der Küche beschäftigt war, bemerkte ich nicht, wie schnell sich der Raum oben füllte. So erkannten wir, wie wichtig dieser Saal für uns bei Festen oder an Feiertagen war und kamen von den beabsichtigten Umbauplänen ab. Der Raum wurde nun gemütlich gestaltet, etwas heimelig, und so wurde die ‚Spessartgrotte' in den Gasthofbetrieb einbezogen.

Da meine Tochter Helga künstlerisch sehr begabt ist und vor allem sehr gut malen kann, wollten wir für sie eine Galerie einrichten. Durch meine Theateraufführungen kam ihr aber bald die Idee, in unserem Haus ein kleines Theater einzurichten. Die ‚Grotte' mit der Bühne und dem großen Zuschauerraum bot sich dafür ideal an. Und so entstand das Theater ‚Die Spessartgrotte', zunächst als Kleinkunstbühne, die sich inzwischen zu einem in ganz Unterfranken bekannten und anerkannten Theater entwickelte.

Gasthof „Engel" und „Spessartgrotte", Sommer 2000.

Unsere Vorgänger Kasimir, und vor allem die Lene Kasimir, waren in Langenprozelten sehr beliebt gewesen. Die Lene wollte mir gern zeigen, wie ich den Betrieb führen soll. Doch ihr Mann meinte: ‚Lene, lass nur, die Frau Lussert versteht ihr Handwerk, nur macht sie alles ganz anders.' Mein Bruder war nämlich Meisterkoch, von dem ich viel gelernt habe. Auch unser Sohn Wolfgang hat Koch gelernt, hatte jedoch drei Wochen vor der Prüfung einen schweren Unfall mit dem Moped, lag fünf Wochen im Koma und gewann erst allmählich sein Gedächtnis zurück. Er war ganz verzweifelt. Unbedingt wollte er ein Moped haben und hatte sein Radio gegen ein gebrauchtes Fahrzeug eingetauscht, obwohl mein Mann und ich dagegen waren. Wir meinten, er solle erst seine Prüfung machen, dann hätte mein Mann ihm ein kleines Auto gekauft, damit er besser seinen Arbeitsplatz erreichen konnte. Ein halbes Jahr nach dem Unfall konnte Wolfgang seine Prüfung nachholen. Leider war es ihm nicht mehr

möglich, weiterhin seinen Beruf als Koch auszuüben. Er ließ sich umschulen und nach seiner Heirat mit Gudrun Fix fand er in der Nähe von Hanau eine gute Arbeitsstelle, wo er sich wohl fühlt. Er hat inzwischen zwei Buben. Meine Tochter Helga hat vier eigene und zwei angenommene Kinder, so dass ich stolze Oma von acht Enkelkindern bin. Den Gasthof habe ich mittlerweile an Helga verpachtet, die das Theater ‚Spessartgrotte' gegründet hat und dieses auch leitet.
Ich habe noch viel vor und will einige Pläne in die Tat umsetzen. Dafür ist es wichtig, geistig und körperlich fit zu bleiben. Mein ganzes Leben lang habe ich körperlich oft bis über meine Grenzen arbeiten müssen und mich daneben nachts noch meiner Schriftstellerei gewidmet. Nach dem Tod meines Mannes sind bei mir allergische Hautprobleme entstanden, die die Ärzte als Verlustschmerz bezeichnen. Ja, ich spürte sehr, dass mir mein Friedrich fehlt. Wegen Herzrhythmusstörungen bekam ich einen Herzschrittmacher und vor einem viertel Jahr sind meine roten Haare plötzlich grau geworden. Damit muss ich mich wohl abfinden. Doch denke ich, ich bin in Ehren grau geworden. Aber mein Leben hat einen Inhalt, ich bin ausgefüllt und habe kaum Zeit zum Grübeln oder Jammern.
Ich darf mich als gläubigen Menschen bezeichnen und konnte einmal in einer Kritik über mich lesen: ‚Durch all ihre Werke geht eine tiefe Religiosität.' Gottesdienste konnte ich nur selten besuchen, denn in einer Gastwirtschaft muss man gerade an Sonntagen für die Gäste da sein. Mit dem früheren evangelischen Pfarrer Alfred Berger aus Gemünden konnte ich oft stundenlange Gespräche über Glaubensfragen führen, denn ich mache mir schon meine Gedanken, was mit uns nach dem Tod geschieht. Auch zu den katholischen Pfarrern in Langenprozelten hatte ich immer ein gutes Verhältnis und habe oft einen fruchtbaren Gedankenaustausch mit ihnen in unserem Gastzimmer gehabt. Angst vor dem Tod habe ich nicht. Ich liebe die Natur und habe großen Re-

spekt vor allen Lebewesen und vor der Schöpfung, weiß aber auch, dass alles irdische Leben vergänglich ist.

Zu bereuen habe ich eigentlich nichts. Vielleicht hätte ich meinen Mann etwas häufiger loben und bestätigen können, denn er war immer für mich da und trat in jeder Situation für mich ein. Aber ich glaube, er spürte auch ohne viele Worte meine Zuneigung. Wir hatten eine gute Ehe in harmonischem Miteinander. Beide waren wir sehr naturverbunden, und vor allem der Spessart hatte es uns angetan, obwohl wir viel in Deutschland herumgereist sind. Für mich stand bei der Rückkehr von einer Fahrt aus dem Süden immer fest: Hinter Karlstadt fängt das schöne Land an.

Wenn ich die Leute unterhalten soll, versetze ich mich in die Rolle der Zuhörer hinein. Aber einige Stücke, wie das ‚Hexenbuch' schreibe ich für mich und bringe hierin meine innersten Gedanken zu Papier, auch wenn es einmal veröffentlicht werden sollte. Ich habe nie nach Preisen und Anerkennungen Ausschau gehalten, erhielt aber dennoch einige Auszeichnungen. Mein größter Preis war der Kulturpreis der Bayerischen Verfassung, der mir 1995 bei einem herrlichen Festakt im Schloss Gaibach überreicht wurde. Dazu gehört eine Vorgeschichte: Ich hatte eine Gönnerin, Frau Professorin Elisabeth Roth, die an der Bamberger Universität Sprache und Literatur lehrte. Eines Tages kam meine Tochter Helga zu mir und sagte: ‚Mama, du sollst einmal alles zusammenstellen, was du bis jetzt geschrieben hast'. Kurze Zeit später erhielt ich ein Schreiben und Formulare zugeschickt, die ich aber nicht sorgfältig durchlas, weil ich glaubte, damit einem Verein beitreten zu müssen. Und einen Preis mit Überreichen eines Tellers wollte ich auch nicht schon wieder. Also landete alles im Papierkorb. Als ich später Helga davon erzählte, war sie entrüstet und erzählte mir, dass Frau Roth hinter dieser Angelegenheit stecke und ich mit einem Staatspreis ausgezeichnet werden solle. Ich rief daraufhin gleich bei Frau Roth an und sagte meine Teilnahme

an der Preisverleihung ab. Auch wüsste ich nicht, wie ich nach Gaibach kommen soll, da an dem Tag bei uns in der Grotte Theateraufführung war und mich niemand fahren könne. ‚Was', erregte sich Frau Roth: ‚Das geht doch nicht! Es erwartet Sie ein großer Preis, den man nicht einfach ablehnen kann! Und wegen der Transportmöglichkeit werden wir eine Lösung finden.'
So habe ich dann doch zugesagt, bin bis Würzburg mit dem Zug gefahren, von wo aus ich ganz vornehm im Dienstwagen des Herrn Regierungspräsidenten Dr. Vogt mitgenommen wurde. Nach dem Empfang im Schlosshof mit Bayernlied und Frankenhymne ging es hinauf in den Festsaal, wo ich einen Flügel entdeckte und Musiker. Da dachte ich: ‚Wenn sie jetzt noch Beethovens Neunte spielen, kann ich meine Tränen nicht mehr zurückhalten. Und tatsächlich stimmte das Orchester die ‚Hymne an die Freude' an. Da stand ich nun, glücklich, aber tränenüberströmt. Den ganzen Abend war ich die ‚Gnädige Frau' und innerlich schmunzelte ich: ‚Wenn die mich in der Gasthausküche sehen würden vor meinen Töpfen, mit umgebundener Schürze, ob sie mich dann auch so nennen würden?' Auf der Heimfahrt erzählte ich meine Gedanken Frau Roth. Da machte sie mir den Vorschlag: ‚So, wie Sie das eben erzählt haben, genau so schreiben Sie es auf. Ein Exemplar lassen wir Herrn Dr. Vogt zukommen, eines behalte ich.' Das habe ich dann auch gemacht. Der Regierungspräsident rief mich nach einigen Tagen an und freute sich über meine humorvolle Schilderung, die er im Freundeskreis schon so oft zur Belustigung vorgelesen hatte.
Diese Preisverleihung war für mich ganz erhebend. Begeistert hat mich auch immer die Atmosphäre bei den vielen Live-Übertragungen des Bayerischen Rundfunks. Lampenfieber hatte ich dabei eigentlich nie. Nachdem am ersten Weihnachtsfeiertag 1973 ein Gedicht von mir vorgetragen wurde, bekam ich das Angebot, selbst eine Sendung zu ma-

chen. Ich wusste gar nicht, wie ich das bewerkstelligen sollte. Mein Freund Engelbert Bach half mir: ‚Da bietest du zehn bis zwölf Gedichte an und schon hast du deine Sendung.' In meiner Begeisterung begab ich mich gleich an die Arbeit und lieferte meine Gedichte ab. Nun wollte man auch noch, dass ich die Texte im Marktbreiter Dialekt selber spreche. Das hat mir dann doch Bauchschmerzen bereitet. Aber tief drinnen habe ich gewusst, dass ich es kann und das hat mir die entsprechende Stärke gegeben.

Da ich zu Beginn der Rundfunkarbeit vorwiegend in Marktbreiter Mundart gedichtet habe, bekam ich schnell den Stempel als Mundartdichterin aufgedrückt. Doch ich schreibe überwiegend in Hochdeutsch, was ich doch einmal betonen will.

Vielleicht schreibe ich irgendwann auf, welche übernatürlichen Ereignisse und Visionen mich im Laufe meines Lebens bewegt haben. In Würzburg hatte ich als Sechzehnjährige während der Angriffe im März 1945 folgende Vision: In Würzburg wohnte meine Tante Lisl. Von ihrem Balkon hatte man einen herrlichen Blick auf die Festung und aufs Käppele. Ich konnte mich an diesem Blick nicht satt sehen und besuchte deshalb die Tante gern. Als ich im Frühjahr 1945 wieder einmal bei ihr aufkreuzte, schimpfte sie mich aus: ‚Du fährst sofort wieder heim! Alle Leute sehen zu, dass sie aus Würzburg herauskommen, und du besuchst mich einfach so in dieser unsicheren Zeit.' Bei Alarm musste man in einen in der Nähe gelegenen Luftschutzkeller. Als ich das erste Mal in diesen Keller sollte und die Treppe zu diesem dunklen Gewölbe hinunterschaute, lief mir ein Schauer über den Rücken. Ich verspürte ein Grauen in mir, denn plötzlich sah ich, wie mich die vielen Menschen, die schon unten warteten, mit offenen Mündern anstarrten und der Luftschutzwart einen Totenkopf trug. In Sekundenschnelle war diese Vision vorbei. Aber in diesen Keller hinunter steigen konnte ich nun einfach nicht mehr und murmelte rasch, ich müsse

zum Zug. Tatsächlich sind später alle Menschen in dem Keller am 16. März 1945 umgekommen. Meine Tante wollte die Verantwortung für mich nicht länger übernehmen und so fuhr ich nach drei Tagen heim. Gegen Abend fuhr der Zug in Würzburg los, erreichte aber das nur etwa fünfundzwanzig Kilometer entfernte Marktbreit erst am nächsten Morgen. Es war eine mondhelle Nacht und der Zug musste wegen einiger Tieffliegerangriffe oft auf der Strecke halten. Manche Leute verließen aus Angst den Zug und rannten über die Wiesen, um sich in Sicherheit zu bringen. Die Soldaten im Zug schrien: ‚Bleibt im Zug, da seid ihr sicherer!' Aber sie wollten nicht hören. Was mit ihnen geschah, weiß ich nicht, doch manche Menschen werden in ihrer unerträglichen Angst kopflos.
Es heißt auch, ich sei ein gutes Medium. Ich kann mit der Wünschelrute Wasseradern aufspüren. Manche meinen, das sei Schwindel, aber ich kann beteuern, dass es dafür Begabungen gibt. In Kitzingen trat manchmal ein damals bekannter Zauberer auf, der auch hypnotisierte. Einmal holte er ein Kartenspiel aus der Tasche. Zog es fächerförmig auseinander und bat mich, das ‚Herz-Ass' zu ziehen. Mir gelang das auf Anhieb sofort und auch immer wieder bei jedem neuen Versuch. Egal, wo die Karte steckte, ich spürte, die und keine andere muss ich nehmen. Bei keinem anderen klappte es so gut.
Autofahren kann ich leider nicht und bin somit immer von meiner Familie abhängig, um irgendwohin zu gelangen. Mein Mann sagte öfter zu mir: ‚Mach du ruhig den Führerschein, aber das Auto kriegst du nicht.' Er wusste genau, welch schlechte Fahrerin ich abgeben würde, denn ich sah unterwegs vor allem bei Dunkelheit überall Dinge, die in Wirklichkeit gar nicht da waren.
Gern würde ich noch einige Reisen unternehmen, aber nicht allein. Und von meiner Familie hat keiner Zeit. Also bleibe ich daheim, schaue nach dem Rechten im Haus, wenn ich

gebraucht werde und bin dankbar, dass ich noch schreiben darf.

Einmal kam eine Bekannte aus Amerika und sagte zu mir: ‚Sag mal, du redest ja noch immer marktbreiterisch, jetzt, wo du so berühmt bist. Du bist so einfach geblieben.' Ich gab ihr zur Antwort: ‚Ich bin doch nicht übergeschnappt und verlerne meinen Dialekt nicht.'

Auch wir sind bei unserem Gespräch überrascht, wie bescheiden sich Frau Lussert gibt, denn schließlich hat sie sich im Laufe ihres Lebens zu einer in Bayern bekannten Dichterin entwickelt und zahlreiche Werke herausgegeben, sowie an Rundfunksendungen und Fernsehabenden teilgenommen und hohe Preise entgegennehmen dürfen. Diese Preisverleihungen will sie uns gar nicht alle aufzählen, ist aber mit Recht stolz, dass sie mit ihren Werken anerkannt wurde. Dieses Lob gibt ihr Mut, weiterzumachen, denn ihre überaus reiche Phantasie wird sie noch lange nicht zur Ruhe kommen lassen.

ZUR ERINNERUNG AN SUSI LAUBER
(Ein jüdisches Mädchen aus Marktbreit)

Sie war sechzehn!
Schwarz glänzte ihr Haar
wie die Flügel der Raben
im frischen Schnee.
Doch sie trug
schon von Anfang an
unabwendbar
ihr Schicksal in sich!

Den Davidstern
an die Brust geheftet
glaubte sie dennoch
bedingungslos
und noch immer
an das Banner Zukunft
und beschriftete es
mit Hieroglyphen
Hoffnung!

Doch ein Sturm
zerschmetterte die Fahne
und löschte die Zeichen.
Und sie stand
preisgegeben
im Feuer der Zeit!

Ihrer Füße Spuren
führten ins Nichts
nur Asche verwehte
im zeitlosen Wind!

In den Gedächtnissen verblieben
ist ein Name
ein Gesicht ohne Makel!
Sie starb schon
viel tausend Tode
und jedes Erinnern daran
ist nur
ein neues Sterben!

(Anneliese Lussert)

Barbara Stegerwald, Gemünden

> *Barbara Stegerwald, geborene Dittmann, am 27. Januar 1915 in Neunstetten bei Ansbach geboren, 1936 Heirat mit August Stegerwald (geboren 1902, gest. 1990), betrieb mit dem Ehemann eine Schäferei, 1940 Umzug nach Gemünden, Frau Stegerwald lebte zuletzt im Kreisseniorenzentrum in Gemünden. Sie starb am 17. April 2000.*

Mein Leben für die Schafe

Während einiger Besuche bei Frau Barbara Stegerwald in ihrem Haus am Hofweg in Gemünden und später im Kreisseniorenzentrum beeindruckte uns die anschauliche und begeisternde Erzählweise dieser alten Dame so, dass vor allem auch sie die Idee zum Aufschreiben verschiedener Lebensschicksale in uns wach werden ließ. Wir baten sie also eines Tages, mit uns ihren gesamten Lebenslauf mit den Erinnerungen an Kindheit, Jugend sowie Erwachsenenalter festzuhalten.

Recht erwartungsvoll begrüßte uns Frau Stegerwald in der Halle des Seniorenzentrums in Gemünden, wo sie nun seit einem halben Jahr lebt und sich wohl und gut betreut fühlt. Sie führte uns hinauf in ihr nettes, helles Zimmer, das jetzt ihr Zuhause ist, nachdem sie die Arbeit in ihrem eigenen, zusammen mit ihrem bereits verstorbenen Mann errichteten Haus und Garten am Hofweg in Gemünden nicht mehr bewältigen konnte. Frau König, eine gute, treue Nachbarin, besucht sie regelmäßig, versorgt sie mit allem Notwendigen und fährt sie zu den Arztterminen. Besuche von Freunden und Bekannten sind ganz besonders willkommene Abwechslungen für sie.

Mit ihren vierundachtzig Jahren wirkt Frau Stegerwald geistig besonders rege. Sie liest täglich die Gemündener Zeitung, verfolgt aufmerksam aktuelle Sendungen im Fernsehen und

Barbara Stegerwald, 1952.

nimmt so interessiert Anteil am politischen Weltgeschehen, aber auch an der Entwicklung in und um Gemünden, das nun schon seit langem ihre Heimatstadt geworden ist. Man kann ihr kaum eine größere Freude bereiten, als mit ihr über aktuelle Themen zu diskutieren und ihre aufgestauten Fragen zu beantworten.

Frau Stegerwald wurde am 27. Januar 1915 in Neunstetten bei Ansbach in Mittelfranken geboren. Sie stammt aus der bäuerlich geprägten Familie Dittmann, die ihren Ursprung in Unterfranken hat. Vor ungefähr hundert Jahren zogen die Eltern nach Mittelfranken und betrieben in Neunstetten, das heute ein Ortsteil der Stadt Herrieden im Landkreis Ansbach ist, Schäferei und Landwirtschaft.

Die kleine Barbara wuchs in dem ländlich strukturierten Gebiet im Mittelfränkischen geborgen und in Sicherheit auf. Die politischen Wirren und Folgen des verlorenen Ersten Weltkrieges spürten die Menschen in Neunstetten nicht so sehr wie in der Stadt und noch weniger merkten die Kinder davon. Das Dorf bildete noch eine Einheit, man lebte einfach, doch hungern mussten die Bauernfamilien nicht. Gerne denkt Frau Stegerwald zurück an die Kindheit in dieser ländlichen Idylle: „Ich war das Nesthäkchen in der Familie bei zwei Brüdern und zwei Schwestern. Vor allem zu meiner acht Jahre älteren Schwester Maria hatte ich ein besonders enges Verhältnis. Sie bemutterte mich gern und konnte mir viel beibringen. Von ihr bekam ich später ein schönes Medaillon der Mutter Gottes von Lourdes geschenkt, das ich heute noch trage und das mir Schutz gewährt. Davon bin ich überzeugt.

Wir wohnten in einer landschaftlich reizvollen Gegend, tobten viel draußen herum, kletterten auf Bäume, spielten Fangen und Verstecken und trieben uns inmitten einer großen Kinderschar in der Nachbarschaft umher. Ganz besonders gern spielten wir an der Altmühl, die sich als noch kleines Bächlein durch den lieblichen Wiesengrund schlängelte. Besonders schön war es, wenn im Frühjahr die Altmühl Hochwasser führte und über die Ufer anschwoll.

Mein Vater war Schäfer und besaß eine eigene Schäferei. Außerdem kaufte er junge Lämmchen von anderen Schäfern auf, die er dann schlachtreif an Großschlächtereien bis nach Frankfurt weiterverkaufte. Als geschickter Kaufmann pflegte er gute Geschäftsbeziehungen in die nähere und weitere Umgebung. Meine Mutter war mit ihrem Haushalt und der Erziehung von uns fünf Kindern vollauf beschäftigt, half aber im Betrieb mit, so oft dies nötig war. Auch wir Kinder mussten schon von klein auf mitarbeiten und hatten dabei manchmal sogar unseren Spaß.

Im Jahr 1921 kam ich in die Dorfschule in Neunstetten. Nach siebenjähriger Schulzeit besuchte ich anschließend eine Fortbildungsschule. Nebenbei half ich noch regelmäßig im örtlichen Pfarrhaushalt mit. Einen Beruf habe ich nicht erlernt, denn es war damals zumindest auf dem Land nicht üblich, dass Mädchen eine Berufsausbildung erhielten. Sie sollten möglichst früh heiraten."

In den Jahren nach dem Ersten Weltkrieg spielten insbesondere in den ländlichen Gebieten Religion und Konfession noch eine große Rolle. Viele Gegenden in Deutschland waren rein katholisch oder rein evangelisch. Die starken Vermischungen entstanden erst nach dem Zweiten Weltkrieg

durch die Zuwanderung der Flüchtlinge. In Franken, auch im Raum Ansbach, konnte man eine Besonderheit feststellen. Hier gab es manchmal in einem Gebiet, das rein evangelisch war, einzelne Orte mit ausschließlich katholischer Bevölkerung. So auch im Heimatort der Frau Stegerwald. Sie erinnert sich dabei an ein besonderes Erlebnis aus der Kindheit, schämt sich allerdings noch heute für ihre damalige Einstellung und erzählt deshalb eher zögerlich darüber. Uns erscheint diese Begebenheit für die damalige Zeit doch typisch für den Umgang zwischen evangelischen und katholischen Mitbürgern. Etwas verschämt beginnt Frau Stegerwald zu berichten: „Ich weiß noch genau, dass Neunstetten katholisch, die Nachbardörfer aber evangelisch waren. Ich war ungefähr vierzehn Jahre alt, als wir Kinder wieder einmal nachmittags im Dorf umhertollten und auf der Altmühlbrücke hin und her gerannt sind. Da beobachteten wir, wie die Evangelischen im Wiesengrund Heu gemacht haben.
Es sah zu komisch aus, wie die Frauen in der Hitze ganz in Schwarz mit einem langärmeligen Leinenhemd gekleidet waren. Auch die Männer trugen schwarze Sachen. Wir Schulfratzen haben uns unseren Spaß gemacht, uns ans Geländer gestellt und gerufen: ‚Lutherische Zipfen, steigt nauf in die Gipfen, steigt nunter in die Höll, macht dem Teufel sein Gesell'. Wo ich das gelernt habe, weiß ich bis heute nicht. Ich habe mir auch damals keine weiteren Gedanken gemacht. Eigentlich habe ich diese Verhöhnung schon mein ganzes Leben lang bereut. Und verstehen kann ich bis heute nicht, dass die jungen evangelischen Kerle nicht hinter uns hergerannt sind und uns eins hinter die Ohren gegeben haben, denn die hätten uns doch leicht eingekriegt. Doch die haben uns überhaupt nicht beachtet, was mir heute noch imponiert. Wenn die das meinem Vater gesagt hätten, auweh, dann hätte es aber was gegeben. Im Elternhaus wurden wir nämlich zur Toleranz erzogen. Aber

wir Kinder waren schon untereinander auch mal gehässig, na ja, wie das wohl heute auch der Fall ist."

Der Mann von Frau Stegerwald stammte aus Greußenheim im Landkreis Würzburg. Dort war die Familie Stegerwald schon seit vielen Generationen ansässig. Der Onkel von August Stegerwald, Adam Stegerwald, war in der Weimarer Republik ein bekannter Sozialpolitiker und Mitbegründer der christlichen Gewerkschaften, der es bis zum preußischen Ministerpräsidenten gebracht hatte. Und wenn man Frau Stegerwald fragt, wie sie ihren Mann kennen gelernt hat, ist das wieder so eine besondere Geschichte:

„Eines Tages durfte ich mit meinem Vater zum Schafverkauf nach Würzburg fahren. Mein Vater und der Vater meines späteren Mannes waren seit längerer Zeit Geschäftspartner und trafen sich an diesem Tag zum Schafhandel. Als sie sich einig geworden waren, nahm ich schnell ein Blatt Papier und rechnete heimlich den Preis für die Schafe aus. Es waren etliche tausend Mark, damals, um 1935 herum, eine große Menge Geld. Auch der künftige Schwiegervater hatte natürlich gerechnet, war aber zu einem anderen Ergebnis gekommen. Beim Nachrechnen musste er einsehen, dass er sich verrechnet hatte und ich die bessere Rechnerin war, was mich natürlich gefreut hat. Dem Sohn des Herrn Stegerwald, der dabei stand, hat dies sehr imponiert und so sagte er spontan: „Die wird meine Frau!" Und tatsächlich, so kam es bald. Die Ehe war also schon beschlossene Sache, als wir beiden uns noch kaum kannten. So etwas gab es damals. Es war eine gute Ehe, sie hielt ein ganzes langes Leben bis zum Tod meines Mannes 1990. Mein Mann war dreizehn Jahre älter als ich, was mich aber nicht störte. Im Gegenteil, so habe ich viel von ihm und seinen Erfahrungen lernen können. Ich war halt doch noch ein wenig ein Dummerle", resümiert sie.

„Mein Mann war gelernter Bäcker und Konditor und sollte in Frankfurt den Betrieb eines Onkels übernehmen. Dieser hatte eine Tochter im heiratsfähigen Alter und die Verwandten dachten, das gäbe ein gutes Paar für den Betrieb. Daraus wurde aber nichts. Denn August war recht hartnäckig, hatte seine eigenen Vorstellungen und sagte: ‚Ich suche mir meine Frau selbst.' Er hat sich von der Verwandtschaft trotz des lockenden Betriebs nicht beeindrucken lassen", erzählt Frau Stegerwald. Im Jahr 1936, als Frau Stegerwald gerade einundzwanzig Jahre alt war, heiratete August Stegerwald seine Barbara.

Herr Stegerwald wollte sein Leben nicht in der Backstube zubringen. Er liebte die Natur über alles und beabsichtigte, eine eigene Schäferei aufzubauen, um für sich und seine Frau eine Existenz zu schaffen. Bald ging nun die Suche nach einem geeigneten Grundstück für die Schäferei los. Die Stegerwalds zog es in den Sinngrund, wo es ihnen schließlich gelang, zwischen Rieneck und Burgsinn vom Freiherrn von Thüngen den zwölf Hektar großen Trockenbachshof zu pachten. Der Hof mit saftigen Wiesen lag im Langen Grund zwischen der 432 Meter hohen Rienecker Koppe und der 466 Meter hohen Fellner Koppe, völlig von Wald mit schönem Eichenbestand umschlossen, ganz einsam. Weit und breit befand sich kein anderes Haus, lediglich eine Jagdhütte lag einige hundert Meter entfernt am Weg Richtung Burgsinn. In dieser Einsamkeit im Spessartwald wohnten nun die jungen Eheleute und bauten sich mühsam mit Tatkraft und großer Energie ihre Existenz auf. Es war eine harte Zeit für die beiden in dieser Einöde. Man war völlig auf sich allein gestellt. Im Winter war der Trockenbachshof oft tagelang eingeschneit und vollkommen abgeschnitten. Begegnungen mit anderen Menschen waren selten. Dies hatte aber auch in der damaligen Zeit der Naziherrschaft vor Beginn des Zweiten Weltkrieges seine Vorteile.

„Der Trockenbachshof hatte keinen Stromanschluss, Wasser gab es nur aus einem Brunnen. Ich war manchmal tagelang ganz allein, wenn mein Mann mit den Schafen unterwegs war. Unheimlich war mir manchmal schon zumute, vor allem, wenn der Wind heulte, die alten Eichen ächzten und die dunkle Winternacht gar nicht enden wollte. Eines nachts im Winter, als ich wieder mal allein war, klopfte es an die Tür. Ich erschrak und hatte furchtbare Angst. Aber zu meiner Erleichterung stand der Pfarrer von Ruppertshütten vor der Haustür. Völlig durchnässt und durchgefroren bat er um Einlass. Er hatte sich auf dem Weg von Rengersbrunn nach Ruppertshütten im stockdunklen Wald verlaufen und war nun seinerseits froh, auf ein bewohntes Anwesen gestoßen zu sein."

An die Zeit auf dem Trockenbachshof hat Frau Stegerwald auch romantische Erinnerungen. Sie erzählt von den Begegnungen mit den Tieren des Waldes. Wenn die Brunftzeit der Hirsche begann, war dies besonders eindrucksvoll. Es konnte auch passieren, dass Wildsäue morgens im Stall waren, wenn die Stalltür am Abend nicht richtig verschlossen worden war. „Die Tiere waren in dieser Einsamkeit oft meine einzigen Begleiter, und diese Verbundenheit mit den Tieren entschädigte mich für manche Nachteile in dieser damaligen Wildnis", betont sie.

Der Trockenbachshof erwies sich aber bald als zu klein für die Pläne der Stegerwalds. Die Schafherde wurde immer größer, und Herr Stegerwald wollte noch mehr Schafe halten, um die Existenz der Familie abzusichern. Er hatte auch einen Instinkt für kommende Ereignisse und wusste, dass eine gut geführte Schäferei als Fleisch- und Wolllieferant eines Tages lebenswichtig für Deutschland sein könnte.

Aber noch bewirtschafteten sie den Trockenbachshof. Doch es drohte Unheil, die Stegerwalds waren drauf und dran, den Hof aufgeben zu müssen, denn der Eigentümer musste aus finanziellen Gründen den Hof verkaufen. Die Eheleute Stegerwald sollten deshalb den Hof verlassen, wogegen sie sich allerdings wehrten. So kam es zu einer Verhandlung vor dem Amtsgericht in Gemünden. Im Laufe der Verhandlung kam Herrn Stegerwald die Idee, den Hof selbst zu kaufen. „Mein Mann steht also auf und fragt vor dem Richter den Anwalt des Freiherrn von Thüngen: ‚Was soll der Hof denn kosten?' Ich bin vor Schreck fast in Ohnmacht gefallen, denn wir hatten überhaupt nicht das Geld, um ein solches Anwesen zu kaufen", erzählt Frau Stegerwald. Bald einigte sich Herr Stegerwald mit dem Eigentümer, und für 32 000 Reichsmark wechselte der Trockenbachshof den Besitzer. Das war für damalige Verhältnisse viel Geld. Die Stegerwalds wohnten nun auf ihrem eigenen Hof. Allerdings hatten die jungen Leute jetzt eine Menge Schulden, aber mit großer Zuversicht und Gottvertrauen packten sie ihre Zukunft an. Herr Stegerwald war schon immer ein mutiger Mann und wie sein Schwiegervater ein tüchtiger, erfahrener und geschickter Kaufmann. Und tatsächlich schaffte er es, das Geld für den Hof aufzubringen.

Immer deutlicher wurde, dass der Trockenbachshof auf Dauer nicht das geeignete Gelände für die Schäferei war. Die Stegerwalds machten sich auf die Suche nach einem besseren, ausbaufähigeren Standort. Gut geeignet schien ihnen Gemünden zu sein, denn hier konnte man auf dem großen Knotenbahnhof Schafe auch per Bahn verladen. Die Wege von Gemünden in die Absatzgebiete wie Frankfurt waren gut, viel besser als vom abgelegenen Trockenbachshof. Die Bahn spielte für den Transport damals noch eine wichtigere Rolle als die Straße. Der Weg führte also in die fränkische Dreiflüssestadt. Aber es dauerte noch einige Zeit, bis ein geeignetes Grundstück gefunden war, berichtet Frau Stegerwald über die schwierige Suche: „Endlich war es so weit. Im Norden von Gemünden am Hofweg nördlich der Bahnlinie nach Bad Kissingen konnten wir ausreichend große Grundstücke kaufen. Sie lagen außerhalb der damaligen Bebauung, wo sich heute ein Gewerbe- und Industriegebiet befindet. Eine schwierige Zeit begann nun für uns. Der Zweite Weltkrieg stand vor der Tür. Wir hatten große Probleme, die erforderlichen Genehmigungen und das notwendige Baumaterial zu erhalten. Von den örtlichen Behörden erfuhren wir ‚Reingeschmeckten' keine große Unterstützung. Hinzu kam, dass weder mein Mann noch ich Mitglied der Nazipartei waren und wir deshalb mit mancherlei Widerstand zu rechnen hatten. Als es wieder einmal mit den Behörden Schwierigkeiten gab und der Bau des Wohnhauses sowie des Schafstalles zu scheitern drohte, packte ich all meinen Mut zusammen und fuhr im Jahr 1939 nach München ins Ministerium. Dort klagte ich dem zuständigen Herrn unser Leid und wies darauf hin, dass wir einen volkswirtschaftlich wichtigen Betrieb der Ernährungswirtschaft besitzen. Der Herr im Ministerium hat daraufhin umgehend dafür gesorgt, dass der Bau genehmigt wurde und meinte: ‚Solche tüchtigen Frauen wie Sie brauchen wir in Deutschland!' Von nun an war ich kein ‚Dummchen' mehr, ich hatte zu kämpfen begonnen und mich durchgesetzt. Wenn ich so zurückblicke, kann ich sagen, dass mein Mann und ich uns mit unserer Ausdauer eigentlich immer gut durchsetzen konnten und manches erreicht haben, was am Anfang unmöglich erschien."

Den Trockenbachshof konnten die Stegerwalds übrigens bald an den Markt Burgsinn verkaufen und hatten so wenigstens eine finanzielle Belastung weniger. Inzwischen kam das Jahr 1940, der Zweite Weltkrieg hatte vor einem halben Jahr begonnen, die Wirtschaftslage wurde schwieriger. Das Wohnhaus war noch nicht fertig, man musste mühsam Baumaterial organisieren. Kämpfen hatten die Stegerwalds bereits gelernt.

Mit ihrem Durchsetzungsvermögen und dem Hinweis, dass sie einen volkswirtschaftlich wichtigen Betrieb aufbauten, schafften sie es endlich. Im Laufe des Kriegsjahres 1940 konnten sie in ihr neues Haus am Hofweg in Gemünden einziehen und besaßen nun auch einen ausreichend großen Schafstall.

Die Schäferei Stegerwald am Hofweg in Gemünden. Unter dem Bild des Hirten steht: „Ich gebe mein Leben für meine Schafe".

„In dieser schweren Zeit hat meinen Mann und mich der christliche Glaube gestützt", gibt Frau Stegerwald zu. „Beide stammten wir aus religiös geprägten Familien, waren katholisch, und heilige Kommunion und Firmung galten für uns als selbstverständlich. Das tägliche Tischgebet gehörte ebenso wie die regelmäßige Teilnahme am Gottesdienst zu unserem Leben. Der Glaube trug uns auch durch die harten Jahre des Krieges. Von einem Miteinander zwischen Katholiken und Evangelischen, oder wie wir damals sagten, den Lutherischen, war aber noch nicht die Rede, das Wort Ökumene kannte man nicht. So war es auch kein Wunder, dass meine Eltern als strenge Katholiken entschieden dagegen waren, als eine meiner Schwestern einen evangelischen Mann heiraten wollte. Meine beiden Schwestern Maria und Josefine waren nach Heidelberg gegangen. Maria wohnte dort bei einer Tante, während Josefine in Stellung in einer Familie war. So weit weg von den Eltern waren sie nicht mehr von ihnen zu beeinflussen. Und so heiratete meine Schwester doch den evangelischen Mann.

Mein Bruder Franz, der wie mein Vater Schäfer geworden war, ging nach München, meldete sich zur Wehrmacht und wurde Berufssoldat. Er kam unversehrt aus dem Krieg heim und war später Zolloberinspektor in Hammelburg, wo er auch gestorben ist. Ignaz, mein anderer Bruder, hatte Frisör gelernt, wurde auch als Soldat eingezogen und konnte nach Kriegsende eine eigene Schäferei gründen. Der Schwager ist leider im Krieg gefallen.

Der Krieg war schrecklich," stöhnt Frau Stegerwald noch heute. „Glücklicherweise wurde mein Mann nicht eingezogen. Unser Betrieb war als volkswirtschaftlich wichtig eingestuft worden. August musste bei seiner Schafherde bleiben. Fleisch und Wolle waren bedeutende Wirtschaftsgüter." Trotzdem versuchte die Partei, den eigentlich eher missliebigen Schäfer zum Soldaten zu machen. Gegen Ende des Krieges wurde es dann Ernst. „Ich erinnere mich, wie eines

Der Schäfermeister A. Stegerwald und seine Ehefrau mit ihrer Schafherde, 1943. Im Hintergrund der Bahnhof von Gemünden und der noch völlig unbebaute Berghang.

Tages der Ortsgruppenleiter erscheint und meinem Mann erklärt, dass er sich zum Volkssturm melden müsse. Ich sehe ihn noch heute vor mir, wie er laut brüllt: ‚Herr Stegerwald, ich fordere Sie auf, sich sofort zum Volkssturm zu melden!' Mein Mann schrie genau so laut zurück: ‚Nein, ich kann nicht.' Der Ortsgruppenleiter gab sich aber nicht geschlagen, sondern drohte mit der Todesstrafe, wenn mein Mann nicht seinem Befehl Folge leiste. Mein Mann blieb stur: ‚Ich habe keine Zeit, ich muss bei meinen Schafen bleiben.' Auch nach der dritten Aufforderung gab mein Mann die gleiche Antwort. Der Ortsgruppenleiter ging endlich unter weiteren Drohungen fort. Ich war ganz aufgeregt und rief angsterfüllt: ‚August, geh doch zum Volkssturm, ich kann mich doch um die Schafe kümmern.' Aber mein Mann hat mein Angebot abgelehnt. Er blieb bockbeinig. Zu unserem Glück blieb die Weigerung meines Mannes ohne Folgen. Denn er hatte auch Freunde, und ein einflussreicher Freund hat den Ortsgruppenleiter in seine Schranken verwiesen. So hat sich diese heikle Angelegenheit wieder beruhigt. Mein Mann konnte bei seinen Schafen bleiben."

Da ist noch eine andere Begebenheit aus dieser Zeit, an die Frau Stegerwald zurückdenkt: „Eines Tages, es war Winter, gehe ich ins Rathaus und sage ‚Grüß Gott!' Sofort hieß es: ‚Frau Stegerwald, ‚Heil Hitler' ist der deutsche Gruß! Was wollen Sie?' – ‚Ich brauche eine Bescheinigung, dass ich nach Thüringen fahren kann. Mein Mann ist dort mit einer Schafherde unterwegs und ich muss ihm unbedingt warme Kleidung bringen.' – ‚Kommt nicht in Frage', war die kurze Antwort. Ich wollte mich nicht so schnell geschlagen geben und rief erregt: ‚Es ist jetzt sehr kalt und mein Mann steht den ganzen Tag draußen.' – ‚Kommt nicht in Frage, Heil Hitler', war dieselbe Antwort. Ich verließ das Dienstzimmer und traf den Gendarmerie-Oberkommissar Anton Leingang und schilderte ihm aufgeregt den Fall. ‚Selbstverständlich bekommen Sie ihre Bescheinigung', beruhigte er mich. Und so konnte ich dann doch noch zu meinem Mann nach Hildburghausen fahren. Es gab also auch damals Leute, die sich der Nöte der Mitbürger annahmen."

Angesprochen auf die Verfolgung der Juden erzählt Frau Stegerwald, dass ihr bei diesem Thema eine gute Freundin einfällt, eine Jüdin, die in Würzburg in sehr schlechten Verhältnissen lebte. Da die Stegerwalds schlachten konnten und nicht Hunger leiden mussten, haben sie dieser Freundin öfter etwas zu essen gebracht. Doch eines Tages wurde sie abgeholt und kam im Konzentrationslager Dachau um. „Von der Verschleppung und der Ermordung der Juden hat man nur hinter vorgehaltener Hand etwas gewusst", berichtet Frau Stegerwald: „Heimlich hat man mal etwas gehört. Unser Pfarrer Burkhard Ruf hat uns anvertraut, dass auch einige Pfarrer im Konzentrationslager in Dachau umgebracht worden seien. Einen Fall hat er uns geschildert, der in mir haften geblieben ist: Ein katholischer Pfarrer, den Herr Ruf persönlich kannte, war auch nach Dachau gebracht worden und es hieß, er sei dort gestorben. Da ist der Vater des Pfarrers nach Dachau gefahren, um sich zu überzeugen, ob dies zutrifft und um seinen Sohn heimzuholen. Wie der Vater später erzählte, haben sie ihn von einer Baracke in die andere geschickt, doch er konnte seinen Sohn nicht finden. Schließlich, nach langem Suchen entdeckte er ihn tatsächlich in einem Holzschuppen – tot. Solche Dinge haben wir nur von Pfarrer Ruf erfahren unter dem festen Versprechen, es für uns zu behalten. Auf keinen Fall durften wir es weitersagen. Natürlich waren wir bei solchen Meldungen aufgebracht, aber es hieß immer ‚Sei still! Halt's Maul!', damit einem nicht selbst etwas passierte. Jeder hatte seine eigene Familie und seine eigenen Sorgen. Aber der Gedanke an diese Gräueltaten ließ einen nicht mehr los. Als wir später die ganze Wahrheit erfuhren, nämlich dass Millionen Juden umgebracht worden waren, haben wir das zunächst gar nicht glauben können."

Ganz deutlich in der Erinnerung geblieben sind Frau Stegerwald die schrecklichen Tage des Untergangs der Kleinstadt Gemünden bei dem Inferno im März 1945. „Diese Bilder werden immer lebendig in mir bleiben," beginnt Frau Stegerwald ihren Bericht über die letzten Tage des Krieges in der Stadt: „Am Tag des Angriffs war ich gerade in der Stadt beim Bäcker. Ich hatte Brot bestellt und der Laden war voller Leute. Mein Mann hatte mich noch vorher gewarnt und gerufen ‚Du bleibst daheim, es ist Vollalarm!' Ich entgegnete: ‚Es gibt jetzt Brot und ihr wollt doch heute Abend Brot essen!' Also bin ich aufs Fahrrad gestiegen und losgefahren. Als mir dann im Laden die Bäckersfrau gerade das Brot gibt, sind schon die ersten Bomben auf Gemünden niedergegangen. Plötzlich hat der ungeheure Luftdruck mich und eine Verkäuferin nach draußen auf einen Bretterverschlag geschleudert. Da lagen wir nun voller Staub und etwas benommen. Nach kurzer Zeit habe ich mich besonnen und der Verkäuferin aufgeholfen. Die ist sogleich in den Keller gerannt und ich hinterher. Unten angekommen hörte ich die Tochter des Bäckers schreien: ‚Mein Papa, mein Papa!' Der Bäcker war ein kleiner dicker Mann, der an Stöcken gehen musste. Der stand unter der Tür und hat furchtbar gezittert. Ich habe ihm die Stöcke aus den Händen geschmissen, ihn mir auf den Buckel gewuchtet und runter in den Keller geschleppt. In dem Augenblick fielen erneut Bomben und wir wurden zum Teil verschüttet. Ich hatte jetzt nur noch Gedanken an meine Kinder, befreite mich von dem Schutt und rannte aus dem Keller zu meinem Fahrrad. Das stand, offensichtlich von dem Luftdruck herumgewirbelt, auf dem Sattel, was mir noch heute ein Rätsel bleibt. So schnell ich konnte stieg ich aufs Rad und fuhr gerade auf der Saalebrücke, als ich sah, wie erneut Bomber kommen und auch schon Bomben herunterwerfen. Die Bomben sind nicht gerade heruntergefallen, sondern so quirlig durch die Luft gewirbelt und haben silbern geglänzt. Wie Trauben kamen die vom

Himmel. Zu meinem Glück kam ich bei der Figur des Brückenheiligen Nepomuk zum Stehen und klammerte mich fest an ihn. Sonst hätte mich der Luftdruck ins Wasser geschmissen. Später – wenn ich über die Saalebrücke lief, habe ich oft dankbar gedacht: ‚Da habe ich mal fest umklammert gehangen und um mein Leben gezittert und bin beschützt worden'. Ums Huttenschloss herum und im Lindenwiesenbereich sind drei, vier Bomben runtergefallen. Aber noch nie hat man davon gehört, dass eine Bombe bei Bauarbeiten entdeckt wurde oder einen Schaden verursacht hätte. Nun, gerade war der eine Angriff vorbei, da kam auch schon der nächste. Eine ganze Staffel kam angeflogen. Ich war schon beim Huttenschloss angelangt und habe mich dort an die Mauer gekauert. Als es wieder ruhig geworden war, stieg ich in Eile erneut aufs Fahrrad und bog in den Hofweg ein. Es war vorher Hochwasser und der Straßengraben voller Wasser, ziemlich randvoll. Wo heute das Kaufhaus Michelbach steht, sind plötzlich drei Bomben runtergegangen. Wieder hat mich der Luftdruck erwischt und diesmal in den Wassergraben geschleudert. Nun kann man sich vorstellen, wie ich aussah, als ich im Graben lag mit meiner guten Kleidung, die ich extra zum Einkaufen angezogen hatte. Ich war wohl eine Zeit lang bewusstlos. Wir hatten zu der Zeit einquartierte Soldaten, die in Deckung hinter einer Scheune lagen. Sie haben mich zum Glück erkannt und zogen mich schnell aus dem Graben raus. Weil ich noch bewusstlos war, haben sie mich an den Straßenrand gelegt und sind selbst wieder in Deckung gegangen, denn der Angriff ging weiter. Als ich endlich aufgewacht bin, habe ich wieder Flugzeuge über mir gesehen und wollte ebenfalls Schutz suchen. Die Soldaten schrien mir zu: ‚Bleib liegen!' Das war wohl meine Rettung. Endlich war der Angriff vorbei und ich konnte unser Wohnhaus erreichen. Mein Mann war bei dem Angriff daheim bei den Schafen geblieben. Gott sei Dank, ihm war nichts passiert. Im Haus sah es

allerdings schlimm aus. Fenster waren zerborsten, die hintere Hauswand zerstört. Meine beiden Kinder hatte ich vorher zu Frau Wirthmann in das Eisenbahnerhäuschen außerhalb der Stadt Richtung Schaippach gebracht, weil ich schon eine Vorahnung hatte. Es war ja aufgrund des Alarms mit einem Fliegerangriff zu rechnen gewesen. Ich bin natürlich gleich zu dem Häuschen gefahren. Zu meiner Erleichterung war dort alles in Ordnung und ich konnte meine Kinder unversehrt in die Arme schließen.
Ganz Gemünden brannte, es war eine unvorstellbare Zerstörung! Zahlreiche Gemündener waren obdachlos geworden, mussten wegziehen und zum Teil bei Verwandten unterkommen. Leider gab es auch viele Tote zu beklagen. Wir hatten Glück, es blieb beim Sachschaden, und wir konnten in unserem Haus wohnen bleiben. Die Schäden wurden bald repariert.
Unser Schäfer hatte zu der Zeit eine Herde Schafe von Thüringen nach Gemünden herübergetrieben und war irgendwo in den Weinbergen oberhalb der Stadt unterwegs. Den habe ich noch in derselben Nacht gesucht, konnte ihn aber nicht finden. Zuletzt bin ich ins Krankenhaus gegangen, um nachzufragen, ob unser Heiner dort eingeliefert worden war, denn viele Verletzte waren in das Krankenhaus gekommen. Schließlich erfuhr ich, dass er sich beim Angriff nach Reichenbuch geflüchtet hatte. Einige Schafe waren durch Luftdruck oder Splitter verletzt oder auch getötet worden. Diese hat unser Schäfer sogleich geschlachtet und sie dem Gemündener Pfarrer, der sich mit einigen Gemündenern in den Weiler geflüchtet hatte, zur Verteilung übergeben. Alle konnten nun in dieser entbehrungsreichen Zeit Hammelfleisch essen."
So schrecklich die Tage gegen Ende März und Anfang April des Jahres 1945 auch waren, für Gemünden war der Krieg endlich vorbei. Die Amerikaner hatten die Stadt besetzt. Die Kleinstadt am Main war ein einziges Ruinenfeld. Amerika-

nische Räumpanzer schoben in der noch tagelang rauchenden Altstadt die Trümmer zur Seite, damit die nachrückenden Kampfverbände freie Durchfahrt hatten. „Über das Ausmaß der Zerstörungen waren wir erschüttert. Ich erinnere mich noch mit Schrecken daran, dass im Amtsgerichtsstollen viele Menschen, die vor den Bomben dort Schutz gesucht hatten, verschüttet wurden und erstickten. Ich musste eine Frau und ihre beiden elf und vierzehn Jahre alten Buben identifizieren", berichtet Frau Stegerwald und die Erschütterung ist ihr noch heute anzumerken. „Traurig und völlig niedergeschlagen waren wir, als wir im Mai 1945 erfuhren, dass Deutschland kapituliert hat. Wir hörten dann auch, wie viele Opfer dieser wahnsinnige Krieg gekostet hatte. Das war für mich furchtbar. Bis zum Schluss hat man immer wieder gehofft und wollte die durchgesickerten Gerüchte über die Gräueltaten einfach nicht glauben." Ergriffen schildert Frau Stegerwald diese persönlichen Erinnerungen an das Kriegsende. „Man hat viel durchgemacht und den wahren Charakter mancher Menschen kennen gelernt."
In Gemünden wurde schon bald mit dem Wiederaufbau begonnen. Die Stegerwalds betrieben weiter ihre Schäferei. Das Leben normalisierte sich allmählich. Viele Flüchtlinge waren inzwischen in die Stadt eingewiesen worden. Die Einheimischen, die über entsprechenden Wohnraum verfügten, mussten Flüchtlinge aufnehmen, so auch die Familie Stegerwald. Eine Flüchtlingsfrau, Frau Vorrath, mit zwei Töchtern und ihrem Vater aus Königsberg in Ostpreußen wurde den Stegerwalds zugewiesen. Die Frau besaß in Königsberg mehrere Häuser und war gut situiert. „Sie hat viel geweint", sagt Frau Stegerwald, „da sie alles verloren hatte und außerdem ihr Mann als vermisst galt. Als Frau Vorrath eines Tages den Hinweis erhielt, dass ihr Mann in Deggendorf sei, bat sie mich, ihren Mann zu suchen, weil ich mich wohl besser auskenne. Gutmütig wie ich war, fuhr ich nach Deggendorf, fand den Mann der Flüchtlingsfrau und brach-

te ihn nach Gemünden. Die Flüchtlingsfamilie bekam eine Wohnung im Obergeschoss der Alten Apotheke. Nach dem Tod ihres Mannes nahmen wir Frau Vorrath bei uns auf. Als sie eines Tages einen schweren Schlaganfall erlitt, musste sie ins Krankenhaus nach Lohr eingeliefert werden."

Frau Stegerwald besuchte die Kranke regelmäßig. An einen Besuch erinnert sie sich besonders: „Ich war wieder mal bei ihr im Krankenhaus. Als ich fortgehen wollte, bat sie mich, noch zu bleiben und so habe ich den letzten Bus nach Gemünden verpasst. Da stand ich an der Haltestelle und überlegte, was zu tun sei. Zufällig entdeckte ich ein Auto, in dem ein junger Mann saß. Den fragte ich, wohin er fahre. ‚Nach Aura', antwortete er. Das passt gut, dachte ich, und bat ihn, mich mitzunehmen; und er ließ mich einsteigen. Unterwegs begann doch der Kerl, an mein Knie zu fassen. ‚Gell, Sie suchen die Kupplung', fragte ich, ‚die is fei do' und deutete auf das Pedal. Es hat nicht lange gedauert, da fing der Bursche wieder an. In Neuendorf an der Schranke sah ich eine Chance, aus dem Auto zu springen. Ich tastete mich schon an den Türgriff. Aber bis wir hingekommen sind, war die Schranke leider wieder auf. Auch die beiden nächsten Bahnschranken in Langenprozelten und am Zollberg waren geöffnet. Ich hatte also keine Möglichkeit auszusteigen. Mir wurde inzwischen angst und bange, weil der Kerl immer wieder seine Annäherungsversuche startete. Jetzt fuhr er doch tatsächlich von der Straße runter und bei der Zimmerei Hennermann ins Grundstück ins hintere Eck rein. Es war Sonntagabend und natürlich bei der Zimmerei niemand da, den ich um Hilfe rufen konnte. Angsterfüllt saß ich im Auto, als der Kerl plötzlich handgreiflich wurde. In meiner Not rief ich: ‚Menschenskind, was hab ich für einen Durst, ich möchte ein Bier. Geben Sie mir doch etwas Geld, dann gehe ich schnell zum Egert rüber!' Das Gasthaus Egert war nämlich gleich auf der anderen Straßenseite. Tatsächlich gab er mir Geld und sagte noch: ‚Ich hab auch Durst, bring mir ein Bier mit!' Ich schnell raus aus dem Auto, und der Mann saß da und guckte dumm. Ich rannte statt zum Egert über die Straße. Da fing der Kerl auch noch an, hinter mir her zu schreien. Beim Laufen habe ich mich immer umgeschaut, weil ich dachte, der kommt mir nach. Aber er ist mir nicht gefolgt. Ich hätte ihn ja anzeigen können, denn ich hatte mir die Autonummer gemerkt. Schließlich habe ich es dann aber doch gelassen und war froh, dass diese Geschichte für mich noch so glimpflich ausgegangen ist. Von da an bin ich aber natürlich vorsichtiger geworden und nie mehr per Anhalter gefahren", beendet Frau Stegerwald diese aufregende Episode ihres Lebens.

„Das Leben brachte für mich viele Höhen und Tiefen", stellt Frau Stegerwald rückblickend fest. Geborgen in der fränkischen Landschaft, die für sie immer Heimat war, hatte sie ein reich erfülltes Leben, für das sie dankbar ist. Gerne hat sie in ihrem zusammen mit ihrem Mann gebauten Haus am Hofweg gewohnt. Das Haus und der Garten bedeuteten ihr viel. Sie kann es gar nicht so recht fassen, dass sie nun schon ein halbes Jahr im Seniorenheim lebt. Kontakt hält sie immer noch nach außen, die tägliche Zeitung und das Fernsehen möchte sie nicht missen. Sie ist eine aufgeschlossene Frau, hat früher gute Kontakte gepflegt und schafft auch hier Verbindungen zu Mitbewohnern. Gern bleibt sie aber auch für sich allein. Manchmal, so gibt sie zu, fühlt sie sich doch ein wenig einsam und auch zu wenig beschäftigt. Früher in Haus und Garten gab es stets viel zu tun. Nie hat sie sich tatenlos hingesetzt wie hier im Heim. Aber jetzt fällt ihr allerdings alles auch körperlich schwerer, was vor allem der Grund war, weshalb sie nicht mehr allein in ihrem Haus wohnen konnte.

Zwei Töchter hat das Ehepaar Stegerwald im Haus am Hofweg großgezogen. Marianne wurde 1937 geboren und Bernadette 1939. Die Töchter sind längst verheiratet, haben eigene Familien und Häuser zu betreuen, und wohnen leider

Familie Stegerwald, 1952, links Bernadette, zwischen den Eltern Marianne.

nicht in der Nähe. Deshalb können sie ihre Mutter nur selten besuchen. Aber ausgiebige Telefongespräche halten den Kontakt lebendig. Besonders freut sich Frau Stegerwald, wenn die dreißigjährige Enkelin Claudia mit ihrem Töchterchen Isabelle vorbeischaut. „Die Kleine ist mit ihren knapp drei Jahren so selbstständig und wissbegierig, dass ich nur staunen kann. Die Kinder sind doch heute viel gescheiter, als wir es waren", lobt Frau Stegerwald stolz ihre Urenkeltochter.

„Vor dem Sterben und vor dem Tod habe ich keine Angst", betont Frau Stegerwald. Sie weiß, dass sie auf Erden ihre Pflichten stets gern erfüllt hat. Sie hat für ihre Familie gesorgt, war immer bereit zu helfen und hat ihren katholischen Glauben bewahrt. Der Glaube, so erklärt sie mit ihren strahlenden blauen Augen, habe sie immer getragen, auch in schweren Tagen. An diesem starken Glauben findet sie noch

heute Halt. Finanzielle Sorgen hat sie nicht. Ihr Mann und sie haben für das Alter vorgesorgt, so dass sie nun hier im Seniorenheim wohnen kann. Für diese Art des Wohnens im Alter hat sie sich entschieden, weil sie nicht zu einer der Töchter ziehen könne, denn, so beteuert sie, „dann wäre die andere eifersüchtig." Und so bleibt Frau Stegerwald, inzwischen vierundachtzig Jahre alt, insgesamt mit ihrem Leben zufrieden, im Seniorenwohnheim in Gemünden, das ihr nun zur Heimat geworden ist.
Unser Gespräch hat Frau Stegerwald sehr nachdenklich gestimmt, und so wird sie auch noch lange nach unserem Abschied die Reise in ihre eigene Vergangenheit fortsetzen.

Das Interview fand am 15. Juni 1999 im Kreisseniorenzentrum in Gemünden statt. Frau Stegerwald ist am 17. April 2000 verstorben. Zusammen mit ihrer Familie, mit Freunden und Bekannten, durften wir sie auf ihrem letzten Weg begleiten.

*Leben kann man nur vor vorwärts,
aber das Leben verstehen nur rückwärts.*

Sören Kierkegaard

Nachwort und Dank

Sechzehn sehr individuelle und unterschiedliche Lebenslinien von Seniorinnen und Senioren sind nach intensiven Befragungen und Recherchen in diesem Buch gebündelt zusammengefasst – Lebensschicksale, die bewegen.
Wir blicken zurück auf ein aufregendes, abwechslungsreiches und sehr arbeitsreiches Jahr, das wir jedoch auf keinen Fall missen möchten. Bei unseren Interviews lernten wir viele interessante Menschen kennen, denen wir sonst vielleicht nie begegnet wären. Wir wurden nie müde zuzuhören, konnten uns hineinversetzen in ihre vor uns ausgebreiteten Lebensläufe und erweiterten somit unsere Menschenkenntnis im positiven Sinn.

Biografien bieten Gelegenheit, sich auch intensiver mit dem eigenen Leben auseinander zu setzen und es vor dem inneren Auge vorüberziehen zu lassen. Was hat mich tief bewegt? Welche Menschen, welche Erfahrungen haben mich besonders geprägt? Sicher waren es nicht vor allem die guten Tage, die mich weiterentwickelten, sondern Zeiten, in denen ich vom Schicksal gefordert und aus meiner Selbstgefälligkeit aufgerüttelt wurde, um mich in Krisensituationen zu bewähren.

So nehmen wir dieses Buch voll Dankbarkeit in die Hand, denn uns hat die Aufarbeitung der Berichte bereichert und ein Stück weitergeführt auf unserem Lebensweg. Wir erfuhren mehr vom bunten, vielfältigen und lohnenden Leben.

Dieses Buch hätte ohne die Mitwirkung unserer Interviewpartner nicht erscheinen können. Deshalb gilt an dieser Stelle ihnen unser besonderer Dank, dass sie sich bereit erklärt haben, ihr Leben öffentlich darzulegen. Auch für die zur Verfügung gestellten Fotos, die die Lebensläufe lebendiger werden lassen, bedanken wir uns sowie für die Genehmigung zum Abdruck der Zeichnung von Frau Olga Knoblach, des Gedichtes von Frau Anneliese Lussert und der Abbildung der Skulptur „Pfau" von Herrn Erich Gillmann.

Unser Dank gilt weiterhin Herrn Michael Fillies, dem Redakteur der Main-Post in Gemünden, der uns immer wieder ermutigte, die Lebensberichte weiterzuführen und für uns Lektoratsarbeiten übernommen hat.

Besonders wertvoll waren uns die fachkundige Beratung und hilfreiche Betreuung durch Herrn Bruno Simon, FN DRUCK, Grafischer Betrieb der Fränkischen Nachrichten, 97941 Tauberbischofsheim.

Bei unserem Sohn Martin bedanken wir uns für seine Mithilfe bei den Arbeiten am Computer, ohne die das Buch nicht so schnell fertig geworden wäre.